OS ANOS VINTE

EDMUND WILSON

OS ANOS VINTE

EXTRAÍDO DOS CADERNOS E DIÁRIOS

Organização e introdução:
LEON EDEL

Seleção:
MICHAEL HALL
PAULO SÉRGIO PINHEIRO

Tradução:
PAULO HENRIQUES BRITTO

COMPANHIA DAS LETRAS

Dados de Catalogação na Publicação (CIP) Internacional
(Câmara Brasileira do Livro, SP, Brasil)

W719a Wilson, Edmund, 1895-1972.
Os anos vinte : extraído dos cadernos e diários / Edmund Wilson ; organização e introdução Leon Edel ; seleção Michael Hall, Paulo Sérgio Pinheiro ; tradução Paulo Henriques Britto. -- São Paulo : Companhia das Letras, 1987.

ISBN 85-85095-63-6

1. Estados Unidos - Vida intelectual - Século 20 2. Wilson, Edmund, 1895-1972 - Biografia I. Edel, Leon. II. Hall, Michael. III. Pinheiro, Paulo Sérgio. IV. Título.

87-2519 CDD-818.503
-001.10973

Índices para catálogo sistemático:
1. Escritores norte-americanos : Reminiscências : Século 20 : Literatura norte-americana 818.503
2. Estados Unidos : Vida intelectual : Século 20 001.10973
3. Reminiscências : Século 20 : Escritores : Literatura norte-americana 818.503
4. Século 20 : Reminiscências : Escritores : Literatura norte-americana 818.503

Título original:
The Twenties
From Notebooks and Diaries of the Period

Capa:
Ettore Bottini
Sobre *Flying Scotsman*,
de Leo Marfurt

Revisão:
Luciane Raspes
Marizilda Lourenço
Eliana Antonioli
Sandra Dolinsky

1987

Editora Schwarcz Ltda.
Rua Barra Funda, 296
01152 — São Paulo — SP
Fones: (011) 825-5286 e 825-6498

ÍNDICE

Com autorização da editora Farrar, Straus and Giroux, esta edição brasileira de *Os anos vinte* teve reduzido em cerca de 25% seu conteúdo original.

PREFÁCIO DO ORGANIZADOR

Edmund Wilson estava trabalhando em *Os anos 20* quando faleceu em 1972. Já havia feito o grosso do trabalho, reunido trechos extraídos de velhos cadernos da época e inserido algumas passagens de reminiscências, dando ao livro um teor autobiográfico, como o *Prelude* de 1967 e o *Upstate* de 1971. Estes volumes, também elaborados a partir de velhos cadernos e diários, cobriam as primeiras e as mais recentes experiências. Seu objetivo agora era completar as décadas intermediárias.

Como Wilson morreu antes de concluir o livro, falta-lhe o acabamento dos volumes anteriores. O autor deixou instruções no sentido de que seu texto fosse alterado o mínimo possível. Acrescentei as informações históricas que julguei necessárias, e a correspondência de Wilson elucidou certos trechos. As anotações têm vida própria, através das imagens fragmentárias — mas ainda assim muitas vezes penetrantes — que oferecem da década em que foram feitas; constituem, talvez, o mais extenso documento autêntico da época, as observações de um dos protagonistas deste período da história dos Estados Unidos. Edmund nos mostra muita coisa do lado negativo, da crueza de uma América cada vez mais industrializada e desperdiçando seus tesouros, do lado alucinado de Hollywood, das lutas intestinas do mundo literário nova-iorquino, dos mexericos e anedotas sobre seus companheiros; vemos Scott Fitzgerald, Edna Millay e John Peale Bishop; temos vinhetas de Mencken e Dorothy Parker; ouvimos as vozes de E. E. Cummings e Dos Passos, e encontramos Eugene O'Neill e os primórdios da boêmia artística do cabo Cod. Não há registro deste mundo menos retocado nem mais rico em detalhes precisos. Parte deste material foi usado por Edmund em vários livros, pois estes eram os seus cadernos de trabalho. Os leitores haverão de reconhecer passagens que foram utilizadas em *I thought of Daisy* e *Memoirs of Hecate County*. Sempre que possível, menciono o fato; porém Edmund reaproveitava seu material de tantas maneiras engenhosas, sempre revisando-o, que prefiro deixar que esta questão seja aprofundada por estudiosos futuros.

Numa carta a seu editor, Roger Straus, muitos anos atrás, Edmund escreveu que queria que o revisor "limpasse" seu texto. "Se eu não viver para revisar tudo, a tarefa caberá ao herdeiro de meu espólio literário, e quero deixar aqui registrado que se ele tiver em mãos volumes manuscritos que eu não tive tempo de bater à máquina, não quero que ele os publique dessa maneira rigorosamente fiel que está se tornando moda no meio acadêmico. Ou seja, não quero que ele reproduza minhas contrações e abreviações, erros de ortografia e pontuação. Se alguma palavra foi omitida, que seja acrescentada entre colchetes. A idéia é tornar o texto o mais legível que se puder." Nunca crítica a *Islands in the stream* de Hemingway, Edmund retoma a questão. "Não se pode criticar o autor pelos defeitos encontrados em manuscritos que ele não se dispôs a publicar e pelos quais não pode agora assumir responsabilidade, como também não se pode exigir do organizador da edição que torne mais obras mais coerentes, desde que seu trabalho tenha sido empreendido com bom senso."

Minha orientação básica é tornar os cadernos "tão legíveis quando possível". Utilizei também lembranças de certas conversas que tive com Edmund antes mesmo de saber que ele viria a incumbir-me de preparar para publicação suas obras póstumas.

Os cadernos de Wilson, guardados na Beinecke Library, Universidade de Yale, consistem em 2125 páginas manuscritas de 41 cadernos grossos e encadernados. Há também páginas soltas. Edmund ora escrevia a lápis, ora a caneta. Por vezes sua letra é quase ilegível, mas com freqüência é cuidadosa e clara, a mesma letra que a maioria de seus correspondentes conhece. Quando sua letra é *muito* legível, podemos concluir que está passando a limpo anotações tomadas *sur le vif*. Seu hábito de tomar notas talvez explique a minuciosidade de suas descrições; tinha grande poder visual, via muito mais do que a maioria das pessoas e não gostava de depender apenas da memória.

Nos cadernos encontramos pela primeira vez o Edmund Wilson nitidamente *pessoal*. Temos a percepção por trás do olho curioso e crítico, a paixão por trás da afirmação "fria" — uma paixão cristalizada numa inteligência implacável. Constatamos o quanto Edmund utilizava a visão, o olfato, a audição; ele sempre revela sua disposição de espírito. Wilson preocupava-se em fazer anotações enquanto artista interessado em si próprio e no mundo; seus cadernos muitas vezes correspondem ao caderno de esboços do pintor, registro intermitente de um observador constante, com espírito aventureiro. Wilson agarra-se a evanescentes fragmentos de vida; quer tê-los na mão antes que desapareçam. Anota anedotas e piadas; trata tanto do profundo quanto do banal; registra surpreendentes detalhes fonéticos da fala americana. Seu ouvido é infalível. Ele observa as roupas das mulheres, suas jóias, sua *lingerie* — temos muitas cenas de alcova — e retrata-se a si próprio em trajes menores com o mesmo apuro com que o jovem franzino de Greenwich Village combinava a gravata com as meias ao se preparar para uma festa.

Edmund escreveu um esboço de nota introdutória para *Os anos 20*. Transcrevo o texto na íntegra, pois ele demonstra como tinha consciência da maneira pessoal com que encarava pessoas e acontecimentos, de sua falibilidade, dos seus escrúpulos em relação à publicação de trechos datados ou redundantes porque somente tinham significado para ele próprio, ainda que não para seus futuros leitores. "Não quero tomar atalhos", explicou-me Edmund certa vez. Respondi: "O caminho é você que escolhe". Mesmo assim, ele não cedeu. Antes ele fizera revisões drásticas em seus escritos; agora, já idoso, por vezes relutava em abrir mão do passado contido em suas velhas anotações. Eis o esboço de prefácio:

> Este volume foi compilado com base em meus cadernos e diários do período em questão. Este material me apresentou um tipo específico de problema. Por um lado, quis apresentar textos que revelassem as emoções e idéias que caracterizaram minha juventude; por outro, não quis me prejudicar publicando material de qualidade inferior. Minha poesia se enquadra no segundo caso.

Meu único conselho ao leitor é: toda vez que começar um poema, pule-o. Devo também avisá-lo de que até certo ponto sou injusto, porque é sempre mais fácil falar sobre a inépcia e o ridículo dos outros do que sobre estes aspectos de nós mesmos. O leitor deve levar este fato em conta e não ficar pensando, com base em meu texto, que todas as outras pessoas eram *gauches* e ridículas. É difícil — mesmo num romance escrito na primeira pessoa — mostrar-se a si próprio sob um aspecto pouco lisonjeiro. Os nomes próprios das pessoas mencionadas às vezes foram substituídos. Compreenderão o livro com mais facilidade os que leram *A prelude* primeiro.

Omiti os trechos que já usei em outros livros, como a passagem em que vejo a costa americana do navio no qual estou voltando, aproveitada em *I thought of Daisy*.

As omissões de Edmund não eram coerentes; assim, fiz mais alguns cortes, basicamente de redundâncias.

O leitor poderá distinguir com facilidade as interpolações de Edmund Wilson das minhas — aquelas estão na primeira pessoa, estas na terceira. Adotei a prática utilizada por Wilson de referir-se a si próprio por suas iniciais. Ao organizar este volume, contei com a ajuda e a orientação de Elena Mumm Wilson, herdeira do espólio literário de seu marido, que reuniu com grande presteza a correspondência literária de Edmund. Em colaboração com Daniel Aaron da Universidade de Harvard, escolhido por Wilson como organizador alternativo de seus manuscritos, ela está preparando uma seleção abrangente de suas cartas. Roger Straus e Robert Giroux, editores de EW, ajudaram-me muitíssimo, fornecendo-me livros, materiais e estímulo constante; e mais uma vez agradeço a ajuda de Donald Gallup, da Beinecke Library de Yale. Devo também agradecer a pesquisa bibliográfica realizada por Louise Hazlett, uma de minhas alunas de pós-graduação na Universidade do Havaí, e a paciência de minha secretária, Arlene Ishikawa, que transcreveu os manuscritos muitas vezes difíceis de Edmund Wilson e do organizador deste livro.

Meu trabalho foi facilitado por um generoso financiamento da National Endowment for the Humanities, que me permitiu organizar os papéis de Wilson com maior rapidez do que eu imaginava, e divulgar, deste modo, uma parte importante de seu legado às letras americanas.

L. E.

Universidade do Havaí

guava, e divulgar, deste modo, uma parte importante de seu legado às letras americanas.

L. E.

Universidade do Havaí

RETRATO DE EDMUND WILSON

I. A FERIDA

Podiam ser personagens de uma peça de Tchekov ou de um romance russo — o jovem Edmund Wilson Jr., filho único, tentando comunicar-se com um pai brilhante, depressivo e melancólico, que freqüentemente era internado "em algum sanatório devido ao que na época era chamado 'neurastenia' ", e com uma mãe surda e voluntariosa. Viviam num mundo autônomo, como os Bolkonski ou os Karenin, um mundo relativamente próspero, mas sem aparatos aristocráticos, uma profusão de tias, tios e primos que iam e vinham naquele recanto exclusivo de Nova Jersey, que logo seria tomado pelos subúrbios. Os ancestrais da família eram presbiterianos, e ainda sobreviviam algumas características calvinistas. Havia distinções de casta e uma sensação, ainda que impotente, de formarem uma "fidalguia" num universo particular. Edmund Wilson descreveu este mundo com sinceridade e cores vivas em *A prelude* (1967): o refinamento da alta classe média, os casamentos dentro de círculos fechados ("porque não havia mais ninguém"), as tensões, os terrores, as explosões. Edmund viria a escrever: "Eu não conhecia praticamente ninguém que não fosse membro de minha própria família". Isto foi antes da escola preparatória. * E quando saiu da faculdade, ele "não conseguia se relacionar com gente comum". Uma vez, quando andava de bicicleta, aos treze ou quatorze

* Escola particular que prepara o aluno para o ingresso na universidade. (N.T.)

anos, disse a si próprio de repente: "Algum dia hei de ter amigos com quem eu tenha algo em comum".

Edmund tinha muitos amigos, e mais a admiração do mundo, quando morreu em 1972, aos 77 anos de idade, porém até o fim havia nele algo de distante e fechado, como se ainda estivesse tentando sair de detrás de barreiras invisíveis e obsoletas, utilizando toda a força de seu intelecto para chegar a uma trégua com a humanidade. Nas entrelinhas de suas reminiscências vemos sua infância emurada, sua vida de descobertas solitárias, independência e autonomia desde tenra idade, uma situação que, numa criança menos robusta e tenaz, poderia ter levado a uma crise psicológica. Em vez disso, levou a uma observação e uma expressão exacerbadas. Talvez a tenacidade e a força de Edmund Wilson derivassem da afirmação de um espírito jovem que se recusava a capitular, tal como seu pai fazia vez após vez.

Desde cedo, Edmund aprendeu a ser independente no meio sufocante em que vivia. Seu pai, Edmund Wilson, era advogado; na meia-idade tornou-se secretário da Justiça do estado de Nova Jersey, inicialmente trabalhando com um governador republicano e depois com um democrata, Woodrow Wilson (que não era seu parente). Seu filho jamais deixaria de ter sentimentos ambivalentes em relação à cidade de Red Bank, Nova Jersey, na qual nasceu a 8 de maio de 1895. A atmosfera de seu lar, quando chegou à idade da razão, era "opressiva". A apatia recorrente de seu pai, a surdez de sua mãe, que se instaurou desde cedo, eram os fatos centrais; porém Edmund Wilson viria a admitir mais tarde que mesmo se sua mãe não fosse surda, talvez eles não tivessem muito a dizer um para o outro. Adolescente, ao voltar da escola de trem fazia anotações metódicas a respeito dos "assuntos sobre os quais eu podia me comunicar com ela". No dia em que o levou para a Hill School, em Pottstown, Pensilvânia, ela chamou-o de "Bunny" ("Coelhinho") na frente dos outros meninos. O jovem vigoroso, esbelto e bonito foi, naquele momento, reduzido a um rótulo para todo o resto da vida. Lutou contra os meninos que debochavam dele; depois aceitou a realidade, e terminou assinando "Bunny" nas cartas para os amigos mais íntimos. O fato de ter o mesmo nome que o pai o incomodava menos, talvez porque seu pai passasse tanto tempo afastado do cenário familiar.

Não era exatamente um "alienado"; era, isto sim, uma criança cujas emoções sofreram certos redirecionamentos, desenvolvendo defesas poderosas: assim reagiu aquele menino mentalmente alerta e dotado de sentidos aguçados aos estranhos obstáculos com que se deparou. O próprio Edmund exprimiu-se a respeito dessa questão (em seu importante ensaio sobre Dickens) nos termos seguintes: "Depressões e terrores duradouros podem resultar destas interrupções do desenvolvimento natural da infância". Setores inteiros do ser podiam ser estrangulados; energias poderosas tinham de procurar novas vias de escape. É desse modo que as vidas extraordinárias tomam forma a partir de circunstâncias extraordinárias. Os capítulos a respeito da "família" em *A prelude*, os esboços que Edmund Wilson escrevera antes sobre seu pai, suas homenagens a seus antigos mestres Rolfe e Gauss contêm indícios de sua busca de soluções. Os livros, a linguagem e o mundo da recriação imaginária estabeleciam alguma forma de comunhão com o longínquo "mundo exterior". Edmund aparentemente desenvolveu uma meticulosidade mental peculiar, que certamente visava a combater o caos, ao mesmo tempo fugindo de algum modo àquelas formas inevitáveis de rigidez que poderiam tê-lo imobilizado e transformado em um funcionário, ou especialista, ou advogado, como seu pai. Ao invés disso, ele canalizou suas obsessões e compulsões para a literatura, uma busca abrangente por inúmeros idiomas, significados esotéricos, dicionários — uma universalidade quase balzaquiana, mas com muito mais exatidão do que no caso de Balzac. Posteriormente sua vida sexual seguiria pelo mesmo caminho. Edmund sabia tão pouco a respeito das mulheres e do modo como o homem devia relacionar-se com elas (conforme os leitores de *A prelude* certamente estão lembrados) que foi consultar um médico de Princeton após ter uma ejaculação espontânea enquanto lia um livro. O impulso sexual obstruído era apenas um entre muitos impulsos obstruídos, e Edmund aprendeu o segredo da "conversão" — convertendo tais impulsos no fascínio pelo macabro, por exemplo, ou pela prestidigitação. Edmund sempre se interessou por monstros e veio a tornar-se um excelente mágico e titereiro. De vez em quando ele relata seus sonhos, que indicam algo dos traços benignos e mórbidos que se adquire quando se lida com a frustração. O sonho no qual Edmund dorme com a mãe pode ter um sentido "edipiano", como supunha ele próprio, mas podemos imaginar que fosse uma maneira pela qual o menino tentava, ao menos dormindo, transpor a barreira que se interpunha entre ele e aquela esfinge que era sua mãe. Edmund sonhou também (trata-se de um de seus primeiros pesadelos) que o pai estava na cozinha afiando uma faca para matar toda a família. Este sonho ele também considerava "edipiano". Porém seria igualmente possível propor que, com o mecanismo de deslocamento onírico, Edmund coloca seu pai no papel que ele próprio gostaria de desempenhar. Deve ter havido momentos em que um menino em tais circunstâncias nutrisse, em suas fantasias mais profundas, um grande desejo de eliminar aquele pai difícil com um golpe de trinchante ou cutelo.

Os dados referentes a sua infância claramente sustentam a conclusão a que Edmund Wilson chegou na velhice: o menino vivera desprovido de relacionamentos humanos, salvo por intermédio das vias do deslumbramento com o mundo, o conforto dos livros de histórias e a "realidade" das personagens destes livros. Talvez sua curiosidade insaciável, que perdurou até o fim e que continha um entusiasmo juvenil, derivasse desta infância cheia de enigmas irrespondíveis, os porquês e os "o que significa isto?" de uma criança que encara uma esfinge impassível. Nos anais da família, descobrimos algumas tias simpáticas que o ajudaram mais talvez, do que elas próprias imaginavam: a tia Laura Kimball — "aprendi muita coisa a respeito dos livros com ela"; a prima Helen Stillwell, que desenhava dragões e monstros imaginários, alimentando seu gosto pelo macabro e seu interesse latente pelo sadismo. Posteriormente, suas experiências na guerra lhe forneceriam um estoque de horrores suficiente para durar o resto da vida. Além disso, ela cantava canções inglesas de *music-hall*, lia para ele as histórias da sra. Gamp e do tio Remus * e era capaz de tocar de ouvido todas as músicas de uma comédia musical que acabava de assistir. Isto o surpreendia e deliciava. Um primo quinze meses mais velho era seu companheiro. "Sandy" apresentou a Edmund a obra de Havelock Ellis, ** e desta forma lhe forneceu ao menos

* "Sra. Gamp": personagem de *Martin Chuzzlewit*, de Charles Dickens; "tio Remus": narrador de uma série de histórias do folclore dos negros do sul dos Estados Unidos, nos livros de Joel Chandler Harris (1848-1908). (N.T.)

** Sexólogo inglês (1859-1939). (N.T.)

um conhecimento teórico da sexualidade. Exuberante e cheio de vida (os dois ficaram muito íntimos durante uma viagem ao estrangeiro), "Sandy" terminou vítima de "demência precoce", termo que na época designava a esquizofrenia; quando Edmund voltou da guerra, encontrou seu primo favorito trancafiado num hospício — de onde jamais sairia. Regularmente Edmund o visitava, e suas anotações nos cadernos revelam ao mesmo tempo compaixão e mal-estar. Aquilo lhe trazia à mente as freqüentes internações de seu pai; e talvez Edmund tivesse o medo latente de que também ele tivesse herdado o germe da doença mental que atormentava a família.

Para compreender com exatidão os talentos de Edmund Wilson como escritor e crítico, é necessário examinar seu pai atentamente. O livro *A piece of my mind* (1956) termina com um ensaio intitulado "The author at sixty".* Porém o ensaio não diz respeito ao autor, e sim a seu pai, que morreu aos 61 anos de idade. Isto parece indicar uma identificação ambivalente. Edmund retrata seu pai como um advogado exuberante e de grande talento, que sempre conseguiu dar à família um padrão de vida relativamente alto. Praticava a advocacia com criatividade e habilidade, tendo grandes sucessos; perdeu apenas uma causa, e daí em diante passou a ter o cuidado de só aceitar causas em que indubitavelmente teria sucesso. Seu método de abordar o júri, conforme o relato de seu filho, assemelha-se ao modo como Edmund preparava seus ensaios literários. O pai atacava o júri "com uma mistura de erudição, lógica, imaginação dramática e eloqüência que, ele sabia, se revelaria irresistível. Fazia os jurados reviverem os eventos relacionados ao crime ou ao suposto crime, fazia-os percorrer toda a transação passo a passo, fosse ela o que fosse, e introduzia em suas mentes uma imagem que era difícil de ser extirpada pelo seu opositor". Mais tarde, ao falar sobre o efeito que teve sobre ele a leitura de Taine, Edmund fez o mesmo tipo de elogio ao escritor francês. Taine "criou os criadores [em sua história da literatura inglesa] como personagens de um drama maior de história cultural e social, e escrever sobre literatura para mim sempre implicou narrativa e dramaticidade". Por trás de Taine e Michelet pairava a figura do pai, a imagem dos dramas por ele encenados no tribunal.

* "O autor aos sessenta anos". (N.T.)

E impressionava o filho "a intensa concentração" que aquelas proezas de persuasão exigiam de seu pai — "não podiam falhar" — nas ocasiões em que preparava uma súmula em casa.

Uma personalidade reconhecidamente tão errática e intransigente não poderia encontrar uma posição fixa. Foi convidado a entrar para diversas grandes firmas de advocacia nova-iorquinas, porém nunca aceitou. Defendeu com sucesso causas de grandes companhias; defendeu também causas daqueles que a elas se opunham; detestava as empresas ferroviárias e abria questão contra elas à menor provocação; quando uma encomenda de livros e doces enviada para a escola onde Edmund estava estudando foi danificada durante o transporte, seu pai processou a ferrovia e ganhou o valor das mercadorias estragadas. O pai entendia profundamente de direito — e talvez o apego de Edmund a "esoterismos literários" derivasse daqueles mergulhos de seu pai nos obscuros meandros da lei. Quando o governador Woodrow Wilson o desafiou a dar um fim aos caciques de Atlantic City, Edmund Wilson, pai (na época secretário da Justiça), achou que seria impossível formar um júri capaz de condenar os réus naquela cidade infestada de políticos corruptos. Assim sendo, desencavou uma velha lei que permitia trazer jurados de fora nos casos em que era impossível mudar o local do julgamento para assegurar a justiça. E desse modo pôs na cadeia os caciques de Atlantic City e muitos de seus capangas. Foi um grande sucesso. Mas o pai de Edmund sacudiu a cabeça. Ele sabia que novos caciques surgiriam, juntamente com um novo sistema de apadrinhamento, depois que a poeira assentasse. Porém havia conseguido demonstrar o poder da pesquisa e da criatividade. Quando Woodrow Wilson tornou-se presidente da República, ofereceu a Wilson pai um lugar na Suprema Corte assim que surgisse uma vaga. O pai de Edmund achou que a oferta poderia ser "interessante". Porém não surgiu nenhuma vaga, e ele jamais subiu a este cargo elevado. Apesar do sucesso, passava por longos períodos de apatia. Não dava nenhuma importância às aparências. Parecia ser um pouco influenciado pelo modelo austero de Abraham Lincoln, outro advogado melancólico. Edmund lembrava-se do escritório do pai, sempre o mesmo, uma sala desconfortável no sobrado de uma loja de bebidas, "onde havia um cheiro agradável de tonéis de vinho". Mas até mesmo isto nada representava para seu pai — ele jamais bebia.

Com seu profissionalismo e sua dedicação, o pai deu um exemplo que o filho jamais deixaria de seguir. Era desprovido de esnobismo e preconceito racial, mas sempre manifestou o orgulho inato e a postura aristocrática de membro da fidalguia. Segundo Edmund, seu pai "tratava as pessoas rigorosamente de acordo com seus méritos", porém sempre "até certo ponto *de haut en bas*". Também o filho encarava a vida e a arte — bem como seus colegas escritores — de um plano superior. Isto fazia parte de sua atitude individualista. Jamais participou de associações de escritores; recusava as homenagens — menos as que vinham juntamente com um prêmio em dinheiro. Durante a maior parte de sua vida, trabalhou como seu pai, sozinho e com muita concentração e meticulosidade, quando ficava realmente envolvido com uma questão. Os métodos pessoais de investigação de Edmund pai foram adotados pelo filho. O advogado gostava de viajar, e "assim que chegava a uma cidade começava a fazer perguntas às pessoas, começando com o motorista do táxi". Aqueles que conheceram Edmund Wilson lembram-se do modo implacável como ele realizava verdadeiros interrogatórios com as pessoas com quem conversava; ao entrar num recinto, ele imediatamente partia para o que o interessava, ou falando sobre as suas mais recentes descobertas de materiais esotéricos ou buscando satisfazer totalmente — o que jamais conseguia — sua curiosidade. O processo intelectual do filho, sua capacidade de classificar, organizar e utilizar dados literários, seu senso dramático, tiveram origem no exemplo de seu pai talentoso e infeliz; e talvez o legado mais importante de Edmund pai a Edmund filho tenha sido o dom da empatia intelectual. "Sempre me surpreendia" — escreveu Edmund a respeito do pai — "a empatia, ou melhor talvez a imparcialidade de juiz, com que, nas decisões importantes, ele levava em conta minha opinião." Não há caracterização mais adequada dos melhores escritos de Edmund Wilson.

Foi esta, talvez, a mais profunda experiência emocional da infância de Edmund. Deve ter-lhe sido difícil admiti-la e encará-la: ter um pai tão atraente e fascinante e ao mesmo tempo sentir-se isolado dele constituía uma dolorosa mistura de posse e perda; talvez as mágicas com cartas de baralho e truques de prestidigitação que Edmund posteriormente aprendeu fossem uma manifestação caricatural desta circunstância: "Agora está aqui. . . e agora sumiu". Edmund amava o pai, porém não tinha como manifestar este amor. As fotos do pai reproduzidas em *A prelude* mostram um homem bonito, com um belo bigode, claramente uma "personalidade", mas com algo de velado e misterioso, um toque de depressão profunda nos olhos. Seu pai e seu primo Sandy representavam o elemento de "perda" na experiência de Edmund, de dor e anelo, um anseio por força e tenacidade masculinas que contrastavam com aquela presença materna que nada tinha de "materna". A sra. Wilson, *née* Helen Mather Kimball, era uma mulher de inteligência limitada, prosaica e cheia de autoconfiança. Uma pessoa que a conheceu mais velha afirmou que "seu critério de sucesso era ganhar dinheiro e adquirir o *status* que o dinheiro confere — critério esse que tanto o marido quanto o filho desprezavam". Para ela, teria sido muito melhor que seu filho tivesse se tornado atleta; mesmo quando estava muito idosa, continuava a assistir às partidas de futebol americano em Princeton. Jamais leu os escritos do filho. Canalizava seus sentimentos para as simplicidades de seus jardins, e deleitava-se com as cores e a variedade das flores — e, sem dúvida, com o cheiro da terra dócil. Em seu mundo silencioso, comungava com o silêncio dos botões e das formas das flores; e era capaz de manifestar amor e empatia, bem como uma espécie de criatividade espontânea, em relação às plantas. Durante toda a sua vida adulta, Edmund só possuiu uma foto da mãe, ainda jovem, cercada de parentes. Porém tinha sempre consigo fotos dos jardins dela em Talcottville e Red Bank.

Com sua fixidez, a mãe lhe proporcionava um certo tipo de estabilidade que o desejo de ordem que Edmund desenvolvera desde cedo não podia encontrar na atitude abnegada do pai. A esfinge era frustrante; nem sequer propunha enigmas. Era obstinada, hedonista e muitas vezes abertamente hostil em relação ao marido doente. É possível que sua surdez fosse em parte de fundo psicológico. Ela levara o marido para um renomado especialista na Inglaterra; o médico afirmou que o paciente era "louco", e na viagem de volta para os Estados Unidos ela ficou surda de repente. Conforme ficou claro mais tarde, seu marido não era louco em absoluto; apenas sofria de prolongados períodos de melancolia. Porém a mãe havia construído uma muralha em torno de si, e agora tornara-se invulnerável. Parecia masculina nas áreas em que o pai tendia a ser feminino. Quando seu filho cometia alguma peraltice, Edmund pai jurava que por pouco não o mataria de pancadas — porém jamais cumpria a palavra. A sra. Wilson efetivamente surrava o filho com uma escova de cabelo metálica, e depois queixava-se de que as sovas marcavam a escova. Apesar de modificada pela presença de tias e primas menos punitivas e mais vulneráveis, esta imagem de mulher calou fundo no espírito de Edmund, uma imagem capaz de inspirar medo. Talvez não seja por acaso que, em *I thought of Daisy* e "The princess with the golden hair", os contrastes entre mulheres definem os problemas de Edmund no campo do amor. As mulheres podiam ser esquivas — era o caso de Edna St. Vincent Millay,* brilhante, intelectual, independente no amor — e portanto inatingíveis; ou podiam ser criaturas simples, que ele podia levar para o parque de diversões, com quem podia brincar. Era o contraste entre a "mulher telúrica democrática" em oposição à mulher misteriosa, a princesa distante e aristocrática, de cabelos dourados, versão idealizada da mãe de Edmund. Ela é uma criatura de sonho e não de carne e osso, quando ele consegue levá-la para a cama. Porém a garota do *dancing* que se torna amante do narrador e lhe conta as histórias de sua vida *nos bas-fonds* é uma companheira humana e cheia de vida. (O relato deste episódio ocupa muitas páginas dos cadernos.) Talvez, quando jovem, Edmund se sentisse mais à vontade com garçonetes, moças de *dancings* e prostitutas: com elas podia relacionar-se de modo mais humano, pois elas eram de um plano social abaixo do seu e portanto não figuravam no rol de suas experiências infantis. Naturalmente, os homens eram mais simples e mais acessíveis, e as escolas onde Edmund estudou constituíam um mundo exclusivamente masculino.

As palavras que Edmund usa para referir-se a sua mãe muitas vezes se aplicam ao lado menos simpático de sua própria personalidade. Ela era "seca e ríspida". Era também — e em Edmund esses traços tornaram-se benignos — "confiante e decidida". Aos 13 anos de idade, o menino já havia conquistado a disciplina e a autoconfiança; havia se conformado ao meio e fora imaginoso o bastante para encontrar suas próprias soluções e fugas dentro dali. Edmund Wilson Jr. percebeu, já com certa idade, que havia muito pouco "na esfera das relações humanas" que pudesse proporcionar felicidade a sua mãe. Porém a estabilidade áspera da mãe era mais aceitável para um menino sociável e com sede de viver do que a atitude

* Poetisa e dramaturga, personalidade de destaque nos meios literários durante a década de 20 (1892-1950). (N.T.)

autodestrutiva do pai e certamente fortaleceu a vontade de perseverar e vencer que caracterizou a personalidade de Edmund.

O alargamento dos horizontes e a libertação vieram aos 13 anos de idade — para Edmund, a escola preparatória e o curso universitário em Princeton formaram uma única experiência ininterrupta. O "Bunny" Wilson que foi levado para a Hill School pela mãe em 1908 estava muito bem preparado — mais do que a grande maioria dos meninos — para a disciplina rígida do colégio interno. Edmund trouxe consigo para aquele educandário presbiteriano sua mente organizada e a carapaça que herdara da mãe. A escola era administrada (segundo o próprio Edmund observou posteriormente) com a eficiência de uma fábrica ou empresa. Era bem organizada, bem equipada e tinha bons professores. Incutia nos meninos o senso do dever e da responsabilidade. Estimulava a individualidade (por mais estranho que isto possa parecer para um americano moderno), recusando-se a ser permissiva. "Toda a nossa vida era regulada por campainhas" — mas, fosse como fosse, o fato é que era regulada. Os alunos eram disciplinados, e bem disciplinados. Cada momento era aproveitado para o trabalho ou para a recreação. O resultado era que os alunos do colégio quase sempre eram aceitos pelas melhores universidades. No paternalismo implacável da escola, Edmund de início encontrou "o efeito repressivo e sufocante de uma cidade industrial da Pensilvânia". Mas num ensaio e em recordações posteriores, vemos que Edmund tinha consciência de que a escola lhe dera uma base sólida para sobre ela construir sua vida, e diminuíra o desgaste de sua vida familiar. Nas primeiras semanas, detestou a escola. Não estava acostumado a andar no meio de um monte de meninos, nem a viver correndo de um lado para o outro. Porém terminou achando a escola pouco "sufocante", pelo que dá a entender quando insinua que o "lar" era ainda mais sufocante. Detestava passar os feriados em casa. Seus contos e versos precoces foram publicados ainda em seu primeiro ano na Hill School, na revista da escola, *Record*. Era um garoto sério, que no entanto gostava de se divertir, enfiado numa camisa-de-força puritana. Além disso, havia um professor de grego, Alfred Rolfe, que lhe deu um padrão, um foco, um senso de personalidade; num ensaio primoroso (em *The triple thinkers*), Edmund o descreve com o mesmo afeto que viria a dedicar mais tarde a Christian Gauss, em Princeton.

Rolfe tinha a autoconfiança e a firmeza da mãe de Wilson; Gauss era uma versão literária, porém saudável, do brilho paterno. Na Hill School, Rolfe, alto, bem vestido, com um bigode louro que lhe ocultava os lábios e disfarçava a expressão, era impiedoso em suas exigências; seu sarcasmo refinado não continha ambigüidades. Ensinava Homero e fazia os alunos "traduzirem cada palavra do texto num inglês que não desmerecesse o original". Edmund era obrigado a contar as sílabas de cada verso, compreender cada forma. Afirmou ele sobre Rolfe: "Quem o ouvia pela primeira vez lendo em sala de aula um trecho de Homero em voz alta sabia o que Homero representava como poesia". Mais tarde o mestre viria a se interessar pessoalmente por seu aluno talentoso, dar-lhe acesso a sua biblioteca, compartilhar do entusiasmo que Edmund manifestava por Bernard Shaw. E, se incutia nos alunos um sentimento elevado pela Atenas antiga, também defendia uma Atenas americana — Rolfe era da Nova Inglaterra, e era para Edmund seu "único contato pessoal com a Concord dos tempos de glória, e creio que se eu não o tivesse conhecido, jamais viria a saber o que Concord foi, que civilização elevada ela representou".* A Hill School e Rolfe — e Homero; mas Edmund também estudava as matérias rotineiras, e — finalmente — tinha amigos de sua idade para compensar todos aqueles anos de solidão. Em *A prelude*, Edmund descreve estes amigos detalhadamente; eles o fizeram conscientizar-se da existência de outras famílias e outros mundos, de que a vida não era só os Wilson, os Kimball, os Knox. Além disso, as novas amizades lhe ofereciam mais uma vantagem: ele ia visitar seus amigos no verão, o que era mais uma maneira de prolongar seu afastamento de Red Bank.

Edmund entrou para Princeton em 1912. A história de seus quatro anos na universidade já foi relatada muitas vezes nas biografias dos outros membros do brilhante grupo de jovens que se diplomaram logo antes de os Estados Unidos entrarem na guerra de 1914-1918. F. Scott Fitzgerald foi "o primeiro católico instruído que conheci", e John Peale Bishop, ** que se tornou amigo íntimo

* Concord, cidadezinha de Massachusetts, perto de Boston, foi um importante centro cultural no século XIX: lá viveram o filósofo R. W. Emerson, o naturalista e escritor H. D. Thoreau e os romancistas Nathaniel Hawthorne e Louisa May Alcott, entre outros. (N.T.)

** Poeta, romancista e crítico (1892-1944). (N.T.)

de Edmund, era um rapaz bonito da Virgínia Ocidental, um aristocrata sulista que citava Shelley e Swinburne, * quando surgiu no campus. No tempo de Edmund, a velha Princeton encontrava-se dividida pelas "pressões de um presbiterianismo limitado e do mundo dos subúrbios prósperos". O jovem podia dedicar-se a sua vocação — poesia, ficção, estilo, forma, elegância verbal, o esforço de apreender a universalidade da imaginação humana. Por trás desta paixão, havia um interesse profundo pelas idéias, as essências. Na arte, como na vida, Edmund era o produto de um ideal aristocrático. No seio de sua família, o século XVIII havia se prolongado, e Wilson parecia ser a própria essência desta era, à medida que ia abarcando experiências mais abrangentes. Seu ponto de apoio, além da *Nassau Lit.*,** era Cristian Gauss, que exemplificava "o divino orgulho humano da razão e imaginação". Gauss tinha olhos que pareciam "estar por trás de persianas", mas quando ele olhava, eram de um "verde limpo", "duros e belos como pedras preciosas". Os seminários informais que Gauss organizava com meia dúzia de alunos terminaram parecendo uma conversa iniciada na juventude e prolongada durante a maturidade e a velhice, pois Wilson jamais viria a perder contato com ele. Gauss era "o mais acessível dos interlocutores". Edmund também sabia ser muito acessível — quando estava interessado. Também sabia escutar. Admirava a precisão de raciocínio de Gauss, seu ritmo sereno, o modo como ele apresentava aos alunos as duas grandes literaturas do mundo latino. No pináculo ficava Dante, e em tempos mais recentes Flaubert era seu ídolo, exemplo de um estilo alcançado por meio de uma extraordinária força de vontade. Percebe-se quantos valores europeus foram implantados por Gauss em Edmund; o professor deu ao aluno uma visão do inter-relacionamento entre literaturas que este jamais perdeu; foi esta visão que o levou a dominar de modo extraordinário o francês e o russo, e a estudar o hebraico e o húngaro. Se Rolfe era um vínculo com a civilização de Concord, Gauss era um vínculo com a década de 90 do século passado — dizia ele que certa vez encontrou Oscar Wilde (após a *débâcle*), no exílio, melancólico, diante de pilhas de pires equivalentes a bebidas ainda não pagas.

* Poetas ingleses do século passado. (N.T.)

** *Nassau Literary Magazine,* revista literária dos alunos da Universidade de Princeton, da qual Wilson foi diretor. (N.T.)

Gauss pagou-lhe algumas e conversou com ele. Rolfe descortinou para Edmund o mundo antigo; Gauss revelou-lhe o moderno — abriu para ele, por assim dizer, os caminhos que o levaram ao Castelo de Axel e à Estação Finlândia. O primeiro, Edmund viria a trilhar no final dos anos 20; o segundo, no final da década de 30.

O jovem aluno de Princeton ainda era virgem, ainda tinha medo das mulheres, ainda era de um puritanismo rígido. Não bebia — jamais viria a fumar — e ficava tímido e distante em presença de moças. Hoje ele seria rotulado de "careta"; no entanto, este seu lado era compensado por seu hedonismo exuberante. Edmund escreveu o roteiro para um espetáculo do grêmio da universidade, o Triangle Show; fez amizades entre alunos frívolos e *playboys;* estava sempre pronto para se divertir, e mesmo os que o julgavam moralista e arrogante reconheciam sua força moral, sua clareza e sua integridade; desde o início ele recusou-se a aceitar os lugares-comuns da vida universitária e manifestou sua oposição radical à guerra. Quando se formou, perguntou a si próprio o que fazer no sentido de aproximar-se da sociedade de sua época, descer das nuvens do intelecto e da expressão literária. Até então sua vida resumira-se a livros, fantasias, literatura e erudição. A solução imediata que encontrou pode parecer estranha, levando-se em conta a hostilidade que manifestava em relação à guerra. Edmund foi para um campo de treinamento militar em Plattsburgh, que havia sido estabelecido para o caso de os Estados Unidos resolverem entrar na guerra. Ele procurava, em suas próprias palavras, "algo mais ativo, algo mais próximo à realidade contemporânea". É possível que tenha apenas acompanhado alguns amigos que haviam decidido entrar para o campo de treinamento, como forma de passar mais um verão longe de casa. Se o que queria era informar-se a respeito do exército, Edmund rapidamente satisfez sua curiosidade. Sentia-se entediado; estava absolutamente convicto de que "jamais poderia ser oficial". Foi neste momento que fez a afirmação ressentida de que não conseguia se dar com "gente comum". Plattsburgh não ajudou, pois lá encontrou amigos da faculdade e da Hill School; a vida prosseguiu como antes, só que dentro de uma barraca de lona. Edmund leu muitos livros e deu vexames terríveis na prática de tiro.

Sua segunda tentativa de travar contato com o mundo exterior se deu no outono de 1916. Arranjou emprego como repórter do

Evening Sun, de Nova York. Porém não tinha a agressividade que se requer num "foca", e sua timidez não o deixava invadir a privacidade das pessoas para conseguir um "furo". Ele preferia escrever sobre arte; fez também algumas reportagens de cunho descritivo. Vivia bem com o salário semanal de 15 dólares, ocasionalmente complementado pela ajuda do pai, num apartamento na rua 8 Oeste que partilhava com dois amigos; como dividiam todas as despesas, podiam-se dar ao luxo de ter um criado chinês, e davam jantares agradáveis. Scott Fitzgerald lembrava-se de uma vez em que viu o Edmund dessa época, de dentro de um táxi. Estava com uma capa de chuva castanho-claro por cima dos trajes marrons. "Observei, chocado, que ele trazia uma bengala leve." Fitzgerald achou que não parecia mais "o estudantezinho tímido de Holder Court; caminhava com confiança, absorto em seus pensamentos e olhando para a frente; e estava claro que seu novo ambiente o satisfazia perfeitamente". Acrescentou Fitzgerald: "Naquela noite, no apartamento de Bunny, a vida era tranqüila e protegida, uma essência destilada de tudo que eu aprendera a amar em Princeton. O som suave do oboé [tocado por um amigo de Edmund, Morris Belknap] misturava-se aos ruídos da cidade que vinham da rua e penetravam a sala com dificuldade, após atravessar uma espessa barricada de livros".

Tais prazeres, ainda de sabor universitário, não duraram muito tempo. Os Estados Unidos entraram na guerra em 1917, e Edmund Wilson viveu a primeira crise em sua vida ordeira, organizada e aparentemente plácida. Ele havia se dedicado à civilização e à imaginação. Seu país o convidava à "glória" — "O Tio Sam quer *você*", dizia o famoso cartaz, com um dedo que apontava para o observador. Escreveu Edmund: "Eu não sabia o que fazer". Lembrou-se de Plattsburgh. Era tamanha a sua ansiedade que ele chegou a dizer (e viria a repetir esta frase mais de dez anos depois, quando sofreu um esgotamento nervoso): "Normalmente eu sei exatamente o que quero fazer, e é só quando não consigo me decidir que me descontrolo de verdade". Porém Edmund não se descontrolou. Em agosto de 1917 encontrou uma solução, seguindo os princípios de seu humanitarismo. Não queria ser convocado; portanto alistou-se como voluntário — e pediu para servir no Hospital de Sangue 36, que entrou em ação em setembro. Em novembro, Edmund foi para a França. Pouco depois de chegar, escreveu para F. Scott Fitzgerald: "Tenho a impressão de que a porta da casa da alegria, e na verdade todas as atividades humanas normais, estão fechadas até o fim da guerra". E acrescentou: "Dê lembranças a Gauss; penso muito nele aqui na França. Embora eu já tenha estado aqui antes, anos atrás, foi principalmente por causa do que ele me ensinou que não me senti nem um pouco estrangeiro quando aqui cheguei, umas duas semanas atrás".

As anotações fragmentárias que Edmund Wilson fez a respeito da vida militar e os dois contos vigorosos, que lembram Maupassant, por ele reeditados em *A prelude* ("Death of a soldier" e "Lieutenant Franklin"), traduzem em profundidade suas experiências no estrangeiro. A Hill School e Princeton haviam sido a Arcádia da qual Wilson passou para um mundo de disciplina rígida e, depois, de horror. Ainda que a França não fosse para ele um mundo estranho, a morte o era. De início, o estudioso de Homero e Dante passou pelas humilhações de praxe. "Eu me sentia um imbecil, um zero à esquerda", escreveu ele para um amigo. Por sua própria natureza, o exército obrigou Edmund a dar menos valor a si próprio — menos até, pensou ele, do que na escola preparatória. Foi obrigado a abrir mão do controle de sua própria vida, algo doloroso para uma pessoa tão independente quanto ele. Recebia ordens cegamente, quando todas as suas faculdades haviam sido treinadas no sentido de examinar e questionar. O único elemento desta nova vida que o agradava era o fato de ter, como camaradas, americanos de todas as partes do país. Isso abria-lhe novos horizontes democráticos. O exército diminuiu sua timidez, ajudou-o a sentir-se um pouco mais próximo das pessoas fora de seu pequeno mundo (embora interiormente ele permanecesse distante). Em pouco tempo a morte tornou-se uma coisa rotineira, e Edmund aprendeu a conviver com ela. Foi o fim súbito de sua juventude, a conclusão repentina de uma existência anterior, aos 23 e 24 anos de idade. Enviado para Vittel, uma estação de águas francesa, onde os hotéis de luxo haviam sido transformados em hospitais, trabalhou primeiro como padioleiro. Na época ainda havia poucas ambulâncias — a grande era do motor ainda estava por vir —, e os padioleiros recebiam os feridos quando eles saíam do trem, à luz cinzenta e parca do amanhecer, ou no meio de uma nevasca. Edmund jamais esqueceu dos gritos das vítimas do gás de mostarda, de suas membranas e órgãos genitais inchados; a passagem a respeito das armas químicas em *The Cold War and the income tax* deriva seu vigor em parte destas terríveis lembranças. Também não se esqueceria da vez em que empilhou corpos de soldados americanos como se fossem troncos durante a epidemia de gripe de 1918. Edmund viu soldados traumatizados pelos combates e vitimados pela sífilis; e depois de algum tempo apelou para o pai, para que ele conseguisse que o transferissem para outro setor do exército. Aparentemente, sua resistência ao horror chegara ao limite. Seu pai conseguiu um pistolão em Washington; imediatamente antes do Armistício, Edmund foi nomeado sargento e transferido para o setor de informações. Em Chaumont, por um breve período traduziu documentos do francês para o inglês; em seguida, após uma rápida passagem por Trier ocupada (cenário do conto "Lieutenant Franklin"), voltou para ser desmobilizado. Um trecho deste conto dá uma idéia da essência do que Edmund sentia após seu contato com a guerra e suas circunstâncias, durante 24 meses:

> A seu redor, fora daquele recinto, descortinava-se a desolação da Europa: a fome e o cansaço dos vivos; o abismo — impossível contemplá-lo! — dos mortos; aquele mundo fora amaldiçoado durante quatro anos com a negação de todos os instintos naturais, o aborto de todos os impulsos generosos. E naquela noite, naquele recinto fartamente iluminado, onde brilhava amarelo o vinho de uvas de Mosela, onde a música de Schubert ainda dançava ao sol, a fraternidade dos homens renascia...

Em suas anotações feitas durante a guerra, constam cerca de duzentos livros lidos entre agosto de 1917 e a época do Armistício, pouco mais de um ano depois. É uma lista impressionante. Nela aparecem um livro de um autor então desconhecido, Joyce (*Dubliners);* os romances póstumos de Henry James, recém-publicados; obras de Edith Wharton, Edna Millay (a qual ele ainda não conhecia pessoalmente), Kipling, Rebecca West, Lytton Strachey, Renan, Rémy de Gourmont, Compton Mackenzie, Walt Whitman (*Leaves of grass* e *Democratic vistas*), Zola e Chesterton. Edmund voltou a Nova York com aquela sensação de desapontamento de quem acaba de deixar para trás uma vida de rotina, em que não há nada além da simplicidade das obrigações militares. Edmund afirmou que jamais poderia "voltar à falsidade e ao tédio da minha vida de antes da guerra. Jurei a mim mesmo que, quando a guerra terminasse, eu me excluiria completamente da sociedade".

Sabemos que Edmund não chegou a se excluir da sociedade "completamente". Estas palavras foram pronunciadas num momento de desilusão: no entanto, elas refletem também aquela faceta de Edmund que sempre havia se excluído (e se excluiria até o fim). É bem verdade que ele havia fugido de uma família sufocante, um clã que o inibia; e suas energias conscientes claramente estavam dirigidas para o objetivo de se "envolver" tanto quanto possível. Porém Edmund não tinha muita consciência dos estratagemas, das defesas e dos subterfúgios que havia adquirido ao longo de muitos anos para aplacar a esfinge da família. Estes mecanismos já haviam se tornado sua segunda natureza, mesmo quando ele se encontrava em plena Greenwich Village, bebendo gim vagabundo. Seu romance, escrito no final dos anos 20, é profundamente revelador. O protagonista pensa no "terror, o terror dominado pela mente, agarrado e transformado à força em algo de belo"; e comenta: "como é imenso o hiato entre o eu que vivencia a experiência e o eu que a relata". Quando escreveu *I thought of Daisy*, Edmund Wilson já tinha consciência de que trazia dentro de si uma *persona* subversiva, uma espécie de presença crônica, uma ferida, por assim dizer, que por vezes negava seus impulsos mais elevados, seus sentimentos naturalmente expansivos e generosos. As atitudes aprendidas em família e os resíduos de puritanismo lhe impunham restrições, hesitações, sentimentos de culpa, fazendo-o lançar mão da astúcia e da duplicidade. Isto, por sua vez, provocava angústias subterrâneas. Buscar o companheirismo, a ternura e o amor — parte da ordem natural das coisas — exigia dele um esforço constante; em Edmund isto era algo consciente, às vezes com uma timidez de "coelhinho", outras vezes com uma sofreguidão de sátiro. O conflito é expresso no título do romance; ele *pensa* em Daisy, a jovem simples que ele pode levar para o parque de diversões, uma versão idealizada de sua mãe. Porém ele ama Rita, a poetisa, e suas "terríveis imagens da banalidade". E vê nela "a ferocidade com que apenas uma mulher, quando a concentração estreita da mulher é desviada de seus objetos comuns, pode se dedicar à arte".

O personagem Hugo representa esta dicotomia do espírito. Edmund está descrevendo-se a si próprio quando escreve que "Hugo não era íntimo de ninguém. Assim que provava uma conversa e captava o sabor social de uma família ou um grupo, imediatamente afastava-se e ia preservar num frasco um espécime para seus livros".

Para Hugo, as mulheres são "as mais perigosas representantes daquelas forças do conservadorismo e da inércia contra as quais toda a sua vida protestava". Estes pensamentos, aplicados a vários personagens do romance, revelam estados de espírito, dúvidas, conflitos, um cabo-de-guerra *interior*, que foi aos poucos levando-o em direção à depressão e a um breve período de pânico e desestruturação. Percebeu então que era um ferido — um artista ferido — que lutava para praticar sua arte *em oposição* às atitudes que havia formado na infância. Em *Daisy* há uma referência a Filoctetes, o arqueiro grego que, por ter uma ferida supurante, não pode demonstrar sua extraordinária habilidade. Nas páginas destes cadernos e de seu romance em que se refere à literatura como "fraude" e "impostura", Edmund parece estar especulando a respeito das primeiras teorias de Freud sobre a arte e a neurose, a clássica debilitação que ao mesmo tempo intensifica a criação e pode ter o efeito de miná-la. Eis aí as sementes do influente ensaio que Edmund escreveria dez anos depois, intitulado "The wound and the bow".* O problema era que seus interesses eram dispersos. Edmund tinha arcos demais. Isto implicava em que lhe faltava a obstinação concentrada de alguns de seus colegas de sucesso, como F. Scott Fitzgerald e John Dos Passos. A luta de Wilson era entre a beleza e a indignação, entre a vida que ele queria viver e a vida que seu eu primeiro lhe impunha, guiando suas criações, determinando seu comportamento social distanciado, e ao mesmo tempo — pois havia um lado positivo nesta morbidez — lhe dando uma acuidade extraordinária.

Nas entrelinhas de *Os anos 20*, no desespero patente em seu romance, temos uma indicação da tensão sob a qual Edmund realizou sua fértil atividade nas revistas literárias. Quando a tensão tornou-se forte demais, ele caiu em depressão; depois buscou alívio no álcool. Durante o tratamento, Edmund ficou por algum tempo dependente de uma droga, o paraldeído; porém teve força suficiente para livrar-se dela. Edmund saiu de sua depressão dos anos 20 estudando os mundos subjetivos dos modernos; eles também eram feridos, e suas feridas lhes proporcionavam uma visão aprofundada da ordem simbólica da existência. *Axel's castle* foi o fruto da luta de Edmund, uma luta que terminou levando-o ao mito grego de

* "A ferida e o arco". (N.T.)

Filoctetes, cuja universalidade ele viria a demonstrar. Ao mesmo tempo, apontava para os problemas centrais de sua vida — sua busca pelo arco certo entre os muitos que sua infância e juventude haviam criado.

II. O ARCO

O mito de Filoctetes, cuja terrível ferida o impede de utilizar o dom que os deuses lhe conferiram, tem raízes na história mental e moral do homem. Tanto Ésquilo quanto Eurípides o abordaram; porém só chegaram até nós relatos incompletos a respeito de suas peças sobre este tema. A peça de Sófocles, que sobreviveu, serviu a Edmund Wilson como base para seu ensaio "Philoctetes: The wound and the bow", publicado pela primeira vez na revista *The New Republic* e depois reeditado como ensaio-título de um volume que reunia sete estudos literários, publicado em 1941. Como epígrafe, Edmund utilizou versos de um poema de James Joyce, um dos artistas mais feridos de nosso tempo: "Sangro à margem do negro riacho,/ De meu ramo partido". Filoctetes, com seu arco encantado, suas flechas envenenadas, sua habilidade suprema de arqueiro, não apenas sangra como também sua ferida (causada por uma picada de cobra) agride as narinas da sociedade. Ele foi rejeitado como se fosse leproso; o exílio lhe impôs um vida de *isolato*, numa ilha, ela própria símbolo de separação do continente. Sozinho, ele cuida da ferida dolorosa e fedorenta que nunca sara. Porém os gregos — isto é, o mundo — precisam de seu grande arco. Tróia não pode ser conquistada sem ele. O astucioso Odisseu pensa em maneiras de utilizar — de explorar — a arma. Trama roubá-la daquele pária inabordável.

Edmund Wilson narra a história com uma sobriedade e serenidade características, do modo mais prosaico, para que o mito fale por si só, com a simplicidade direta de uma fábula. Não é difícil entender por que, entre tantos mitos gregos, este em particular atraía Wilson, embora poucos escritores modernos se interessassem por ele. André Gide fizera dele uma versão intelectual bem típica de seu estilo, associando misticismo a insinuações de sentimentos homossexuais entre Filoctetes e o jovem Neoptolemo. No início do século, um literato diletante de Boston, John Jay Chapman, havia adaptado a versão de Sófocles para o inglês; mas Chapman possuía uma ferida literal. Havia enfiado a mão até a altura do pulso em brasas ardentes, num momento de autopunição puritana e juvenil. Era-se tentado a desviar a vista — e o nariz — da ferida supurante de Filoctetes; parecia mórbido deter-se nela. Porém as experiências de Edmund na guerra o habituaram a todos os tipos de feridas. E ele sentia-se atraído pelos dois personagens principais: Filoctetes, por ser ele o supremo artesão que não pode praticar sua arte por causa da ferida; e o jovem Neoptolemo, por motivos específicos que é necessário examinar. Tendo consciência de sua própria ferida crônica, Edmund Wilson compreendeu a mais profunda significação simbólica da peça de Sófocles.

A segunda parte da peça nos permite compreender mais integralmente o drama mental de Edmund Wilson, através da reelaboração por ele feita do drama de Sófocles. Neste, Odisseu envia Neoptolemo, filho de Aquiles, um rapazinho, para roubar o arco mágico de Filoctetes. O jovem se aproxima do homem ferido com cautela e desconfiança compreensíveis; o fedor é insuportável. No entanto, ele está ansioso para cumprir sua missão. O que ele descobre, com a empatia rápida da juventude, é um ser humano que sofre — e que cabe a ele roubar. Algo o detém. Neoptolemo vence a repulsa pelo horror da ferida; cuida de Filoctetes, que delira; vê a bolha explodir e supurar, e vivencia a agonia do homem que deveria ser sua vítima. Do fundo de sua profunda comiseração brota a consciência de que Odisseu, com toda sua malícia, não enxergou um fato fundamental: o arco excepcional requer o arqueiro excepcional. Neoptolemo não consegue obrigar-se a mentir nem roubar. Enfrenta a ira do homem ferido confessando seu propósito original. Sente que a solução correta é ajudar o arqueiro, ao invés de roubar seu instrumento. Escreve Edmund: "É da natureza das coisas deste mundo, no qual o divino e o humano se fundem, que não se possa obter a arma irresistível sem o seu repugnante proprietário, que perturba os processos da vida normal com suas imprecações e seus gritos, e que além disso se recusa a trabalhar para aqueles que o excluíram de seu convívio".

É necessário abordar a delicada questão da "identificação". Não é fácil identificar-se com Filoctetes; ele é uma criatura que o sofrimento torna digna de pena; está doente, proscrito e voltado para o interior de seu próprio ser. O espectador tende a identificar-se com a saúde, não com a doença. A ferida é física e simbólica. A ferida de Edmund era psicológica. Podemos arriscar a idéia de que o ex-padioleiro, que tratou de tantas feridas de soldados, que cuidou dos mortos e dos moribundos, sentia uma afinidade profunda com Neoptolemo, ao mesmo tempo em que seu intelecto focalizava o ofício e o dilema de Filoctetes. O final do ensaio trata exclusivamente do jovem personagem do drama de Sófocles:

> Apenas com a intervenção de alguém que é puro o bastante e humano o bastante para tratar [Filoctetes] não como um monstro, nem tampouco como um instrumento mágico que é necessário obter para se realizar um determinado objetivo, e sim apenas como um ser humano cujos sofrimentos conquistam sua solidariedade, e cuja coragem e orgulho ele admira. Uma vez concretizada esta relação humana, de início tem-se a impressão de que sua conseqüência será frustrar a expedição e derrotar a campanha dos gregos. Ao invés de converter o marginal, o próprio Neoptolemo marginaliza-se também, num momento em que tanto o rapazinho quanto o inválido são da maior importância para os gregos.

Nesta recriação, Neoptolemo torna-se uma espécie de arquétipo do crítico, assim como Filoctetes representa o arquétipo do artista; ele reflete, mais ainda do que o arqueiro, a imagem e a vocação de Edmund Wilson. Podemos distinguir, nas profundezas biográficas deste ensaio, a dupla identificação do pensador tríplice: o Edmund Wilson cuja ferida o impediu de ser um poeta, dramaturgo e romancista à altura de seus contemporâneos; e o Wilson cujo dom de penetração intelectual e empatia permitia-lhe identificar-se com a "humanidade comum" da arte e da sociedade, com Neoptolemo. Na última frase, Edmund afirma que, "ao assumir o risco à sua causa, representado pelo reconhecimento da humanidade comum com o homem doente, ao recusar-se a faltar com sua palavra, ele vence a teimosia de Filoctetes, e deste modo cura-o e liberta-o, salvando também a campanha". Ao definir Neoptolemo, Edmund Wilson define a si próprio.

A visão se apossou de Edmund aos poucos. Ele havia se tornado um mediador entre a arte e o mundo, entre a astúcia de homens como Odisseu, que "usavam" a arte, e aqueles que se dedicavam à verdadeira criação. Ele havia experimentado as artes e tentado escrever — poesia, conto e teatro. Havia passado da vida extravagante dos anos 20 para a era "proletária" da depressão econômica. E agora, no início de outra guerra mundial, com visão intensificada, pôde fundir suas diversas armas no arco único e poderoso da crítica humanística; finalmente aceitou ser o crítico supremo que era, e assumiu seu papel com vigor renovado e com toda a autoridade que havia adquirido. Nenhum de nossos críticos jamais levara tanto tempo para se preparar; em comparação com Edmund, o respeitadíssimo Desmond MacCarthy, na Inglaterra, com sua firmeza mental e delicadeza de espírito, parecia um diletante; o brilhante V. S. Pritchett chegava mais perto, porém era mais especializado. Van Wyck Brooks era mais historiador do que crítico; além disso, não gostava dos modernos. A ferida de Brooks — relatada com muita nitidez em suas memórias — o fez voltar a Concord ao invés de andar para a frente; ele parecia caminhar ao lado de Emerson e Thoreau; estudou a "ferida" de Mark Twain. A crítica abrangente de Edmund era seu arco específico, o único instrumento adequado criado por sua experiência de vida específica. Agora ele podia dedicar-se, com verdadeiro espírito humanístico, às artes literárias americanas; e, com sua extraordinária habilidade de repórter, também à política e à sociedade. Podia praticar a "empatia e imparcialidade de juiz" que vira em seu pai. Podia oferecer-se — mesmo que assim fazendo se marginalizasse — como "pedra de toque geral", e não ser nem juiz, nem professor, nem diletante, e sim um auxiliar, irmão do artista. Sendo mais do que um intermediário, um tal crítico segue ao mesmo tempo a lei do médico e a do filósofo. Torna-se inimigo dos empulhadores e aventureiros. Para ser deste modo um arauto da verdade, era preciso estar aberto para a linguagem, a psicologia, a história: era preciso entender os esforços até mesmo dos artistas menores, dos Harold Frederic e Henry Blake Fuller, os sofrimentos de um John Jay Chapman — tanto quanto era necessário compreender os artistas protéicos que transcendem tempo e lugar e se dirigem a todo o mundo. A arte, registro obstinado da imaginação humana, longe de ser um truque de prestidigitação, torna-se, encarada dessa forma, a mais completa expressão de ser do artista, seu desespero, sua serenidade; cabia ao crítico ver as linhas gerais, o alcance da grande obra, seu impacto sobre a sociedade e sua época, bem como sobre a posteridade.

Edmund tinha uma mente multifacetada; tinha mais em comum com as mentes universais do século XVIII do que com os líricos feridos do XIX. Jamais conseguiu conter-se: sempre terminou adentrando outras áreas. Seu ponto de partida era a literatura, porém escreveu sobre os zuñi e os iroqueses; foi a Israel para estudar os manuscritos do Mar Morto. Era um viajante aventureiro. Era compelido a estudar idiomas. "Sempre experimento um prazer quase sensual", escreveu ele, "quando ataco uma língua nova." Anexou a Rússia como um território importante de sua inteligência e sensibilidade. E jamais sentia-se satisfeito com suas conquistas. Um dia, em Harvard, disse-me sem mais nem menos: "Você nunca me levou à sepultura de Henry James". Eu imaginava que há muito tempo ele já tivesse visitado aquele lugar tranqüilo em Cambridge. Assim, fizemos uma romaria uma tarde, um longo passeio pelo cemitério de Cambridge, com paradas e conversas perante os túmulos dos Howells e dos James, bem como de muitos outros luminares de Cambridge que repousam naquele morro próximo a Soldiers' Field. Edmund sempre dava a impressão de ter mais idéias do que era capaz de usar, mais flechas do que podia disparar. Levaria anos para sincronizar e unificar seus talentos hiperativos. Com o tempo, foi criando a série de livros por meio dos quais o conhecemos, essa extrordinária colheita dos frutos de sua mente inquieta e sua curiosidade insaciável. Terminou admitindo que era um mestre das formas curtas. Sua formação de jornalista literário, a necessidade de publicar em revistas, tiveram o efeito de tornar as formas curtas convenientes, obrigatórias. Além disso, Edmund empenhava todo seu ser e o concentrava num foco tão poderoso para abordar qualquer problema — uma determinada carreira, um movimento de idéias, um fenômeno social, o caráter de Casanova, as perversões de Sade — que esta tensão não podia ser mantida por muito tempo. Ele era incapaz — talvez por impaciência — de escrever uma obra longa e pensada a fundo. Seus melhores escritos são cenas e imagens, miniaturas e retratos, elaborados com perfeição. Seus mestres eram Taine e Michelet, e Edmund associava a eles os *insights* adquiridos com os gregos e a psicologia clássica. Uma série de ensaios sobre escritores modernos virou *Axel's castle*, sua obra seminal sobre o simbolismo; uma outra série sobre os "escritores e atores da história" terminou como *To the Finland Station*. Foi seguindo o mesmo método que ele criou suas "crônicas literárias".

O que caracteriza a crítica de Wilson é sua probidade, sua busca pelas verdades de um determinado problema, seu interesse por detalhes curiosos que esclareçam o todo, sua recusa a aceitar a banalidade. Recusava-se também a usar a crítica como instrumento de poder, ou como manifestação de sua personalidade, um equívoco que costuma acontecer com os que se tornam ditadores do gosto do público. Permanecia distanciado, objetivo, por vezes severo, e mesmo quando abordava certos tipos de mediocridade, fazia-o dentro de um espírito de investigação esclarecida. Porém jamais perdeu o amor por suas obras de imaginação. Lembro-me de uma ocasião, em Princeton, em que ele me disse, com certa veemência: "Por que você só fala comigo a respeito da minha obra crítica? Eu escrevi peças, poemas, contos, versos de circunstância, romances. Sou um escritor, e escrevi muitos tipos de coisas". No entanto, o mundo o conheceu particularmente como crítico e explorador das regiões longínquas da mente. Nas páginas da revista *The New Yorker,* Edmund era o viajante analítico, o estudioso de literatura russa, o vigoroso questionador de raças e culturas, o crítico incorruptível. Veio a realização, e a fama, ainda que tardia. Toda a sua vida é um modelo de criação e recriação, escrita e revisão, um processo contínuo de autodescoberta e auto-renovação durante o qual ele conseguiu preservar uma visão geral do mundo, juntamente com a compaixão pelos sofrimentos a partir dos quais a arte é gerada.

Recordo uma noite na casa de Edmund Wilson em Princeton, em 1953. Ele estava passando o inverno lá. A romancista Elizabeth Bowen fazia-lhe uma visita, e John Berryman e eu aparecemos depois do jantar. Berryman estava escrevendo "Homage to Mistress Bradstreet", e o poema ocupava todo seu ser, de modo que a toda hora ele parecia transbordar; havia trazido algumas páginas que acabara de escrever. Estávamos numa sala ampla, em pequenas ilhas de luz, cercados de penumbra — a srta. Bowen, com seu gaguejar controlado e charme natural; Elena Wilson, a essência da simpatia e da compreensão; e Edmund, grandalhão, efusivo, dominador. Edmund pediu que Berryman lesse um trecho da obra inacabada. O poeta, que ainda não havia cultivado uma barba à Whitman, tinha na época um rosto de linhas duras, e sua voz era tensa. Engrolava seus versos, falava baixo demais, muitas vezes omitia palavras, afogado em sua angústia pessoal, seguindo em frente às cegas, atentando apenas em parte no que lia. Sentado a seu lado, Edmund o ouvia com toda a concentração de que era capaz. Depois de algum tempo, começou, em voz baixa, a devolver alguns dos versos a Berryman — e, necessariamente, a nós. Fazia-o com uma voz suave que era quase uma carícia. O poeta sofredor mal o ouvia; seguia em frente com ímpeto. A mim, parecia-me estar ouvindo um canto gregoriano desencontrado, em que as palavras confusas de Berryman eram seguidas por uma réplica modulada e repetitiva. Era a poesia da reiteração, um abraço vocal, uma ajuda: Neoptolemo e Filoctetes. Senti que estava presenciando a forma mais elevada de crítica construtiva — o crítico como auxiliar, explicador, amigo, não apenas do leitor comum, mas do próprio artista.

Leon Edel

CRONOLOGIA

1895-1919

1895 Edmund Wilson Jr. nasce a 8 de maio, em Red Bank, Nova Jersey, filho de Edmund e Helen Mather (Kimball) Wilson, filho único do casal.

1908 Primeira viagem à Europa. No outono, ingressa na Hill School, Pottstown, Pensilvânia.

1912 Termina o curso da Hill School. Entra na Universidade de Princeton. Conhece Christian Gauss; entre seus colegas incluem-se John Peale Bishop e F. Scott Fitzgerald.

1916 Forma-se em Princeton. Verão no acampamento militar de Plattsburgh. No outono, torna-se repórter do *Evening Sun* de Nova York.

1917 Alista-se e pede para servir numa unidade hospitalar. Na França, cuida de feridos e agonizantes em hospitais nos Vosges.

1918 Torna-se sargento do Corpo de Informações. Finda a guerra, vai à Alemanha.

1919 Volta para os Estados Unidos em julho. É desmobilizado.

OS ANOS 20

1919 Fixa residência em Nova York e começa a escrever como *free-lancer.*

1920 Torna-se redator-chefe da revista *Vanity Fair.* Conhece Edna St. Vincent Millay.

1921 Viagem à Europa, "tendo Edna ido para o estrangeiro". Torna-se diretor administrativo da revista *The New Republic*. Viaja pela Inglaterra, França e Itália.

1922 Em colaboração com John Peale Bishop, publica *The undertaker's garland*, pela Alfred A. Knopf. Volta para *Vanity Fair*.

1923 Casa-se com a atriz Mary Blair. Continua na *Vanity Fair*, mas torna-se também crítico de teatro na *Dial*. Morte do pai. Nascimento da filha, Rosalind.

1924 Vai à Califórnia, representando um grupo de balé sueco, para convencer Charlie Chaplin a trabalhar num balé escrito por ele. Chaplin não aceita o convite. A companhia teatral Provincetown Players encena *The crime in the Whistler Room*, estrelando Mary Blair. Volta para *The New Republic*.

1925 Separa-se de Mary Blair.

1926 *Discordant encounters*, uma série de conversações imaginárias. Visita Nova Orleans.

1927 Passa o verão em Peaked Hill, na casa de Eugene O'Neill, em Provincetown. Começa a escrever os ensaios de *Axel's castle*. Visita Boston durante as manifestações pró-Sacco e Vanzetti.

1928 Trabalha em *I thought of Daisy*. Viaja à Califórnia e reescreve o romance.

1929 Termina *Daisy*. Interna-se no Clifton Springs Sanatorium para tratar-se de "uma espécie de" esgotamento nervoso, porém continua a trabalhar em *Axel's castle*. Sai do sanatório três semanas depois. Verão no cabo Cod. *Poets farewell* e *I thought of Daisy* publicados pela Scribner's. Divorcia-se de Mary Blair. Casa-se com Margaret Canby em 1930.

As cartas e anotações dos escritores de gênio representam uma das fontes de que dispomos para saber como era realmente a vida num dado tempo e lugar.

Edmund Wilson

Como é imenso o hiato entre o eu que vivencia a experiência e o eu que a relata.

I thought of Daisy

OS ANOS 20

Edmund Wilson teve baixa no exército no dia 9 de julho de 1919, e em agosto mudou-se para um apartamento situado na rua 16 Oeste, 114, dividindo-o com ex-colegas, como já fizera antes. Quatro dias após voltar para Manhattan, escreveu a F. Scott Fitzgerald: "Não estou escrevendo nenhum romance, mas estou escrevendo praticamente tudo o mais — e estou conseguindo publicar alguma coisa". Seus interesses abrangentes, sua agilidade mental e seu espírito lúdico tornaram-no popular nas revistas e revelaram-no um mestre do artigo breve, do ensaio curto.

Arranjou trabalho quase imediatamente na *Vanity Fair*; tinha havido uma reorganização de pessoal na revista — uma publicação popular e primorosamente editada —, e era necessário arranjar um redator-chefe. Lá Edmund trabalhou com seu ex-colega de faculdade John Peale Bishop, que havia servido nas trincheiras durante a guerra; e foi lá que os dois conheceram e se apaixonaram por Edna St. Vincent Millay. Nas entrelinhas de seus cadernos, no estudo biográfico que escreveu sobre a srta. Millay muitos anos depois e no romance *I thought of Daisy*, podemos ver de que modo a poetisa tornou pungentes estes anos para Edmund; foi talvez sua única paixão verdadeiramente "romântica". Edmund viria a amar outras mulheres, e até o fim tentaria ser galante, com a sofreguidão característica de quem teve uma formação puritana. Era sensual e ao mesmo tempo possessivo. A srta. Millay não queria se tornar propriedade de ninguém. Desde o início, foi uma paixão arisca; mas Edmund sentiu que nela havia calor demais. De fato, a srta. Millay era uma vela ardendo nas duas pontas, como ela viria a dizer nuns versos que se tornaram célebres. Edmund também recorreu à imagem do fogo:

Eu que parti meu coração apaixonado
Pelos lábios de Edna Millay
E seu rosto que arde como chama
E sua terrível mortificação.

Quando, mais tarde, Edmund deparou num poema dela com o verso "Eis uma ferida que jamais há de sarar, eu sei", comentou: "Este poema fez soar as cordas da mortificação". Deu-se conta de que a ferida fora causada por um dos muitos amantes da poetisa — que não era ele. Disse Edna Millay: "Isso de as pessoas viverem se apaixonando por mim complica minha vida toda". Talvez seja sintomático Edmund mencionar que levou Edna para ver *Heartbreak House.** Nas entrelinhas de seu estudo biográfico há muitos indícios de um coração partido, como também há no romance que Edmund escreveu, na figura vibrante de Rita Cavanagh. Como já vimos, na experiência erótica de Edmund as mulheres podem ser divididas em dois tipos por ele delineados em *I thought of Daisy* — as Daisys e as Ritas. Sua Daisy (que também é identificável) é, não obstante, uma extensão da Daisy Miller de Henry James, como também é a Daisy de *The great Gatsby,* de Fitzgerald. Porém Rita surgiu-lhe de corpo inteiro, em plena Greenwich Village. A inter-relação entre vida e literatura era importante tanto para Edmund quanto para John Peale Bishop, se bem que Bishop parece ter experimentado uma paixão mais sombria. Os leitores talvez se divirtam com a cena, contida nestes cadernos, em que a srta. Millay aparece nos braços dos dois amantes numa noite de despedida — ela estava prestes a ir embora. Numa carta, Edmund afirma: "Tive uma noite magnífica com ela na primavera, na qual todas as velhas brigas foram enterradas". Logo no início de seu relacionamento, vemos de relance o Edmund universitário, numa frase em que ele relata uma festa a que foi com Edna, na casa do ator Richard Bennett: "Sentei-me no chão com Edna, o que me pareceu muito boêmio".

Edmund realmente viria a tornar-se muito boêmio. A bebida vagabunda dos tempos da Lei Seca, os bares clandestinos, as festas,

* Peça de George Bernard Shaw cujo título significa, literalmente, "A casa dos corações partidos". (N.T.)

o sexo ardente e por vezes atormentado — revivemos os anos 20 em expressões, fragmentos de conversas, cenas em miniatura. Quando estava com Edna, Edmund jamais esquecia "as coisas que ela observava, pois ela as revestia de um sentimento muito intenso. O poder de ressaltar e enobrecer a vida era algo que todos que a conheciam sentiam nela". A viagem à Europa de 1921 foi aparentemente motivada pelo desejo de ver a srta. Millay, que na época estava no estrangeiro. No estudo biográfico, Edmund a recria tal como ele a vira pela primeira vez na primavera de 1920, em Greenwich Village — com uma roupa de batique de cores vivas, os cabelos ruivos ainda não encrespados, cheia de animação e intensidade, com sua pureza verbal, seu pescoço longo, seu corpo cheio, e o "efeito inebriante que exercia sobre as pessoas". O que Edmund viveu foi uma embriaguez. Como escreveu em 1921 a seu velho amigo Stanley Dell, "minha vida sentimental (isto é confidencial) está muito enrolada. Creio que é uma vingança da velha Mãe Natureza eu estar, após um longo período em que me vi livre desse tipo de problema, há um ano me envolvendo com mulheres a ponto de não ter tempo para mais nada".

Nesta época, Edmund já havia adquirido, apesar de diversos *chagrins d'amour*, uma reputação considerável, ainda que limitada. Não era uma celebridade como Millay, Fitzgerald ou Dos Passos * nesta época, porém o que ele dizia sobre literatura, arte e sociedade revestia seu nome de uma autoridade inquestionável. Entrava e saía da *Vanity Fair*, e passou a escrever para *The New Republic*, na época uma revista ainda relativamente nova. Foi neste periódico, cujo departamento literário foi dirigido por Edmund em períodos intermitentes, que ele publicou algumas de suas melhores obras nos anos 20. Quem lê sua crítica a *Ulysses*, publicada em *The New Republic,* ou a *The waste land,* era *The Dial,* percebe que estes marcos da literatura moderna foram imediatamente compreendidos e explicados por Edmund, enquanto os outros críticos ficavam desnorteados. Nesta época, ele já compreendia o "movimento modernista" em toda a sua profundidade histórica, reconhecia a preeminência das modalidades subjetivas e as vitórias do simbolismo em detrimento dos naturalistas.

Sua crítica a *Ulysses* vê ao mesmo tempo o brilho e a vulgari-

* John Dos Passos (1896-1970), romancista. (N.T.)

dade de Joyce, num momento em que os leitores estavam simplesmente deslumbrados pelo brilho; questiona a eficácia da paródia e da zombaria como maneiras de se abordar a realidade no romance, porém reconhece a força e o virtuosismo do talento do escritor irlandês. Percebeu também — como revelam os cadernos — o que havia de superficial em Fitzgerald, a quem criticava impiedosamente, porém elogiava com franqueza. Fitzgerald dava-lhe ouvidos; respeitava-o demais para se magoar de verdade. Quanto à análise que Edmund fez de *The waste land,* trata-se do primeiro estudo crítico de fôlego sobre T. S. Eliot publicado nos Estados Unidos.

Tudo isso constitui como que as margens dos cadernos, que são um tanto fragmentários neste período. Extinta a paixão por Millay, Edmund casou-se com a atriz Mary Blair, que estava trabalhando com sucesso na companhia Provincetown Players, representando peças de Eugene O'Neill.* Foi ela a protagonista na montagem da peça de Edmund *The crime in the Whistler Room,* que estreou na MacDougal Street a 9 de outubro de 1924. Edmund não teve sucesso como dramaturgo, e dispersou-se por tantas atividades culturais diferentes que não chegou a publicar nenhum dos livros que planejava na época, salvo um, em colaboração com John Bishop. Em 1923 nasceu-lhe uma filha, Rosalind Baker Wilson, no dia 19 de setembro. A essa altura, já saíra da *Vanity Fair*, e estava trabalhando com prazer em *The New Republic.* A redação da revista ficava instalada em duas casas velhas no Lado Oeste, que quase pareciam sair de dentro do rio. Quando o semanário interessou-se por Edmund, ele foi convidado à casa de cada um dos diretores; achou graça nisso, pois era como se ele estivesse sendo aceito por alguma confraria. Nessas casas, em cada dia o almoço era servido numa sala de jantar específica, e todos os membros da diretoria da revista se reuniam, cada um chegando e saindo na hora que bem entendesse. Nestes almoços, mais íntimos e mais sérios do que as reuniões da mesa redonda do Algonquin,** Edmund considerava Walter Lippmann o mais "animado" do grupo. Dizia que *The New Republic* era "uma casa fria e hostil para quem não seja um liberal respeitável de meia-idade, no mínimo". Porém aquela foi a casa

* Dramaturgo, geralmente considerado o mais importante da literatura americana (1888-1953). (N.T.)

** Grupo informal que almoçava no Algonquin Hotel, composto de jornalistas e gente de teatro. (N.T.)

literária de Edmund, e lá permaneceu tempo suficiente para publicar alguns dos melhores ensaios, conversações imaginárias e exercícios de estilo que escreveu na década. Já em meados dos anos 20 Edmund Wilson tinha conquistado um certo renome nos meios editoriais, o qual se prolongaria através das colunas de *The New Yorker*.

Da colaboração com John Peale Bishop resultou um livro intitulado *The undertaker's garland*, publicado pela Knopf em 1922. A obra refletia as experiências de Wilson e Bishop na guerra: zombava da morte. É um livro amargo e espirituoso, e o prefácio, de autoria do Edmund, fala com ironia do impulso de morte nos Estados Unidos em oposição à força vital dos séculos. Este tema seria retomado, sob outra forma, em *The crime in the Whistler Room*. "Nova York não foi feita para o amor, como também não foi para a arte", escreveu Edmund. "O importante era ganhar dinheiro, e não ouvir música nem tomar vinho [. . .] concluímos que a melhor maneira de interpretar este país é escrever um livro dedicado à morte [. . .] no momento de trevas mais profundas da Idade Média, as pessoas fizeram da morte uma farsa. Para a gente do século XV, a própria morte tinha mais vida do que tem a vida hoje em dia." Perto do final do livro, é abordada a "morte de Deus" — e Deus pede ao homem que perdoe sua incompetência.

O livro era uma miscelânea de contos e poemas de Wilson e Bishop. Mas quando chegou a ser publicado, já havia começado a onda de prosperidade e bebida farta que marcou os anos 20; a guerra era uma coisa distante; e embora uns poucos, como Mencken,* elogiassem o livro, ele vendeu pouco e não despertou atenção por muito tempo. A morte nunca é um assunto popular. De qualquer modo, o aparecimento deste livro no mesmo ano que *The waste land* e *Ulysses* indica de que modo ele se situava dentro do espírito da época.

* H. L. Mencken (1880-1956), jornalista e crítico literário e cultural que exerceu grande influência no panorama literário americano nos anos 20. (N.T.)

1919-1925

DEPOIS DA GUERRA

[Minha unidade de informações só foi desmobilizada depois de 4 de julho de 1919, já que éramos não-combatentes e, portanto, ocupávamos posição inferior na lista de privilégios. Meu pai e minha mãe vieram me visitar, separadamente, no acampamento de adaptação em Southampton, Long Island. Meu pai muito me agradou quando, no acampamento, reclamou da incompetência do exército, por não o ter deixado me ver antes, e depois, ao ser repreendido pelo oficial comandante, o qual afirmou que falar daquele jeito era traição, replicou que no que dissera não havia nada que violasse lei alguma. Eu havia escrito para minha mãe pedindo-lhe que me trouxesse os poemas de Witter Bynner, *Lustra* de Ezra Pound e *American language* de H. L. Mencken, cuja primeira edição tinha sido recentemente lançada. Li todos estes livros nos bancos de madeira do acampamento.

Minha mãe me deu uma notícia perturbadora. Meu primo favorito, Sandy (Reuel Baker) Kimball, tinha esquizofrenia (na época, em vez de "esquizofrenia" dizia-se "demência precoce"). Ele era apenas quinze meses mais velho do que eu; quando éramos meninos, ele era meu melhor amigo: escrevíamos histórias, gravávamos discos, jogávamos damas e brincávamos de mímica juntos. Havíamos estudado em escolas preparatórias diferentes, freqüentado associações estudantis diferentes na faculdade e havíamos nos afastado muito um do outro. Ele sempre esteve um ano à minha frente na escola e na faculdade, e durante este período vimo-nos muito raramente. Porém a notícia de que ele havia enlouquecido proporcionou-me um choque que me foi difícil absorver. Todo um relacionamento fora amputado. Sua mãe o pressionara para que ele se tornasse um médico de sucesso como o pai, porém seus professores na faculdade de medicina o desaconselharam a tentar terminar o curso, e quando vieram os exames ele foi reprovado. Sandy havia pedido em casamento a mão de uma jovem ruiva cheia de vida, filha de um de seus vizinhos no interior; fora rejeitado. (Fiquei um tanto perturbado quando ele me relatou, com certo entusiasmo, suas experiências homossexuais com um colega na escola preparatória.) Além disso, preocupara-me ele não ter participado da guerra. Ele me escreveu sobre isto quando eu estava na França, e respondi-lhe que quando a gente se alista, a gente só pensa no trabalho e nos perigos e nunca tem cabeça para pensar em patriotismo. Seu pai, depois de uma vida dura de muito trabalho, havia sucumbido e se tornado completamente inválido, voltando à infância; e sua mãe, que jamais o compreendera — era um erro Sandy continuar morando com ela — não conseguia abrir mão dos planos ambiciosos que nutria para o futuro do filho. Sua pobre irmã, Esther, era obrigada a servir de conciliadora, porque a mãe e o filho tinham tendências irreconciliáveis. Após abandonar a medicina, Sandy de início trabalhou num departamento de química em Washington; depois se empregou como funcionário da livraria Scribner's, em Nova York; depois, quando seu estado mental tornou-o incapaz de trabalhar, foi internado numa série de clínicas particulares, onde de início ele conservou sua inteligência. Escreveu uma paródia, *The great hater*, de *The great lover* de Rupert Brooke,* bem como uma história na qual ele aparecia como o filho relapso de um grande rei, já velho (meu tio Reuel, agora inválido). No sanatório, fez amizade com um jovem da família Proctor — da Keith and Proctor, produtora de *vaudeville*; tinham um relacionamento jocoso — um zombava da doença do outro. Uma vez, disse-me que pretendia viajar à Europa; fingi que o levava a sério; em seguida, porém, ele perguntou: "Como é que eu posso ir se estou louco?". Meu tio Win, que era um tanto imaturo, atribuía a deterioração mental de Sandy ao fato de ter ele estudado em St. Paul's ao invés de Andover ou Exeter, onde o resto da família estudara. Os tios de Sandy da família Knox, produtos de St. Paul's, eram categoricamente rotulados de parvos pelos tios Kim-

* Poeta inglês, morto ainda jovem durante a Primeira Guerra Mundial (1887-1915). (N.T.)

ball, mais despachados e competentes. Pouco depois, a consciência de Sandy eclipsou-se de vez, no hospital estadual de Middletown, Nova York. O fato de Sandy retirar-se do mundo causou-me uma impressão mais profunda do que eu imaginara, e por muito tempo foi para mim uma espécie de trauma.

Foi só depois que voltei da guerra que constatei ser possível falar com meu pai com naturalidade e mais ou menos em pé de igualdade. Ele não manifestou indignação com minhas idéias, que na época eram um tanto radicais; mais, embora ele ainda fosse basicamente um seguidor do Partido Republicano, ficou horrorizado com a ilegalidade da detenção e deportação de estrangeiros radicais, sem mandado de prisão nem julgamento. Nossas conversas tornaram-se mais tranqüilas. Ele falava de política com franqueza — disse-me que Warren Harding, embora republicano, era o que havia de pior em matéria de corrupção, e divertiu-me contando histórias engraçadas a respeito de personalidades de Nova Jersey.]

Norte de Nova York. Via-se a cidade surgir primeiro no amplo bulevar: as fachadas dos prédios residenciais, ornadas de escadas de incêndio, as inúmeras garagens e lojas de automóveis.

Charley Walker [um amigo de EW da Universidade de Yale, que viria a tornar-se internacionalmente conhecido como perito em relações trabalhistas e por suas traduções de peças gregas] veio a Red Bank. Eu não o via desde antes de nós dois irmos para a guerra. Ele estava trabalhando num alto-forno, numa siderúrgica, e parecia ter saído das chamas do inferno. Havia resolvido dedicar-se aos trabalhadores, porque era esta a grande força do futuro. Eu me considerava bem esquerdista, coisa que Charley ainda estava longe de ser — via tudo em termos de condições de trabalho, não utilizava nenhum termo do vocabulário dos radicais. Eu havia me empolgado muito com a grande greve dos metalúrgicos de 1919. Mas Charley era um sujeito sério; não havia passado a vender ações, como tantos outros recém-formados. Na época, eu ainda não estava tão consciente quanto vim a me tornar depois da diferença entre os que saíam da faculdade e mantinham a tradição da época, segundo a qual todos os homens que tinham instrução superior, com raras exceções, se destinavam às chamadas "profissões mais elevadas",* porém a visita de Charley teve um efeito positivo sobre meu moral.

[Foi então que achei que minha inocência estava durando demais e resolvi comprar uma camisa-de-vênus. Fui a uma farmácia em Greenwich Avenue e fiquei do lado de fora, nervoso, certificando-me de que não havia nenhuma mulher lá dentro. Então entrei e perguntei ao vendedor. Ele foi até o balcão dos fundos e voltou com um preservativo de borracha, elogiando sua qualidade; inflou-o como se fosse um balão para me mostrar como era resistente. Porém neste momento o preservativo estourou, o que de certo modo foi um presságio. Em pouco tempo perdi minha timidez em relação às mulheres, porém fui vítima de muitos infortúnios do sexo, dos quais eu talvez tivesse sido poupado se já tivesse alguma experiência: abortos, gonorréia, complicações amorosas, desilusões.

Depois da guerra, voltei a dividir um apartamento, desta vez na rua 16 Oeste, com meus velhos amigos David Hamilton, Larry Noyes e Morris Belknap. Nossa cozinheira era uma mulata antilhana, que ficava irritada comigo porque eu trazia convidados para jantar sem tê-la avisado. Recebíamos muitos amigos de Yale e Princeton, além de outros: Gilbert Troxall, Phelps Putnam, Charley Walker, Fred Manning, Douglas Moore, John Bishop, Scott Fitzgerald, Kenneth Hayes Miller, Adele Brandeis, a madrasta de Morris Belknap e outros que já esqueci. O sistema foi agradável enquanto durou, mas era fatal que acabasse um dia.

David Hamilton logo casou-se com Margaret Bentley, uma moça de Chicago que já era sua noiva desde antes da guerra. Era filha de um advogado de Chicago que representava os McCormick.** Eu fora colega de escola de seu irmão Dick, um garoto brigão, porém simpático, que estudou em Yale e depois também se tornou advogado. Mas Margaret tinha, ou achava que tinha, pendores artísticos, e creio que foi por isso que se casou com David, que queria ser escritor e pintor ao mesmo tempo. O casamento, em Chicago, foi um grande acontecimento; todos nós fomos cavalheiros na cerimô-

* Assim no original. Subentende-se "e os que (como Charley) rompiam com esta tradição". (N.T.)

** Família proprietária do jornal *Chicago Tribune,* na época o de maior circulação nos Estados Unidos, de tendência conservadora. (N.T.)

nia. Margaret era uma moça decidida e dinâmica; a meu ver, tinha mais personalidade que David, que era indolente e tinha sido muito mimado pela mãe e as irmãs. Viria a publicar dois ou três romances de um humor irônico sutil, bem como a fazer alguns desenhos e pinturas — o pouco que vi deles deixou claro que estavam muito longe de ser obras-primas. Ele e Margaret tiveram duas filhas; Margaret morreu ainda jovem.

Morris Belknap era de Louisville, Kentucky, onde sua família sem dúvida era bem próspera. Havia perdido a mãe e o pai ainda menino, e o pai casara-se pela segunda vez com uma mulher bonita e de grande inteligência, que era muito boa com Morris. Seu único irmão não era "certo da bola"; era emocionalmente retardado. A companheira inseparável de Morris era uma moça judia, culta, de família conhecida e próspera; suas irmãs eram bonitas e talentosas, mas ela própria era gorda e feiosa. Viera para Nova York para ficar perto de Morris, e eu imaginava que ela sempre tinha esperanças de que ele a pedisse em casamento. Tinham em comum o amor às artes. Morris era pintor e músico, porém uma espécie de impotência espiritual, resignada e soturna, neutralizava suas aspirações artísticas. Ingressou na Arts Students League, onde estudou com Kenneth Hayes Miller,* o qual muito o influenciou com seu interesse pela psicanálise. Morris pintava nus de ambos os sexos; eram sempre de um verde turvo, como se já estivessem mortos.

Morris Belknap deu uma pequena contribuição à minha formação musical: tocou ao piano a *Euridice* de Gluck e as canções de morte de Mussorgski, leu as memórias de Berlioz e falou sobre elas, e levou-me a explorar *A travers chants* de Berlioz, com suas descrições literárias das sinfonias de Beethoven — li o livro com a mesma avidez com que estava começando a ler os artigos sobre música de Paul Rosenfeld,** e Morris tocou tantas vezes a parte do oboé da abertura de *Os mestres cantores* que acabei sabendo assobiá-la. Era um sujeito extremamente simpático e bem-humorado, porém um tanto deprimente depois de algum tempo. Ele exemplificava o lado azedo que eu identificava como uma característica de uma das duas classes de ex-alunos de Yale. Havia os que se orgulhavam de ter pertencido às melhores associações estudantis, para os quais Yale

* Pintor e gravador (1876-1952). (N.T.)
** Crítico musical (1890-1946). (N.T.)

era uma espécie de religião, e aqueles — Sinclair Lewis * era um dos exemplos mais eloqüentes — que jamais haviam pertencido a nenhuma organização e jamais perdoavam Yale por isso. (Lembro que Paul Rosenfeld me disse que, se não fosse ele passar o verão sempre na Europa, ele não teria agüentado quatro anos em New Haven. **)

Larry Noyes era homossexual, porém — embora eu tivesse dividido o quarto com ele na escola durante dois anos, e apesar de ele contar piadas de homossexuais de vez em quando e aparecer, após servir na marinha, com um amigo um tanto suspeito jamais desconfiei de nada nem soube de nada senão depois do período em que moramos juntos. Sem dúvida, esta faceta de sua vida o constrangia. Mais tarde, disseram-me que ele lamentava profundamente que seu homossexualismo o tivesse impedido de ser aceito no Racquet Club. Era de St. Paul e conhecia Scott Fitzgerald de lá, mas devido às dificuldades financeiras dos Fitzgerald havia uma barreira social entre eles. Scott não gostava de Larry; refere-se a ele em *My lost city*, ao descrever meu apartamento em Nova York (que lhe parecia um ambiente muito agradável), nos seguintes termos: "a única nota discordante era o ruído de um homem abrindo envelopes de convites". Quando Scott, tendo conquistado a fama, morreu, Larry comentou, como uma velhinha condescendente, que era uma pena ele não ter vivido para fazer mais coisas, porque "era um rapaz *tão* inteligente!". Foi assim que fiquei sabendo que, embora em Louisville fosse socialmente desvantajoso ter dinheiro demais, numa cidade do Meio-Oeste, *** ao contrário, o problema era não ter muito dinheiro. Porém Larry era o tipo de indivíduo do Meio-Oeste que, apesar de sua fortuna, depende muito do prestígio de seus parentes no Leste. Sua irmã casara-se com um De Forest; sua mãe era aparentada com os Gilman; Katherine Ludington, uma espécie de mecenas liberal, também era sua parenta. Larry foi o exemplo mais perfeito que conheci de esnobe do Oeste voltado para o Leste.

Larry trabalhava em Nova York numa firma de arquitetura de grande distinção; porém uma vez, quando foi construir uma casa para um milionário nas Antilhas ou algum outro lugar exótico, me-

* Romancista realista, que criticava com veemência o vazio espiritual da civilização americana (1885-1951). (N.T.)

** Cidade de Connecticut onde fica a Universidade de Yale. (N.T.)

*** St. Paul (Minnesota). (N.T.)

teu-se em apuros por agredir um nativo, e quando voltou foi, ao que parece, relegado a um cargo de menor importância. Nos anos 40, contratei-o uma vez para reformar uma velha casa que eu havia comprado no cabo Cod. Como seu chofer era seu namorado e às vezes resolvia tratá-lo com uma intimidade imprópria, Larry nem queria deixá-lo sozinho nem queria nos pedir que o convidássemos para jantar. Da mesma forma, eu não tinha como dizer-lhe que não ligava para aquilo. Acabamos convidando os dois.]

Um jovem Rockefeller e sua esposa vieram a cavalo até a casa dos Duryea. A sra. Duryea saiu e veio conversar com eles. O cavalo do sr. Rockefeller abocanhou o mindinho dela e começou a mastigá-lo como se fosse uma maçã; a pobre sra. Duryea pulava de dor. Quando finalmente ela conseguiu tirar o dedo da boca do cavalo, a sra. Rockefeller exclamou: "Ah, espero que ele não tenha lhe arrancado o dedo". A sra. Duryea pediu licença, dizendo que estava passando mal, e foi para dentro de casa. A criada negra veio toda afobada. "Se ele tivesse educação, sra. Duryea, ele tinha descido do cavalo! Deixa ele comigo! Eu vou lá fora, ele vai ver!" Os Rockefeller limitaram-se a dizer que tinham vindo convidá-la para jantar, e pedir que ela tivesse a bondade de telefonar para avisar se iria. A sra. Duryea chamou o médico, e seu dedo foi enfaixado. Ela esperou algum tempo para ver se os Rockefeller iam telefonar para saber como ela estava, mas nada; assim, o jeito foi ela própria ligar e dizer que não podia ir; eles nem tocaram no assunto do dedo. O único tipo de situação que eles sabiam enfrentar era convites para jantares; quando se defrontavam com qualquer outra circunstância, ficavam impotentes, não sabiam o que dizer.

*The Palisades * em outubro.* Na névoa do outono, os penhascos pareciam muito distantes, e o verde e o dourado das árvores, que revestiam os barrancos como escamas de metal de uma armadura, morriam gradualmente até fundir-se com o cinza acastanhado da rocha nua, riscada de fissuras. E contra este fundo antiqüíssimo, tão severo e desolado, as gaivotas brancas subiam e desciam com asas lânguidas. E rio abaixo céu e água dissolviam-se em prata, juntos.

* Penhascos na margem do rio Hudson, entre os estados de Nova Jersey e Nova York. (N.T.)

De Nova York e Newark, a caminho de Red Bank ou Princeton. Quem sai do túnel Hudson emerge de uma encosta desolada onde se vêem algumas casas de madeira desgarradas, as últimas ruas de alguma cidade de Nova Jersey, que não passa de um subúrbio de Nova York; uma igreja isolada destaca-se da paisagem sórdida, e causa surpresa encontrar ali até mesmo os aspectos externos da religião; se é de fato um templo religioso e não apenas um prédio projetado mecanicamente, numa forma obsoleta, por arquitetos que tinham mais jeito para projetar fábricas, como uma forma barata de reconhecer uma convenção respeitável; trata-se de uma religião endurecida, encardida e despida de beleza, que assumiu esta coloração mimética para poder sobreviver. É uma região eternamente enegrecida por uma névoa suja de fumaça e umidade. No sopé da encosta há um vasto pântano, com capim desbotado pelo outono, com alguns trechos que persistem num verde débil e poças estagnadas corrompidas por um verde mais vivo; este campo morto é todo riscado por fios telefônicos e, aqui e ali, por estradas enlameadas que parecem estar afundando. O único toque de cor e vida estava numa série de cartazes grandes que anunciavam hotéis e teatros nova-iorquinos, *lingerie*, balas e cremes de barbear. Então viam-se as fábricas com chaminés afiladas na ponta; uma das fábricas tinha quatro chaminés, e parecia um navio do pântano. Como se fossem espinhos, destacavam-se da paisagem chaminés e guindastes ao lado das estradas de ferro. E havia habitações humanas: casas de aspecto frágil, tinta descascada, cinzentas, que, não fosse um ou outro varal de roupas secando no ar poluído, pareceriam reduzidas a uma morte tão completa quanto o mar em que estavam ilhadas. Por fim, após uma viagem de dez minutos num mundo de fábricas, chega-se a uma extensão de água absolutamente negra e parada, dentro da qual o casco de um velho vapor, tão negro quanto o rio, há anos apodrece e afunda lentamente — só estão de fora o tombadilho empenado e a roda de leme enegrecida. É a baía de Newark, e a cidade é Newark: aqui há mais fábricas, só que amontoadas; fábricas pequenas e oficinas mecânicas, modelistas e galvanizadores, amontoam-se ao lado da ferrovia — fabricantes de peças de aço fundido, maçaricos, tintas, produtos químicos, colchões, canetas-tinteiro, *catchup*, geladeiras, vitrolas, toucinho, goma de mascar, lâminas de barbear, cigarros, limpadores de tapetes, balas de alcaçuz, farinhas, abridores de cartas, máquinas de escrever, guarda-chuvas. A cidade e a baía proporcionam uma curiosa impressão de vida e morte misturadas: aqui há atividades comerciais, pode-se ver; há muito trabalho sendo feito; há prosperidade nas lojas baratas e edifícios sólidos; mas com a sujeira das ruas, as cores baças da cidade, a ausência de qualquer sinal de amor à limpeza e à luz, a impressão de que a vida tornou-se pesada e sórdida nestes milhares de cômodos encerrados em tijolos por trás dessas janelas sujas, sentia-se que a morte estava apodrecendo e enegrecendo a cidade, tal como havia feito com aquele velho casco de navio que ninguém se lembrara de destruir ou resgatar.

Em Perth Amboy, via-se uma espécie de grande terreno baldio, cheio de manchas nuas na grama rala e suja; parecia ser usado em parte como depósito de lixo, pois havia latas e pedaços de papel espalhados; mais adiante viam-se casas de madeira que, não fosse a fumaça que saía de suas chaminés, podiam ser tomadas por lixo velho, como os papéis e latas, gastas e jogadas fora, desfiguradas pelos elementos até não terem nenhuma aparência de coisas que já serviram à vida humana.

Os arranha-céus em novembro. Vistos da barca de Jersey City, numa manhã cinzenta de novembro, os arranha-céus destacavam-se nítidos numa luminosidade dura, e não pareciam mais dignos, apenas maiores, do que os horrendos prédios utilitários das cidades pequenas — como eles, tinham cores mortas e sujas e as mesmas formas quadradas e maquinais de uma arquitetura que excluía a imaginação.

Novembro, Red Bank. O belo e melancólico cinza-dourado de um crepúsculo de novembro no oeste, e para o leste pilhas de espigas secas numa luz seca e mortiça; na lareira uns troncos ardendo; os camundongos vêm dos campos quando o milho é retirado e buscam proteção do frio nas paredes das casas, onde podem ser ouvidos correndo, roendo e guinchando como pássaros; apenas ásteres brancos e de um vermelho-ferrugem no verde murcho do jardim.

À margem da estrada, os esqueletos secos das cenouras silvestres; as cristas descoradas dos cardos já haviam começado a se espalhar, e as vagens das asclépias estavam se abrindo e enchendo o ar de fios de prata. O ar, que não tinha ainda a aspereza do inverno, enchia a garganta como vinho gelado. E embora o envoltório dourado das árvores estivesse começando a desgastar-se e perder a cor, elas davam à paisagem uma plenitude de tons desbotados. À noite, a lua fria enchia o mundo, como se com um líquido, com sua luz cinzenta-azulada que deixava entrever o verde da grama com uma leve luminosidade prateada, e de manhã via-se nos campos o florescer esbranquiçado da geada.

Novembro em Nova York. O céu estava repleto de nuvens fantásticas que pairavam acima das ruas pardacentas e melancólicas. De minha janela, eu via as folhas cor de ferrugem farfalhando secas nas trepadeiras, que em certos trechos estavam totalmente nuas e pareciam barbantes emaranhados; os telhados e chaminés delineavam-se nítidos contra o amarelo triste do entardecer, e os fundos das casas de tijolo vermelho estavam enegrecidos e misteriosos àquela luminosidade enfarruscada de crepúsculo de inverno.

Via-se uma fileira espaçada de luzes de lampiões de um violeta lívido estendendo-se na escuridão.

Lincoln Park, Chicago. Visto do Parkway Hotel de Chicago, o Lincoln Park, apesar das árvores negras e nuas, parece ensombreado e suave sob a neve e à luz dos lampiões espalhados por toda a parte, como pérolas grandes e redondas. De vez em quando um táxi percorria as alamedas desertas e sinuosas do parque.

O casamento Hamilton-Bentley. Dick Bentley, distribuindo luvas para os cavalheiros: "Todo mundo tem luvas?"; distribuindo as gardênias: "Mas é desagradável, não é?".

Justamente quando a noiva ia começar a seguir em direção ao altar, uma senhora velhíssima apareceu e exigiu que lhe arranjassem um lugar. Usava uma capa de arminho imensa por cima de algo que parecia um espartilho de malha metálica. Certamente era cega ou tinha um olho de vidro, pois seu olhar era morto, estranho. Vinha acompanhada de um senhor de idade de aparência submissa, sem nenhuma presença nem esplendor; mas era quase só ela que falava, em voz muito alta e aparentemente sem entender exatamente o que estava acontecendo a seu redor, porém vigorosamente convicta de que sua presença ali era da maior importância.

Morris Belknap disse que ela tinha cara de quem arruinou quatro ou cinco pessoas no decorrer de sua vida.

A sra. Belknap é como a deusa Atenas, γλαυκῶπις, uma puritana da Nova Inglaterra de magnífica distinção. Tem-se a impressão de que ela deveria estar governando um império, que ela mal se dá conta de todo o seu potencial na casa dos Belknap em Louisville. Deveria ter sido desenhada por Holbein.

Johnstown, Pensilvânia, etc. Num vale repleto de fumaça, como se fosse uma vasilha, um alto-forno com chaminés imensas domina toda a paisagem: o riacho barrento e turbulento e as casas nuas, cor de fumaça, empoleiradas na encosta árida. Numa das margens, uma pilha de sucata, com pedaços enormes semelhantes a fragmentos de carcaças. Entre estes montes de ferro não se vê nada que não seja desolador. As florestas foram todas queimadas, delas restando apenas alguns tocos enegrecidos, como se ali fosse um campo de batalha da Grande Guerra. As cidades do Meio-Oeste, como Gary, e do oeste da Pensilvânia, como Altoona, são ainda mais completamente sórdidas e grosseiras do que as cidades do Leste, como Elizabeth, as quais ao menos captam uma leve atmosfera cosmopolita da proximidade de Nova York, enquanto aquelas outras cidades, em sua mesmice e vulgaridade, parecem os produtos naturais de um campesinato que, embora certamente mais rico do que aquele outro, mais antigo, que vivia no campo, é incapaz de imaginar ou desejar algo melhor do que esta vida material mesquinha, rude e sem cor, que nem sequer tem os costumes e trajes e a sensualidade vigorosa que encontramos nos quadros de Hals e nas canções folclóricas européias.

Sol branco de inverno sobre a estrada reluzente de neve. A caminho de Chicago, as brancuras dos lagos congelados à luz da lua.

Noite de Ano-Novo. O jantar lá no andar de baixo começou com o espocar de rolhas e o bramido de uma vitrola: por volta de uma da manhã, a festa estava aparentemente no auge. Quando a vitrola começou a tocar, ouvi o que parecia um homem pesadão cantar junto com o disco o refrão da música. Após cada uma dessas explosões, ele parava e soltava uma gargalhada rude, rindo de sua própria falta de jeito para cantar, surpreso de ver que seu entusiasmo o levasse a divertir-se com uma coisa tão estranha e ridícula quanto a música.

O livro de Anatole France, sobre a mesa, leve, a capa cor de limão ligeiramente amassada nas beiras. Suas proporções eram finas e graciosas como as de uma janela envidraçada dessas que vão até o chão.

[O incidente que realmente pôs fim a minha permanência naquele apartamento com meus companheiros misóginos foi uma visita de Edna Millay. Na época, ela estava morando em Greenwich Village, num quartinho frio e miserável; o banheiro era um só para vários moradores. Ela me pediu para tomar um banho quente no meu apartamento. Disse-lhe que o banheiro estava a sua disposição, mas quando ela resolveu utilizá-lo, creio que Morris e Larry ficaram profundamente chocados. Foi então que Ted Paramore e eu alugamos um apartamento em Lexington Avenue, 777. Embora ficasse em cima da loja de um peleiro e cheirasse a gato molhado, como dizia Ted, o apartamento era para nós ideal. Era do tipo em que para se ir a um determinado cômodo era necessário passar por dentro de outros cômodos; assim, podia ser dividido em dois, com o banheiro no meio, o qual podia ser fechado de ambos os lados. Deste modo, cada um podia receber sua namorada sem que o outro o incomodasse. O aquecimento era só a gás, de modo que havia um fedor sufocante no ar, mas eu me sentava para ler *Ulysses* ou *The wings of the dove* com os pés em cima do aquecedor. Na escola, eu sempre fugira de Ted — ele estava um ano atrás de mim, e tinha cara de um *bull terrier* alerta que a qualquer momento era capaz de se tornar agressivo. Mas agora eu o achava agradável e muito divertido. Tinha um excelente cabedal de humor improvisado, temperado com citações de Shakespeare — especialmente *"a fair hot wench in flame-colored taffeta"* ["uma bela rapariga quente, de tafetá cor de fogo"]. Quando Ted estava sozinho, eu o encontrava na cama, sempre de ressaca mas sempre alegre, com os jornais, que ele lia com atenção, esparramados no chão a seu redor. Quando Larry me pediu que lhe enviasse algumas de suas coisas que eu havia levado, tive o mau gosto de mandar entre elas uma caixa de camisas-de-vênus usadas. Ele respondeu: "Me admira você poder dispensá-las".

Vanity Fair. Logo que cheguei a Nova York e estava tentando publicar alguma coisa, adotei um sistema — o qual sempre recomendo aos jovens que querem escrever. Fiz uma lista de todas as revistas possíveis, e outra lista de todos os meus textos que eu achava que poderiam ser aceitos. Não deixava que os bilhetes de rejeição me desanimassem ou abalassem minha autoconfiança, porém apresentava cada um de meus trabalhos a cada uma das revistas na lista, e depois de ter enviado cada um deles e tê-los recebido todos de volta, eu começava a enviá-los outra vez. Esta idéia funcionava. Na época, o encarregado de ler originais apresentados à *Vanity Fair* era um velho jornalista, Albert Lee, cuja nulidade era suplementada por um pincenê preso a uma fita preta e que se limitava a devolver os originais com bilhetes de rejeição, sem se dar ao trabalho de lê-los. Concluí que ele e Frank Crowninshield haviam algum dia trabalhado juntos numa mesma publicação e que Crowninshield arranjara para ele aquela sinecura. Eu tinha revisto um dos textos que havia escrito quando universitário e publicado no *Nassau Lit.*, um esboço autobiográfico sobre um escritor imaginário do *fin de siècle* chamado Edward Moore Gresham, e enviei-o pela segunda vez à *Vanity Fair*. Agora era Dorothy Parker * quem lia os originais; ela mostrou meu texto a Crowninshield. Este me telefonou. A revista estava no meio de uma crise. Dorothy Parker havia ofendido Billie Burk, uma conhecida comediante, que era casada com Florenz Ziegfeld, ** e Ziegfeld havia se queixado a Condé Nast, o editor da *Vanity Fair*, e certamente insistira para que ele retirasse Dorothy Parker da crítica teatral: ela vivia insultando atrizes; e Crowninshield teve de obedecer. Em conseqüência, não apenas ela pediu demissão como também Robert Benchley, *** o diretor administrativo, e Bob Sherwood demitiram-se, em solidariedade. Assim, na redação da *Vanity Fair* só havia agora as secretárias de Crowninshield; chamaram-me para trabalhar lá, e a pri-

* Contista, poetisa, roteirista e dramaturga (1893-1967). (N.T.)

** Produtor e diretor teatral, criador das Ziegfeld Follies, espetáculos de revista anuais que, entre 1907 e 1931, fizeram grande sucesso e lançaram um grande número de atores, comediantes e cantores (1869-1932). (N.T.)

*** Crítico, humorista, ator e roteirista (1889-1945). (N.T.)

meira função que me deram foi ler originais. Benchley e Dorothy troçaram de mim, chamando-me de "fura-greve", mas foram muito simpáticos, explicando-me como era o trabalho, e levaram-me pela primeira vez ao Algonquin. A primeira vez que vi Dorothy na redação, achei-a perfumada demais, e após apertar sua mão, fiquei com a mão cheirando a perfume o resto do dia. Embora ela fosse atraente e eu estivesse precisando de uma namorada, o excesso de perfume me fez julgá-la vulgar, e por isso não me interessei por ela.

Rapidamente me dei conta de que — com exceção das secretárias, que Crowninshield sabia agradar [illegible] as pessoas que trabalhavam com "Crownie" não gostavam muito dele. Benchley era de Worcester, Massachusetts, e havia algo de "maricas" em Crowninshield que lhe ofendia a sensibilidade de homem da Nova Inglaterra. Benchley relatou-me que uma vez Crowninshield estava assistindo da janela a um desfile de soldados americanos, e comentou que eram desleixados e mal-ajambrados em comparação com os soldados de outros países. Fiquei um pouco chocado com o que considerei sua falta de educação quando Crowninshield me levou para almoçar na Coffee House, um pequeno círculo que se reunia no almoço, fundado por ele — segundo me disseram — para recrutar colaboradores para a *Vanity Fair*, e a certa altura, dizendo-me que virasse para o outro lado e não escutasse, explicou para os homens a sua direita que Benchley havia "criado caso" sem motivo algum por causa do que haviam feito com Dorothi Parker. Frank Crowninshield não era nada simpático. Incomodava-me ele viver me perguntando, todo solícito, se eu estava precisando de dinheiro e prontificar-se, com a maior cordialidade, a me emprestar um pouco — creio que jamais pedi emprestado mais do que cinqüenta dólares; mas imediatamente depois ficava me atazanando para que eu o pagasse. Num esboço biográfico que escreveu sobre seu tio, um sobrinho de Frank afirma ter sido atazanado pelo mesmo motivo. Com seus ternos cinza bem passados que combinavam com os cabelos grisalhos, Crowninshield perambulava pela redação, numa postura ao mesmo tempo empertigada e afetada, o tronco curvado para a frente.

Era um tipo de pessoa do qual conheci alguns exemplos: o cortesão nato a quem falta uma corte apropriada. Seu primeiro emprego fora na *Munsey's Magazine*, de Frank Munsey; Crowninshield enviara Munsey à Europa e o colocara em contato com alguns nobres; agora bancava o cortesão com Nast, o cafajeste mais requintado que já conheci, que era incapaz de dar bom-dia sem expressar ao mesmo tempo uma vulgaridade formalmente contida mas de algum modo ofensiva. Rezava a lenda que Crowninshield uma vez tentara fundar um clube de bridge para deste modo introduzir Nast na alta sociedade, porém as pessoas se recusaram a participar quando descobriram que era este o objetivo. De vez em quando Frank Crowninshield deixava transparecer seu ressentimento reprimido em relação a seu *status* nas "publicações Nast" numa súbita exclamação de desprezo impaciente. Uma vez participei de uma reunião em que se discutiam negócios, e fiquei chocado com o tom brutal com que Nast se dirigia a seu protetor na sociedade. A *Vanity Fair* estava sempre em situação desvantajosa, por ser a publicação que mais perdia dinheiro do grupo Nast, cujo grande sucesso era a *Vogue*. É inegável que Condé Nast havia transformado a revista de moda norte-americana, introduzindo formato e tipografia franceses — ele era de uma família de origem francesa de St. Louis; porém depois disto sua capacidade inovadora cessou de repente. A família de Crowninshield tinha raízes na Nova Inglaterra. Ele me disse que o primeiro Crowninshield a chegar aos Estados Unidos fora um médico sueco de Boston, e que sua família tinha se destacado particularmente na marinha; porém nunca vi em Frank nenhum sinal desta tradição náutica, e ele havia se afastado muito das tradições de Boston. Seu pai, Frederic Crowninshield, muralista e professor do Boston Museum of Fine Arts, fora diretor da American Academy de Roma. Frank passara parte da infância na Itália, e falava bem o italiano. Quando fui por ele entrevistado antes de começar a trabalhar na revista, ele resolveu testar meu italiano; deve tê-lo achado muito acadêmico. Referia-se a Boston com um certo desdém. A "Greek slave" de Hiram Powers, outrora tão admirada, era facilmente reconhecível como uma certa "sra. Wigglesworth de Boston"; Longfellow era uma mediocridade de classe média que jamais fora levada a sério pela elite. * Uma vez Crowninshield teve de ir a Boston, e lá almoçou no Somerset ou algum outro clube exclusivo; após usar o mictório, perguntou onde

* Hiram Powers (1805-1873), escultor neoclássico americano, cuja estátua que representa uma escrava grega teve grande sucesso na época; Henry W. Longfellow (1807-1882), o mais popular poeta romântico dos Estados Unidos. (N.T.)

podia lavar as mãos, o que provocou a exclamação: "Esses dândis de Nova York!". Porém ele passava todos os fins de semana com a mãe em Stockbridge, e vestígios de uma formação decorosa transpareciam por baixo de sua adaptação a Manhattan. Seu único livro, *Manners for the metropolis*, publicado em 1908, é uma mistura de satisfação autocomplacente por freqüentar o mundo próspero e ostentador de Newport, Long Island e Nova York com uma visão satírica daquele mundo de festas, champanhe e bridge. Eu tinha motivos para não gostar dele e nutrir ressentimentos por ele, mas apesar de sua falta de escrúpulos e de seus ocasionais gestos mesquinhos, agradava-me seu lado frívolo e divertido. Ele gostava de inventar jogos na redação, como "O rapto das sabinas", no qual carregávamos as garotas até o corredor, e tinha momentos de um humor delicioso. Lembro-me de uma sua dissertação sobre o efeito que tem sobre a disposição psicológica do indivíduo o ato de colocar na cabeça uma cartola, e outra sobre as curiosas impressões que tinha toda vez que visitava a pomposa esposa de um magnata do jornalismo famoso na época. Com um de seus amigos, tinha uma espécie de jogo divertido: sempre que se encontravam no almoço e Crowninshield estava com alguém que não conhecia seu amigo, este assumia um papel — às vezes de nobre italiano — e Crowninshield contracenava. Era inigualável na arte de propor brindes, e muito requisitado para tal. John Drew, * antigo galã, que alucinara tantas mulheres com sua capacidade de bancar o "perfeito cavalheiro", nessa época já era um velho um tanto antipático, que freqüentava os melhores clubes e usava óculos com lentes de fundo de garrafa; uma vez surpreendeu-me manifestando sua extrema indignação em relação a opiniões que havia lido em *The Nation* — pelo visto, ele jamais ouvira dizer tais coisas, nem fazia idéia do que andavam publicando os semanários "liberais" da época. Uma vez, foi programada uma homenagem a John Drew na Coffee House, e Frank Crowninshield previu, corretamente, que, como Drew nessa época já virara uma relíquia, a tal comemoração seria provavelmente muito chata; resolveu, então, enfrentá-la de um modo original. Tramou com outros membros do clube atacar a pomposidade do evento com uma série de reminiscências ofensivas. Sua apresentação foi mais ou menos assim: "Lembro que, quando

* Ator de teatro (1853-1927). (N.T.)

fui a Marselha pela primeira vez, levaram-me a uma casa luxuosa, de um bom gosto quase estarrecedor, a qual, conforme fiquei sabendo, era um bordel de luxo. Quando entrei, vi um homem descendo a escada apressadamente, seguido por uma francesa que gritava. Era evidentemente um americano, que não falava francês. Tratava-se, aparentemente, de uma questão de dinheiro. Falei com a mulher, acalmei-a e paguei-lhe a quantia que exigia. Foi este meu primeiro encontro com John Drew". Achei este episódio delicioso, tanto quanto a atitude de Crowninshield em relação a um "engenheiro de eficiência" recentemente introduzido na redação por Nast. Encontrávamos em nossas mesas pedaços de papel nos quais estava escrito exatamente quantos minutos havíamos chegado atrasados ao trabalho. Ao ver estes papéis, Crowninshield os amarrotava e jogava na cesta de papéis.

Já me perguntaram se Frank era homossexual; porém, apesar de seu hábito um tanto desagradável de agarrar os homens pelo braço de um modo que parecia visar estabelecer um tipo de dominação afetuosa, creio que não era. Uma vez ele me disse que tinha uma namorada que vinha vê-lo uma vez por semana; isto parece mais coerente com seus hábitos cautelosos, pois era sempre cuidadoso em suas relações pessoais e, apesar de suas manifestações de simpatia, sempre conseguia manter as pessoas a uma distância discreta.

Porém não faltavam na redação de *Vanity Fair* os homossexuais, que Crowninshield aceitava e ignorava. Proliferavam na seção de moda masculina, cujo principal representante afirmava que nosso correspondente em Londres não prestava porque não era "veado", o que era um pré-requisito para escrever sobre moda masculina. De início, e por muito tempo, não tínhamos nenhuma seção de moda masculina — Crowninshield achava isto desnecessário: "qualquer cavalheiro sabe se vestir" —, porém ficou claro que Nast o obrigou a criar a nova seção. No começo, éramos periodicamente visitados por um personagem singular chamado Hogan, que enchia as sobrancelhas grossas e os ralos cabelos com uma pasta que lhe emprestava um cheiro característico. Usava chapéu-coco e roupas pretensiosas, porém sua intenção era vestir-se do modo mais correto possível. Jamais descobri quem ele era nem por que ele tinha permissão de entrar na redação. Uma vez perguntei a Crowninshield quem ele era, e sua única resposta foi: "Não é nenhum cafajeste". Hogan era cheio de boatos indiscretos: "Dizem que Jack Barrymore * está tendo um caso com Tappé [um conhecido costureiro homossexual]. Pura invenção! Totalmente absurdo!". Mas o sujeito que escrevia sobre moda masculina era um homenzinho quase infantil que, eu imaginava, fora mandado a Crowninshield por alguém com o pedido de que se fizesse alguma coisa por ele. Um dos meus encargos era revisar o texto dele. Sua redação era clara, até ingênua, e era uma pessoa bem fácil de se lidar. Mas ele o Hogan viviam às turras — Hogan se arrogava certa autoridade nesta seção [illegible], queixando-se um do outro. Um acusava o outro de ser homossexual: Hogan não passava de "uma bicha velha", e o rapaz era claramente "um veadinho".

Porém a presença constante de atrizes bonitas e secretárias simpáticas mais do que neutralizava esses dois. As atrizes mais importantes eram fotografadas por um homem que se autodenominava "barão de Meyer" — seu método invariável, segundo Crowninshield, era iluminar o rosto do modelo de baixo, colocando lâmpadas elétricas em seu corpete. As cretárias eram muito alegres, porque Crowninshield, manifestando seu charme na presença das mulheres, mantinha-as sempre de bom humor. Jeanne Ballot, que tinha ascendência francesa embora fosse natural do Brooklyn, tornou-se indispensável para Crowninshield; depois que ele morreu, ela foi trabalhar na *Vogue*, e lá está até hoje. Era muito simpática, e dava-se com todo mundo. Eu trouxe para a revista o poeta John Peale Bishop e Seward Collins, ambos de Princeton. Elinor Wylie,** que já estava divorciada, recebeu uma espécie de emprego de meio expediente. Ela e eu dedicávamos um ao outro poemas humorísticos de devoção. Publicamos na *Vanity Fair* os poemas de Edna Millay, cuja primeira viagem à Europa foi programada por Crowninshield e paga pelos textos que ela assinou com o nome de Nancy Boyd. Crowninshield certa vez queixou-se a alguém de que achava um tanto desagradável ter na redação dois diretores — eu e John — apaixonados pela mesma garota.

Quando me casei com a atriz Mary Blair, que havia se tornado bastante conhecida com seu trabalho na companhia Provincetown

* John Barrymore (1882-1942), ator de teatro e de cinema, famoso por seu talento, sua beleza e sua vida escandalosa. Era sobrinho do ator John Drew. (N.T.)

** Poetisa e romancista (1885-1928). (N.T.)

Players, na montagem de *Diff'rent* de [Eugene] O'Neill, mas que não era vista com bons olhos por minha mãe, meu pai veio até Nova York para discutir a questão com Crowninshield. Este manifestou na entrevista sua costumeira falta de tato e discernimento que muitas vezes destruíam o efeito de sua fala melíflua. Disse a meu pai que o casamento talvez tivesse o efeito positivo de me estimular no sentido de realizar coisas mais sérias. Explicou que o fracasso de seu irmão Edward estimulara a ele, Frank, no sentido de fortalecer sua base moral, de trabalhar e de ganhar dinheiro. Disse que Edward era um toxicômano incorrigível, que sempre trouxera problemas à família. Ele não tinha nada daqueles maneirismos elegantes de Frank, e era o menos afetado dos homens. Falava, também, como um produto refinado da Nova Inglaterra; ninguém seria capaz de imaginar que era um viciado. Na pronúncia de Frank, o único sinal de sotaque da Nova Inglaterra que jamais percebi foi seu modo de pronunciar o nome do irmão "Ed-ward", com uma pausa acentuada entre as sílabas. Creio que foi mesmo o mau exemplo de Edward que fez de Frank um abstêmio, e também tornou tão importante para ele ter um emprego fixo; porém achei um tanto indelicado de sua parte entrar nestes detalhes pessoais numa conversa com meu pai, que jamais o vira antes e que ouviu tudo isso na atitude de silêncio respeitoso de quem não costuma lidar com homens desse tipo. Nunca conheci alguém que falasse tanto em ser cavalheiro e agir como cavalheiro e que fosse, na prática, tão distante desse ideal quanto Crowninshield. Por isso passei a desconfiar de todas as pessoas que falam muito em atitudes de "cavalheiro". Creio que isto é um sinal de alerta para se tomar cuidado e segurar com força a carteira. A carreira de Frank Crowninshield, creio eu, teve lá seu lado patético: era um conflito entre o "cavalheiro", a personalidade a que ele aspirava e que ele representava de modo um tanto ostensivo, e o oportunista traiçoeiro que a toda hora destruía essas pretensões.

Meu relacionamento com Crowninshield entrou em crise quando pedi um aumento de salário — que era bem menos de cem dólares por semana. Argumentei que estava ganhando muito menos do que o homenzinho que escrevia sobre moda masculina e estava apenas brincando de jornalista — e Crowninshield retrucou que acharia com facilidade quantas pessoas quisesse para fazer o que eu fazia com competência, mas que era difícil achar quem entendesse de moda masculina. Fiquei tão irritado que pedi demissão. Walter Lippmann, que escrevera alguns artigos para nós, ofereceu-me trabalho em *The New Republic*, e aceitei de muito bom grado.

Isto não quer dizer que Frank Crowninshield fosse totalmente desprovido de decência jornalística. Uma vez, George Putnam, com quem ele tinha boas relações, estava publicando um romance insignificante de Heywood Broun,* e um dia veio à redação para me perguntar o que eu ia escrever a respeito do livro. Respondi que o romance não merecia nenhuma atenção, e Putnam imediatamente fez uma cena com Crowninshield; para minha surpresa, Crowninshield me apoiou. De outra feita, escrevi um artigo sobre os cadernos de viagem de Hawthorne que, por algum motivo que não compreendi, claramente não agradaram Crowninshield nem um pouco. Ele ficou muito zangado, mas depois voltou e pediu desculpas, dizendo que agora percebia qual fora minha intenção. A coisa mais chocante que o vi fazer — um incidente do qual jamais pude me esquecer — ocorreu quando precisamos publicar, por algum motivo, uma carta de Voltaire. Ele mandou alguém ir à livraria Putnam's que ficava no nosso prédio, pegar emprestado uma edição cara e esplêndida das obras de Voltaire; então simplesmente recortou as páginas que continham a carta e mandou o livro de volta, sabendo que não descobririam o que ele havia feito.

Anos depois, quando eu estava trabalhando na *New Yorker*, Crowninshield convidou-me para almoçar na Coffee House; eu havia saído do clube quando me mudei de Nova York. Ficou claro que ele não sabia nada a respeito do que eu andava fazendo desde que saíra da *Vanity Fair*, e que a única coisa que o impressionara era saber que eu finalmente havia me dado bem, pois estavam escrevendo sobre livros na *New Yorker*. Para Crowninshield, isto era o ápice do sucesso, enquanto para mim era apenas um meio de saldar as dívidas que eu havia contraído durante o tempo que passei escrevendo *Memoirs of Hecate County* e de levantar um dinheiro, que talvez viesse a ser necessário, para custear a publicação do livro. (O redator da seção de livros didáticos da Scribner's, que tinha influência na editora, comentou, segundo me disseram, que *Memoirs* era "o livro mais impublicável" que ele já vira.) Frank disse que se orgulhava do meu sucesso recente, que eu de-

* Jornalista e ativista de esquerda (1888-1939). (N.T.)

monstrava minha grande competência escrevendo a respeito de livros tão diversos: "Você é capaz de fazer um Renoir e na semana seguinte virar e fazer um Van Gogh". Crowninshield era muito mais sensível à pintura do que a qualquer outra arte, devido à carreira de seu pai. Não acho que ele tivesse nenhum interesse mais profundo pela pintura, porém um instinto seguro ao julgar obras de arte moderna, ao prever o que viria a ser importante ou, ao menos, o que viria a entrar na moda. Comprava quadros de diversos pintores que provavelmente viriam a se valorizar, e reproduzia na *Vanity Fair* obras de artistas americanos como Charles Burchfield, que na época eram praticamente desconhecidos. Tinha um grande talento para criar legendas semijocosas para obras de arte; suas legendas eram, até certo ponto, paródias do estilo eloqüente de escritores como Walter Pach, o qual era às vezes por ele convidado para escrever artigos para a *Vanity Fair*. Anos depois, precisado de dinheiro — a *Vanity Fair* já não existia —, Crowninshield vendeu sua pinacoteca e, antes que a venda fosse realizada, comprou o maior número que pôde de edições especiais de livros franceses ilustrados por artistas conhecidos, sobre as quais veio a ter lucro.

O Algonquin. Como já disse, foi o pessoal da *Vanity Fair* que me levou ao Algonquin. O proprietário na época era Frank Case, um irlandês vivo e espirituoso que supervisionava os hóspedes com atenção e fez de seu pequeno hotel, freqüentado por atores e escritores, quase uma espécie de clube. Na sala em frente ao *hall* de entrada havia uma grande mesa redonda, a qual era reservada para um círculo composto por Alec Woollcott, Heywood Broun, Robert Benchley, Dorothy Parker, Marc Connelly, George Kaufman e — creio eu — de vez em quando Franklin P. Adams. Às vezes também me convidavam, mas eu não achava o grupo particularmente interessante. Eram todos oriundos dos subúrbios e das "províncias", e o tom geral — creio que determinado principalmente por Benchley — era devido às origens provincianas de pessoas que haviam recebido uma formação até certo ponto aristocrática, haviam brincado das mesmas coisas e lido os mesmos livros infantis — e agora, com sua sofisticação nova-iorquina, zombavam de tudo isso. Eu achava esse tipo de coisa um tanto cansativa, já que eles nunca iam além disso. Numa certa época, a brincadeira favorita deles era fazer trocadilhos.

De início, achei Woollcott * antipático. Na época, eu não sabia que ele havia se tornado sexualmente impotente por ter pegado caxumba em tenra idade, e que isso explicava em boa parte sua personalidade desagradável. Dorothy Parker me disse que Jung o psicanalisara, revelando que Woollcott havia se apaixonado por Harpo Marx.** Woollcott fora criado numa "falange" fourierista, uma comunidade comunista experimental que existira não muito longe de Red Bank, Nova Jersey. Fora meu avô quem cuidara do parto de sua mãe; quando soube disso, sua atitude em relação a mim modificou-se. Identificou-me como o filho do "advogado Wilson", que havia salvo seu tio, que era pintor, da falência, cobrando como honorários apenas um quadro que representa a Falange em meio às árvores, e que ainda guardo em minha casa em Talcottville. Assim, meu avô e meu pai passaram a fazer parte de sua mitologia pessoal. Heywood Broun era um homem grandalhão, mole e preguiçoso, que passava por muito progressista porque se dizia socialista e permitira que sua mulher conservasse o nome de solteira. Connelly e Kaufman, *** que durante uma época escreveram peças de teatro a quatro mãos, eram de Pittsburgh, e manifestavam o humor esfuziante característico desta cidade. Connelly era isento de poses e pretensões; com suas brincadeiras, era um dos mais simpáticos do grupo. Ao contrário de Connelly, Kaufman — cuja reputação baseava-se principalmente em sua obra *Green pastures*, que na verdade era uma adaptação de um livro de outro autor — dedicara-se mais a se autoprojetar. Lembro que anunciou sua chegada a Nova York através de uma série de contribuições à coluna de Franklin P. Adams, **** invariavelmente assinadas com as iniciais G.S.K., o que fez dele uma personagem um tanto misteriosa, cuja vinda todos aguardavam em suspense. Em Nova York, vivia sendo processado por plágio. Sempre ganhava essas questões, embora em certos casos, a meu ver, não tivesse razão. Eu havia visto uma peça de

* Alexander Woollcott (1887-1943), crítico de teatro, ator e radialista. (N.T.)

** Harpo (nome verdadeiro, Arthur Marx, 1893-1964) era o ator que encarnava o personagem mudo nos filmes dos Irmãos Marx. (N.T.)

*** Marc Connelly (1890-1980) e George S. Kaufman (1889-1961), jornalistas e dramaturgos. (N.T.)

**** Jornalista, cuja coluna humorística era publicada em inúmeros jornais (1881-1960). (N.T.)

Walter Lowenfels,* que foi editada em forma de livro e recebida na *New Republic*, e estava claro que Lowenfels tinha razão ao afirmar que uma das canções de *Of thee I sing*, musical de Kaufman, fora copiada de sua peça quase *ipsis litteris*. Porém Lowenfels perdeu a questão. Scott Fitzgerald estava convicto de que Kaufman havia plagiado sua peça *The vegetable*, porém anunciou que não ia processá-lo.

O relacionamento entre Benchley e Dorothy Parker era especial e um tanto estranho. Após saírem da *Vanity Fair*, os dois alugaram uma sala no prédio do Metropolitan Opera House e enfeitaram a porta com uma placa que dizia: "Companhia Eureka de Parafusos e Porcas". Sempre se referiam um ao outro como "sra. Parker" e "sr. Benchley". Quando conheci, Benchley tinha o jeito de um jovem ex-aluno de Harvard, modesto, agradável e de fácil trato. Mais tarde, quando foi para Hollywood, onde fez sucesso fazendo curta-metragens humorísticos, pareceu sofrer uma transformação. Tornou-se espalhafatoso e cheio de si. Numa certa época, andou obcecado com uma atriz insignificante, que Dorothy considerava uma pessoa muito reles. Lembro-me de ouvir uma vez essa moça dizer-nos que tinha de ir embora para fazer um teste para trabalhar num "*show* de perna e bunda"; porém Benchley teimava com Dorothy que ela entrava numa sala com a presença "de uma rainha'. Ele passou a beber demais; morreu de cirrose hepática. Logo quando o conheci, eu insistia com ele para que escrevesse sátiras sérias; porém Benchley revelou-se incapaz de fazê-lo. O personagem que ele próprio costumava interpretar era de um sujeito inseguro e abobalhado, sempre assustado, sempre derrotado; mesmo nos curtas que realizou em Hollywood, era o único papel que conseguia interpretar. Morava num subúrbio com a família do modo mais convencional possível, e creio que sua fase um tanto antipática resultou de uma tentativa de ir contra esta sua faceta. Dorothy o considerava uma espécie de santo, e de fato ele tinha algumas qualidades admiráveis. No julgamento de Sacco e Vanzetti, ele testemunhou que o juiz Thayer havia traído seus preconceitos no clube de golfe, ameaçando "dar um jeito naqueles cachorros anarquistas" ou algo assim.

* Poeta, dramaturgo e jornalista (1897-1976). (N.T.)

Dorothy Parker era a única personalidade deste grupo que me interessava e cuja amizade de certa forma eu cultivava. Era natural e espontaneamente espirituosa, e os conflitos que havia em sua personalidade tornavam-na interessante. Era capaz de lidar de igual para igual com gente do tipo de Elinor Wylie e de Gerald Murphy e sua mulher, * na presença dos quais os outros membros do círculo do Algonquin não se sentiriam à vontade e de quem não estariam à altura. Era necessário aceitar o fato de que Dorothy não era uma pessoa confiável, sendo até mesmo capaz de revelar-se um tanto traiçoeira. Nunca cumpria um compromisso se aparecia uma alternativa mais tentadora, e oscilava entre demonstrações efusivas de afeto e comentários de uma malícia certeira e ferina, quando a pessoa em questão não se achava presente. Em *An unfinished woman*, Lillian Hellman apresenta uma análise de Dorothy, baseada num relacionamento estreito, que dificilmente virá a ser suplantada. A infância e juventude de Dorothy foram, ao que tudo indica, terríveis: perdeu a mãe ainda pequena e foi maltratada pela segunda esposa do pai; para a srta. Hellman, a malícia de Dorothy e a seqüência de relacionamentos amorosos infelizes que a caracterizaram eram uma proteção contra o perigo de amar demais os outros, de esperar que os outros a amassem. Uma vez informei Dorothy de que um ex-amante seu havia morrido — um jovem bonito e rico, vítima de tuberculose; comentou ela, secamente: "Não sei que outra coisa ele poderia ter feito". Após a crise da *Vanity Fair*, esbarramos em Condé Nast no *hall* do Algonquin. Ele disse que ia fazer um cruzeiro, acrescentando: "Gostaria, Dorothy, que você viesse comigo". "Ah, quem dera eu pudesse!", respondeu ela; e assim que Nast se afastou, disse: "Ah, meu Deus, faça esse navio afundar!". Dorothy era deslumbrada por Scott Fitzgerald, e uma vez resolvi apresentá-la a ele e Zelda. Ficamos numa daquelas mesas do Algonquin que são tão estreitas que só se pode sentar de um dos lados dela; estávamos todos no mesmo banco, de costas para a parede. Dorothy comentou: "Parece uma adaptação teatral da Última Ceia". Quando Scott morreu em Hollywood e ela foi ver seu corpo, segundo me disseram, Dorothy repetiu as palavras do

* Geral e Sara Murphy, casal de milionários americanos amigos de F. Scott Fitzgerald; Gerald serviu de modelo para o protagonista de *Tender is the night* (*Suave é a noite*). (N.T.)

antigo convidado de Gatsby ao ver Gatsby morto: "Coitado do filho da puta!".

Surpreendia-me a enorme reverência que o grupo do Algonquin demonstrava por Ring Lardner, * que jamais se misturava com eles. Morava em Great Neck, Long Island, e só vinha à cidade a trabalho; nunca o vi no Algonquin. Era uma pessoa distante e inescrutável, de natureza um tanto melancólica; mas era um mestre admirado por todos, embora nunca estivesse presente em pessoa. Talvez todo círculo desse tipo precise de uma divindade reinante, porém invisível, que presumivelmente encara os simples mortais com um certo desprezo.

•

A Coffee House. Este pequeno clube de artistas e escritores, que continha alguns atores, reunia-se na hora do almoço. Fora criado por Frank Crowninshield, como uma espécie de reservatório para a *Vanity Fair*. Sentávamo-nos numa mesa comprida e comíamos uma refeição barata. Por sermos praticamente os únicos homens mais jovens do grupo, eu e John Bishop sentíamo-nos um tanto deslocados. Eu costumava dizer que os outros membros eram homens da década de 1880 que ainda não haviam assimilado os anos 90. Charley [Charles Hanson] Towne, com suas incontáveis piadas sem graça, era a quintessência daquela geração medíocre. John Jay Chapman ** era comparado por John Bishop a uma coruja velha, pois tinha aparência de sábio mas nunca dizia nada; porém quando anos depois, li seus livros, concluí que esta impressão devia-se ao fato de que, por situar-se num plano muito superior ao da maioria dos outros membros, ele não conseguia comunicar-se direito com eles, e limitava-se a sorrir ou rir de leve de suas piadas e fofocas. O grupo tratava a mim e John com uma certa apreensão. Na época, Ezra Pound era uma espécie de bicho-papão para aqueles romancistas, dramaturgos e jornalistas medíocres, que se sentiam à vontade no limbo em que se encontravam e que não queriam ser incomodados; estas pessoas às vezes nos faziam desafios do tipo "imagino que você goste de Ezra Pound". Chapman, porém, pedia nossa opinião como se estivesse interessado em saber o que achávamos. Em outras palavras, era mais educado que a

* Humorista e cronista esportivo (1885-1933). (N.T.)

** Poeta, dramaturgo, biógrafo e crítico, adaptou o *Filoctetes* de Sófocles (1862-1933) (v. "Retrato de Edmund Wilson", pp. 31-2). (N.T.)

maioria dos outros. Crowninshield era mais ou menos o chefe do grupo, e costumava chamar todos de "meu velho".

Uma das boas coisas da Coffee House era que lá se podia pedir uma refeição antecipadamente e comer com um convidado numa outra sala, numa mesa separada. Quando eu era agente de publicidade do grupo de balé sueco, uma vez levei uma das bailarinas para jantar lá. Revelou-se uma senhora sueca direitíssima, que nada tinha de interessante e que só fez corroborar a afirmação que ouvi de Cocteau, quando conversei com ele sobre o assunto em Paris. Segundo ele, o balé sueco era apenas "*des suédois qui dansent*".

•

Um amigo de John Bishop, Townsend Martin, era sobrinho de Frederic Townsend Martin, um "filantropo" que ganhara certa reputação — além de tornar-se alvo de zombarias — por ter publicado livros como *The passing of the idle rich*, * no qual o autor, ele próprio rico e figura de destaque na "sociedade" nova-iorquina, criticava os outros membros de sua classe por sua frivolidade e amor ao luxo. Seu sobrinho, Townsend, também tinha uma boa renda, mas nada tinha de filantropo nem de profeta. Gostava de alimentar a ilusão de que ia escrever peças de teatro espirituosas, mas na verdade passava a maior parte de seu tempo se divertindo nas estâncias mais luxuosas da Europa. Ele convidou John Bishop, que estava sempre duro, a utilizar seu apartamento em Nova York, o qual, embora pequeno, era bem luxuoso: biombo oriental, cama antiga de quatro colunas e outros móveis de que não me lembro mais. Era o ambiente perfeito para John, que gostava de luxo e combinava tanto com o apartamento que muita gente achava que era de fato dele. Lá John recebia com o mesmo bom gosto e estilo que havia demonstrado no tempo em que fora presidente de seu grêmio em Princeton, e o apartamento virou ponto de encontro para os Fitzgerald, Alec McKaig e outros amigos de John, inclusive eu. John estava trabalhando na *Vanity Fair*, um emprego que eu havia lhe arranjado, mas preocupava-se mais com sua poesia. Alec McKaig costumava imitá-lo recitando seus poemas de manhã, escovando os dentes ao mesmo tempo.

Mas quando Townsend voltava da Riviera, encontrava John,

* "O fim dos ricos ociosos". (N.T.)

com um roupão elegante, bancando o anfitrião para um grupo alegre, exibindo um espírito e uma facilidade de expressão que Townsend, com toda sua urbanidade, jamais conseguiria igualar; e com o tempo Townsend começou a ressentir-se disto. Por sua vez, John irritava-se com a mania que tinha Townsend de viver desfiando mexericos sobre nobres e cabeças coroadas de quem ele se tornara íntimo no estrangeiro, referindo-se a eles sempre por apelidos como Toutou, Nicky, Bobo (são apenas exemplos que estou inventando de improviso), como se todos aqueles que o ouviam tivessem obrigação de saber de quem ele estava falando. John não podia aceitar aquela sua situação. Era sulista e jamais sentia-se à vontade em Nova York; seu trabalho no escritório cansava-o terrivelmente. Havia sobrevivido a uma doença prolongada, durante a qual sua mãe e sua irmã cuidaram dele com muito afeto. Não havia gostado de ter de ganhar dinheiro como professor particular de filhos de gente rica. Quando sua situação na casa de Townsend ficou desagradável, ele casou-se com Margaret Hutchins, que tinha muito dinheiro e que o dominava, creio eu, devido à forte paixão física que nele despertava. Ela o levou para morar na França, país que ele só conhecera de passagem, na guerra. Era inevitável que ele fosse controlado por uma mulher que lhe desse força e proteção; mas creio que foi uma pena ele ser dominado por uma mulher que não combinava com seu temperamento. Nesta época, John já tinha um relacionamento razoavelmente íntimo com Elinor Wylie, e às vezes tinha-se a impressão de que ele ia casar-se com ela. Porém Elinor era muito mais velha que ele, e embora uma pessoa muitíssimo divertida e bem versada em poesia, era tão autocentrada que dificilmente lhe poderia proporcionar a atenção de que ele precisava.]

Janeiro. A paisagem de um pardo baço parecia estar se derretendo em neve suja e neblina.

Janeiro, a caminho de Red Bank. Limpei um pedacinho da janela embaçada e vi lá fora uma vinheta: neve que parecia cinzenta na chuva, cercas com arames de gelo, arbustos e árvores enfeitados de pingentes de chuva congelada, semelhantes a cristais.

Durante uma tempestade de neve, início de fevereiro. Das janelas da redação da *Vanity Fair*, vi os vultos e pináculos quadrados da cidade fundindo-se com a escuridão espessa e azulada, e os letreiros elétricos pareciam suspensos no ar, como letras de fogo.

Fitzgerald: "Vou lhe dizer qual é a situação agora: eu não ligaria se ela [Zelda] morresse, mas não suportaria vê-la casar com outro homem".

[Fitzgerald casou-se com Zelda não muito tempo depois. John e eu fomos convidados para sermos apresentados a ela no hotel onde Fitzgerald estava hospedado. Tomamos *orange blossoms*, um coquetel que estava na moda na época. Zelda estava deitada num divã; estava muito bonita e lânguida. Quando anos depois falei-lhe deste detalhe, percebi que ela ficou um pouco desconcertada ao lembrar-se das roupas que sua mãe lhe dera para vestir, um tanto exageradas — roupas que eram apropriadas para uma beldade sulista, mas não para uma nova-iorquina. Zelda continuava na defensiva quando se falava em sua mãe.]

"Quando estou com John [Bishop], eu digo. 'É, John, eu e você somos os únicos artistas de verdade'; quando estou com Alec [McKaig], digo: 'Eu e você somos os únicos que entendemos o homem comum'; quando estou com Townsend [Martin], digo: 'É, Townsend, eu e você somos os únicos que realmente se interessam por si próprios'; mas quando estou sozinho eu digo: 'É, Fitz, você é o único!'."

Início de abril. Ouvi a chuva batendo de leve com tambores rápidos e surdos.

Abril. Na estação de Red Bank, vi as vestes azuladas da noite costuradas com os pontos brilhantes de prata que se estendiam pela sujeira e o lixo da cidade.

A imaginação e o incomum. O motivo pelo qual não se fazem mais coisas incomuns e surpreendentes não é elas serem particularmente impraticáveis, e sim o fato de que a maioria das pessoas não tem imaginação bastante para concebê-las.

Shaw é o maior mestre da prestidigitação literária que o mundo jamais conheceu: dado um lugar-comum, num piscar de olhos ele o transforma num paradoxo.

Zelda [Fitzgerald]: "John [Bishop], gosto de você mais do que de qualquer outra pessoa no mundo: com você nunca me sinto segura! — Só gosto de homens que beijam como um meio para chegar a um fim. Nunca sei como tratar os do outro tipo". — Bill Mackie: "Passei a noite rodando o tirso em Greenwich Village — [olhando apaixonadamente para Zelda] — sinto minhas orelhas ficarem pontudas!". — Acabou se excitando tanto que teve de ir ao banheiro. Foi encontrado largado no chão, murmurando: "Ela fez uns gestos provocantes para mim!". Uma noite, Townsend Martin encontrou-o chorando de dar pena, debaixo de uma árvore perto da casa de Townsend. — Quando Zelda começou a beijar John e Townsend, Fitz primeiro tentou levar a coisa na brincadeira, dizendo: "Ah, é, eles merecem uns beijos, porque não foram ao casamento, e quem vai a um casamento sempre é beijado". Mas quando Zelda correu para dentro do quarto de John na hora em que ele estava se deitando e cismou que ia dormir lá, e quando ela encurralou Townsend no banheiro e exigiu que ele desse banho nela, Fitz começou a ficar um pouco preocupado, até mesmo aborrecido.

Crowninshield: "Dizem que Nat Wills casou-se com uma famosa amazona de circo. Na manhã depois do casamento, estavam tomando o café quando ele começou a ler o suplemento de quadrinhos — o 'Yellow Kid', etc. Ela pegou um monte de panquecas que tinham acabado de ser colocadas na mesa e jogou no meio do jornal, dizendo: 'Quer dizer que eu casei com um rato de biblioteca, é?'.

"— E ainda há quem goste de moças de circo".

Philadelphian Society [organização religiosa de Princeton]. Buchman [do Moral Rearmament] * deu uma conferência a respeito da confissão dos pecados, instigando os estudantes a se confessarem em público. Um deles se levantou e disse que uma noite, no ano anterior, havia jogado dados das sete às onze, e desde então não se sentia tranqüilo; depois outro estudante se levantou e disse que,

* *Moral Rearmament* (literalmente, "rearmamento moral"), movimento religioso, de inspiração basicamente protestante, que visa reavivar a fé e evitar a guerra por meio do aperfeiçoamento moral, fundado pelo pastor luterano americano Frank N. D. Buchman (1878-1961). (N.T.)

quando trabalhava numa companhia em Camp Lee, chegara um bolo no escritório para um outro empregado, e que ele e um outro aluno de Princeton (cujo nome ele mencionou) haviam comido o bolo. — Walter Hall [um jovem professor de história], curioso, foi entrevistar Buchman. A entrevista começou com Buchman dizendo o seguinte: "Sou um canalha desprezível e o senhor também é!". Respondeu Walter: "Bem, quanto ao senhor, não posso dizer nada, sr. Buchman; mas lhe asseguro que *eu* não sou nada disso".

O sr. Rolfe [meu professor de grego na Hill School] e os outros. Quando fui jantar com George Wood e Hecker na Uiversidade de Columbia, vi o sr. Robins (da Hill School, onde ensinava história da antigüidade) saindo do prédio do refeitório no momento em que entrávamos. Meu impulso inicial foi no sentido de ir cumprimentá-lo, porém um segundo impulso me conteve: lembrei que aquele homem havia tornado insuportavelmente cansativo e tedioso tudo que havia de belo, nobre e interessante na história da civilização grega, e recordei-me de uma vez em que, agoniado, tentando desesperadamente me concentrar, deitei-me em cima da mesa dele e tentei decorar as datas das Guerras do Peloponeso; depois levantei-me e escrevi-as no quadro-negro, uma sobre a outra, como se fosse fazer uma conta de somar. Assim, entrei no prédio sem abordá-lo. Mas assim que entrávamos no refeitório vi o sr. Rolfe saindo. Ele também não me viu, mas fui falar com ele. O sr. Rolfe ficou surpreso, e pareceu contente. Eu não o via há cinco ou seis anos, e para mim ele passara a ser um velho ranzinza de Concord, socado num ambiente estreito e pueril; mas ao falar com ele achei seu rosto muito simpático: era um dos rostos mais tristes que já vi — ele está ficando realmente velho —, mas era também cheio de uma espécie incomum de bondade e humor, com um tempero agradável de ironia. Convidei-o para jantar e ele disse que não podia vir — perguntou-me o que eu andava fazendo, etc. Depois voltei à companhia de Hecker e Wood. — Mas, no reefitório, comecei a experimentar uma espécie de delírio, no qual toda a minha infância e juventude estavam passando confusamente diante dos meus olhos. Tive a impressão de que estava cercado não apenas por todos os professores da Hill School, mas também pelos de Princeton, e nenhum deles me reconhecia: era como se eu caminhasse entre eles invisível, como Enéias entre os cartagineses. Resolvi não falar com eles. De que adiantaria? Eles não me interessavam. Havia entre eles alguns homens — o sr. Lester e o sr. Beament — a quem eu sem dúvida devia algo — porém eu sentia um certo desprezo por todos eles. Assim, deixei-os passar. — E quando analisei a situação depois, pareceu-me importante e interessante o fato de que de todos aqueles homens que haviam sido meus professores durante dois anos de minha juventude, o único que eu ainda respeitava e gostava de ver de novo era aquele com quem eu havia lido Homero pela primeira vez. [Esta emoção levou EW a escrever, vinte anos depois, o ensaio sobre Rolfe publicado em *The triple thinkers* (1938).]

[Lembro-me de ter visto os Fitzgerald apenas uma vez no tempo em que estavam morando em Westport. Fui informado, de modo mais ou menos solene, de que Zelda havia resolvido mudar de estilo e passar a se comportar como uma senhora convencional, fazendo e recebendo visitas e agradecendo de modo educado. Achei isto comovente, mas não podia durar muito tempo. Ouvi dizer que, não muito tempo depois, Charley Towne e George Nathan foram visitá-los, e o clima de devassidão tornou-se tão vergonhoso que, no caminho de volta, Towne ficou terrivelmente arrependido, o que muito divertiu Nathan. A uma certa altura da festa, Zelda chegou a dar o alarme de incêndio de brincadeira, só para ver o que dava — vieram os bombeiros e foi a maior confusão.]

Eu havia acabado de conhecer Edna Millay e estava encantado com ela. Mandei-lhe uma cópia do poema abaixo, e na vez seguinte em que a vi ela disse: "Estranho, aquele poema que você me mandou". Ao relê-lo agora vejo como era estranho, mesmo, e como era péssimo. Esses meus poemas antigos são muito vergonhosos. John Bishop dizia que sempre ficava nervoso quando eu apelava para o romantismo exaltado.

Na época do primeiro poema abaixo, Zelda havia sido deixada com Marion Cleveland, que era então casada com Stanley Dell.

Quando fui de carro a Princeton no Primeiro de Maio
Com John Bishop e Scott Fitzgerald
E vimos a névoa verde que pairava sobre as árvores e campos
E quando entramos na cidade com louros dourados nas cabeças,

Cantando um *rag* de Swinburne,
Havia algo em minha mente
Mais fundo que a primavêra e os risos:
Eu não conseguia esquecer teus poemas
E as coisas que me disseram sobre ti
E teu rosto que às vezes era uma flor
Porém na maioria das vezes era uma chama.

O pobre Fitz entrou saltitando no Cottage Club
Com seus louros dourados e sua lira,
Parecendo um Apolo aviltado com os dois olhos arroxeados
Devido a uma briga inexplicável em que se meteu quando
bêbado,
Mas mesmo assim um Apolo, com o sol nos cabelos de um
louro pálido;
E seus colegas, que tinham passado o dia todo correndo pelo
campus fazendo bagunça
E haviam bebido uísque, mas sem Swinburne,
Levantaram-se todos de um salto e o acusaram
E disseram que ele e sua mulher haviam desonrado o grêmio
e que ele não merecia permanecer como sócio
(Embora na verdade estivessem zangados com ele
Porque ele havia tido grande sucesso
Sem ter começado de baixo como pequeno comerciante.)
Assim mesmo, ele ficou terrivelmente magoado
E achou que não podia mais interpretar-se a si próprio
Diante de uma platéia tão burguesa e hostil,
E voltou direto a Nova York
Pelo trem das sete,
E quando me contaram o ocorrido, o humanismo
Que viéramos para comemorar
Não me parecia algo real:
Eu só pensava na crueldade
Que há na base da vida;
E essa idéia expulsou de minha cabeça todos os sonhos
Com sua espada afiada —
E Princeton dissolveu-se
E nada mais parecia haver de real
Entre as sombras intangíveis,

Fora uma luz aqui e ali, uma luz que eu conhecera outrora,
E a tua chama em Nova York
Que aquela crueldade só fez brilhar mais forte.
Sentado num quarto vazio
Eu conversava com Christian Gauss
E observava seus olhos verdes límpidos, duros e belos como pedras preciosas;
Ouvia-o falar de livros e política e gente,
Com sua incrível erudição e mente desanuviada,
Mas no fundo ele falava era da vida
Como algo que o fazia sofrer
Mas sobre o qual não conseguia mentir
Nem repetir mentiras de terceiros —
(Pois era incapaz de fazer julgamentos morais e elogiar coisas inferiores);
E pensei nele, como sempre o faço, como um homem baixo e atarracado, nu,
Ocupando uma posição indefensável
Na beira de um abismo,
Cercado por tempestades
Terríveis e incontroláveis, —
Permanecendo imóvel, sem pânico, sem queixas,
Olhando para a frente com olhos implacáveis,
Último bastião do divino orgulho humano da razão e da imaginação
Contra todo aquele tumulto e aquela pedra. . .
E a Princeton que eu amara não era nada para mim:
Eu jurava um juramento tantas vezes já jurado:
Que, enquanto vivo fosse, eu só daria tributo a Gauss
Virado de costas para a rocha, —
Mas, no momento em que jurava, tua beleza amarga
Encheu o quarto,
E então vi que eras tu quem estava de costas
Para a rocha,
Enfrentando o furacão
Com tua fronte "feroz e trivial".

A névoa verde, quando voltávamos, dizia-me quase tão pouco
Quanto as ruas pardacentas e áridas de Weehawken e Newark;

E Hardwicke Nevin dizia-me coisas sobre você
Que ele não compreendia.

27 de agosto de 1920

Um pensamento perverso

Às vezes me dá vontade de ter nascido
No seio daquela raça tranqüila de "damas e cavalheiros",
Que achavam Bayard Taylor * um grande poeta
E experimentavam uma felicidade casta ao conhecer Roma
E nunca faziam uma pergunta de verdade nem eram torturados por uma paixão de verdade —
Aquela raça feliz cuja imagem vislumbrei
No rosto desanuviado de Frank Crowninshield;
Quem me dera ter vivido entre eles
"Refinado" como eles:
Eu seria um pouco boêmio,
Mas com um coração de ouro
(E sem idéias perigosas —)
Eu que vivo sempre com ódio
Do que há de feio e mesquinho em nossos tempos;
Que fui por dois anos soldado
Do exército americano
E conheci a Europa, mas não como foi vista
Pelos olhos brandos de Henry James,
E sim torturada e enlouquecida pela guerra,
Com sua barbaridade posta a nu;
Que vi a sociedade dissecada
Diante de meus próprios olhos
Sem a ajuda do éter;
Eu que parti meu coração apaixonado
Pelos lábios de Edna Millay
E seu rosto que arde como chama
E sua terrível mortificação.

29 de agosto de 1920

* Poeta e romancista medíocre (1825-1878). (N.T.)

O ideal

Ah, pobre coração pela dor endurecido!
Mente cruel que tanta coisa entende!
Que maldição deforma tudo que os sentidos
Percebem com zombaria inclemente? —
A mim, todos os homens parecem mesquinhos,
Só amo a ela, que do amor se libertou,
E há muito já trilhou os duros caminhos,
E seu coração amargo já secou.

Cala-te, insensato; em tua nação vulgar
E cega, para os deuses não há lugar.
Ri e ganha teu sustento: teu coração
Não resistiria a outra solução.
Tu não suportarias mesmo a vida
Sem teus livros, amigos, fama e comida.

Edna, a respeito do console da lareira de nosso apartamento, entalhado à máquina: "Ah, esse console! É como a vida: tanto trabalho, tanto esmero para fazê-lo — e deu nisso!".

Março de 1921

Ah, meu conselheiro duro, bem-vindo!
Sem tua palavra, eu tremia assustado.
Nem a carne dos soldados feridos
Sangra mais que meu peito fracassado.

Varreste os ossos da paixão vazia,
Minha solidão terminou agora.
Minha ternura, em pedras verti-a,
A dela, como um vento, foi-se embora.

"Querias por uma rainha ser amada?
Querias juras de amor feitas no céu?
Não vive o amor em lugar tão elevado,
Porém tem por cenário um bordel.

"E toda a dor que te tornou descrente
E todas as pedras do teu caminho
Só lhe valeram o esplendor de tua mente —
Hás de viver confuso e sozinho."

Setembro de 1920 — julho de 1921

[Assinalei esta lacuna em meu caderno. Minha vida amorosa me desmoralizou tanto que não fiz nenhuma anotação durante esse tempo; foi só quando viajei para a Europa que voltei a fazê-las.

1953. Publiquei um artigo em que me detenho sobre minhas relações com Edna Millay (*The shores of light*, "Epilogue, 1952, Edna St. Vincent Millay"). Os trechos abaixo foram escritos com a intenção de serem incluídos neste texto, porém acabei resolvendo não usá-los.]

[...] Fosse como fosse, um idealismo romântico, aliado a uma certa timidez, até então me impedia de me apaixonar a sério; e Edna acendeu em mim tanto uma paixão intelectual quanto o desejo insatisfeito, resultando numa explosão de êxtase que é até hoje um dos pontos altos da minha vida. Creio que tais experiências não devem ser comuns, porque as mulheres como ela são poucas. A mortificação e a perplexidade que experimentei depois, quando descobri que, devido à extrema promiscuidade dela, aquilo não podia durar muito, foram surpreendentemente mitigadas pela equanimidade de Edna, que era também algo nem um pouco comum.

[Nossa noite de despedida com Edna]

[...] Após o jantar, sentados no sofá-cama de Edna, eu e John a segurávamos — conforme ela própria havia determinado, eu segurava-a em baixo, John em cima — e trocávamos gracejos sutis a respeito de quem havia ficado com a melhor metade.

Soube que ela se referia a nós como "os coristas do Inferno", e queixava-se de constatar que, embora nós dois estivéssemos apaixonados por ela, nem por isso havíamos deixado de ser amigos. John Bishop passou a referir-se a ela sempre como "a Grande Rainha".

As oportunidades nos Estados Unidos. Nos Estados Unidos, todos têm as mesmas oportunidades: o aprendiz de moleiro, o lojista, o operário, o engraxate italiano: ele tem a mesma chance que tem qualquer um de vir a ser um burguês rico, ter 2 mil empregados, ser proprietário de uma cadeia de lojas, freqüentar clubes exclusivos e ter vários automóveis.

Prostituição: Um ponto de vista [Isto fui eu que inventei]. "Sempre dou às putas o mínimo possível: não quero estimular a prostituição."

Gauss. EW: "Eu venho aqui quando preciso de conforto e segurança, quando a vida está particularmente difícil — para me recuperar. — Porque você já conheceu todas essas coisas e no entanto permanece tranqüilo".

CG: "Ah, entendo! Mas não vá pensar que essa tranqüilidade é serenidade filosófica. Na verdade, é só senilidade".

Laurence Vail, segundo Edna. Estava preocupado por não saber o que fazer com sua vida: "Estou quase com a idade que Cristo tinha quando morreu. E no entanto Cristo realmente fez uma coisa notável. — Mas acho que não tenho muito talento para esse tipo de coisa".

Mencken. A primeira vez que o vi — na Coffee House — ele comentou com Owen Johnson e W. L. George que talvez as mulheres não tivessem uma influência tão grande sobre os homens, que tudo que o homem realmente tinha que fazer ele provavelmente faria de qualquer modo, sem ser muito afetado pelas mulheres de sua vida. "Porém nenhum romancista jamais falaria sobre seu protagonista sem falar também sobre suas mulheres. — Bem, há que considerar *Barry Lyndon,* * e *Huckleberry Finn,* e algumas coisas de Conrad." A segunda vez que o vi foi na rua: fui guiando-o, tomamos o trem elevado, saltamos e descemos a rua 16. Ele falou muito sobre a *New Republic*; achava que a revista estivera "doente", mas agora estava se recuperando. Havia sido um erro deles defender a guerra. *The brass check* de [Upton] Sinclair ** era uma

* Romance de W. M. Thackeray, romancista inglês (1811-1863). (N.T.)

** Romancista de tendência naturalista e socialista (1878-1968). (N.T.)

"adulação... Falando sério!". A terceira vez foi quando ele me chamou até a redação de *Smart Set* para falar a respeito de *The undertaker's garland* [livro escrito por mim e John Bishop, que havíamos enviado a ele]. Nathan estava acendendo o charuto, e ele explicou: "Este aqui é o sr. Nathan, meu secretário: é ele que acende os charutos para mim". Fizeram-me sentar entre eles, numa cadeira imprensada entre as duas mesas, de costas para a parede. Mencken, em mangas de camisa, estava com os pés em cima da mesa. Disse que achava nossa idéia muito boa. Dois jovens que tinham resolvido cuspir no olho da Morte, levá-la na brincadeira... Mas precisávamos de alguma coisa bem sarcástica, pensava ele — algo que dissesse respeito ao lado físico da morte. Por exemplo, ele tinha muito contato com os médicos da Universidade Johns Hopkins, e eles lhe diziam que, do total de autópsias realizadas, em 80% dos casos não havia dúvida que o diagnóstico da doença fora equivocado. (Que idéia terrível!) Outra idéia: a morte de um arcebispo. O arcebispo está às portas da morte, e começa a pensar em sua vida. Pensa: "Bem, agora vou morrer, e não sei se realmente valeu a pena viver; aquela garota linda que eu não namorei lá nos anos 80... e todos aqueles casamentos de que participei, na qualidade de estraga-prazeres, realizando a cerimônia e indo embora logo no momento em que os convidados iam começar a se divertir... E agora eu acabei de ler um livro do Huxley * que prova que nada daquilo existe, mesmo, e eu vou é para o inferno... Já provaram que o Antigo Testamento foi escrito por Rabelais, é tudo uma grande farsa". Eu disse que ele próprio é que devia escrever aquilo. "Bem", respondeu ele, "ninguém pode dar uma idéia para outra pessoa." Seu texto *Death: a discussion* bem que podia se encaixar na *Garland*, disse ele. Confessou que não tinha lido os poemas: à medida que envelhecia, era-lhe cada vez mais difícil ler poemas longos. A primeira inversão sintática que encontra o faz pensar que teria sido melhor se aquilo estivesse em prosa. Nathan intervinha com ditos irônicos de vez em quando: percebia-se que ele era muito menos espontâneo do que Mencken. Quando eu lhes disse que os Fitzgerald iam ter um filho, Mencken exclamou "Que bom!", enquanto Nathan comentou que a criança ia ser um cruzamento entre as Ziegfeld Follies e o restaurante

* Referência a T. H. Huxley (1825-1895), biólogo inglês, deefnsor do darwinismo em debates com religiosos. (N.T.)

Moore's. Nathan havia sugerido que colocássemos um morto-vivo na *Garland*: "Ah, ele gosta das Follies, é absolutamente feliz". Havia uma garrafa de gim entre eles, na parte esquerda da mesa de Mencken. Na parede havia cartazes de espetáculos de variedades e anúncios de remédios. — Quarto encontro: "Quero chegar lá na hora: tenho mania de pontualidade". Ele queria visitar Ernest Boyd, cuja família fora muito amiga da de Mencken, e ele sempre fazia questão de ir lá. À porta de Boyd, um amigo perguntou-lhe a respeito de sua mão, que estava enfaixada. Ele explicou que aquilo o incomodava muito, "e ainda por cima, como se não bastassem todos os meus problemas, o cardeal Gibbons * morreu; quer dizer, estou completamente inseguro espiritualmente!".

[Eu próprio, concebido como um personagem]

Ele vem para Nova York, lê os jornais, vê os anúncios dos teatros e começa a telefonar para os amigos. — Mesmo antes de ligar para os amigos, diz a si próprio: "Adoro isso aqui!".

Fracasso de fantasias eróticas pervertidas quando ele se confronta com seu velho amor: não é mais biologicamente possível — propagando e perpetuando a raça dá-lhe um tapa na cara, manda-o embora.

Quando garoto, no início do século, final do período do dinheiro fácil, sente-se em posição um tanto desvantajosa em relação às pessoas mais ricas; mais tarde, após a depressão, ele acha que tem privilégios dos quais antes praticamente não tinha consciência: está mais próximo que as outras pessoas da América não-mecanizada, em que os ideais políticos, intelectuais e morais tinham que ser realizados em condições relativamente primitivas. Ele ainda tinha outras motivações na vida além de um padrão de vida elevado.

Ter ela compreendido e gostado de fazer amor quando eles dois estavam um pouco bêbados.

Ele deve de vez em quando ter idéias claras e drásticas, assu-

* James Gibbons (1834-1921), cardeal católico da América do Norte, de grande projeção na época. (N.T.)

midas internamente, a respeito da sociedade, da sexualidade, da guerra, etc. — mas que geralmente ele não ousa manifestar.

Ele deve pesar suas perdas e ganhos — derrotas e sucessos morais. É a tradição protestante.

Grande reação contra a Nova Inglaterra quando ele a visita: o grego parece uma maquinaria, as mulheres parecem estar mortas; os homens estão se transformando nos lendários habitantes da Nova Inglaterra. Uma visão muito distanciada a respeito de todos. Fica sozinho na sala fria com teto baixo.

Até uma certa época, a sociedade de profissionais liberais e proprietários de terras nos Estados Unidos é mais ou menos homogênea; depois surge a divergência, na segunda metade do século, entre os que, por motivos locais (talvez sulistas), talvez excêntricos, aferram-se à idéia antiga, e aqueles que, conscientemente, contra a sua própria vontade, ou, inconsciente e gradualmente, querendo todo o poder que conseguiam obter, aceitaram as novas tendências. A diferença, o rompimento, tem efeito, depois da faculdade, antes que a gente se dê conta do que aconteceu. — Então, depois, vem o impulso de voltar ao relacionamento original (reencontros, após um intervalo, com Bill Osborn, Stan Dell, Charley Walker)... será que dá em alguma coisa? Seja como for, você dá valor à coisa original, da qual os Estados Unidos já haviam se afastado antes mesmo de você se dar conta dela e antes mesmo de você nascer — só que isto em nada ajuda a maioria dos rompimentos que ocorreram. — Primeiro separou-se de uma idéia, depois uniu-se a ela; mas será que existe mesmo uma ação solidária?

Quando ele anda com algum grupo de pessoas de quem ele gostava muito naquela fase alegre e infantil — num momento em que está neurótico e afundando e se afastando de tudo e só consegue ver neles ou (o que ele sequer questiona) que eles continuam alegres e normais (podem ajudá-lo a enfrentar sua depressão) — ou que eles são como ele: infelizes, neuróticos e praticamente perdidos.

[Eu via com freqüência Elinor Wylie e cheguei a ficar viciado nela — apesar de haver em sua vida pessoal alguns elementos que eu considerava um tanto desagradáveis. Quando jovem, morava em Washington, onde o pai era procurador geral. Sua família era um tanto amalucada. Uma irmã sua, que havia se casado com um proprietário de terras alemão, suicidou-se com a pistola de caça do marido; um de seus irmãos também se matou; um outro irmão, que se casou com a irmã de Tallulah Bankhead, * saltou para dentro do mar do transatlântico em que estava, porém foi salvo antes de se afogar. Elinor, que era casada e tinha um filho, fugiu, aos 35 anos de idade, com um advogado de Washington, Horace Wylie, que também era casado. Um amigo meu me disse que, não muito antes, ele havia jantado com Elinor, e que durante o jantar falou-se muito no romance *The new Machiavelli* de H. G. Wells, no qual o protagonista, um homem casado, foge com outra mulher. Pouco depois ocorreu a fuga de Elinor. Esse tipo de coisa estava no ar. Não muito tempo depois, o amigo que me contou este episódio, também casado, fugiu com uma moça. Quando Elinor e Wylie chegaram a Paris, um dia Wylie foi abordado por um homem que o reconheceu, na rua. Ele disse a Elinor que ficasse onde estava e foi sozinho falar com o homem. Quando voltou, disse a Elinor que prestasse bastante atenção naquele homem e jamais se envolvesse com ele: "Ele é sifilítico. Chama-se Walter Berry". Berry, que, segundo se diz, foi objeto de afeto de Edith Wharton, ** tinha muita fama de conquistador.

O marido de Elinor, segundo ela, era esquizofrênico, e terminou completamente louco. Seu filho suicidou-se. Elinor me disse que só viu este filho uma vez depois que fugiu com Wylie. Durante alguns anos, a esposa de Wylie recusou-se a conceder-lhe o divórcio; assim, ele e Elinor foram morar na Inglaterra com nome falso. Quando vinha à tona o fato de que não eram casados, seus amigos ingleses cortavam relações com eles, e o casal ia morar em outro lugar. Horace Wylie, que havia largado tudo por causa de Elinor, agora não tinha mais nada a fazer senão jogar bridge a dinheiro; acabou tornando-se perito no jogo. Ele possuía um fundo inesgotável de informações, o que no início fascinava Elinor. Ela me disse que ele era capaz de cativar sua atenção durante uma hora falando sobre vulcões. Mas Wylie era quinze anos mais velho que

* Atriz de teatro e cinema, membro do grupo do Algonquin (1903-1968). (N.T.)

** Romancista (1862-1937). (N.T.)

Elinor, e quando voltaram para os Estados Unidos ela divorciou-se dele — a essa altura, já estavam casados — e durante algum tempo morou sozinha em Nova York.

Antes ela fora considerada uma beldade, mas quando a conheci Elinor estava quase esquelética e tinha uma voz áspera de pavão. Era vaidosa, mas não de modo a se tornar desagradável. Seu senso de humor e sua cultura literária faziam dela uma companhia deliciosa. Por esta época, estava morando em Greenwich Village, e dava a impressão de que estava sempre disponível. Elinor trouxe consigo seus quadros e móveis os quais, embora grandiosos, eram um tanto sombrios; porém compunham um ambiente civilizado, coisa que em Greenwich Village era meio rara. Terminou casando-se com William Rose Benét, que fora colega de seu irmão na Universidade de Yale. Fiquei um pouco chocado com isto, e a repreendi. Parecia--me que, do ponto de vista literário, ele era tão inferior a ela que aquele casamento tornava-se inapropriado. Eu não sabia na época das conseqüências terríveis que podem advir da competição entre dois escritores ou artistas mais ou menos num pé de igualdade. Bill escreveu um poema longo em versos brancos, execrável, intitulado *The gold that was dust,* * sobre seu relacionamento com Elinor. Quando manifestei minhas dúvidas a respeito daquela união, ela disse, com seu riso áspero e um tanto cruel: "É, seria uma pena uma poetisa de primeira virar uma poetisa de segunda por ter casado com um poeta de terceira". Uma vez fui visitá-los com Scott Fitzgerald, e fiquei surpreso quando ela me disse que seu poema "Twelfth Night", incluído em *Black armour,* fora inspirado por sua atitude protetora em relação a Bill provocada pela incursão de Scott, que não me parecia em absoluto uma pessoa intimidadora. Senti muita falta de Elinor quando ela morreu, vítima de um derrame — havia se recusado a tomar quaisquer precauções e continuara a beber, contrariando as ordens do médico — e Dos Passos, que também costumava visitá-la, disse que sentia tanto sua falta quanto eu.

Seus últimos poemas foram dirigidos a um homem que ela conheceu numa viagem que fez à Inglaterra sem a companhia de Bill. Achei-os um tanto inferiores; creio que foram motivados pelo desejo de competir com Edna Millay — pois Elinor nunca havia se

* "O ouro que era pó". (N.T.)

interessado pelo soneto antes. Aparentemente, Bill encarou o rival com serenidade. De modo geral, eu tinha a impressão de que a poesia escrita pelos Benét * havia tido o efeito de trivializar um pouco a de Elinor. Ela ficou empolgada com Shelley — creio que se identificava com ele. Isto me entediava, e não consegui ler o romance que Elinor escreveu sobre Shelley, *Orphan angel.*]

A história de Djuna Barnes ** sobre Carl Van Vechten. *** Segundo ela, ele era muito pedante. Entrou numa livraria numa cidade do interior e começou a esnobar: "Li esse livro do Cabell no manuscrito"; "Conrad me disse que não ficou totalmente satisfeito com esse romance", etc. Por fim, o livreiro, atônito, perguntou: "Desculpe, mas quem é o senhor?". Respondeu Van Vechten, desmunhecando: "Ah, eu sou a Edna St. Vincent Millay!".

Gauss, trabalhando com afinco para o Endowment Fund for Princeton, disse-me que, ao pôr no correio quatro cartas sobre assuntos de negócios, pensou: "Quatro cartas enviadas a pessoas que não me inteerssam nem um pouco!".

* Também eram escritores a irmã de William Rose Benét, Laura, e o irmão mais moço, Stephen Vincent (1898-1943), o mais famoso dos três. (N.T.)

** Romancista e poetisa (1892-1982). (N.T.)

*** Romancista e crítico teatral e musical (1888-1964). (N.T.)

FRANÇA, INGLATERRA, ITÁLIA

[A nota de EW aqui é a seguinte: "Embora eu ainda não estivesse trabalhando na *New Republic* há muito tempo, eu queria conhecer a Europa melhor do que fora possível fazer no exército. Achei que daria para ganhar dinheiro suficiente escrevendo artigos para *Vanity Fair* e *The New Republic*, mas meu pai teve de me ajudar". Na correspondência de EW encontramos mais informações. A fim de ganhar dinheiro para a viagem, Edmund submeteu-se a um horário de trabalho rígido que o obrigava a trabalhar à noite, "Edna tendo viajado para o estrangeiro". Isto dá a entender que anteriormente suas noites haviam sido dedicadas a ela — e também que ele parecia estar ansioso por procurá-la na Europa. Em outra carta, EW manifesta a necessidade de "fugir" deste "pseudopaís". Publicou uma série de artigos no final de 1920 e início de 1921, incluindo um dos primeiros artigos de divulgação da psicanálise, em *Vanity Fair* ("The progress of psychoanalysis"), e dois ensaios daquilo que ele próprio chamava de "crítica destrutiva" sobre "Things I consider over-rated".* Em seguida, escreveu um ensaio sobre coisas que considerava "subestimadas". Passou muito tempo lendo Hawthorne, e num ensaio expôs sua atitude em relação a estátuas de nus que vira em Roma — "The New Englander abroad, with an account of Nathaniel Hawthorne's infidelity to the Venus di Medici". ** Pouco antes de embarcar para a Europa, publicou

* "Coisas que considero superestimadas". (N.T.)

** "O homem da Nova Inglaterra no estrangeiro, incluindo uma dissertação a respeito da infidelidade de Nathaniel Hawthorne para com a Vênus de Medici". (N.T.)

na *New Republic* um artigo sobre H. L. Mencken. Chegou a Paris em 20 de junho de 1921, e dois dias depois escrevia a Scott Fitzgerald a respeito do efeito "humilhante" que tinham sobre ele os "padrões" artísticos e intelectuais franceses. Isto levou-o a fazer uma observação importante a respeito do que representava a ausência de padrões nos Estados Unidos: "Na América, sinto-me tão superior e tão sofisticado culturalmente em comparação com a maior parte da vida intelectual e artística do país que corro o risco de tomar minhas realizações atuais como um padrão absoluto... Não quero dizer, é claro, que na verdade o meu trabalho seja melhor do que o de qualquer outra pessoa nos Estados Unidos; estou dizendo apenas que tenho a impressão de ter padrões críticos mais elevados e que, como nos Estados Unidos todos os padrões tendem a cair, tenho medo de que o mesmo ocorra com os meus; é fácil demais ser intelectual ou artista nos Estados Unidos hoje em dia; todo sábio e todo artista americano deve precaver-se para não se tornar vítima da facilidade com que se pode impressionar, deliciar e satisfazer um público desprovido de tradições e semi-instruído (refiro-me ao público cada vez maior que há para coisas realmente boas); os Mencken, os Nathan, os Cabell, os Dreiser, os Anderson, os Lewis, os Dell, os Lippmann, os Rosenfeld, os Fitzgerald, etc., etc., todos devem se precaver; que todos tenham em mente que, como John Stuart Mill, boa parte de sua eminência decorre 'da planura do território adjacente'! — Acredito sinceramente que Nova York tem grandes possibilidades de vir a se tornar um centro cultural; parece-me que há muita coisa acontecendo na esfera intelectual nos Estados Unidos no momento — a América parece estar começando a se exprimir em algo que se aproxima de um idioma próprio. Mas, vá por mim, ainda falta muito. O comercialismo e o industrialismo, não tendo por base nenhuma civilização mais antiga e mais civilizada senão uma camada de civilização setecentista na costa leste, impõem uma desvantagem terrível a qualquer outra forma de atividade: as manifestações intelectuais e estéticas são obrigadas a se espremer pelas fendas que restam entre as fábricas, os edifícios comerciais, os prédios de apartamentos e os bancos; o país simplesmente não foi feito para elas; se conseguirem escapar com vida, elas podem dar graças a Deus, mas não devem se considerar cem por cento eleitas, vestidas com vestes de luz autênticas e imaculadas, porque foram claramente atrofiadas e deformadas ao nascerem, e foram posteriormente muito maltradas e contaminadas no decorrer do esforço para sair".

A Europa deu a EW uma oportunidade de viajar e pensar com calma. Durante o ano e meio que passou em Nova York após sair do exército, ele havia levado uma vida tão agitada que, na Europa, comprazia-se em contemplar obras de arte e prédios, ler obras de escritores novos e conhecer alguns deles. Mais tarde viria a dizer que, nestas viagens, "convalesci de modo muito agradável de meus dois anos em Nova York". Em Paris, visitou diversos americanos instalados em Montparnasse e outros trechos da Rive Gauche. E conseguiu encontrar-se com Edna Millay, conforme revela o trecho interpolado.]

No navio, o vendedor de automóveis belga divertiu minha tia Evie e sua sobrinha contando-lhes como ele havia preparado uma maquininha infernal (a qual ele trazia consigo e mostrou) com o fim de pegar em flagrante um de seus sócios, o qual ele suspeitava de estar roubando a caixa registradora. A máquina funcionou: arrebentou a mão do homem (por meio de um tiro de revólver) e encheu seu rosto de chumbo. Foi encontrado numa poça de sangue. O belga comentou que, se o homem tivesse morrido, isso poderia ter dado problemas; ele talvez fosse acusado de homicídio. "Mas que injustiça!", exclamou tia Evie. "Se o homem era ladrão, ele merecia se arrebentar." "É", disse o belga. "Se a mão dele não estivesse onde não devia estar. . ." "É exatamente como as reservas de faisões na Inglaterra", prosseguiu a tia Evie. "Lembro que, quando eu era menina, havia umas placas dizendo: 'Todo aquele que entrar deve assumir o risco'."

Tive de dividir o camarote com este vendedor. Era um sujeito muito antipático. Ele corrigia meu francês.

Na Rue du Four, o ruído dos caminhões de feirantes indo para Les Halles de madrugada fazia todo o quarto vibrar, e eu, que mesmo na cama sentia a trepidação dos veículos, tinha a impressão de que também fazia parte da vida da cidade.

Nos Jardins de Luxemburgo, as árvores nas longas alamedas já começavam a avermelhar, porém a grama e os gerânios vermelhos, brancos e rosados ainda brilhavam ao sol.

Djuna Barnes disse que estava se acostumando com a sujeira de Paris, que era um alívio depois da *Little Review*. "Sabe, lá eles sempre lavavam o sabonete antes de usar." "Meu marido era um estudioso, tinha realmente um cérebro extraordinário... Trabalha na *American* para ganhar dinheiro — e gasta o dinheiro em livros... Está escrevendo um livro sobre a filosofia da crítica — mas nunca vai terminar. Já está trabalhando nele há sete anos... Ele me deslumbrava tanto que eu nem sabia onde estava... Ah, ninguém conseguiria me separar dele, nem à força... A quantidade de coisas que aquele homem sabia era um horror: ele sabia tudo sobre edições e não-sei-quê... Mas ele achava que brinco era uma grande bobagem; não entendia por que eu queria usar brincos... Mas eu não agüentava mais."

Robert McAlmon * — *Djuna Barnes* — *Ezra Pound*. Quando McAlmon disse que achava que eu me esforçava mais do que eles, Djuna replicou: "Ah, não, ele leva uma vida de pônei de estimação!". "Eu estou lá no alto!" [dito a um admirador]. "Seja simples, Ezra, seja simples!"

Rue de Vaugirard, a caminho do Palácio de Luxemburgo: ao passar por uma porta, a rápida visão de um pequeno pátio ao final de um corredor curto e escuro: pedras de calçamento quadradas, molhadas, uma janela baixa, trepadeiras e samambaias de um verde vivo na chuva.

[Travei conhecimento com uma prostituta muito simpática, que morava em Montmartre e dizia chamar-se Loulou Fanguet. Fiquei impressionado com seu bom senso. Achava o presidente Wilson *"très chic"*, mas quando tentei convencê-la de que as prostitutas de Paris deviam organizar um sindicato, ela disse que esta idéia não era prática; claramente, a idéia a escandalizava. Uma noite levou-me para conhecer uma amiga que estava vivendo com

* Prosador (1895-1956). (N.T.)

um vendedor de carros. Embora esta situação fosse claramente vantajosa para a moça, e, a meu ver, Loulou a invejasse, estava claro que seu protetor temporário não tinha nenhum compromisso com ela e poderia dispensá-la a qualquer momento.

Fui de avião à Inglaterra para ver Kemp Smith, meu velho amigo e professor de filosofia em Princeton. Peguei um avião Goliath em Paris. Um dos motores pifou e o avião ficou torto. Uma moça casada com um piloto estava visivelmente muito preocupada. Fiquei olhando para os montes de feno lá embaixo, para ver se pareciam aumentar de tamanho. Aterrissamos à margem da Mancha, numa cidadezinha chamada La Crottoye. Passei a noite em Calais e atravessei o canal de barco na manhã seguinte.]

Em Boulogne, via-se a faixa cinzenta de água cheia de navios, por trás dela os hotéis e lojas, prédios cinzentos com janelas estreitas e persianas de lâminas finas, e, acima, casas antigas aglomeradas em grupos irregulares na encosta, com paredes de um amarelo acastanhado e telhados de um vermelho fosco, enfraquecido pelo tempo.

Em Calais, a imensidão melancólica do hotel — a coisa mais desoladora que se pode imaginar; o frio úmido e anestesiante, a total ausência de quadros e qualquer tipo de ornamento; a sala pequena, com um relógio dentro de uma redoma e as revistas especializadas — *Exporteur Français*, etc.; o corredor imenso e escuro no segundo andar, com portas dos dois lados, na extremidade do qual entrevia-se indistintamente uma camareira, um vulto escuro, uma criatura das sombras; o quarto com espelho grande, cama enorme coberta com uma colcha vermelha, paredes de um vermelho escuro e móveis cobertos de pelúcia vermelha, tudo enorme, janelas triplas com *croisées* pesadas e estanques, silêncio e profundidade que lembram a morte; a recepcionista dentro de uma grande gaiola de vidro, das profundezas da qual ela trabalhava sem nenhum entusiasmo, nenhuma vontade de agradar ou tornar o hotel um lugar agradável (portanto sem qualquer possibilidade de fazer o hóspede ficar) que caracterizam o hoteleiro típico; o insosso dos salgadinhos.

Kemp Smith. Ele havia uma vez passado as férias com Gauss no condado de Pike (Pensilvânia), onde foi a um bar onde gritavam "Socorro! Socorro!" para que lhes servissem outra dose. Na Universidade de St. Andrew, um dos professores foi despedido quando se descobriu que ele dera a mesma aula duas vezes seguidas. Mas em Edimburgo, ele me disse, orgulhoso (ele ocupava a cadeira de ética que fora ocupada por Sir William Hamilton, entre outros), os professores não podiam ser despedidos, mesmo que "levassem uma vida desregrada, qualquer coisa". No caso de um homem que bebia, simplesmente nomearam-lhe um "assistente", que o substituía. "Talvez não exista nenhuma motivação totalmente desinteressada. É: é bem fácil melhorar o caráter de uma pessoa. Pode-se sempre corrigir um defeito. Mas é como uma bolha de borracha com uma mossa: você pode endireitar a mossa, mas aí aparece outra em outro trecho da bola. Se você tenta melhorar sua vida intelectual, você descobre que está se descuidando da sua vida pessoal. Você tenta ser sincero e descobre que está se tornando grosseiro." O instinto sexual, disse ele, sem dúvida era muito descontrolado — não admirava que Schopenhauer tivesse baseado nele sua filosofia pessimista. Outro dia haviam matado a tiros um *collie.* "Por que é que fizeram uma coisa dessas?" Surpreendeu-me quando me disse que havia ficado preocupado quando perdeu a paciência com um garçom na Europa continental. O garçom parecia estar com sífilis.

[Eu trazia cartas de Crowninshield para a Mme. Picabia e Jean Cocteau. Mme. Picabia havia organizado naquele verão um lugar para espetáculos ao ar livre chamado Théâtre de l'Oasis, com Yvette Guilbert e outras vedetes dos anos 90, e lá se apresentava até mesmo Aristide Bruant. Eu adorava Yvette Guilbert, a quem considerava — e ainda considero — uma das grandes artistas francesas da época.] Passei muitas noites no Oasis, e quando fechava eu ia atrás dela até o Trocadéro, onde o teatro era grande demais para ela e a casa nunca estava cheia. O público francês não a havia acompanhado. Ela havia passado anos em Nova York. Havia se casado com um médico americano e dirigido uma original escola para atrizes, cantoras e declamadoras. Mas durante esses anos ela havia estudado canções francesas e havia desenvolvido e aumentado muito seu alcance de voz. Os franceses não sabiam disso, e eu ficava um pouco ressentido quando os ouvia referindo-se a ela como *"une chanteuse de café chantant"*.

Ela cantava todas as canções favoritas do público, também, com o traje tradicional, com as longas luvas negras, eternizado por Toulouse-Lautrec: *Le Fiacre* e *Madame Arthur*. Mas tinha também todo um repertório novo de canções mais antigas, cujo estilo e sonoridade ela captava de modo extraordinário. Como imitadora, seu talento era de primeira, e ela o fazia com pouca ou mesmo nenhuma alteração no penteado ou na indumentária. Suas velhas canções dos anos 90 eram cantadas com muito poucas palavras em *staccato*, em que cada sílaba se revestia de significado. Mas, interpretando uma beldade renascentista, ela flertava de modo agressivo, porém cerimonioso:

> *Dites, dites, dites-moi,*
> *Suis-je, suis-je, suis-je belle?*

Com uma simplicidade infantil, interpretava uma canção medieval, *Légende de Saint Nicolas*. Como *grue* do Ball Bullier, ela seduzia um rapaz ingênuo do interior, falando-lhe, enquanto valsava, dos admiradores distintos que haviam se jogado a seus pés. Porém:

> *Plaignez, plaignez*
> *La pauvre innocente*
> *Qui n'a jamais, jamais*
> *Connu l'amour.*

No papel da ex-amante de Béranger, * numa balada da autoria de seu sucessor, Bérat, ela sentava-se "à sombra da velha castanheira" e falava aos jovens de seu herói. Ao lembrar-se da infância, fazia a anciã realmente parecer jovem, e, quando sorria, até mesmo bela:

> *Si vous saviez, enfants,*
> *Quand j'étais jeune fille,*
> *Comme j'étais gentille!*

* Pierre-Jean de Béranger (1780-1857), poeta e compositor popular francês. (N.T.)

Je parle de longtemps:
Teint frais, regard qui brille,
Sourire aux blanches dents,
Alors, ô mes enfants!
Alors, ô mes enfants!
Grisette de quinze ans.
Ah! que j'étais gentille!

E fazia o espírito militante de Béranger renascer num eco ascendente:

Vous parlerai-je de sa gloire?
Son nom des rois causait l'effroi.

Em *Verligodin*, ela se transformava numa velha camponesa endurecida que parecia quase prestes a matar seu marido bêbado, o qual também era representado por ela, murmurando suas réplicas defensivas e mal-humoradas; num monólogo moderno, ela dirigia-se a um antigo amante que não via há muitos anos: relembrava os bons tempos que haviam passado juntos e os sofrimentos que haviam suportado; então:

Je vous ai dit, "Je ne vous aime plus —
Désormais je veux rrrompre! —

(E, depois desta declaração, explodia numa risada simpática)

Ah, mon ami, t'en souvient-t-il?

Uma de suas interpretações mais extraordinárias era a da bêbada, *La Soularde*, que num certo momento tornava-se quase constrangedora. Ela parecia realmente bêbada desde o início da canção; mas então, quando alguém riu na platéia, ela interrompeu para *engueuler* aqueles que estavam rindo dela. Quase chegava-se a acreditar que Yvette Guilbert estava de fato bêbada. Sua explosão instaurou o silêncio na platéia.

Jean Cocteau convidou-me para almoçar e, naturalmente, ficou gratificado com minhas demonstrações de admiração. Eu havia adorado seu balé *Mariés de la Tour Eiffel*, interpretado pelo balé sueco; o avestruz e o caçador na Torre Eiffel, o general, convidado ao casamento, que é comido por um leão — "Ele teria sido o primeiro a rir disso" — tudo isso me parecia indicar um novo caminho para o humor francês, algo equivalente ao *nonsense* inglês. Cocteau não gostou quando eu o confundi com os dadaístas — por ter ele contribuído para uma das publicações de Picabia — e fez pouco da idéia de que o *nonsense* dos dadaístas era fruto de um espírito genuinamente lúdico: *"Ils sont tous des petits Nietzsches!* Como a maioria dos jovens escritores franceses da época, ele não era um admirador de Anatole France, o qual, segundo ele, era *"fou de la politique"*. France, disse Cocteau, gostava de fofocar a respeito de Mme. de Noailles, * cuja cabeça era extraordinariamente grande, e especular a respeito do modo como ela se ajeitava quando estava na cama com o amante. Eu queria lhe falar sobre Octave Mirbeau, ** que eu havia lido durante a guerra, e cuja obra *Sébastien Roch* eu admirava. Cocteau disse que, no final da vida, Mirbeau esteve *"très malade"*. *"C'est toute une génération que la nôtre a sautée."*

Logo começou a falar com grande brilho. Fiquei impressionado — embora discordasse — quando comentou que Flaubert estava sempre se preparando para atirar mas não acertava no alvo, enquanto Stendhal não fazia pontaria mas acertava em cheio. Mais tarde descobri que ele estava citando uma obra sua, *Le secret professionnel*. Nada tenho contra esta prática. Santayana às vezes fazia isso, e eu próprio o faço de vez em quando.

Achei Edna muito aliada aos boêmios da Rive Gauche, entre os quais eu não me sentia muito à vontade.

Caminhamos pelo Bois de Boulogne rindo das placas de *"Pelouse défendu"*. Edna disse que sempre se podia argumentar: *"Mais nous ne pelousons pas"*. Ela estava duríssima no momento; pediu-me que eu a levasse ao sul da França. Mas eu sabia que não se podia confiar nela, que ela me abandonaria assim que encontrasse

* Anna Noailles (1876-1933), poetisa de origem romena, cujo salão literário foi freqüentado por Proust, Collette, Valéry e Cocteau, entre outros. (N.T.)

** Romancista e dramaturgo (1850-1917). (N.T.)

alguém mais atraente. Eu não queria voltar a me preocupar e sofrer. Além disso, eu me julgava comprometido com Mary Blair, que havia prometido vir me ver na França. Resolvi não ir com Edna, limitando-me a emprestar-lhe dinheiro.

[A 3 de julho de 1921, EW escreveu a John Peale Bishop com detalhes a respeito de sua visita a Edna Millay. Disse que ela estava morando bem na Rive Gauche. Ele teve a impressão de que ela havia preparado o cenário para recebê-lo — havia colocado "um vestido negro sério, e quando entrei estava sentada à máquina de escrever, diante de uma pilha de manuscritos". Nesta *mise en scène,* comentou EW, ela estava mais bem vestida "do que jamais esteve na vida". Achou-a mais velha e mais madura; ela assegurou-lhe que "talvez amanhã voltasse a ser uma menininha". EW disse também que "ela estava muito séria e sincera em relação a si própria". Mais tarde, em seu esboço biográfico, afirmou que, a seu ver, "a Europa a assustava menos do que Nova York". Não sabia, porém, se isto não seria "inspirado por minha presença". Edna disse a EW que "estava cansada de partir corações e instaurar o caos, e queria começar vida nova". Após observar que ela estava tendo um caso com um jornalista inglês, na época bastante conhecido em Paris, EW prosseguiu: "Ela não consegue mais me intoxicar com sua beleza nem jogar bombas em minha alma; quando olhei para ela, foi como se olhasse para dentro da cratera de um vulcão extinto. Ela me entristeceu; curiosamente, entristeceu-me constatar que eu a amara tanto e agora não a amava mais. Na verdade, é claro, eu não voltaria a amá-la por nada neste mundo; é difícil para mim imaginar calamidade mais terrível do que esta; porém senti que, por mais insuportável e imperfeita que ela seja, o encantamento da paixão desapareceu de minha vida quando meu amor por ela morreu".]

[Os Fitzgerald estavam na Europa, porém não estive com eles. Scott me escreveu uma carta me perguntando como eu podia estar gostando. Ele não falava francês. Havia cabado de ter um contratempo em Paris, porque Zelda resolvera amarrar o elevador do hotel ao andar em que eles estavam hospedados para que ele estivesse lá quando precisassem dele. Em minha resposta, fiz um elogio um tanto bombástico à literatura e cultura francesas.

Foi só numa viagem posterior que eles vieram a conhecer

Hemingway e Gerald Murphy e a mulher; e aparentemente foram estes que, sem qualquer mistura de elementos adicionais, passaram a representar a Europa para Scott. Os Fitzgerald na França não tinham nenhum contato verdadeiro com o país, como aliás nunca tiveram um contato mais estreito com Nova York. Hemingway, a quem Scott adorava no início e por quem sempre foi mais ou menos obcecado, não representava nenhum nível social; e os Murphy também eram anômalos. Gerald, como católico irlandês, não tinha *status* muito elevado em Nova York, e era também uma figura um tanto excêntrica e independente, que não podia ser encaixada em nenhum grupo ou categoria de "estilo de vida". Ele e Scott tinham em comum o fato de serem católicos irlandeses, e quando Scott descobriu Gerald, homem de origens semelhantes do mesmo meio semi-excluído, porém riquíssimo — coisa que Scott não era e tinha vontade de ser —, com gostos requintados e exigentes, divertido, sensível e dotado de imaginação, foi como se um sonho seu se tornasse realidade. Mas surpreende-me que os Murphy tenham agüentado Scott por tanto tempo. Eles o repreendiam quando ele fazia perguntas indiscretas e constrangedoras, e por vezes o colocavam em ostracismo, quando Scott jogava coisas dentro da sala de visitas dos Murphy em noites que eles estavam recebendo convidados franceses aristocráticos e não haviam convidado os Fitzgerald. Porém a imaginação viva de Scott e Zelda e o entretenimento que eles proporcionavam aos Murphy contrabalançava as confusões que aprontavam.

Creio que Dos Passos tinha razão quando me disse uma vez que Scott não estava sempre tão bêbado quanto parecia estar, porém apenas fingia estar totalmente embriagado, o que lhe dava uma desculpa para fazer palhaçadas e bobagens, porque jamais havia aprendido a praticar os mais elementares princípios do comportamento civilizado. Deve ter sido isso o que ocorreu por ocasião da desastrosa visita de Scott a Edith Wharton, que havia admirado *The great Gatsby* e claramente estava predisposta a gostar dele; porém Scott — que no momento não estava com Zelda — ficou excessivamente inibido por causa da reputação de Edith. Às vezes, porém, ele bancava o príncipe encantado, e uma senhora que só o viu uma vez assegurou-me que, quando assumia este personagem, ele se tornava absolutamente irresistível. Eu o vi uma vez neste papel quando o levei para tomar um drinque com a poetisa Léonie

Adams, * que ele nunca vira antes, e cuja beleza semilatina e pureza de alma evidente despertaram nele todos os seus instintos cavalheirescos. Porém isto só durou uns três minutos; logo o personagem rude e grotesco se manifestou. Talvez ele tenha se dado conta de que eu devia estar surpreso com aquele acesso de charme consciente.]

Os homens mostram seu pior lado quando estão acompanhados de mulheres; as mulheres mostram seu melhor lado quando estão com homens

Caminhar pelas pinacotecas das mentes alheias.

Paris. As Tulherias e o Louvre formavam um aterro cinzento e uniforme; o próprio rio se perdia em cinza em ambas as margens, onde o pontilhado das luzes das pontes refletia-se mutuamente; para os lados do oeste, acima do rio, o crepúsculo turvo tinha laivos de rosa. — Da Rive Gauche viam-se as estrelas amarelas, que pareciam emprestar um verde leitoso à noite, sob as árvores da Place de la Concorde, onde o Obelisco elevava sua lâmina pálida.

A Rue de Richelieu. As longas vitrines amontoadas das fachadas cinzentas ornadas por sacadas de ferro contorcido, onde se viam os letreiros de um dourado embaçado que anunciavam firmas e produtos; a estreiteza, a velhice da rua; a própria impressão que se tinha dos interiores abafados, mofados, escuros e sujos de algum modo tinha algo de rico e digno, por fazer parte de uma vida que, embora não tão impecavelmente limpa quanto a nossa, era essencialmente mais séria e superior — como se pessoas menos instruídas que nós fossem, não obstante, mais sofisticadas: elas haviam presenciado a Revolução. Uma pracinha quadrada e cinzenta, com um grande chafariz de ferro e algumas árvores cercada por cinza. — Ao longo da Chaussée de la Muette, as folhinhas amarelas pontilhavam a calçada, e a luz do sol poente ela própria era amarela, desbotada, enferrujada; havia uma névoa tênue no parque, onde as crianças brincavam ao redor dos esqueletos das cadeiras dobráveis de ferro.

* Poetisa e educadora americana (1899-). (N.T.)

Rue de Varenne. Através de um arco recortado numa fachada de pedra cinzenta, com sacadas de pedra e persianas brancas, via-se uma rua calçada com pedras lisas, emurada por hotéis vistosos — um semicírculo de vidro acima de uma porta, árvores amarelecendo num jardim, as folhinhas transbordando as grades negras de ferro — que fechavam numa curva sua perspectiva. — Por toda parte, colunas coríntias entre as janelas compridas, acima das quais vêem-se arcos de pedra ou rostos estilizados (seriam cupidos?) — as fachadas cinzentas, cheias de janelas — o efeito rendado das ruas, com sua franja rígida de pára-raios e chaminés — as mudanças atenuadas do outono, sem esplendor trágico nem fanfarronice — os campos serenos e fortemente iluminados do Champs-Elysées à noite. As folhas atrás do Hôtel de Biron pareciam minúsculas, como se fossem parte de uma gravura e estivessem amarelecendo e esmaecendo, uma gravura desbotada.

Versailles. Havia um núcleo dourado no Bosquet de la Reine, onde as folhas amarelas das árvores mais altas eram quase atravessadas pela luz do sol e caíam entre quatro bustos romanos... Uma alameda larga, atualmente em desuso, em que o verde tenro da grama transparecia através do estampado marrom das folhas, e os topos das árvores, verdes e afilados, encontravam-se no alto como dedos finos encostados ponta a ponta... As folhinhas formavam um tapete castanho-claro e mosqueavam o verde-bronze escuro das bacias redondas, onde deuses marítimos e cupidos negros de ferro corriam entre pedras negras de ferro... No final de uma alameda, quando a noite começou a cair, vi os membros de um deus jovem, tão finos e cinzentos quanto os caules das árvores novas enfileiradas... Sebes de buxo escuras, e acima delas os olmos podados, formando como que um muro, porém mais altos, projetando-se e transbordando; amareleciam com um tom metálico de marrom... O sol era uma grande estrela de fogo prateado por trás da alta muralha verde... Os grandes olmos semelhantes a um monstruoso e pomposo chapéu emplumado do século XVIII... As folhas redondas caíam muito devagar, lânguidas, quase sonolentas, rodopiando no ar, destacando-se dos galhos silenciosamente e sem parar... As longas e finas fileiras de flores, contornadas por fileiras de buxos e entremeadas de gerânios, margaridas e gerânios-rosas.

Os artistas trabalham com todo afinco para tornar a vida interessante e atraente; os filósofos e historiadores, para dar-lhe algum tipo de significado.

Côte d'Azur. Uma cidadezinha qualquer rosada e branca, ali onde os Alpes, como elefantes, vêm ajoelhar-se à margem do mar calmo e azul. No céu e na água há um brilho dourado, duro e ofuscante. O Mediterrâneo, liso e tranqüilo, banha a praia com um som que sobe e desce, como respiração de pessoa adormecida — um ritmo suave e insistente — varrendo de som a praia. Os aglomerados de cactos (aloés) lembram polvos espinhosos. As palmeiras que ornam a Croisette em Cannes com tufos de *tignasse* e grossos caules de abacaxi. À noite, a escuridão pálida pontilhada de estrelas como finíssimo papel laminado. As últimas suaves flâmulas vermelhas do pôr-do-sol morriam por detrás da silhueta parda do Esterel, e do cais vi as árvores verdes e os telhados vermelhos das casas que sobem a colina até a cidade sarracena quadrada, sombria e escura acima do azul-cinza prateado do porto, onde os barquinhos ancorados formam uma linha precisa em torno da praia: acima dos barcos, a avenida baixa ladeada de tílias, e por entre seus troncos viam-se as luzes das lojas.

Ninette Fabre, que eu conhecera em Vitel durante a guerra. Seu pai tinha um café lá no verão, e outro em Cannes, que abria no inverno. Eu a admirava muito, e tive a sorte de encontrá-la em Cannes, onde fora visitar uma tia. Disse-lhe que seu nariz estava frio — *"Comme les petits chiens qui se portent bien. Il me faut deux années pour digérer les baisers. Après, je vais recommencer. Vous devez me prendre pour une fille légère! vrai? A coups de cravache"* (fora assim que seu pai intimidara os nativos na Indochina). Ela tinha um admirador que era *croupier* no cassino de Monte Carlo, e fomos passar um dia lá.

Os seres humanos são minúsculos centros de consciência no vazio, que só dispõem de seus corpos frágeis para proteger-se do nada esmagador do infinito que os pressiona — criaturinhas que crescem e constroem em oposição ao aniquilamento do espaço e do mundo inorgânico.

O que há de melancólico na felicidade não é ela não existir, e sim ela não durar (em resposta ao diálogo de Torquato Tasso, de Leopardi).

Veneza e sua exuberância excessiva.

Um texto de Homero do século XI. Tinta marrom contra fundo amarelo, mais escura nos lugares em que alguém tentou restaurar os trechos apagados; gordurento, furado por traças e sujo; os λ κ e ξ parecem buracos de traças e eram tão desprovidos de sentido quanto buracos de traças para os monges em cujas mãos foi encontrado — uma confusa floresta emaranhada, cheia de curvas, pontos e traços; escrito por três mãos diferentes, as páginas esburacadas manchadas (pergaminho, *membranaceus*); uma caricatura, como se de um cachorro algo humano, com papadas abundantes e uma pata enorme; desenhos infantis e letras rabiscadas; aqui e ali, uma glosa na margem; capa marrom grossa e pesada.

O texto do século XV, por outro lado, fora copiado em páginas limpas, cor de creme, numa letra legível e bonita. A primeira página da *Ilíada* e a primeira da *Odisséia* e as iniciais de todos os livros eram de cores maravilhosas: vermelho, azul, verde, cor de rosa, dourado grosso e reluzente.

Em Florença, o céu de um azul profundo, escuro, porém de uma tonalidade pura, nem enegrecida nem suja — índigo, talvez — cravejado de estrelas, acima dos prédios pardos, sujos e velhos, na noite limpa de outono. A praça era descampada, uma área ampla e seca, pardacenta, iluminada por dois ou três postes de rua. Uma noite, tive a impressão de que havia mais estrelas do que se viam em outros países: parecia que dava para ver estrelas menores — uma poeira de estrelas por trás dos planetas, etc.

[*Florença* me lembrou uma velha cidadezinha dessas que vivem em função de uma universidade. Os palácios agora transformados em galerias são soturnos e desenxabidos: nenhum sinal de esplendor renascentista. Eu não conhecia ninguém lá, e passei boa parte do tempo simplesmente lendo no hotel: *The Oxford book of*

Italian verse de Vasari e o *Canzoniere* de Dante. A cidade tinha uma aparência bem dantesca, com seus contornos nítidos contra o céu limpo e as pontas aguçadas dos ciprestes elevando-se acima dos prédios. Eu, porém, pegava um exemplar da obra de George Saintsbury em dois volumes sobre o romance francês, * obra típica de sua última fase, bem divertida e cheia de digressões, e, com um pouco de consciência pesada por não estar lendo clássicos italianos, ficava a ler até altas horas da madrugada.]

Florença em setembro. Da galeria ou terraço aberto do Viale dei Colli, via-se o primeiro pôr do sol enfumaçado de setembro: para os lados do poente, uma luminosidade de um vermelho mortiço acima da plataforma da serra de um cinza uniforme; abaixo, os telhados e muros pardacentos ganham uma tonalidade castanha no crepúsculo; a penumbra adensava-se gradualmente, enquanto as grandes montanhas ásperas ao norte pareciam emitir uma névoa mais espessa que apagava a orla da cidade; no oeste, o Arno reluzia ao crepúsculo, porém mais perto exibia sua superfície metálica polida, de um verde-acastanhado; as luzes acesas às margens formavam duas fileiras de pontinhos brilhantes; nos morros a oeste, as vilas eram sombras brancas que por vezes continham uma fagulha de luz; atrás delas, porém, o morro verde-escuro, o contorno denteado de ciprestes rígidos, ainda conservava as cores do dia, escurecidas com o distanciamento do sol, contra um céu em que o azul do dia ainda se mostrava com clareza acima das sombras avermelhadas em que mergulhava o vale. Entre as árvores do caminho escuro viam-se as folhas marrons do outono, e duas freiras, com suas vestes negras esvoaçantes, passaram silenciosas, sem pressa.

Os Jardins de Boboli [Meu poema "Boboli Gardens" está tomando forma nesta descrição (o poema foi publicado em *Night thoughts*, 1961)]. Onde peixinhos dourados com laivos de verde e vermelho pairam ociosos ao sol eterno; cavalo alado; deuses e deusas, alternando-se com grandes urnas, nos nichos marrons acima das arquibancadas cinzentas, cobertas de líquens, do anfiteatro;

* *A history of the French novel* (1917-1919), de George Saintsbury (1845-1933), influente historiador da literatura e crítico literário inglês. (N.T.)

macacos numa fonte; gruta do século XVIII, atroz — pesadamente ornada com falsos musgos e estalactites e conchas — que pingam como lama em placas copiosas sobre os relevos do mural, que representam, de um lado, uma cena pastoral com carneiros, a lã deles emaranhada e recoberta de massa ou lá o que seja, e, do outro, os deuses fluviais soçobrando sob um dilúvio — no teto, Baco, em cores esmaecidas, com seus leopardos, macacos, etc.; no fundo, no recanto mais recôndito da gruta, uma fonte em que uma ninfa recebe a água esguichada pela boca de quatro sátiros, que se debruçam da borda do chafariz. O oleandro espalha sua rosa. As alamedas escuras, recobertas de galhos, com bancos de pedra que parecem baixos em comparação com a altura do túnel; não há esfinges aladas guardando o portão. Não há jardins por lá como aqueles; leões inofensivos e bodes com caudas de golfinhos, cupidos, etc., ao redor do grande chafariz com uma ilha verdejante no meio, da qual se eleva o Hércules branco; Zeus e Ganimedes — um motivo freqüente: mancebo belo com pequeno sátiro de cócoras a seu lado, etc.; bustos monstruosos, à romana; campônios alegres medonhos; enorme cavaleiro montado em hipogrifo barbudo, de cara assustadora; moça (ou ser andrógino) afastando Amor. E não há estátuas brancas no final da alameda; as grandes muralhas verde-escuras se fecham acima do caminho estreito; as vistas inesperadas, a variedade e o caráter labiríntico que visam divertir os visitantes; os caminhos de declive suave, à sombra ou ao sol; o chafariz de três níveis com chuva de prata. Não havia textos com letras alegres. [Comparação com Nova Inglaterra.] E a escuridão tristonha do outono, com nuvem. A neve congelada, as estrelas hibernais; o ar alto e rarefeito.

Árvores rijas de um verde-escuro contra o azul puro do céu.

O estilo mural rococó: golfinhos dos quais brotam volutas; criaturas femininas aladas, de seios redondos e cinturas delgadas, com pés que se transformam em gavinhas; frágeis pássaros e cupidos esvoaçando entre as grinaldas; hipogrifos; criaturas que lembram mosquitos.

A forma sacra desse estilo, mais simples, envolve querubins e pássaros.

Florença

[Fiz coisa melhor deste poema em *Poets, farewell!*]

Esta é a minha cidade! Circunscrita
  Por morros — não aquela que apodrece
  No abraço do mar, e resplandece
Nos tons berrantes que do Oriente imita;

E sim a outra, seca, branca-e-preta,
  De traje sóbrio, porém coroada
  Com a luz cristalina e azulada
Que dos ciprestes traça a silhueta —

Luz a mais limpa, que as rochas cortou
  Para dar forma aos abismos infernais;
    Brilho ofuscante e puro, que, opulento,
Transborda o vale, onde visão brilhou
  Que desvaneceu — infinda demais —
    Com as folhas da Sibila no vento.

setembro de 1921

[De Florença parti para Nápoles, porém roubaram-me a carteira em Florença antes que o trem começasse a andar. Os ladrões se valeram de uma técnica que, segundo fiquei sabendo depois, é muito utilizada. Um homem barrigudo ficou parado num corredor, de modo que fui obrigado a me espremer ao passar por ele, enquanto um outro batia-me a carteira. Comuniquei o ocorrido ao agente da estação, o qual não manifestou surpresa e tomou notas, porém não me deu nenhuma esperança de recuperá-la. Desisti da viagem e pouco depois voltei para a França.]

Havre. Os prédios de fachada cinzenta incrustados na noite suja como se numa lama pardacenta, semelhantes a grandes pedras quadradas; o farol vasculhando o horizonte com sua lâmina comprida.

[Ao voltar para Nova York no outono de 1921, EW publicou na *New Republic* um texto digressivo intitulado "Night thoughts in Paris: a rhapsody" (XXX, 15 de março de 1922, 75-77). Sua intenção original era reproduzi-lo aqui, embora ele o considerasse "ingênuo". É um ensaio impressionista, que dá a impressão de que EW fora profundamente influenciado por suas peregrinações na Europa e por sua simpatia pela cultura européia. Nas suas cartas aos amigos, manifestara-se com franqueza a respeito das limitações culturais dos Estados Unidos, mas no ensaio mostra-se um pouco na defensiva. Escreve: "As coisas estão sempre começando na América. Estamos sempre no limiar de grandes aventuras". Reconhecendo a maturidade da Europa, observa: "No nosso caso, a história parece estar à nossa frente e não às nossas costas".]

VOLTA A NOVA YORK

Nova York [1921]. Nas primeiras luzes da manhã de outubro, via-se antes de mais nada um prédio de paredes brancas e telhado vermelho, que parecia uma fábrica, as cores bem vivas, e depois as matas da costa, em tons sujos de marrom e amarelo, como uma fotografia envelhecida ou mal copiada; a costa eriçada de guindastes em barcaças enfileiradas; as gaivotas como flocos de um branco reluzente; a aparência de dominós das extremidades dos cais, brancos como marfim no amanhecer. Então, à medida que a luz dura e crua se torna mais forte, as vagas formas esbranquiçadas das casas numa encosta transformam-se em aldeias de papelão; a cidade aparece, cinzenta e pérola, um morro, entre o cinza-férreo da água e o cinza-férreo do céu; à medida que se chega mais perto, os planos pretos e brancos se definem com mais nitidez — os "caixotes" com plumas rígidas de fumaça; as docas se irradiando da costa; o prédio da National Biscuit Company.

Princeton em fevereiro. Os delicados ramos japoneses das árvores desenhados sobre o dia cinzento, com o qual suas linhas pareciam se confundir. — O dia, à medida que se aproximavam as seis horas, parecia ir se fechando, com uma lentidão quente, infinita, implacável — como se uma pressão forte e inflexível, quase mecânica, estivesse empurrando a escuridão para baixo, para esmagar a luz — e a vida. A torre da Pós-Graduação era cinza contra cinza. O farol da locomotiva parecia uma jóia — uma estrela — deslizando devagar, lindamente, confiante, pela penumbra cinzenta. — Mais tarde a lua cheia nasceu, de início como um disco de papel cor de palha — um tom um tanto barato, esmaecido, diluído; depois os laivos de amarelo desapareceram, deixando-a ainda mais pálida.

Djuna Barnes. Quando Mary [Blair] admirou uma camisola que ela comprou em Paris: "É, passei o verão todo atrás de uma noite que combinasse com essa camisola".

De New Haven a Nova York em dezembro. As florestas e campos secos sarapintados de neve; as cidades da Nova Inglaterra com casas grandes em forma de caixa e grandes esqueletos de árvores; os riachos recobertos de gelo preto; as fábricas compridas e achatadas.

"Não acha que nossos pés se dão bem juntos? Estão confraternizando com o inimigo."

Às vezes tenho a impressão de que todos os pneus de minha mente estão baixos, e minhas rodas intelectuais rodam aos trancos e barrancos, em contato direto com o chão.

Creio que Edna Millay e Frank Crowninshield são as duas pessoas mais céticas do mundo: os dois descobriram que se pode fazer de bobo qualquer um, por mais inteligente ou superior que seja, por meio da lisonja, desde que usada com inteligência. Eles lisonjeiam o intelectual por meio de seu intelecto, o artista por meio de sua arte.

Newark novamente. Os prédios espalhados pela encosta como dejetos largados pela maré vazante, o horizonte de chaminés e gasômetros, os pântanos lodosos, a fábrica abandonada perto de um rio reto e preto como ferro, uma estrutura ampla e baixa, de tijolos, encerrada entre muros de tijolos, pilhas regulares de canos enferrujados e montes de cacarecos disformes de metal (grandes arcos, como fatias de caldeiras). — Newark: as casas frágeis, de madeira, feitas de gravetos finos, as grandes carvoeiras negras. As fábricas, prédios, etc., dissolvendo-se à medida que o sol se põe por detrás.

[Eugene O'Neill ainda estava casado e vivendo com sua segunda mulher, Agnes, que ele chamava de Aggie. Eu tinha muito contato com Agnes O'Neill porque ela era amiga de Mary Blair. O pai dela era inglês, um pintor, e ela era do tipo inglês, sensata, prática, pouco elegante porém simpática, e com qualidades que mereciam respeito. Tinha também algum talento literário e escreveu um livro sobre seu casamento. O'Neill, por outro lado, apesar de seu charme e ar juvenil, era uma pessoa difícil de se contatar. Fiquei-lhe grato por ter ele convencido os Provincetown Players a montarem minha primeira peça, *The crime in the Whistler Room,* porém não conseguia conversar com ele. Na época, ele estava completamente abstêmio, e as pessoas eram advertidas no sentido de jamais lhe oferecerem bebida. Porém fiquei tão entediado com seu silêncio indiferente que uma noite, tendo jantado com ele num restaurante em Greenwich Village, resolvi estimulá-lo com um pouco de vinho; ele imediatamente topou. Paguei um preço alto por meu gesto. Falávamos sobre a tragédia grega, e eu lhe disse que, em *Édipo em Colonos,* os crimes de Édipo pareciam ser expiados quando ele era de algum modo retirado milagrosamente por algum agente sobrenatural. O'Neill disse que não acreditava nisso: Sófocles teria respeito demais pelo ser humano para fazer tal coisa. O'Neill tinha uma opinião curiosa a respeito das atividades homossexuais dos marinheiros que ele conhecera a bordo. Achava que, ao se degradarem submetendo-se às vontades dos outros marinheiros, eles estavam sempre tentando expiar algum erro que lhes pesava na consciência. Contou-me histórias engraçadas sobre velhas atrizes — Trixie Friganza e outras do mesmo tipo — que ele conhecera quando jovem. Uma delas sentara-se ao lado de sua cama e disse a ele que, se não fosse fiel ao irmão dele, se deitaria na mesma hora a seu lado. Uma outra fora alertada pelos amigos que teria de ser muito cuidadosa com a família do noivo de uma amiga sua, que estava se casando, um casamento muito família, no Bellevue Stratford, Filadélfia. A amiga se conteve até o último momento, quando os noivos estavam indo embora de táxi. Ela havia pegado várias toalhas no banheiro do hotel e jogou-as pela janela, dizendo: "Acho que vocês vão precisar!".

Depois do jantar, fomos até meu apartamento em Washington Square North, 3, e quando começou a falar, O'Neill não conseguia parar mais. O que era mais surpreendente era que ele não dava a menor importância ao que eu e Mary dizíamos. Não respondia a nenhuma pergunta; parecia não se dar conta de que estávamos presentes. Não levava em conta nenhuma de nossas indiretas. Ficávamos em pé e andávamos até o outro lado da sala; fazíamos comentários que, com qualquer outra pessoa, teriam encerrado imediatamente a visita. Porém o discurso de O'Neill era um monólogo ininterrupto. E ele bebeu tudo que tínhamos em casa: quando uma garrafa era colocada a sua frente, ele simplesmente se servia, sem dar nenhum sinal de que imaginava que talvez quiséssemos também. Se dizíamos que era hora de ir para a cama, ele não dava atenção nenhuma ao comentário. Falou-nos demoradamente sobre um homem rico que fora seu vizinho em Connecticut. Tinha uma teoria trágica a respeito dele: era um homem frustrado, de consciência pesada. Não havia mais nada para beber, e O'Neill só foi embora às quatro da manhã.

Mary Blair, tendo trabalhado em *Diff'rent* e em outra peça de O'Neill, aceitou trabalhar em *All God's chillun got wings,* na qual fazia o papel de uma moça branca casada com um negro. O negro era Paul Robeson, * que havia se formado em Rutgers e ainda não era famoso como cantor. Mary começou a receber cartas insultuosas, e alguém escreveu a O'Neill dizendo que ele era tão baixo que teria de subir numa escada para atingir o nível de uma barata. Por causa disso tudo, Mary teve pleurite, e a estréia teve de ser adiada; porém depois ela trabalhou na peça assim mesmo, e daí em diante O'Neill sempre manifestou seu reconhecimento e sua gratidão, dizendo a uma das pessoas que trabalhava com ele que se lembrasse de *God's chillun* e desse a Mary um papel em uma de suas peças.

Não gosto muito de O'Neill como dramaturgo: ele explora demais o ódio; porém acho que *All God's chillun* tem alguns méritos em comparação com esses filmes fáceis e leves que abordam situações análogas na medida em que mostram ** que os antagonismos raciais podem explodir após o casamento. Quando O'Neill casou-se pela segunda vez e foi para a Califórnia, parou de responder às cartas de todos os seus velhos amigos. Sempre manifestara com franqueza o desprezo que sentia pelos atores, e parecia achar

* Ator e cantor (1898-1976). (N.T.)

** O original está no plural, porém parece tratar-se de um lapso do autor. Logicamente, o sujeito deveria ser *All God's chillun* e não "esses filmes". (N.T.)

que tinha sido injusto para com seu pai, que fizera grande sucesso interpretando Monte Cristo e que, sem dúvida, era um canastrão. O próprio O'Neill havia contracenado com seu pai. Disse-me que *Ah, wilderness!*, uma de suas pouquíssimas peças mais leves, fora uma espécie de tentativa de fazer média com o pai; e tenho a impressão de que *Long day's journey into night* foi de certo modo outra tentativa do mesmo tipo. Ao contrário de O'Neill, eu não admirava Strindberg, cujas brigas venenosas entre homem e mulher claramente lhe davam prazer e, até certo ponto, foram imitadas por ele em suas peças.]

Elinor Wylie: sua narrativa a respeito de jantar na casa da sra. Simeon Ford. Mercedes da Costa, o persa Gibran, etc. Grande entusiasmo por Whitman; Whitman e Cristo, talvez as duas maiores figuras da humanidade. "Quais os poetas que você aprecia?" "Bem, Milton, por exemplo..." "Milton!!!", exclamaram horrorizadas, virando-se umas para as outras e dizendo: "Ela diz que gosta de Milton!". Foi necessário berrar para que a sra. Ford, que era surda, entendesse; ela fez uma careta medonha: "Milton!". "Ora", disse alguém a Elinor, "eu achava que você fosse uma boa poetisa. Você não pode ter sido influenciada por *Milton!*" "E quem disse que eu fui? Você admira Jesus Cristo, mas não age igual a ele, não é?"

[Em relação a Elinor Wylie, EW escreveu a John Peale Bishop nesta época: "Como imagino que você já saiba, Elinor está casada, e está morando numa casa com uma simpática decoração em estilo vitoriano americano na rua 18 Leste, com os filhinhos vitorianos de Bill". (Ela havia se casado com William Rose Benét.) "O casamento lhe fez muitíssimo bem, de modo geral, a meu ver — está mais bonita, mais calma, e está engordando."]

Meu cérebro é como um pedaço de queijo fervilhando com um milhão de ácaros.

Uma noite, caminhando pela rua 10,
Vi que fora demolida a casa
Em que havia morado meu antigo amor [Edna Millay].
Era uma casa de tijolos vermelhos, portas brancas

E longas persianas brancas de lâminas finas,
E lembrei-me de uma vez que fiquei à janela
Numa noite de inverno diamantina:
As estrelas enormes do céu hibernal
Perto dos tetos baixos de Greenwich Village
De repente trouxeram-me Paris,
Toda salpicada de estrelas de primavera,
E meu coração bateu asas com a idéia
De que ela ia em breve andar pela primeira vez
Lá onde Condorcet defende o Homem
No amplo espaço ante o Instituto.

Agora sei que essa Paris enorme
É uma cidade que eu jamais poderia mostrar a ela
E que as estrelas hibernais que eu lhe dei
Ela gastou há muito em cigarros,
Mas ser a casa dela despedaçada como uma teia de aranha
Para dar lugar a apartamentos com aquecimento central
É coisa que torna ásperos os ventos de abril.

A parede que tampa minha janela
É de um marrom sem lustre;
Sua superfície fosca de tijolos se ressente das janelas
E deixa-lhes fendas mecânicas de beiras duras.
Mas os parafusos que prendem as pontas das vigas
Têm cabeças em forma de estrelas.

São toscos e feios, é verdade,
Enfiados de qualquer jeito na parede,
Mas por que não os fizeram quadrados?

Há aqui uma tendência que devia ser reprimida.

Nada como um Lacrimae Christi para combinar com o sabor de meu espírito. Nem mesmo ao champanhe nem ao Château d'Yquem eu me entrego tão completamente: efervescer com aquele ou vaporizar-me com este ainda deixam meu coração em estado sólido: resta um núcleo duro a despertar. Mas quando provo o fogo salgado e áspero de Lacrimae Christi, arrancado das magras uvas do Vesúvio, toda a ferocidade de minha alma verdeja de um salto: saboreio este amargor com prazer. Isto nada tem a ver com as doces lágrimas de Cristo — esta safra ácida, destemperada e crua, arrancada de alguma corrosão profunda, alguma fúria amarga de anos! São as lágrimas azedas e rascantes de Maupassant, soberbo em seu pessimismo mundano, com seu coração de menino partido finalmente pela mundanidade do mundo; são as lágrimas brutais de Swift que ele jamais conseguia derramar... Acima de tudo, são as lágrimas daquele que, caminhando pelo vulcão árido, zombando das esperanças humanas, queimava com ironia as pobres plantas que continuavam a crescer em suas encostas. São lágrimas que realimentam, sem saciar, a paixão que as provocou, que intensificam a animação intensa que por vezes pode ser destilada do amargor.

Charley Walker, embora sua família fosse bem próspera, nos tempos de faculdade fora tratado com muita parcimônia. Os colegas comentavam: "Coitado do Charley, a mesada dele é tão pequena!". Quando ia a Nova York, sempre insistia em ficar conosco. Se dizíamos que não havia cama para ele, respondia que dormiria no chão. Certa manhã encontramos suas meias na lata de pão.

No Charter Club [Princeton], a luz matinal atravessava as cortinas de um branco luminoso, e por detrás desse biombo deixava entrever o verde tenro e límpido de maio.

Final de maio [1922]. No verde já acinzentado, as ondas de íris destacavam-se com lavanda e amarelo pálidos.

Acima da massa de edifícios comerciais, o céu era um acúmulo de luz prateada, restando, à medida que o prateado desaparecia, um toldo de penas pardacentas.

Manhã de início de junho. Lá fora, havia uma luz deslumbrante e prateada, com a qual se fundiam os contornos verdes das árvores, e o gramado estava aveludado de orvalho.

A costa de Nova Jersey. Chalés suíços esbranquiçados como conchas de mexilhões, vilas italianas com elefantíase, castelos medievais com torres como em Maxfield Parrish,* só que piorado, mesquitas gigantescas, casas de madeira em estilo inglês, tão grandes que parecem inchadas, pérgulas imensas e rígidas de madeira, nuas de trepadeiras, no gramado sem árvores e sem cercas, grandes globos de prata em pedestais, cães e leões de mármore agachados, afogando-se num mar plano de grama — hotéis em ruínas com placas em ídiche e inglês, lagos de margens geométricas de concreto contornados por estradas poeirentas, feios passeios de madeira cinzentos ao longo da praia, ossos de árvores infinitamente ressecados, frágeis cabanas com enfeites bizarros e excrescências desconcertantes, prestes a capotar como castelos de areia, devido ao abandono e ao hálito letal do mar, gigantescos auditórios em forma de celeiros largados de qualquer jeito em terrenos baldios pequenos demais para eles, bares de refrigerantes abandonados, fechados com tábuas no verão e no inverno. Tudo isso algum dia deve ter sido considerado bonito, deve ter possuído o encanto e a animação da vida — deve ter havido um clima de comemoração para produzir tais monstruosidades — porém é como se uma praga houvesse destruído tudo — as casas olham horrorosas para a estrada, seduzindo, piscando e fitando, com o ar medonho do cadáver da alegria. Sorriem dos últimos vestígios de vida que passam pela estrada. Aqui e ali vê-se uma casa elegante, semi-submersa numa selva de folhagens exuberantes, o gramado descuidado e cheio de ervas daninhas, como um campo, riscado por um caminho já quase invisível. O mar aqui não tem liberdade para espalhar suas ondas e recuar: ele se acocora, bate com a testa de encontro aos quebra-mares que protegem a terra — se bem que, na verdade, a culpa é do mar, que vive tentando avançar sôbre a terra — talvez ele ache que as cabanas, os hotéis, os salões de tiro ao alvo fechados e abandonados não passem de um entulho estéril que seria melhor estraçalhar e pulverizar ritmadamente no solvente universal de suas ondas.

O gramado estava iluminado por vaga-lumes que eram faíscas de um alaranjado líquido, esvoaçando sobre a grama num ritmo lento.

* Pintor e ilustrador (1870-1966). (N.T.)

Swampscott [Massachusetts]. As ondas estavam ornadas por gotículas fosforescentes de um verde azulado, que se prenderam nos cabelos negros de Louise, de modo que, quando ela saiu do mar, parecia uma nereida. — Louise saltitava na água fria, com gestos ritmados e desajeitados. — Cravava os dedos dos pés na areia enquanto falava, enfatizando o que dizia — sentia-se agradavelmente excitada por sua própria ousadia, estimulada pela água fria como vinho, satisfeita com sua própria juventude e beleza.

Concord (início de junho). Os campos cobertos de capim alto luziam com o ouropel dos vaga-lumes; os olmos de copas cheias; o rio de um prateado escuro correndo entre margens verdes e baixas que se fundem com os juncos que crescem à beira d'água — mais acima, com os gramados das casas, que não têm cercas; as janelas escurecidas por persianas, perfeitamente quadradas, as janelas estreitas, mais compridas, coroadas por triângulos baixos; as portas arredondadas em cima, como portas de celeiros; no gramado de Emerson * os rododendros brancos e rosados, como porcelana depois da chuva, por trás das elegantes cercas brancas; muitas janelas retangulares bem juntas umas das outras — versão puritana liberal de uma janela de sacada; libélulas com asas de veludo negro e corpos azul-pavão; a vegetação rasteira, verde-escuras, tons fortes e uniformes; a casa da srta. Alcott, ** de um marrom sujo com janelinhas mirradas, feitas para espiar o mundo exterior; porém atrás há uma encosta coberta de mata.

Boston. As portas dissolvem-se como música para os olhos. Portas deliciosas, de maçanetas de prata, em Beacon Street — obra de Bulfinch *** — com bandeiras semicirculares amplas e cristalinas, flanqueadas por vidraças límpidas, com cortinas brancas; portas brancas com colunas jônicas; a curvatura exata e uniforme das janelas das sacadas compridas de tijolos vermelhos; as chaminés de aspecto britânico; ruas inteiras, estreitas entre muros altos, saídas do século XVIII, com tijolos solidamente encrustados, cober-

* Ralph Waldo Emerson (1803-1882), escritor e pensador. (N.T.)

** Louisa May Alcott (1832-1888), escritora de livros infantis, inclusive o famoso *Little women* (*Mulherzinhas*). (N.T.)

*** Charles Bulfinch (1763-1844), primeiro arquiteto profissional norte-americano. (N.T.)

tos da sujeira admirável da antigüidade; as mulheres mal-vestidas — colarinhos altos, tons pardos claros horríveis — suas feições regulares, muito assexuadas, tipicamente inglesas — uma de roupa cor de alfazema, seguindo a moda nova-iorquina; as letras em estilo inglês das placas de rua; atravessando o rio vindo de Cambridge, o azul da água, a esplanada verde, a fileira de fundos de casas vermelhas e o azul do céu outra vez — tudo em cores que, de algum modo, conseguem ser ao mesmo tempo grosseiras e velhas.

*Walden Pond.** Um lago escuro margeado de árvores escuras e pontiagudas.

Madison, Connecticut. Hoje os céus transbordaram de um cinzento que cobriu o verde; sopa de mariscos aromática; as angras amplas e largas cheias de casinhas de barcos; planícies verdes cheias de juncos invadidas por serenas lagoas azuis; as casas de algum modo menos compactas do que as de Massachusetts, as cores menos fortes e límpidas, superfícies mais largas com as janelas e portas menos destacadas — toda uma civilização mais solta e mais leve.

Provincetown. A vista tranqüila da enseada eternamente sobrevoada por gaivotas e circundada por uma faixa amarela de areia que parece encerrar a cidade num mundo só seu — a água amarela-clara, azul, alfazema e verde nos trechos rasos quando a maré está baixa, e com ilhotas amarelas de areia ou de um azul bem pálido e areia fosca nos dias mais feios e escuros; as grandes dunas sem sombra, como enormes montes de neve, ou marcadas de leve pelos brotos de musgo, que um belo dia se abrem em florzinhas amarelas, como se houvessem chupado da areia árida sua última gota de pigmento vital — leve aroma balsâmico vindo da baía — pequenos maçaricos de ventre branco deslizando, como se andassem sobre rodas — o grande mar com a superfície intacta, de um azul brilhante, espumando branco sobre a praia de um amarelo vivo, que ele mastiga e cospe fora e remastiga como um cachorro dilacerando um pássaro; a casa de [Eugene] O'Neill com

* Pequena lagoa perto de Concord, às margens da qual viveu durante algum tempo o pensador H. D. Thoreau (1817-1862). (N.T.)

seus cômodos quadrados e amplos decorados com as cores da paisagem — os amarelos e azuis claros, porém vivos, da areia e do céu, e na sala de visita, com os pratos grandes, cada um dos quais ilustra um tipo de peixe diferente: gunelos e linguados em representações estereotipadas e engraçadas — a gata malhada, branca e marrom, que veio na barca naufragada que se espatifou na porta da casa de O'Neill, e que gerou um filhote branquinho; o português da cidade, moreno, olhinhos negros e nariz achatado; as casas amontoadas em ambos os lados da rua, com a fileira única de janelas espiando sob amplos telhados inclinados na direção do vento; enormes prédios semelhantes a caixas onde se armazena peixe; uma grande casa quadrada cor de chocolate — como se o chocolate estivesse velho e se derretendo — dando um toque súbito e deselegante de respeitabilidade ostensiva, com velhas e sujas cortinas de florzinhas nas janelas e duas urnas velhas, sujas e enferrujadas ao pé da escada da porta da frente — um cavalo branco pasta no capim descuidado do gramado: a casa pertencia a um unha-de-fome, recém-falecido, que fechou o andar de cima e vivia só no de baixo — a irmã era vista com freqüência catando pedaços de madeira trazidos pelo mar na praia; folhas de água azul-prateada que tocam a margem como espelhos quebrados na areia.

O artista às vezes começa escolhendo personagens demasiadamente distantes de si, os quais ele fatalmente verá de fora, e tentando lhes dar vida: o que ele tem que fazer é encontrar algum tipo de protagonista para o qual possa fazer uma transfusão de suas próprias emoções. É uma espécie de prestidigitação; ele tem de inventar uma figura ventríloqua que na verdade fala com a voz dele. É claro que não existe um distanciamento verdadeiro. Não se pode dar vida a um ser o qual é visto objetivamente. Quanto mais tipos de caráter um homem tem, mais personagens ele pode criar. *

De Boston a Truro. Depois de Middleboro, os subúrbios de Boston mudam até mesmo quanto a seus aspectos mais rurais; a areia substitui o barro, e o aspecto da natureza modifica-se tam-

* Jogo de palavras: *character* quer dizer tanto "caráter" quanto "personagem". (N.T.)

bém: cercas de pedra cinzenta; vacas; lagoas; depósitos de madeira; fazendas; chaparrais; céus de um azul pálido, quase cinza; matas baixas, de pinheiros finos e mirrados; quilômetros e quilômetros de vegetação baixa e árida; aqui e ali um cemitério arenoso ou um jardim raquítico; as lagoas cada vez menores e mais pantanosas; o trem pára em todas as cidades — parece haver uma sucessão interminável de cidades, muitas com o nome começando por "East", "North" ou "West" — até que se tem a impressão de que a viagem é infinita, como se se estivesse avançando lentamente e com dificuldade por uma terra estrangeira: pântanos de água salgada cheios de tufos de capim; casinhas baixas e sem raízes espalhadas pelo campo nunca mapeado, que jamais aceitaram formar vilarejos nem mesmo enredar-se numa rede de estradas; terra despenteada de pinheiros, de vez em quando rasgada por uma irrupção de baía verde; igrejas abandonadas como caixas instaladas nos pontos mais altos do terreno; as dunas altas, calvas e riscadas; o capim de um verde-pálido cuja cor provém da areia grossa e pálida; e de repente a imensidão do mar cinzento e liso, com faixas de um leve violeta e verde, com uma parca franja branca ao longo da praia.

Início de junho [Nova York] — 5 da manhã. As silhuetas azuladas dos altos edifícios contra o rosado sujo do nascente, que passou para um tom enfumaçado de rosa; o céu de um azul uniforme mais acima; as árvores do parque voltando a verdejar, porém as sombras misteriosas da noite ainda pairando obscuras e azuis; a impressão de que o mundo estival não muda com as mudanças de dia e noite, porém permanece cálido, tranqüilo e familiar, enquanto uma sombra breve apenas desce sobre ele — é tão curto o intervalo entre sol e sol — no verão o mundo está sempre dormindo suavemente, de modo que à noite não é preciso afundar no sono morto e profundo do inverno e do outono.

O zumbido rumoroso do verão entrando pelas janelas abertas.

Entre as conhecidas formas limitadas de história, ficção e pensamento e do mundo a meu redor tal como o encontrei, às vezes acho que o mundo é pequeno demais, e seus fenômenos são demasiadamente mesquinhos e imperfeitos. "A história da humanidade não me satisfaz; a humanidade não me satisfaz; estou cansado do velho repertório; já conheço todas as peças novas de antemão; vão ser os mesmos velhos cenários e os mesmos personagens de sempre. Esbarro nas pessoas, na geografia, nos eventos, como se fossem as grades de uma gaiola. — O amor, em particular, é simples demais; o tempo que ocupa é excessivo para um ato físico tão simples; é terrível pensar no que se gasta, em termos de pensamento e energia, em ajustes amorosos. — Aguardo com impaciência o dia em que, controlando a gravidade tal como agora controla a eletricidade, o homem, atrelando os mundos, os arrastará pelos céus afora, tornando-se mestre do sistema solar, e por fim de tudo o universo. Não se produzirão mais livros nem obras de arte, porque todo homem será sábio e artista. Este homem compreenderá tudo e não precisará de documentos científicos; e, enquanto voa, naturalmente e sem massacrar seu cérebro, há de cantarolar canções em comparação com as quais a poesia de Dante e a música de Beethoven parecerão meros gaguejos de bárbaros."

— Até que o homem, tendo engolido o universo presente e expandido para além dele com sua mente, crie outro universo poderoso o bastante para contê-lo.

— Deter-se à borda perigosa do tempo — sufocando no passado, encurralado de encontro ao vazio do futuro — enfrentar o abismo cinzento que há além dos confins do mundo — o mundinho, quarto de uma infância ignorante e travessa.

Bethlehem, Pensilvânia. Os altos-fornos semelhantes a gigantes defecando, os intestinos enrolados em torno de seus ventres, esvaziando as tripas com um silvo trovejante e excretando fezes líquidas de ouro que de tão quente transcendem o dourado e tornam-se de um amarelo esbranquiçado e etéreo — até a luz do sol de outono empalidece ante sua incandescência suprema. Parecia algo que recebia luz do sol, porém que ardia mais forte que o sol, que transparecia por trás do sol como se por trás de uma película branca e confusa. Cascatas de ferro-gusa dourado e sublimado e fino, dos quais se desprendiam fagulhas que explodiam como foguetes minúsculos no ar — uma chuva explosiva de fogo fino. — Grossos volantes girando através do chão, quase tocando o teto. Motores imensos latejando, impelindo enormes aríetes cilíndricos para a frente e para trás, como falos numa cópula de gigantes — ou como se as máquinas estivessem entretidas num jogo — cada uma jogando sozinha — o jogo de movimentar esta viga de um lado para o outro, de uma mão para outra, por assim dizer, tentando ver até que ponto era possível ganhar impulso antes que uma das mãos cedesse. — Frente a uma dessas máquinas, a pessoa se sente envergonhada, tremendamente rebelde, um fracote diante de uma força prodigiosa — como um cachorrinho diante de um cão enorme.

As Ziegfeld Follies: 28 de fevereiro de 1923. Moça grandalhona de juntas soltas, como uma potranca, praticando levantar as pernas por trás do pano de fundo — um homem segura o chapéu para que ela o chute; Gilda Gray e seus maneirismos de alma-da-festa do interior — suas caretas e suas palhaçadas, suas idéias provincianas sobre a maneira como uma grande atriz deve se comportar, agarrando as mãos das pessoas, "*Bon soir*", estendendo as mãos para serem beijadas, seus gestos grandiosos, sua dureza, sua aspereza, sua vivacidade, sua pujança, sua vontade ansiosa de ir à Inglaterra para dançar diante do rei, suas caretas de êxtase diante de Will Rogers,* "Ah, é, como ele é inteligente!"; em relação à imitação de Belasco ** feita por Brandon Tynan, seu comentário: "Que bobagem!"; a facilidade e tranqüilidade com que os cenários eram mudados, dobrados ou desdobrados; homens indo e vindo dos bastidores, correndo com aparelhos elétricos nas mãos; menininhas em bando entrando e saindo, com os mais diversos figurinos — "entre, sua boba!"; garotinha vendo o espetáculo dos bastidores, levantou a perna até ela ficar perfeitamente vertical (como um relógio marcando doze e trinta) e encostou-se, abraçando a perna, no cenário, depois baixou-a e levantou a outra, segurando-a meditativamente, ao mesmo tempo em que olhava para o palco; "Amanhã? Às onze?" — "Há quanto tempo vocês estão fazendo isso?"; "Ah, só você vendo a casaca do Shean! Ele abotoou ela todinha, até o pescoço. Nem precisa botar colete, não! — Mas é claro! Ele acha que está lindo. Não vá dizer isso na frente dele, não! — Mas é claro! Se convidam ele pra ir no Ritz Carlton, ele topa na hora"; "Sete garotas perguntaram por você — uma delas disse que se

* Ator de teatro e cinema e humorista, cujos ditos espirituosos tornaram-se famosos (1879-1935). (N.T.)

** David Belasco (1853-1931), famoso diretor teatral da Broadway. (N.T.)

você quiser ela dá o telefone dela, é só pedir!"; a guarda-roupa, uma negra linda — pensando talvez que nunca vai poder ser deslumbrante e admirada como as moças brancas?; Mary Eaton, tipo consumado da mocinha americana do interior que sai em capa de revista, esfregando os pés no breu, calçando as sapatilhas; a menininha dourada que tem de tomar um banho de chuveiro toda noite [o dourado tampa os poros] e no dia seguinte tem que ser pintada de novo; "Ela é uma besta, uma idiota — não tem personalidade, não tem beleza — não sabe representar, não sabe cantar, não sabe dançar — é só virar elas de cabeça pra baixo que é tudo a mesma coisa — você sabe, não é?"; Gilda Gray: "Ah, imagino que você veio pra fazer mais desenhos. Ora, não dá pra desenhar com elas saltando desse jeito!" (riso zombeteiro). "Quero olhar antes delas começarem a saltar." "Acho que ela não entendeu — será que elas entendem alguma coisa?"; um esquete horroroso que mostra uma família briguenta — marido, mulher e filho num bate-boca contínuo — perguntei ao velho contra-regra por que motivo tiraram de cartaz *Cuckoo Nell* — "Não pegou; ninguém ria"; ordem-unida, ensaio de grande grupo de dançarinas descendo as escadas e saindo do palco no final da primeira parte; "Venha conosco. Cante uma canção. Venha conosco". — Os pavões verdes e grinaldas douradas do proscênio. — Hogan: "Essa aqui é a srta. Vigi — deviam botar a foto dela nas revistas — vai se tornar uma dançarina famosa — tem talento — ela é que substitui a Eaton, e quando ela se apresentou três noites seguidas, ela arrasou a Eaton — arrasou todo mundo. — A Eaton não deixa ela botar o boné. — Quem é aquela garotinha ali? [Olhando-a de alto a baixo.] Gracinha. Tem talento, também". — Falava-se muito de uma garota que estava tendo muito destaque ultimamente; quem é que andava trepando com ela?

Marion Davies. A amante de Hearst,* que queria ser atriz de cinema. Hearst criou a Cosmopolitan Film Company para realizar seu desejo, e aí foi obrigado a produzir um monte de filmes bons para contrabalançar o prejuízo causado por Marion Davies. "Você pode ser tudo para o Bill, minha querida — mas para mim você

* William Randolph Hearst (1863-1951), dono de uma cadeia de jornais e revistas, milionário e homem de grande influência; serviu de modelo para o protagonista de *Citizen Kane* (*Cidadão Kane*), filme de Orson Welles. (N.T.)

não passa de uma chata." É vulgar, desengonçada e sem vida, e só dispõe de uma careta rígida para exprimir todas as emoções.

Ted Paramore. Um baile num grêmio da Universidade de Yale: a garota que apagou no sofá com o namorado — os outros cobriram os dois com as grinaldas e enfeites do salão. Por fim, a garota voltou a si e, afastando os galhos para o lado, olhou para fora e perguntou: "Alguém aí tem chiclete?". Ninguém tinha; ela apagou de novo. Ele adormeceu, bêbado e nu, na mesma cama que uma atriz de cinema, numa festa — não tiveram relações. De manhã, ela levantou-se e, olhando para ele, esparramado na cama, nu, disse: "Você é uma pessoazinha estranha". Outra garota disse: "Eu pensei que ele não ia mais ficar vindo aqui de tarde mas hoje eu olhei pela janela e não é que ele estava lá! Fiquei tão deprimida por causa disso que fui pra uma festa e tomei o maior porre, e tinha um chafariz com uns peixinhos raros lá e eu virei e disse pro Bill: 'Vamos lá! Aposto que eu pego um deles antes de você', e aí nós dois mergulhamos e só conseguimos pegar umas nadadeiras e quase que a gente se afoga"...

Pittsburgh, 11-12 de março. Cidade lisa, esparramada, acidentada, suja; a cidade propriamente dita é concentrada e presa na ponta da cunha, espremida entre dois rios barrentos, que se unem sobre a cunha para formar um terceiro rio barrento; os subúrbios espalhados — uma cidade só de subúrbios — brotando aqui e ali nos morros lisos — casquinhas frágeis de madeira ou pesadas montanhas de pedra — tudo sujo, tudo encardido, tudo marcado com o selo da feiúra desde a raiz — tudo, porém, afastado de tudo, mas quase nunca em tripas longas e implacáveis como os subúrbios de Filadélfia — escoceses e irlandeses independentes; enormes cabanas da arquitetura dos anos 80, semelhantes a depósitos, a instituições — uma com pilares jônicos encardidos e uma enorme cumeeira preta com uvas e folhas de parreira esculpidas; um menino de suéter sentado estudando numa janela de segundo andar, as pernas penduradas para fora, apontando para um telhado; casas imensas abandonadas, que dão a impressão de que ninguém poderia jamais ter morado nelas e que pesam tanto que devem ter amassado os morros com seu peso; vales e regos, penhascos feios em que se enfileiram casas ignóbeis, como as cracas escuras que ficam nas pedras quando a maré baixa e vira água estagnada; muitos vitrais, que lembram o verde e o azul do óleo numa rua enlameada, ou boiando em água estagnada; as igrejas, verdadeiros monumentos à desolação; o bar Venice, onde tocam músicos de *jazz*; a siderúrgica Carnegie, emitindo vapores noturnos de ouro sólido; a Westinghouse Electrical Company, enervante, esparramada por uma grande área, toda máquinas e luzes; as fábricas da Heinz em Allegheny; PURÊ DE MAÇÃ CRUICKSHANK em letras garrafais na serra nua; as ladeiras; os acidentes de carro; estudantes fodendo nos corredores do Carnegie Institute of Technology; o negrume inigualável daqueles prédios e dos da Pitt School; os morros menores arrasados e removidos, deixando tocos feios no chão; o afundamento e desabamento do Boulevard; as estradas de ferro no fundo dos vales; os murais idealizados, semi-alegóricos nos museus e na escola; as pessoas duras, de cabeças redondas e olhos negros; as boates afastadas da cidade, com *jazz,* onde se dava a maioria das festas; a garota bonita no Venice; a névoa cinzenta turva — uma sociedade sufocada em fumaça; uma severidade e aspereza épica — violência da vida — quando as pessoas fazem alguma coisa, é algo violento — se jogam de ribanceiras, fazem pegas de carro que terminam em desastre, as moças se engravidam com uma espécie de ferocidade mecânica, bebe-se uma enormidade, gíria e vozes duras e certeiras, a "gozação" de Pittsburgh; nada de quadros nas paredes, nem elegância, montes de cinzas em vez de gramados à frente das casas, trens e fábricas apitando para os morros duros — longínqua no Oeste, ensimesmada, desligada da cultura e da beleza, jovens que nascem nessa terra dura e tornam-se tão duros quanto ela, insistindo com uma persistência implacável na área do jornalismo, na poesia, no teatro — no entanto, como que fadados à esterilidade para sempre.

Grandes festas no William Penn Hotel, em que alguém aluga uma suíte e os convidados ficam vagando de um quarto ao outro, num estupor alcoólico. A *mésalliance* de Verna Tolley com o filho de um advogado de uma grande empresa; ela o trai durante a guerra com um tenente, pega uma gonorréia, vai viver com o médico que a curou, acusa o marido de bater nela, lava toda a roupa suja nos jornais, é acusada de ter tido relações sexuais com o regimento inteiro, é derrotada, divorcia-se e é exilada de Pittsburgh por ordem da família do marido, porém consegue enlamear-lhes o nome, e vai embora com uma complacência aparente — o pai dela é um funcionário subalterno num banco, mas ela fala dele como se fosse banqueiro — ele considera a filha uma ótima menina, só que um pouco farrista demais.

Casinhas de tijolo semelhantes a cadeias; no fundo do vale enfumaçado, fábricas cuspindo vapores de ouro; penhascos feios em que se enfileiram casinhas frágeis que lembram cracas escuras largadas pela maré.

Alvin Johnson. Alguém comentou que achava que todas as distorções revoltantes publicadas pelos jornais do interior "Os '*Aliados*' avançam no Ruhr" — talvez não tivessem muita importância, porque as pessoas no interior eram completamente indiferentes àquela história toda. Johnson disse então: "A única coisa que salva a democracia é a indiferença do público em relação à política". O julgamento de [William Z.] Foster,* no qual ele foi acusado de anarquia criminosa; o *agent provocateur* que teve de assumir dois pseudônimos — um para ocultar sua verdadeira identidade dos comunistas, e o outro que os comunistas o obrigaram a assumir.

Em casa, meados de abril. O doce crepúsculo da primavera suavizava mais e mais as cores suaves da terra revirada e da grama tenra — tons delicados de castanho e verde, como cores de aquarela, delicadas e desbotadas, de uma velha gravura. A forsítia interrompia a penumbra aqui e ali com um toque de amarelo-pálido.

Lynbrook. [Por algum motivo, fui encarregado de pegar os pertences de Peggy e Verna com o médico-legista quando elas morreram.] Um papel guardado no cofre do médico-legista na delegacia de Lynbrook, no qual estavam embrulhados um punhado de grampos de cabelo, uma bolsa velha de veludo, batons e caixas de ruge quebradas, um ou dois pompons de pó-de-arroz, cigarros, um abridor de garrafas, duas pulseiras de ouro, uma pérola em forma de coração pendurada num fio, um anel de ouro fino amassado, duas moedas, um par de abotoaduras roxas baratas e um envelope contendo cartões de visitas de mais de uma dúzia de vendedores, fornecedores, modistas e repórteres.

* Líder do Partido Comunista dos Estados Unidos, três vezes candidato à Presidência da República (1881-1961). (N.T.)

Eu sempre tento dar a interpretação mais benévola a todos os meus pecados. — Posso parecer indiferente e de má vontade quando trabalho para os outros, mas é só me propor algum empreendimento que vise à minha gratificação ou aos meus interesses que eu coopero com entusiasmo e paixão. — Às vezes ando pelo quarto redigindo críticas favoráveis a meus próprios livros.

Os braços apertando-se contra os braços de outro e depois evitando-os, unindo-se e afastando-se — os seres humanos, por trás de suas conversas bem-educadas e bem-humoradas, estão sempre explorando-se uns aos outros, abraçando-se, afastando-se de repente, assustados.

Mary: "Tive uns sonhos sofisticados essa noite".

Vaudeville. "Sei que estou apaixonado: estou péssimo". — "Uma musiquinha chamada 'Lá onde ficava a Europa antigamente'."

Início de outubro. Dálias amarelo-limão e vermelho-ferrugem no crepúsculo outonal. — Por um momento, passando de carro por Red Bank, não conseguia me lembrar se era outono ou primavera.

VIAGEM À CALIFÓRNIA, FEVEREIRO DE 1924

[Nota de EW: "Gilbert Seldes, que eu havia conhecido na casa de John Bishop e cujos escritos eu havia lido na faculdade, na revista literária de Harvard, me arranjou trabalho, quando eu estava muito duro, como agente de publicidade do Balé Sueco, que estava visitando os Estados Unidos. Imaginei que talvez fosse possível convencer Charlie Chaplin a se apresentar em um dos balés em pantomima, e convenci o empresário, Rolf de Maré, que a idéia era viável. Ele custeou minha viagem à Califórnia para tentar persuadir Chaplin".

Nesta nota, EW não menciona um fato importante — o balé em questão era seu: ele havia escrito, conforme disse a John Bishop, "um grande, superbalé de Nova York", e os suecos haviam manifestado interesse nele. Edmund percebia que o virtuosismo de Chaplin na pantomima era justamente o tipo de arte que poderia se combinar com o Balé Sueco — reconhecendo, assim, uma capacidade que Chaplin só revelaria na extraordinária cena de dança em *Modern times*, anos depois. Sabemos que tipo de balé Wilson tinha em mente, pois ele disse a John Peale Bishop que haveria "um trecho de filme no meio, para o qual Ornstein * está compondo músi-

* Leo Ornstein (1892-1975), pianista e compositor, nascido na Rússia. (N.T.)

ca e no qual esperamos conseguir colocar Chaplin. É sem dúvida a coisa mais titânica já projetada no gênero; vai fazer com que as produções de Milhaud e Cocteau pareçam recitais de músicas folclóricas. Foi escrito para Chaplin, um comediante negro e mais dezessete personagens, orquestra completa, projetor de cinema, máquinas de escrever, rádio, vitrola, rebitadora, eletroímã, despertadores, campainhas de telefone e banda de *jazz*".

No final de 1923, EW já havia se mudado com a mulher e a filha para University Place, n.º 1. Nesta época, estava muito interessado no simbolismo, e mantinha uma correspondência assídua com Christian Gauss — *Axel's castle* estava despontando no horizonte, embora ainda precisasse de mais dois ou três anos para dar forma ao livro em sua mente. Lendo o *Harmonium* de Wallace Stevens * nesta época, EW elogiou-o como "um poeta de grande distinção em escala menor". Nos Estados Unidos, acrescentou, "pessoas como Stevens, ou Dos Passos, em seu livro de poemas, produzem uma mistura do simbolista e metafísico com o objetivo e duro".]

Depois de Harrisburg. Viam-se, da janela do leito inferior, os grandes edifícios cegos e escuros e as casas de olhos vendados, depois cartazes com anúncios espalhafatosos bem ao lado das janelas, depois postes de iluminação solitários em ruas de casas esparsas, só os postes de telégrafo medindo suas extensões de fio, e depois a noite imensa, cinzenta, polvilhada de estrelas semelhantes a brasas.

Manhã: os campos planos ligeiramente acastanhados, cobertos de geada, como se fossem cinzas — em Ohio, o dia cinzento nos campos planos e vazios, em que a coluna de fumaça do trem estava sempre no campo de visão, obscurecendo os tufos ralos e escassos de árvores, os cavalos pastando nos trechos estéreis e as vacas enlameadas nos campos de milho mortos pisoteando os talos prostrados — os porcos perdidos como ratos na imensidão.

O *Missúri* em Omaha, com seus baixios lodosos cheios de conchas e, do outro lado do rio, um deserto de pátios de ferrovias.

Uma cidadezinha em Nebraska, cercada de vastos campos vazios: algumas casas, uma esquina com uma cerca branca de madeira e uma fileira de olmos altos.

* Stevens (1879-1955) publicou *Harmonium*, seu primeiro livro, em 1923. (N.T.)

Saindo de Salt Lake City, a longa faixa prateada no céu refletida na évoa de inverno embaixo, de modo que as montanhas escuras com sua fina cobertura de neve pareciam fantasmas delicadamente esboçados na realidade da luz prateada — como se um grande tubo de prata estivesse refletindo algo além do horizonte. Na imensa arena vazia, a mancha de terra cultivada de uma fazenda, cercada de álamos, disposta em grandes retângulos — grandes celeiros de feno descobertos, vacas na lama, onde a água formou uma poça, e atrás das cercas os cavalos de pêlos escuros e ásperos, mordiscando os tufos mortos de vegetação e a neve. — Prateado deslumbrante acima do pico de rocha nua, recortado como uma lâmina no céu — uma fenda entre o pico, etc., e o telhado de nuvens pardacentas esticado como couro de tambor no céu. — Raras fábricas de chaminés negras, com suas ninhadas de casinhas de madeira para os operários, na arena. — Carneiros e montes de feno na neve. — Uma fazenda abandonada com prédios com a pintura já descascada, cinzentos, descorados pelo sol — um ou outro equipamento agrícola quebrado, preso ao chão pelo gelo — uma revoada de passarinhos rápidos risca o céu frio.

Califórnia: Serras de um rosa-pálido sob céu azul-pálido sem nuvens — verde-sopa — terra marcada por tocos e montanhas negras com filamentos prateados — um rio prateado — os laranjais de um verde escuro e metálico orlado de alaranjado — fragrância seca daquele meio-dia quente e eterno penetrando o trem fechado — as estações ensolaradas, que lembram missões. Animação inesperada ao chegar nessa terra pela primeira vez em março.

[No trem, li a *Electra* de Sófocles no original. Como minha leitura era em ritmo bem lento, senti um certo suspense nervoso quando se aproximavam os assassinatos. Eu já estava num estado de espírito algo mórbido por estar simultaneamente acompanhando a história de uns assassinatos horripilantes que haviam ocorrido na Califórnia: um garoto homossexual se aproveitava dos outros garotos que vinham, um por um, trabalhar para ele e sua mãe; quando se cansavam de um garoto, os dois o matavam para que ele não revelasse nada. Enterravam-no na fazenda deles. Na minha cabeça, este caso havia se associado a uma sátira de Anita Loos * chamada

* Romancista, dramaturga e roteirista (1893-1981). (N.T.)

The better things of life, originariamente publicada como folhetim numa revista. Era supostamente a narrativa de um relações-públicas do sul da Califórnia, que tentava, com certo grau de sucesso, disfarçar uma série de assassinatos horripilantes ocorridos na região. Indiferente aos corpos desmembrados sue iam sendo encontrados, ele anunciava com espalhafato as atrações de Hollywood: o sol, a atmosfera sadia, o otimismo contagiante. Foi somente anos depois que Anita Loos se dispôs a publicar em livro uma versão desta obra. Porém esta versão posterior foi adaptada a uma época diferente, e era muito menos sarcástica do que a original, a qual teria talvez causado escândalo em Hollywood — se bem que fosse uma representante típica do espírito hollywoodiano.

Fiquei na casa dos Paramore em Santa Barbara, e Ted deu um jeito de marcar um encontro com Chaplin para mim. Chaplin estava no estúdio, filmando *The gold rush.* Estava maquiado, encarnando seu personagem, e enquanto conversava conosco balançava a bengala lentamente. Eu já estivera com ele uma vez, quando ele foi à *Vanity Fair* para tirar uma foto; nesta ocasião ele me explicara como puxava o chapéu-coco para baixo de modo que ele pipocasse para o alto — um truque que não tive muita oportunidade de praticar, uma vez que requer um chapéu-coco de aba rígida e estreita. Embora ele gostasse de recorrer a truques como este de vez em quando, Chaplin não manifestava em absoluto aquele exibicionismo tedioso que é característico dos palhaços profissionais. Era bem-educado e perfeitamente natural. Conservando sua independência, recusando-se a se submeter a empresários, ele havia se estabelecido num lugar onde só reconhecia como seus iguais Douglas Fairbanks e Mary Pickford — e mesmo esses dois, Chaplin confidenciara certa vez, segundo Ted me disse, "eram filisteus". Uma vez, quando andávamos na rua, Chaplin foi abordado por um garoto desconhecido que tinha esperanças de que ele pudesse ajudá-lo a arranjar emprego. Chaplin parou e interrogou o garoto de modo simpático, depois seguiu em frente.

Ele veio nos ver no bangalô de Ted em Hollywood, achou engraçado meu balé — posteriormente publicado com o nome de *Cronkhite's clocks* —, porém explicou que só sabia trabalhar ele próprio fazendo tudo, inventando e interpretando seu próprio personagem. Não muito tempo depois, Chaplin fez *Modern times*, filme que aborda um tema mais ou menos semelhante — uma vítima traumatizada do industrialismo "racionalizado". Acho pouco provável que a idéia tenha sido inspirada por *Cronkhite's clocks*; mas se foi, ele fez muito bem em utilizá-la. A cena da máquina que se abastece automaticamente provocava aquela hilaridade cumulativa irresistível — levada além do ponto em que aparentemente a coisa chegou a um limite intransponível — da qual Chaplin é um mestre consumado (como Dickens: ver a cena do julgamento em *Pickwick papers*). Na verdade, ele jamais abandonou as velhas *gags* do *music-hall*, porém animou-o com seu toque genial o novo. A cena de *The gold rush* em que o urso segue Carlitos num desfiladeiro, porém desaparece toda vez que ele se vira para olhar, vem sendo usada há anos nas pantomimas natalinas inglesas * — a última vez que assisti a um desses espetáculos em Londres, um ser extraterreno substituía o urso — porém Chaplin tornou-a engraçada, com um toque de perigo subjacente. Mesmo numa de suas últimas obras, *Limelight*, o enredo é a velha história surrada do palhaço de coração partido; mas Chaplin fez, a partir dela, algo que jamais fora feito antes: uma canção de *music-hall* — pois ele interpreta e parodia um artista de *music-hall* — que consiste apenas na repetição da palavra "amor"; a cena com Buster Keaton em que as folhas da partitura, como se impelidas por um demônio, caem sistematicamente da estante do piano e têm de ser substituídas. Em relação a Chaplin, sempre achei que as pessoas que eram ridicularizadas por o tratarem como um artista sério não estavam de todo enganadas. Falando com ele, percebia-se que suas reações imediatas eram tão espontâneas, tão autenticamente pessoais, quanto as de um poeta como E. E. Cummings. Quando mencionei Santa Barbara, Chaplin não manifestou nenhum entusiasmo, porém limitou-se a dizer que os lugares montanhosos sempre lhe proporcionavam uma sensação opressiva. As contradições de sua personalidade eram espelhadas nas de seu rosto, a parte superior do qual era imaginosa e inteligente, enquanto a de baixo era vulgar, com um queixo quadrado. Creio que ele jamais se deu conta da vulgaridade de *music-hall,* de muitos de seus personagens e cenários.

* Espetáculos de pantomima que remontam à tradição da *commedia dell'arte,* tradicionalmente realizados no Natal. (N.T.)

[Na volta, parei em San Francisco para ver minha prima Alice Osborne. Era muito bonita e muito inteligente, porém um tanto pálida e um pouco seca, e nunca se casou. Achei-a muito simpática; costumávamos ir juntos à Exposição em 1915.

Encontrei Margaret Canby morando num apartamento e aguardando o divórcio, com uma outra mulher, Paula Gates, que também estava se divorciando. Margaret antes pensava que ia se casar com Ted Paramore, porém recentemente havia mais ou menos desistido da idéia, por causa de um baile a que foi com ele, no qual, segundo ela, ele se comportou muito mal. Disse que achava que não podia confiar nele. Ela herdara da mãe um forte ranço de presbiterianismo escocês, que lhe dava uma consciência indestrutível do que é e o que não é correto. Não obstante, disse que se sentia fatalmente atraída por "cafajestes". Tivera um romance com um jovem oficial canadense que pulou através de uma grande clarabóia de vidro no salão de dança de um hotel. Mas em relação a uma decisão definitiva, ela achava que Ted fora longe demais. Jamais passou pela minha cabeça, naquela época, que um dia eu viria a me casar com ela. Eu continuava achando que ela pertencia a Ted.]

Green Street. O apartamento deles — o piano, o enorme Pégaso de bronze sobre um pedestal de mármore verde-escuro, os quadros, os janelões envidraçados, os quartos. O comandante que queria nos levar a Honolulu — seis dias para ir e seis para voltar — porém ele não conseguia comer *poi*, o molho inglês de Honolulu — eles comiam porco praticamente cru — ele achava que os homens de Annapolis eram superiores aos de West Point porque tinham viajado mais * — começou a nos contar algo a respeito de si próprio, porém acabou falando sobre uns outros oficiais por quem tinha muita admiração. Queria casar-se com Paula e ia com ela a todos os lugares, ao invés de deixá-la em casa, como é típico dos marinheiros. Queria saber em que idade as mulheres não podiam mais ter filhos. O vendedor de bônus que havia lutado na guerra e ficou zangado ao saber que alguém havia revelado que ele tinha sido condecorado por ter salvo a vida de um soldado, reti-

* Em Annapolis fica a academia naval; em West Point, a academia militar. (N.T.)

rando-o de dentro de um buraco aberto por um obus — ele havia passado 26 dias em combate. Quando disse a Paula que estava apaixonado por ela, Paula lhe perguntou se ele a amava mais do que qualquer outra coisa no mundo. "Não consigo esquecer a guerra jamais!" Suas histórias de franco-canadense: "Joga ela [a âncora] assim mesmo: pode ser que adiante. Eu ouvi uma coisa batendo n'água, e — meu Deus — era eu!" Quando ríamos, ele não acreditava que estávamos mesmo rindo de suas histórias: "Ah, vocês não estão rindo da história". Tocou a canção dos vagabundos — *Goddam* — no piano. Quando partiu de Lawrenceville, foi estudar na Colorado School of Mines, e passou muito tempo em campos de mineração. Quando falavam sobre livros, etc., ela percebia que ele não entendia patavina. A sacada que dava para a baía — a cidade descendo em luzes até a baía. O comandante tinha apenas uma licença de três dias. Seus poemas em espanhol — porém ficava constrangido por causa de Paula, de modo que embatucava e não conseguia terminar — havia escolhido o espanhol em vez do francês. Margaret tinha na palma da mão um eminente oculista (e professor) — era casado, com filhos, e quando saiu da linha botou tudo para fora — na cozinha fez uma demonstração de dança apache com um furador de gelo. Quem chegava primeiro [Margaret ou Paula] sempre tocava piano para avisar a outra de que estava em casa. Paula falava sobre Edward Carpenter * e ioga (curvar-se para trás, concentrar a atenção no nada, etc.). Um vez entrou no Brevoort com traje a rigor, elegantíssima, após cavalgar a noite inteira pelo parque, e percebeu que havia uma criança presente e foi tão terrível que teve um esgotamento nervoso e voltou para o Oeste. No México, seu pai costumava surrá-la com um chicote. Uma vez ela andou a cavalo 120 quilômetros num dia, mas não sabia nadar.

As casas brancas de tábuas longas, a primeira civilização da Costa Oeste.

As locomotivas, diferentes das do Leste, mugindo como bois desgarrados. As Serras Nevadas: a imensa e enferrujada espinha do continente. O Grande Lago Salgado: as águas vítreas azul-claras

* Escritor e reformador socialista inglês (1844-1929). (N.T.)

refletindo palidamente as nuvens pálidas — nas margens uma crosta de sal e neve e, de um dos lados, cobertas com um verdete de gelo esverdeado — deserto de sal reluzente — a muralha da montanha negra envolta em branco — a névoa pardacenta no sopé das montanhas. As imagens de arenito cor de tijolo, semelhantes a deuses de rostos apagados pela erosão — a terra alaranjada das colinas suaves com uma plumagem de inverno de capim esparso — o gado peludo e solto olhando para o capim — tudo recortado contra o céu de um azul-claro esverdeado e delicado. Os cactos compridos feito polegares (não em Utah, mas na Califórnia).

A paisagem seca e amarelenta, polvilhada de neve, do Meio-Oeste.

Indiana — os ossos quebrados dos pés de milho na neve. À medida que a tarde morre, o branco da neve torna-se quase tão cinzento quanto o céu — tem a cor mortiça do giz. Os porcos chafurdam na neve. As casas são nuas e toscas. Toda a paisagem plana e vasta é tosca.

A menininha que pediu que a mãe lesse *Barney Google* para ela e ficou gritando "Bão-Balalão" bem alto, repetidamente.

A mata negra e esparsa na serra nevada.

[Na viagem de volta, de trem, li tudo que pude entender — pulei todas as equações — de *The concept of nature* de Whitehead, * livro que me fora recomendado por Kemp Smith. Nunca me senti muito à vontade com a metafísica, mas adotei a de Whitehead — um departamento no qual não me sentia à vontade, porém aceitei como plausível a explicação do mundo apresentada por ele, do ponto de vista dos componentes atômicos do mundo, composto do que ele chama de "eventos", sendo Deus o princípio da "concreção".

Li também os originais do *Beggars of life* de Jim Tully. Era protegido de Chaplin. Eu o conhecera em Hollywood com Chaplin, que se afeiçoara a ele por causa de sua vida atribulada e suas aspirações literárias, e lhe arranjara um emprego. Ele queixava-se amargamente de que um tipo como ele não recebia nenhuma atenção da suposta hierarquia da mesa-redonda do Algonquin, uma paneli-

* A. N. Whitehead (1861-1947), matemático e filósofo inglês radicado nos Estados Unidos. (N.T.)

nha de pseudojornalistas. Seu livro tinha um ritmo e uma fluência bem irlandeses, que o tornavam divertido; entreguei os originais a um editor, que publicou o trabalho. Tully tornou-se então tão presunçoso quanto qualquer celebridade do Algonquin. Creio que jamais me agradeceu, e eu soube que andou dizendo para todo mundo que eu devia ter lhe arranjado uma editora melhor.

VOLTA AO LESTE

O verão pairava, sufocante e lânguido.

[Fala para um personagem de conto ou peça.] *Descendo a Sexta Avenida até Varick Street, passando por Minetta Lane, meia-noite e meia*: "E tudo era tão horrível — tudo parecia tão vazio, tão sujo e deserto. Lixo carregado pelo vento e as vitrines cheias de lixo, e aqui e ali um grupinho de italianos ou um gato comendo lixo na rua. As únicas coisas que ainda tinham vida eram as grandes fábricas brancas de cereais ou lá o que sejam, com as luzes elétricas todas acesas, e os táxis passando de um lado para o outro feito baratas quando a gente entra na cozinha à noite".

Great Neck, meados de abril. Fitz disse que ia voltar para o estrangeiro porque sua reputação estava diminuindo nos Estados Unidos, e ele queria ficar fora do país até realizar alguma coisa importante, para então voltar a ser convidado para jantares. Lardner falou muito em ir ao Red Lion ou alguma outra casa noturna, mas quando por fim saímos — toda a bebida já havia acabado — fomos só até a casa de Lardner, onde bebemos Grand Marnier — ele fez questão de dar uma garrafinha a cada um de nós — e mais *scotch.* Fitz tentou livrar-se do fardo de uma grande autorevelação — "egoísmo, *The egotist*". Disse Lardner: "Não, não é exatamente isso". — "Bem, *Egoist*, então — não me interrompa só por causa de um mísero *t*". Lardner achava que era um bom livro; Fitz discordava.* — "O trecho em que ele vê o professor." — "Ah, é: ele era a mãe da garota." Gargalhada geral. Zelda tinha adormecido numa poltrona, coberta com um xale — estava entediada com o quadro da Idade Média feito por Scott e se manifestara de modo muito desagradável a esse respeito. Scott estava aborrecido porque havíamos criticado sua revelação. "Você erra demais na pronúncia das palavras", Lardner havia comentado. Lardner leu em voz alta as regras do golfe. (Era um livreto publicado pelo clube de golfe local. Lardner leu as regras por extenso, num tom de deboche frio e sóbrio que era engraçado e ao mesmo tempo exprimia a repulsa que lhe inspirava a vida nos subúrbios de alta classe média.) — Então voltamos para a casa dos Fitzgerald. Lardner e eu começamos a falar sobre o escândalo do petróleo,** e Fitz dormiu sentado numa cadeira. Lardner e eu continuamos a conversar, sobre beisebol, Heywood Broun, os escritos de Lardner, a versão americanizada de *Carmen*, os Rascoe, etc. Manchas de um azul bem escuro apareceram nas janelas. De início, eu não fazia idéia do que poderia ser aquilo — depois me dei conta de que era o dia que nascia. Os pássaros foram afinando suas vozes, um por um. Foi clareando. Eram sete horas. Scott perguntou sobre o que estávamos falando. Lardner disse que estávamos falando sobre ele. — "Imagino que vocês tenham me analisado com a maior crueldade"; Zelda estava se sentindo mal e teve de chamar o médico; pediu mil desculpas por sua "grosseria".

Quando conversávamos sobre os seus escritos, Lardner afirmou que o problema era que ele não conseguia escrever de modo direto. Perguntei-lhe o que ele queria dizer. Respondeu: "Não sou capaz de escrever uma frase como 'Estávamos na casa dos Fitzgerald, e havia um fogo intenso na lareira' ".

A campainha do telefone incendiou o silêncio.

Alvin Johnson faz a pessoa ficar desanimada com o intelectual.

* *The egoist* é o título de um romance do escritor inglês George Meredith (1828-1909). (N.T.)

** Em 1923, no final do governo Harding, descobriu-se que o secretário do Interior havia em segredo concedido a sócios seus o direito de explorar reservas petrolíferas pertencentes ao governo federal. (N.T.)

Vamos até o final da linha do metrô — o misterioso metrô da Broadway. Idéia de ir até o fim da linha — até Coney Island ou seja lá onde for — e passar a noite lá. — Idéia de andar pela Quinta Avenida a partir de Greenwich Village e passar a noite no Plaza.

Roy Gamble [velho amigo meu dos tempos do exército, que veio me visitar quando esteve em Nova York]. Desvantagens de viajar na segunda classe — ter que conversar com um monte de gente biruta que pergunta onde que você trabalha, sabe? — mas eu não sou chegado a palestras, não, sabe? — Os nus de Morris Belknap: eu disse que eles todos eram esverdeados, como se estivessem mortos — comparado com eles, El Greco parece carne fresca. "É, El Greco era capaz de comer eles todos."

A festa de Betty Weston. Alec McKaig estava com uma crise de nervos. O médico lhe disse que se ele continuasse a beber, ia ficar com a cara cheia de listras pretas e roxas, e os dedos dos pés iam cair. Mas ele estava disposto a tomar um porre naquela noite. Betty Weston o fizera passar um mau pedaço quando fingiu estar noiva dele — chegara a tentar mandá-lo prender quando ele estava saindo do país. Ele achava que a festa ia ser de derrubar. Assim, pegamos um táxi bem alegres: a cidade quente, úmida, abafada, grudenta, em meados de junho — o endereço era rua 80 oeste, 249 — um endereço sinistro — a zona de meretrício de Englewood — "Deve ser lá longe, nos subúrbios de Nova Jersey". Sensação ao chegar no número. Fachada pseudo-elisabetana, madeira com concreto, com cumeeiras — porta lateral inesperada — subimos escada suja — a festa — dose homeopática de suco de laranja com uma leve suspeita de gim no fundo do copo alto. A conversa sofisticada e espirituosa — a moça alta de erres carregados, bastante engraçada: "Grand Street é uma grande loja de belchiores judeus — uma noite vi lá um homem exibindo — não sei se isso é coisa que se diga na presença de pessoas de ambos os sexos — vi um homem exibindo uma pilha enorme de macacões de baixo para homens — ele segurava um macacão e corria os dedos por ele". — Cada um já tinha demonstrado seu talento — havia um rapaz calado, quase invisível, que segundo se dizia tocava Debussy, mas não o fez — o jovem "de nacionalidade neutra e sexo neutro" falava ininterruptamente e bem: Winifred Lenihan no papel de Julieta — Winthrop Ames * considerava-a a melhor de quantas haviam lido o papel para ele — ele deve ter se divertido muito — as Grand Street Follies — *Orange Blossoms*, com cenários de Norman Bel Geddes, que fez uma cena de amor passada numa cabana que, segundo Paul Poiret, ** parecia um anexo da Biblioteca Pública, e uma cortina cravejada de imitações de pedras preciosas que era impossível de iluminar — a plataforma móvel que Duncan insistira em usar no espetáculo de Francine Larrimore — a primeira noite que a experimentaram em Atlantic City, Florenz Ziegfeld disse: "Ponham isso no Oceano Atlântico!", e foi o fim da plataforma — e aí não sabiam por que a produção tinha sido tão cara — Alec, a respeito do novo palco em Munique, metade do qual caía no lugar enquanto a outra metade descia até ficar bem colocada — "Bem, não tenho nada contra elevadores, mas lá em ———— tinha um para os objetos cênicos, porque o palco era muito pequeno, mas o elevador ficou preso na metade da trajetória, e aí eles desceram com marretas, e plof, plof, plof, arrebentaram com ele e jogaram as coisas todas no beco, e quando não tinha mais lugar lá jogaram no restaurante Denny's, que fica ao lado, você sabe". A caminho de casa: "Bem, minha contribuição foi maior que a sua — você ficou parado, que nem um santo com dor de barriga". "Ah, ele é um diretor de meia-tigela". "A garota era mulher dele?" "Foi o que ela disse."

Quis beijá-la entre as coxas, mas ela disse: "Expediente encerrado".

Nova York em época de Convenção (meados de junho) era como uma formatura em Princeton — o mesmo calor úmido e grudento, a mesma afluência de visitantes, as mesmas festividades e bagunças nas ruas, as mesmas grinaldas de luzes ao longo da Quinta Avenida como as lanternas japonesas penduradas entre as árvores em frente de Old North. A plataforma elevada e o cercado em Washington Square parecem preparações para um baile de for-

* Produtor e diretor teatral, dos mais importantes das primeiras décadas do século (1870-1937). (N.T.)

** O mais famoso costureiro francês do início do século (1879-1944). (N.T.)

matura. O peso e o desleixo do verão. Uma última explosão cerimoniosa, agora que a brincadeira mesmo terminou. Ia-se aos novos espetáculos de revistas, que haviam estreado com altas expectativas por causa da Convenção, como antes se ia ao Triangle Club no Old Casino. Os automóveis rosnando e passando correndo por Washington Square exatamente como antes atravessavam o campus — impetuosos, zumbindo como dínamos, riscando a abafada noite de verão, engasgando na hora da partida ou correndo ruidosamente na noite.

Tirei suas sandálias de bico chato e segurei nas mãos seus pés suados e cansados, como dois queijinhos úmidos em sacos de pano. [EW inseriu esta frase em *I thought of Daisy*.]

Pássaros mortos, atropelados repetidamente por automóveis em estradas de concreto até ficarem totalmente achatados, reduzidos a manchas negras inorgânicas na superfície negra da estrada.

Meados de junho. O vento estival à noite sob o céu aberto de verão — as sombras das árvores espalhadas de um lado para o outro ao luar azulado — as grandes árvores frondosas em volta da casa sacudindo-se sem parar, como o mar no verão — o ruído áspero incessante e o latejar complacente dos motores assassinando o silêncio ao subirem a ladeira.

O mar em Seabright, baixo e azul-escuro, jogando suas redes prateadas, brincalhão, nas pernas alaranjadas dos banhistas.

*Alec no 4 de julho * na casa de Esther Murphy* (Southampton). Primeiro foram até o clube, e à medida que dele se aproximavam ouviam vozes de homens cantando alto *Sweet Adeline* — o sr. Murphy e alguns outros senhores grisalhos corriam pelo gramado. Esther ficou um tanto constrangida e foi para casa. Tiveram que telefonar três vezes para o clube até conseguirem convencer o sr. Murphy a voltar para casa. Quando ele chegou, instalou-se imediatamente numa cadeira e disse: "Cadê os drinques?" No jantar, a sra. Murphy ficou resmungando a respeito do mordomo — os criados deles eram sempre tão sinistros, sabe? "Eu realmente

* Dia da Independência. (N.T.)

estou desconfiada de que tem alguma coisa esquisita com ele — chego a ter medo dele — apesar de que a mulher dele cozinha *tão* bem, eu acho que vou ter mesmo que despedi-lo!" "Olhe, mamãe, você não está tão bem assim, se chega ao ponto de se deixar intimidar pelos seus próprios criados!" "É, só que você não é obrigada a ficar em casa com ele sozinha o dia todo, como eu — eu acho mesmo que vou ter que despedi-lo!" E, enquanto isso, o tempo todo Esther estava sentada fazendo assim com as mãos e dizendo: "O duque de York tinha três filhos e duas filhas", etc., etc. — o *bon mot* de Talleyrand: *"C'était donc votre père qui n'était pas beau"*. "Ora, o que é que Talleyrand quis dizer com isso? *'Fouché méprise les hommes. Ce mépris tient à ce que Fouché s'est beaucoup étudié'.*"

T. S. Eliot comentou, a respeito do estilo de Macaulay, * que se tratava das "ruínas de um belo estilo nas mãos de um jornalista". Algo do gênero pode ser dito em relação ao estilo de Frank Crowninshield — são as ruínas de um belo estilo nas mãos de um escravo do jornalismo nova-iorquino.

O mar em julho. Castanho-escuro contra um fundo de azul-escuro; ondas curtas que quebram na praia com um ruído de algo se amassando — escalando as montanhas de água — o mundo é todo luz branca e água — elas balançam suas cristas de prata esfarrapadas.

Os lírios auratum tendo orgasmos no vaso acima da lareira — dobrando para trás suas grandes pétalas brancas, carnudas, pintadas de vermelho e dourado, enquanto seus pistilos emitiam sêmen e os estames o cobriam de pólen cor de tijolo. Dentro das pétalas havia franjas brancas endurecidas, semelhantes à entrada de uma vagina. Continuamente exalavam um cheiro forte e adocicado.

Letreiros cômicos

Alguém disse a ela que ela tinha um vocabulário grande — aí ela começou a fazer regime.

* Thomas Babington Macaulay (1800-1859), historiador, ensaísta e político inglês. (N.T.)

Alguém tinha um coração tão quente que tinha de usar colete de amianto...

Belle Gifford. A sra. Collins lhe deu duzentos dólares, e com o dinheiro ela viajou para o estrangeiro com Clem. — Em *What price glory?* ela achou Wolheim horrível, mas William Boyd lhe pareceu bonito. Perguntei se ele era parente de alguém com o mesmo sobrenome por quem ela fora apaixonada, e o que teria acontecido com esta pessoa. Ela entendeu que ele tinha voltado e sua mulher tinha tido outro filho: "É o que eles sempre fazem imediatamente depois — já soube de três casos assim". A caminho de casa, ela disse que achava que, depois de conhecer a Europa, ficaria satisfeitíssima de voltar para a América — "Também não gosto desses franceses — uns tampinhas!" — Comentei que os italianos eram altos e bonitões. — "Ah, os ingleses — eu seria capaz de ficar caída por um inglês — eles são grandões e claros, não são?" Perguntei-lhe se ela gostava do tipo louro grandalhão. — "Hmm! Louro de olhos azuis! — E sabe quem foi que me fez descobrir que eu gostava? — O irmão do Clem, o Alex!" Ela achava que André Gide parecia uma velhinha.

[Creio que nunca conheci uma mulher com um *sex appeal* tão evidente quanto Belle. Clem casara-se com ela quando ainda era uma adolescente e era dançarina recém-contratada em alguma boate. Desde o início, Clem era tão desconfiado em relação a ela que a deixava trancada em casa quando ia para o trabalho. Belle tinha olhos castanhos sensuais, que se derretiam e tinham algo de exótico — na verdade, era descendente de alemães. Adorava música e tocava piano, e de vez em quando eu a levava a um concerto. Levei-a para ver Stravinski regendo suas próprias composições, quando ele estava visitando os Estados Unidos pela primeira vez. A reação dela foi uma combinação de seus pontos de vista enquanto amante da música e enquanto perita em matéria de homens, exposta com sua voz áspera e nasalada e seu sotaque do Meio-Oeste, que de algum modo continham toda sua sexualidade.

Eu não era insensível aos atrativos de Belle, mas ela nunca me deu bola. Uma vez ela me ligou e eu lhe disse, cheio de esperanças, que viesse até minha casa. Porém, embora eu conseguisse realizar o feito — para mim, na época, heróico — de levá-la até o quarto, constatei que na verdade ela só queria falar comigo a respeito da preocupação que lhe inspirava Clem por estar bebendo demais. Antes, normalmente ela falava sobre suas mais recentes paixões com um grau de franqueza que mesmo para a época era extraordinário. Quando se interessava por alguém, ao que parecia, ela simplesmente ia para cama com ele até seu apetite saciar-se. Não admirava que seu marido bebesse. Porém ela o tratava de modo afetuoso; nada tinha de megera.]

América. A paisagem plana, as casas de madeira e os postes de iluminação acesos embora ainda esteja claro.

A amante de John Amen. A modelo-chefe da Tappé — sustentada por um protetor velho e rico. Por isso era difícil para John visitá-la — já que ele tinha de esperar até bem tarde da noite, até depois que o protetor fosse embora — e às vezes só conseguia se encontrar com ela às duas ou três da manhã. Por outro lado, John não precisava gastar um tostão com ela, e podia desfrutar de seu apartamento luxuoso, ouvir o rádio embutido na parede e beber os licores e uísques que lotavam seu bar — tudo isso de graça.

[Uma nota de rodapé em *What the woman lived,* coletânea de cartas de Louise Bogan * (org. por Ruth Limmer, 1973) afirma que EW foi uma das primeiras amizades que a srta. Bogan fez quando veio para Nova York, aos vinte e poucos anos de idade. Permaneceram amigos (e, mais tarde, colegas de trabalho na revista *The New Yorker*) até o fim. Ela dedicou seu terceiro livro de poesia, *The sleeping fury,* a EW. Casou-se com Raymond Holden, mencionado abaixo. EW caracterizou-a no início de 1924 como "uma poetisa notável".]

Louise Bogan disse que a sociedade poética a convidara para ir lá ler seus poemas. Perguntei-lhe por que ela não o fazia. "Você iria? Você acha que eu devia ir?" "Acho, sim, e por que não? Se eles estão lhe ofereecndo 25 dólares..." "Mas depois eles vêm todos falar comigo! O que você diria a eles?" Rolfe Humphries: "O que Shakespeare dizia para os cavalos? — 'Upa! Upa! Vamos!' "

* Poetisa e crítica literária (1897-1970). (N.T.)

John Amen [que agora é advogado], a respeito dos negócios em Nova York: "Se alguém telefona e diz: 'Meu Deus, minha casa está pegando fogo!', você diz: 'Você é uma besta se deixou sua casa pegar fogo!' E ninguém nem pensa em fazer nada que não tenha se comprometido a fazer por escrito. Olhe, se uma pessoa agisse do jeito que todo mundo age em Nova York em qualquer outro lugar, ela se daria mal — diriam que ela não tinha palavra, sei lá. Mas aqui não faz a menor diferença. As pessoas dizem: 'Burrice sua não colocar tudo por escrito!' " A firma dele estava defendendo a Consolidated Gas Company em três processos sucessivos, que tentavam caracterizar três impostos sobre o gás criados sucessivamente como confiscatório. — "Em outras palavras: trata-se de defender os interesses."

Belle Gifford. Haviam jantado na casa dos Boyd com Lawrence Langner — uma vez ela havia flertado de leve com ele num baile. "Foi um pouco constrangedor, porque a última vez que o vi tinha sido numa época em que eu e Clem estávamos para nos separar. O Clem sabia que ele estava me cortejando, e estávamos todos bem bêbados — eu estava sentada num sofá com o Bob Chandler, o Tom Smith e aquele homem terrível — um que é artista — ah, você sabe! — que vive na casa do Bob Chandler — e estavam dizendo que eu tinha pernas tortas, e eu levantei o vestido para provar que não tinha e o Clem ficou uma fera e disse: "Eu não me incomodo de você mostrar as pernas na frente do Tom Smith, mas não admito que você mostre as pernas na frente daquele filho da puta!"

[A respeito de Stravinski] — "Ah, ele é tão baixinho! — Eu achava que a música dele dava idéia de que ele era um homenzarrão. — Não é maravilhoso imaginar que aquele homenzinho feio tem todos aqueles sons maravilhosos dentro dele?" — Anedotas de Paris: Eles conheceram um casal no navio — "A gente gostou deles e eles gostaram da gente — e o Sam, era esse o nome do homem, Sam — eles foram ao Moulin Rouge e o Galantière chamou duas galinhas, conforme ele dizia, para sentar na nossa mesa conosco, e a gente não sabia de nada, mas o Sam combinou alguma coisa com elas para depois — e aí, quando a gente estava indo embora, o Sam e o Clem ficaram atrás do biombo, e a gente esperava e esperava e nada, e de repente a Mabel — era tão quietinha, ninguém podia esperar uma atitude dessas da parte dela — a Mabel explodiu, ficou uma fera, mesmo, voltou e trouxe os dois à força — o Clem disse que eles estavam só combinando delas terem um relacionamento lésbico no segundo andar. — Mas isso estragou tudo — foi exatamente na véspera da gente voltar — foi uma pena". — Foram assistir a um espetáculo pornográfico: "Quem vê essas coisas demais acaba não achando mais graça em sexo!" — Ela gostava do "sr. Cummings".

Moça loura do Oklahoma. Viveu por muito tempo nos "cafundós" — uma região com pouca agricultura e muito mato. As histórias que essa gente conta! Leva-se um bom tempo para conseguir que eles digam alguma coisa: só dizem "sim", "não" e "parece". — A índia casada que podia se dar ao luxo de ter um amante porque estava ganhando quatorze dólares por dia com seu poço de petróleo. Os índios e os brancos se miscigenaram, mas quase que não se pode falar com um negro na rua. No hotel, eles ficam num quartinho do lado de fora. O restaurante do hotel era considerado bom demais para eles. As janelas da frente do hotel tinham cocô de mosca do verão anterior, e as baratas subiam nas costas dos hóspedes assim que eles se sentavam. O índio que levava o pão e a garrafa de aguardente de batata para a cama com ele para que não congelassem. Nunca vou me esquecer da vez que tentei fazer pão! Tentei comprar um fermento comum — como o Fleischmann — mas só tinham uma marca — Owl — e tinha que botar uns doze pedaços para ter efeito. Aí tentei amassar a massa e não consegui nada — o fundo da panela estalava, sabe, era grandona mas era fraca — aí ele pegou a panela e pôs no chão e ajoelhou e partiu para a ignorância. — No hotel, em volta do fogão de aquecimento, havia umas panelas grandes cheias de cinza, para se cuspir dentro. — Realmente, o campo é muito bonito, mas as pessoas, eu achei insuportáveis. — "Ah, mulher que não fica em casa tomando conta dos filhos e não vai à igreja eles quase que apedrejam! — Lá só tinha gente mais ou menos nova na região". — O índio que usava sempre o mesmo colarinho após ter gasto três camisas. — "Eu mantinha distância deles quando falava com eles. — Eu também já tinha trabalhado em hotel e achei que talvez eu ganhasse um dinheirinho se desse umas gorjetas a eles. Eles me pagam um jantar e aí ficam todos em volta de mim me olhando

— queriam ver quanto que eu comia. Acho que eu devia ter sido esperta comendo só um pouco, mas eu estava com tanta fome que nem me preocupei com isso. — Eu nasci no Texas, mas o meu pai se mudou pro Oklahoma pra trabalhar como médico lá. — Não sei se ele sabia receitar outra coisa além de calomelano, só sei que ele vivia me dando isso!"

Léonie Adams, segundo Louise Bogan, vive tão enfurnada dentro de si que às vezes faz pequenos comentários dirigidos a si própria. Disse que ela é imune ao amor. Explicou que, se casasse, achava que ia ter um monte de filhos — se começasse, ia tendo um depois do outro.

[EW desde cedo interessou-se pela poesia da srta. Adams e, ao que parece, por sua pessoa também, pois numa carta a Rolfe Humphries de 27 de dezembro de 1925, Louise Bogan escreve: "Diz a Léonie que o Grande Wilson tentou conquistá-la abertamente, convidando-a para ficar na casa dele". Na época, Léonie Adams era uma jovem delicada de vinte e tantos anos; recém-formada em Barnard, tinha gestos de pássaro; falava bem, com poucas palavras e imagens vivas. Seu lirismo e seu jeito reservado agradavam EW. Mais tarde, casou-se com o crítico William Troy.]

Raymond Holden em Princeton foi vítima de uma forma de inibição puritano-idealista que fazia com que a idéia de beijar ou fazer amor com uma garota lhe parecesse terrível, porém ele conseguiu contorná-la em sua imaginação, imaginando que era procurado por médicos que lhe diziam que ter relações sexuais com a garota era o único meio de salvar a vida dela.

Ensaio das Ziegfeld Follies, 9 de março de 1925. O final (de *Rio Rita*) — demorado, repetido muitas vezes, interrompido a toda hora — o pátio de uma missão, com um sino no portão cercado por uma rocha de arenito vermelho com um rosto esculpido e cactos roxos pintados no cenário; no centro, um grande pilar quadrado sobre o qual posa uma moça de sombreiro — um grupo se reúne em torno do pilar — doze moças altas enfileiram-se à frente — Ziegfeld: "Cinco de um lado e sete do outro! Aqui tem duas brancas juntas!" — Explicam ao educado senhor inglês, que é surdo. — "Fique ali, entre aquelas duas outras moças — a gente não quer duas brancas juntas". Ziegfeld: "Vá lá pro final, Gladys. — Essa linha está reta demais. Formem pares". *Tem uma canção que eu tenho de cantar, Embora a corda eu devesse balançar, Mas botar isso pra fora é necessário, Embora eu não seja nenhum texano milionário — Ah, COMO eu queria ENLAÇAR uma garota bem sapeca!* — As garotas Tiller com sombreiros e perneiras alaranjadas contrastando com as roupas brancas — formam uma fileira perfeita e levantam as pernas todas juntas, com muita verve e flexibilidade. — "Vocês vão fazer isso amanhã?" A moça escultural no alto do pedestal, entediada, começa a dançar um *shimmy* lentamente. — Will Rogers sobe no pedestal e a moça se senta, pendurando uma perna e agarrando a outra no joelho. — Will Rogers sacode um laço em torno de todo o grupo, e as garotas Tiller rodam no sentido contrário ao laço. — Testam as cortinas repetidamente. — A cortina fecha — a cortina abre e estão todos onde estavam antes — a cortina fecha e todos se reúnem no centro. — Ziegfeld: "Da primeira vez vocês ainda estão rodando — da segunda já pararam". — Moças de maiô. Ziegfeld: "Quero o mesmo tipo de iluminação que está no grupo. — Não iluminem o cenário". O quadro em que Ann Pennington faz papel de garçonete — vestido preto, bandeja, ligas vermelhas, colar de coral vermelho como uma fita em torno do pescoço — cabelos soltos. — Ziegfeld: "Faça elas botarem essas meias direito! — Esse traje não é nada, é só as meias. [As garotas riem.] É isso, mesmo!" — Vivienne Segal, numa pausa durante um esquete doméstico, fica contra a luz, de modo que suas coxas grossas ficam bem visíveis em silhueta. As garotas na platéia riem: "Ah!" "Está pensando que isso é filme?" — Com seu recato de moça do interior, ela não entende, recua, segura a barra do vestido. Tenta dançar no meio da fileira de garotas Tiller, mas elas são rápidas demais para ela. Ela desiste: "Deixa isso para elas! — Eu apareço no próximo número e tenho que trocar de roupa depressa!" — Ziegfeld: "As garotas estão bem: o problema é a iluminação!" — "Que idéia é essa, botar uma cadeira verde e as outras pretas?" — Ann Pennington: "Elas não são pretas". — (É o *spot.*) — O cabelo grisalho de Ziegfeld, partido ao meio, penteado para trás numa curva dupla, a camisa branca macia, a ponta do lenço branco saindo do bolso do paletó — nada mau — rosto enrugado. — Judeu velho

— mascando o charuto comprido sem fumá-lo. — Não "pegou" o suplemento cômico. — As garotas Tiller no *hall* pouco iluminado, formando pequenos grupos de três ou cinco, praticando os passos de dança, cantarolando o refrão, as vozes tornando-se infantis na escuridão (como as terceiranistas do Vassar College na primavera, cantando a música da classe no campus, ao entardecer). — O final: a música pára quando as garotas Tiller entram, e suas vozes, cantando o refrão, parecem ridículas naquele vazio. — As pessoas riem, elas param. — "Vocês entram na segunda parte do refrão". — Ele canta uma estrofe e *metade do refrão*. — As garotas Tiller juntas iluminadas por um estroboscópio — "Não podo pegar uma garota Tiller, tem que levar todas elas". — Ann Pennington se divertindo enquanto espera no alto da Grande Escadaria — com sua blusa prateada esvoaçante, sua malha salmão e suas pequeninas sandálias prateadas. — O número das abelhas — elas saem da colmeia com asas e corpos pontudos, com listas pretas alaranjadas, com ferrões molengas saindo das nádegas. — Um quadro com cenários de Bel Geddes, em azul-lilás e verde-claro. — Martha Lorber de escrava circassiana, com peruca loura, e, na platéia, com seu roupão amarelado envolvendo o corpo esbelto e arredondado, os cabelos de um louro pálido caídos em torno da cabeça que, com a peruca, parecia pequena demais. — *Estou louco por Titina! Louco por Titina!* — rígida e resplandecente.

[Estas notas foram utilizadas por EW na redação de "The finale at the Follies", *The New Republic* (XLII, 25 de março de 1925, pp. 125-26), reeditado em *The American earthquake* (1958).]

Margaret Canby. Segundo ela, basta um homem ir ao apartamento de uma moça e quebrar o gelo na hora de servir os drinques para que fiquem achando que ele é amante dela. — Durante uma festa em que a bebida corria solta, Bonnie Glass foi com ela até o banheiro e contou-lhe seus problemas: estava vivendo com um homem rico que havia largado a esposa por sua causa; infelizmente, porém, numa partida de pólo ele foi atingido por um taco, de modo que ficou ligeiramente desequilibrado e tornou-se muito religioso — achava que tinha a vocação de servir a Deus salvando o mundo do pecado, e, como ela era a maior pecadora que ele conhecia, cismou de convertê-la. Parou de ter relações sexuais com ela e passou a tentar conquistar sua alma — uma situação muito difícil para ela.

Elaine Orr. [Era de Troy, Nova York; herdou uma fortuna industrial; casou-se primeiro com Scofield Thayer de *The Dial*, depois com Cummings, * depois com um membro do parlamento inglês de origem irlandesa chamado McDermott.] Ela voltou para Nova York depois do terceiro casamento — estava um pouco abatida porque recentemente estivera adoecida, mas eu a achei mais atraente e mais expansiva — achei que suas pernas pareciam mais maduras. Como era terrível Nova York, todo mundo se preocupando tanto com dinheiro — ela e as irmãs brigando por causa da porcelana e dos cristais [deixados pela mãe] e no fundo nenhuma delas queria aquelas coisas — provavelmente nunca as usariam — eram de péssimo gosto. — Dos Passos tinha tomado chá com ela e havia se queixado do hotel — falei-lhe de Cummings tomando banho de banheira e imitando Dos [Passos] — "Não é revoltante ficar deitado aqui nessa banheila enquanto os dileitos humanos estão sendo violados no país inteilo? — glevistas sendo massaclados!" — Perguntei se Dos ainda era assim — ela disse que achava que muita gente ainda era assim: Cummings achava que se você tinha mais de dez centavos, isso já era motivo pra se desconfiar de você. — Ela falou-me de Cummings imitando "Sco" em Viena quando este estava ao mesmo tempo recebendo uma visita e dando ordens a seu criado alemão — "Carl, outra bengala! Outra bengala!" — Cummings era o homem mais convencional do mundo — "Não leve a sério essa imagem de rebelde do Cummings!"

[No início de 1924, EW escreveu a John Peale Bishop: "Cummings, aliás, pelo que me disseram, voltou para a América, mas ainda não estive com ele. Acho que, depois de muitos anos em que ninguém lhe deu nenhuma atenção, ele agora corre a ameaça de ser superestimado. Vá por mim: esse rapaz está muito verde e precisa de correção, e não de estímulo. Ele tem um dom lírico genuíno, mas aparentemente não tem discernimento, e a meu ver ainda está numa fase juvenil. Já o livro de Wallace Stevens, por outro lado, me pareceu extraordinariamente bem realizado, num âmbito limitado".

* O poeta E. E. Cummings (1894-1962).

EW viria a gostar de Cummings, porém seria sempre uma admiração misturada com crítica. Quanto a Dos Passos, EW gostou de suas primeiras obras, porém achou insuportável sua guinada para a direita em anos subseqüentes, e escreveu muitas vezes ao amigo protestando contra o que lhe parecia ser um irracionalismo a-histórico. Dos Passos guardava uma lembrança viva da primeira vez que viu Edmund em 1922, na redação de *Vanity Fair,* "um jovem miúdo de cabelos avermelhados, com um belo perfil. Estava com um terno escuro bem formal". Enquanto esperava pelo elevador, "Bunny deu ao momento um sabor peculiar virando uma perfeita cambalhota, com o rosto absolutamente impassível".]

Cummings e Dos Passos. Uma vez viajaram juntos à Espanha. Disse Cummings: Quando chegávamos a uma cidade, eu queria ir até a praça ou um lugar qualquer para encontrar algo [ele queria dizer: uma garota]. Dos nunca ia comigo — ele dizia: "Eu fico aqui mesmo no hotel". Um dia eu perguntei a ele: "Dos, você nunca pensa em mulher?" Não. "Você nunca sonha com sexo?" Não. O que eu não passei com esse sujeito! Ele me acordava no meio da noite, gemendo e se debatendo na cama. Eu perguntava: "O que foi, Dos?". Ele dizia: "Ué, eu pensei que tinha uns cisnes selvagens lindos soblevoando a gente". Um dia eu disse a ele: "Sabe, às vezes o sexo se manifesta nos sonhos de formas muito disfarçadas. Você pode estar sonhando com sexo e nem saber. Me conte um sonho seu — o que você sonhou essa noite, por exemplo?" Ele respondeu: "Sonhei que estava com um maço de aspargos na mão e estava tentando entlegar a você". Depois dessa, obviamente Cummings mudou de assunto.

Cummings disse que nesta viagem, embora Dos se identificasse com o proletariado e repudiasse o mundo dos ricos, eles sempre ficavam nos melhores hotéis. Disse que Dos tinha uma "doçura penitenciada". "Mas esse tom de superioridade que ele assume quando escreve!" Afirmava nunca ler os livros de Dos: só descreviam superfícies exteriores.

[Na época em que eu estava casado com Mary Blair e estava morando em Washington Square North, 3, Charley Walker veio a Nova York e, como sempre, quis ficar conosco. Expliquei a ele que estava casado e com um bebê em casa, mas ele disse que dormia no chão. Era difícil dissuadi-lo; e embora eu estivesse de cama, doente, com febre, não pude impedi-lo de sentar-se a meu lado, decidido, e começar a ler, com toda a veemência de que era capaz, a primeira parte de um romance proletário que ele havia escrito. A leitura teria continuado indefinidamente se eu por fim não lhe tivesse pedido para parar.]

Bernice Dewey. O cheiro de seu vestido leve lavado com sabonete Lux me trazia à lembrança constantemente o *slogan*: "Prazer na espuma de sabão". — "Esse maxilar vai ser preservado no Museu de História Natural, sabe. [Referia-se ao próprio queixo, o qual, apesar de bonito, era extraordinariamente quadrado.] — Não: não adianta — vou continuar com a cara que quero ter. Muitas reclamações já foram feitas sobre ela — por isso, nada de comentários". — O tipo de garota que os meninos desenham nas contracapas dos cadernos. Todo um tipo de mulher havia culminado nela — a garota de capa de revista — a namoradinha de todo mundo. — Comentei que me lembrava de que seus olhos eram bem separados — ela disse: "É, um de cada lado, igual a um peixe". [Ela havia trabalhado nas Follies uma época, e agora estava me falando sobre isso.] Dorothy Knapp nas Follies — a virgindade não é uma coisa ruim, mas também não é nenhuma maravilha. — As meninas das Follies não se maquiam na rua — pelo menos em teoria — é o que dizem a elas para não fazer. — Nada nunca dá errado e as pessoas riem, como acontece com os Schubert. — O sr. Não-sei-quê sempre se levantava depois de quinze minutos e vestia o paletó educadamente. [Era um homem que trabalhava no ramo de maiôs, com o qual ela viajava, trabalhando como modelo; às vezes eu o encontrava quando ia visitá-la.]

Alec disse que tinha a impressão de que Margaret Bishop havia devorado John inteiro, menos o bigode. Além disso, ela cortava fatiazinhas dele aqui e ali, destruindo-o aos poucos, porém de modo implacável — um pouquinho por chegar atrasado para o café da manhã, etc.

Maio [de 1925]. Sol pálido cor de pêssego dissolvendo a fímbria verde-clara de árvores na esquina da Quinta Avenida com Washington Square. Aspirando as calçadas molhadas das chuvas de maio.

New Canaan. O sr. Bartlett contou o caso de um homem casado apaixonado por uma senhora casada — ele saltou do trem em Stamford, à noite, foi até o carro dela, entrou, abraçou-a e beijou-a — e então desculpou-se: "Ah, mil perdões! Pensei que fosse a sra. Eaton!". A atitude de Elinor [Wylie] em relação a eles — gente insensível, convencional, desinteressante.

Coney Island, início de verão. Sob a ampla fachada branca e amarelada da Child's, como a da Pennsylvania Station, com suas janelas altas e mosaicos coloridos, via-se nos espelhos o reflexo das garotas com chapéus largos e roupas vivas de verão andando pelo passeio ao sol estival que tornava os brancos mais brancos e reduzia a branco os azuis e amarelos. — Na volta, no barco, vento forte vindo do mar, com o som alegre de uma harpa e um violino — negra a costa, negros o céu e o mar.

Asbury Park, 4 de julho de 1925. As garotas estavam de vestidos longos e casacos leves forrados de pêlo embixo, e os homens de calções largos presos à altura dos joelhos, brancos, e suéteres xadrez castanho e branco. Cachorros-quentes, com mostarda servida de uma tigela comunitária com uma pequena colher de madeira de cabo comprido, e leitelho; puxa-puxa, pipocas com manteiga. À medida que a tarde morria, as areias ganhavam um tom desmaiado de amarelo-claro e o oceano, de um azul acinzentado, com ondas que se quebravam na linha entre os dois como porcelana branca — a lua estava amarelada no céu cinzento. Quando o céu escureceu, começaram a soltar os fogos, e um rojão riscou de violeta e prateado o cinza-escuro — então explodiu em broches de vermelho, dourado e verde, grandes buquês que se desdobravam e murchavam, um brotando do outro; a pipocação ruidosa de um aglomerado de estrelas elétricas brancas. As crianças estendiam os bastões fervilhantes das estrelinhas em direção à massa imensa e escura do mar. — Antes que a noite descesse, crianças de cabelos louros e encaracolados, com bibes cor-de-rosa e amarelos, aos gritos desciam pelos escorregas ondulados, numa seqüência interminável. — Os últimos estalidos e estouros aleatórios do Dia da Independência. — O cheiro de pólvora.

Nova York. Vi o céu tornar-se tenso, amarelo e cinza-fosco, inchado de trovão.

Léxico para artigo sobre Nova Jersey. Estagnado, rançoso, debilitado; fábricas fumegantes amontoadas; tênis e calor pela manhã — jantares e sinetas à noite; subúrbios de mata e sujeira em Newark: folhas de ailanto cheias de poeira, parque descuidado, decrépito, gasto, caindo aos pedaços, esfiapado, pantanoso, lodoso.

Tiny Tim [personagem folclórico de Greenwich Village, que vendia balas nos *speakeasies* * e restaurantes]. Balas para a Alma — chapéu de *cowboy* e traje verde para combinar com o dia — "Inspiração" — dizem que se deu tão bem (maio de 1923) que mora bem com mulher e filhos — uns dizem que só tem uma casa no campo — escreveu panfletos filosóficos, que mostra às pessoas quando devidamente incentivado — jamais abandona seu personagem, nem mesmo quando conversa a sério, como fez conosco, dando informações a respeito de formigas, escaravelhos, etc. — Disse que era texano — sem dúvida, economiza açúcar — curiosa expressão sorridente que jamais trai seus sentimentos. — Cada caixa com um pensamento: "Nunca confie numa mulher, mesmo que ela já lhe tenha dado uma dúzia de filhos" — extraído de *Poems, proverbs and parables of Timaeus.*

Seabright. O grande salão do Panacci's, muito mais simpático de dentro do que parece quando visto de fora — com as toalhas de mesa limpas e novas, com guardanapos brancos largos e limpos dobrados na diagonal e enfiados em copos altos e límpidos. Ficamos sentados num banco debaixo de um pequeno abrigo perto do Beach Club: estava quente — o céu estava tão macio e baço quanto a areia, e até as estrelas pareciam embaçadas — as ondas quebravam suavemente, o mar estava imerso na obscuridade.

Rumson. O cheiro das estradas quentes enegrecidas de óleo misturado com o perfume das madressilvas — grandes propriedades verdejantes de ambos os lados, ensombrecidas por árvores e arbustos — cavalariços conduzindo cavalos pela sombra ao longo da estrada lisa — as cercas de arame intactas, as sebes bem-cuidadas.

New Canaan. Grandes ondas de tédio rolavam pela sala de um lado para o outro — e ocorria o pensamento: "Tenho que escapar, senão me afogo!"

* Bares clandestinos dos tempos da Lei Seca (1920-1933). (N.T.)

A sonoridade vazia do rádio — urro oco.

O prazer sensual de descascar cogumelos.

A história contada por Bodfish a respeito do metalúrgico que virou travesti. Ele casou-se com uma espírita, que achava que todo indivíduo era representado por um número — ela vivia procurando o número do homem com quem devia se casar, e, ao conhecer o metalúrgico, resolveu que era ele. Foi anunciado que ele ia cantar na igreja em Boston, e que seria cobrado um preço de ingresso simbólico, de cinqüenta centavos. O metalúrgico se apresentou de vestido longo e cantou uma série de "velhas baladas e cantigas inglesas" e outras peças. A platéia ficou atônita, porém fascinada — aquilo lhes deu *un frisson nouveau*. O sucesso foi tamanho que o espetáculo foi repetido na semana seguinte, desta vez cobrando-se preços normais de teatro. Quando, porém, começou a cantar *I send thee a gift of roses*, resolveu jogar umas flores artificiais para a platéia, e os caules de arame se prenderam ao corpete, de modo que ele teve de ficar tentando arrancá-los — como naqueles sonhos, comentou Bodfish, em que a pessoa fica totalmente paralisada e não consegue fazer nada.

Atlantic Highlands. Mecânico de calças de veludo e parte de cima de traje de banho, braços morenos em destaque. — Na varanda de um "cabaré-restaurante", duas garotas bronzeadas com cabelos crespos e compridos, com vestidos em tiras, como se costumassem molhar-se na água rasa e estagnada que fica entre a terra e a praia. — Uma casa de praia avermelhada de estores verdes, de frente para o quebra-mar de pedras, com fendas em formas crescentes nos estores das janelas do primeiro andar, contornada por uma cerrada fileira de petúnia rosas e brancas e um velho balanço infantil já gasto na varanda. — Casas fantasiosas em forma de navios, com escotilhas e varandas semelhantes a tombadilhos. — Pequenos bangalôs sórdidos, amarelados, descorados pelo sol, com pessoas sentadas apáticas com roupas de banho.

Zelda dizia que os quartos de hotel a excitavam sexualmente.

A água, fogo prateado, por trás das árvores.

O gemido longínquo de um trem.

Sandlass's [casa de banhos em Seabright]. Uma garota de cabelo louro pálido, pernas e braços rosados de sol, com maiô turquesa — depois colocou uma touca alaranjada e entrou n'água, onde ficou por muito tempo, nadando como uma foca — nadava muito bem no estilo *crawl.* — Uma menininha de maiô de um violeta-claro furava ondas com uma destreza maravilhosa — mergulhava na onda na hora exata em que ela quebrava, ou, olhando para trás num movimento preciso, rapidamente saltava sobre ela. — Turquesa, azul-esverdeado, escarlate com cinto amarelo-canário. — Um gavião-pescador batendo asas sobre a água, sério e eficiente — primeiro bate asas, depois plana por um instante — procura um peixe — quando vê um, dá um mergulho reto e mortal. — Na linha do horizonte, achatadas contra o céu, as velas brancas de um navio que parecem quase transparentes como um fantasma.

As *magnólias* feias, ridículas, grosseiras, de um verde-claro, que todo mundo planta na frente da casa em Red Bank, Oceanic e ao longo de toda a costa.

Na Sandlass's o som de um solo com acompanhamento de piano vindo do rádio dentro da cabine de madeira onde dão as chaves e vendem balas e brinquedos de praia — a doce melodia e as notas límpidas do piano entremeando-a, um tanto arranhadas e apagadas em certos trechos, como se afetadas pela areia e desbotadas pelo seco ar marítimo. Dominava a casa de banhos naturalmente, como se estivesse em harmonia com as cores das roupas de banho, curtidas de mar, e o brilho dos vestidos de verão envergados sem sutilezas depois do banho de mar.

Entrando n'água. À medida que se avança, cada onda que vem levanta um novo aro de frio em torno do corpo.

Marion Dell falando sobre o círculo social de jovens parisienses casados que se caracterizavam por falarem com uma liberdade extravagante, porém com a atitude de que tinham o direito de falar assim porque no fundo eles todos eram certinhos.

O branco nítido e concreto da garagem, pela manhã, por trás das folhagens amontoadas das árvores, verde-escuras. — À noite, os vestidos amarelos e brancos das mulheres sentadas nos degraus à entrada da casa do outro lado da rua, vistos com tanta clareza na lúcida penumbra de verão que, embora tornando-se mais espessa, parece não tingir o ar.

[A canção que se segue foi composta por Scott Fitzgerald, com uma pequena participação minha. A terceira estrofe — aliás sofrível — foi acrescentada por mim muito tempo depois. O efeito da canção dependia muito dos gestos que acompanhavam cada verso e da imitação do cinófilo que é supostamente quem fala. Scott sempre abotoava todo o paletó e assumia um ar de gravidade imbecil. Curiosamente, a canção se difundiu. Harl Cooé e Paul Chavchavadze a ouviram numa boate, e fiquei atônito quando os ouvia cantá-la sem saberem que fora composta por nós. A música foi um pouco deturpada ao difundir-se. Scott e eu discutimos cada verso, para que a canção ficasse bem banal e inepta. Porém violei esta intenção quando acrescentei uma terceira estrofe inteligente demais. Por algum motivo que nunca entendi, Scott sempre achou o cão um animal um tanto cômico.]

Lá na África tem elefante
E na Índia tem zebra também —
No Canadá, é urso polar
Até não mais acabar
    (Quem nunca ouviu falar?)
Mas entre todos, eu te digo,
Não tem bicho mais amigo
  Que o...

    Cão, cão — gosto mesmo é de um cão —
    Totó, Rex ou Sultão —
    Que bicho mais admirável —
    Que tesouro inestimável —
    Fiel como os homens não são!
    Vem cá, meu cãozinho —
    Sacode o rabinho —
    Põe tua pata em minha mão!
    Maior do que o rato!

Mais fiel do que o gato!
Cão! Cão! Cão!

O macaco é inteligente —
O tigre é uma beleza!
O cavalo paciente
É um animal diligente —
No céu voam os passarinhos —
E as galinhas põem ovinhos
(Nos seus ninhos!)
Mas pode escutar e ouvir:
Nenhum deles sabe latir!
Só o. . .

Cão, cão — gosto mesmo é de um cão!
Rex, Sultão ou Totó —
Que bicho mais admirável —
Que tesouro inestimável —
Leal que nem ele só!
Vem cá, meu cãozinho —
Sacode o rabinho —
Põe tua pata em minha mão!
Mais corajoso que o rato!
Mais higiênico que o chato!
Cão! Cão! Cão!

AMIGDALITE: DOIS SONHOS [DEZEMBRO DE 1925]

Estudos sobre os efeitos da inflamação das amígdalas sobre as faculdades críticas e poéticas

I. FEBRE AUMENTANDO

Vim a um almoço no qual vou encontrar-me com algumas pessoas eminentes. Estamos sentados em torno de uma mesa retangular; o lugar à minha direita está desocupado. Os convidados parecem desinteressantes e inertes; não ouço nada do que estão dizendo. Então o cavalheiro que vai sentar-se a meu lado finalmente aparece. É-me apresentado como sr. J. C. Squire. O sr. Squire me parece muito diferente das fotografias dele que conheço: é um jovem inglês de olhos cinzentos e cabelos claros; está com um terno cinzento. Lembro-me de que, alguns anos atrás, mantive uma correspondência com o sr. Squire: ele me havia escrito para me convidar a ser colaborador americano da *London Mercury,* e eu lhe prometera enviar uma matéria. O fato de que não cumpri o prometido, embora raramente venha à tona quando estou acordado, evidentemente continua a me pesar na consciência, pois neste momento me vem à mente de imediato. Peço desculpas ao sr. Squire por nunca lhe haver enviado o tal artigo. Ele me olha sem entender, e tento lhe explicar: "O senhor me pediu para lhe mandar uma matéria sobre a literatura americana contemporânea"; digo a ele meu nome. Porém está claro que ele se esqueceu completamente do episódio, e parece pedir desculpas por estar totalmente desligado da área da literatura americana: "O senhor entende, quando fundei a *Mercury*, meu objetivo, para ser sincero, era limitar-me a um campo bem restrito. Meu interesse sempre foi pelo *fin de siècle.* De modo que a *Mercury* é, para ser sincero, uma publicação de *fin de siècle,* e assim a tenho conservado por opção". O sr. Squire é extremamente delicado; sorri com condescendência, como se de seus interesses, de seu gosto antiquado; porém percebo sua atitude autocomplacente de quem não admite outros gostos. Tento fazê-lo entender que a questão não é essa; ele próprio me escreveu, dois anos atrás, convidando-me para colaborar com matérias sobre literatura americana contemporânea. Ele repete sua explicação anterior, usando quase as mesmas palavras. Confuso, calo-me. Resigno-me a deixar de lado a questão da carta, mas não sei o que dizer em resposta a seus comentários a respeito do caráter *fin de siècle* da *Mercury* — evoco a revista para tentar encontrar uma justificativa para esta afirmação: vejo claramente as capas alaranjadas, as páginas de bibliografias e ensaios sobre Thomas Hardy: estes aparecem em minha mente com grandes quadrados negros de letras impressas. As figuras de [Oscar] Wilde e Dowson * surgem em minha mente, e tento estabelecer a relação que haveria entre eles e a *Mercury.*

* Ernest C. Dowson (1867-1900), poeta inglês, membro do "grupo dos decadentes", típico representante do *fin de siècle* inglês. (N.T.)

Sinto-me impelido a perguntar-lhe o que as bibliografias têm a ver com o *fin de siècle*, e a dizer-lhe que as páginas de sua revista são largas demais. Porém contenho-me, percebendo que a pergunta seria grosseira e a afirmação, irrelevante. Por fim, porém, resolvo enfrentá-lo, com um sorriso simpático: "Ora, sr. Squire, a *Mercury* está longe de ser *fin de siècle*, não é mesmo?" Responde ele: "Sim, eu a conservo como uma publicação *fin de siècle*, para ser sincero". As figuras de Dowson e Wilde mais uma vez me aparecem; porém não consigo associá-las ao sr. Squire. Então me ocorre, quando mais uma vez penso nas páginas indevassáveis dedicadas a Hardy, que talvez a *Mercury* seja *fin de siècle* na medida em que não deu atenção a nenhum evento literário importante ocorrido desde o final do século passado. Sinto-me totalmente desconcertado e frustrado. Dou-me conta de que não posso conversar com o sr. Squire: nossos pontos de vista têm tão pouco em comum que as palavras praticamente perdem o sentido. Porém os outros o compreendem: ele começou a conversar com a maior espontaneidade e simpatia com outros comensais, alguns dos quais certamente são ingleses. E seu entrosamento com eles criou uma obstrução com a qual me defronto, uma muralha de tédio que não posso penetrar, mas cuja presença terei de suportar durante todo o almoço. Os convidados estão conversando; mas, como antes, não ouço o que dizem; estou isolado deles, no canto da mesa onde me encontro. Olho para a esquerda e observo que, daquele lado, os convidados estão envoltos na sombra. Também pararam de conversar; uma senhora, vestida com extrema deselegância, está se petrificando, transformando-se num monumento que nem sequer possui rosto. Sei que todas aquelas pessoas dentro de instantes de dissolverão numa névoa. Porém suas obstruções, como um nebuloso bloco de granito, continuarão a me perturbar, em meu estado semi-adormecido, semi-acordado — cedendo com docilidade a minhas tentativas de empurrá-lo para fora da cama, porém voltando com uma persistência suave, reaparecendo em dezenas de formas, problemas, tarefas, incessantemente trocando de imagens, para ser combatido, contornado, recusado, evitado com determinação, deixado para trás, aplacado, empurrado para o lado com um gesto displicente, para que não me sufoque nem me enlouqueça.

II. CONVALESCENÇA

Estamos marchando há muito tempo, e a tropa está numa desordem considerável. Estamos apáticos e indiferentes. Por fim aparecem oficiais, vindo em direção oposta a nós; nosso capitão vai ter com eles e nós saímos de forma, indo descansar à beira da estrada, que atravessa um amplo campo verdejante. Nossos uniformes são de um verde mais escuro, porém mesmo assim muito vivo, com alamares de um roxo vivo; nossos capacetes pontudos também são verdes. Os uniformes dos oficiais caracterizam-se pela presença de alamares de um verde mais escuro. Somos claramente de cavalaria, porém há soldados em nosso destacamento mais altos do que eu, que sou relativamente baixo. Que paisagem maravilhosa! Além do campo gramado à nossa esquerda ergue-se uma fileira de árvores belas e esguias, porém excessivamente altas, com copas folhudas que lembram espanadores, que se destacam contra um céu ao mesmo tempo nublado e limpo. Reanimados pela visão de campos e árvores, começamos a cantar a música encantadora, tão popular naquela época e naquele lugar, cujo estribilho começa assim: "Ó de bordo! Marinheiro, ó de bordo!". Porém, após um momento, vozes argentinas começam a nos responder, vindas das árvores: quando terminamos o primeiro verso do estribilho, deliciosas vozes femininas ecoam: "Marinheiro, ó de bordo!". Começamos a rir; estamos encantados. No meio das árvores há uma cidadezinha deliciosa, e são as garotas de lá que estão brincando conosco. Ah, se não fôssemos soldados agora! Se fôssemos livres! Neste momento, o capitão grita: "Não adianta seguir em frente! Prometeram que iam nos mandar um grande contingente, que já devia ter chegado há vários dias. Quando reclamei, disseram que se encontrariam conosco aqui. Agora estou vendo que não fizeram nenhum tipo de preparativo aqui. É simplesmente impossível empreender esta missão só com um punhado de homens" (éramos uma dúzia, mais ou menos) "e me recuso a fazer isso! O governo nos obrigou a embarcar nessa missão, e não nos dá nenhum apoio! Eu não vou assumir a responsabilidade!". Nosso serviço militar terminou. Nossos corações estão cheios de felicidade e liberdade. Com entusiasmo renovado, cantamos "Ó de bordo! Ó de bordo!", e as vozes das moças de cabelos claros — já as vemos com clareza, vindo às portas de suas amplas casas brancas, ou paradas nas ruas — com uma musicalidade séria que não é apenas uma brincadeira — nos respondem como antes, com um "Ó de bordo!" argentino. Ah, que naturalidade, que graça, nesta terra descontraída e bela! Percebo que estas jovens têm liberdade de dizer o que quiserem, ir aonde quiserem. Para elas, não é vulgar cantar com soldados. E estão saindo de suas casas para ter conosco. É como na Califórnia — penso —, a vida tão livre e natural — no entanto, com um refinamento e uma sensibilidade que são como os efeitos de nuvem e prata no céu maravilhosamente cambiante, efeitos que só ocorrem quando há umidade no ar.

Atravessamos o campo. No meio do caminho, encontro uma moça que conheço, uma jovem magra com cabelos cor de palha, por quem cheguei a apaixonar-me quando menino. Quando ainda estamos a uma certa distância um do outro, ela faz alguns movimentos grotescos — levanta bem uma perna, contorce o abdômen — que me parecem de gosto duvidoso. Porém, quando chego mais perto, dou-me conta de que ela está fazendo exercícios de balé. Manifesto surpresa. "Ah, é", responde ela. "Estou fazendo dança há um ano". Estou totalmente satisfeito, estou encantado, de vê-la ali. Pergunto-lhe se ela quer sair comigo aquela noite; estamos planejando algum programa agradável, ainda que um tanto indefinido. Ela aceita, e percebo, em êxtase, que os obstáculos representados por sua mãe e seu marido, os quais me afastaram dela de uns anos para cá, foram totalmente removidos. Não compreendo exatamente por quê, porém sei que tem algo a ver com a hora: no final da tarde ela pode ir a qualquer lugar e fazer o que bem entender. Enquanto caminhamos, observo seu corpo cheio, suas admiráveis formas arredondadas, que tanto contrastam com sua magreza de outrora; agora, quando ela anda, as dobras frouxas de seu vestido simples moldam formas da maior beleza.

Porém primeiro tenho que tomar banho e fazer a barba, que cresceu bastante nos três dias que passei doente; e tenho que tirar aquele uniforme. Caminho um pouco afastado dela; falo-lhe pouco, pois não quero que ela me veja do jeito que estou agora. Entrego-a a um amigo, John Bishop, que está por perto, à paisana. Vou direto até o banheiro, onde encontro outros homens se lavando. Verifico que tirar o uniforme e vestir uma roupa diferente é um processo trabalhoso. Tenho dificuldade de encontrar a maioria de minhas roupas, e sou obrigado a pedir emprestado algumas peças. Porém em meio àquela confusão, divirto-me o tempo todo ao ouvir as conversas de meus companheiros: cada um é um personagem interessantíssimo, tão comovente ou tão espirituoso! Um é italiano, de Gênova. Delicio-me com a abundância da vida — percebo que estou vivendo um desses dias em que tudo é bom. Quando John Bishop vem para apressar-me, porque já está ficando tarde, relato-lhe as coisas divertidas que ouvi. Mal posso acreditar que, além de eu ser de repente liberado do serviço militar e encontrar Claire totalmente livre no mesmo dia, naquele banheiro onde me encontro eu veja tantas pessoas fascinantes. "Precisamos arranjar alguma coisa para beber hoje à noite", digo a John. "Você podia tentar encontrar algo enquanto eu me apronto." John está convicto de que não será preciso ir longe: o chofer que nos aguarda lá fora deve ter alguma coisa. Vou com ele até a rua. Há um automóvel grande parado no meio-fio; a tarde morre. Perguntamos ao chofer se ele tem alguma coisa; imediatamente ele nos mostra uma garrafa de *scotch*. Volto ao banheiro mais entusiasmado do que nunca. Porém um fato terrível se impõe subitamente: não tomei banho nem fiz a barba. Pergunto a um rapaz, que parece civilizado — tem modos de universitário — se ele me empresta seu aparelho de barbear. Ele o faz, com muito gosto, porém fico olhando para o objeto com desânimo: é um aparelho Gillette, conforme eu esperava, só que a parte de cima, onde fica a lâmina, é do tamanho de uma unha. Impossível fazer minha barba de três dias com uma laminazinha como aquela! E ainda por cima, ter de tomar banho, tirar todas aquelas roupas, que foi tão trabalhoso encontrar e vestir! Lá fora está escurecendo: logo terá passado a hora mágica, a única em que Claire é minha. John volta para me pegar outra vez. Resolvo que vou desistir; terei de esperar até o dia seguinte. Ainda há um obstáculo que me impede, que me fez abrir mão de Claire essa noite. Continuo vítima de um destino sinistro. Porém encaro o futuro com alegria e confiança, convicto de que o obstáculo vai desaparecer.

[Este sonho foi, sem dúvida, uma volta a meu estado de frustração que prevaleceu antes de eu dar início a minha vida sexual ativa. Eu costumava ter sonhos extáticos desse tipo, nos quais eu normalmente me via chegando numa praia maravilhosa, onde eu encontrava pessoas interessantíssimas nadando. Meu primeiro contato com a psicanálise foi um artigo de revista escrito por Max Eastman,* e, em Princeton, Walter Hall a mencionou. O assunto ganhou importância para mim quando Morris Belknap uma vez trouxe Kenneth Hayes Miller para nos visitar. Miller estava falando sobre sonhos e eu lhe relatei um dos meus sonhos com praias, que eu havia tido recentemente. De modo inesperado, ele me disse algo que me pareceu um elogio: "Provavelmente é um mérito seu ser o tipo de pessoa capaz de ter um sonho como esse", ou algo do gênero. Nunca mais tenho sonhos desse tipo. Os sonhos que me causam impressões mais fortes são as experiências de horror intenso, como a que aparece em *The little blue light.* **

Tive toda uma série de doenças como esta. Lembro-me de uma delas, do tempo em que eu morava em Washington Square North, 3, quando li *The American* [de Henry James] na cama; mas normalmente ia para Red Bank, sabendo que lá tomariam conta de mim, sempre que sentia que ia adoecer. Foi em Red Bank que tive estes dois sonhos. Uma dessas doenças — sarampo — foi um dos mais sérios problemas de saúde que já tive. Creio que foi esta doença que me inspirou o poema "Infection".]

Saranac [Viagem a Saranac, vindo de Talcottville, para visitar os Seldes, que estavam passando uns tempos numa ilha em terras do pai de Alice]. Assim, vi os montes Adirondacks... Porém só o lago escuro e o grito do mergulhão. — Pegaram Bozo num tal de Bide-a-Wee Home, porque lá dão cachorros de graça — e vêm supostamente com a garantia de não ter nenhuma doença. Porém, para começar, descobriram que Bozo era uma cadela, embora eles estivessem convencidos que estavam adquirindo um macho. Depois, passado cerca de um mês, ficou claro que ela estava prestes a ter filhotes — impediram que ela se enfiasse debaixo da casa, e ela acabou parindo uma noite na sala de jantar, na presença dos Seldes — eram filhotes de todas as cores — um deles totalmente branco — Bozo tinha tantas cores quanto uma colcha de retalhos — sua barriga era branca, e ela certamente tinha algum sangue de *terrier* irlandês. Então Bozo pegou uma sarna incurável, e resolveram matá-la — tinham medo de que a doença passasse para os filhotes. Como

* Escritor e jornalista, ativista radical que posteriormente tornou-se um conservador militante (1883-1969). (N.T.)

** Peça de teatro de Edmund Wilson, publicada em 1950. (N.T.)

iam matá-la no dia seguinte, trataram-na com um carinho todo especial. Tinham um gato também. — A carta, emoldurada na parede, de Charles Evans Hughes * para o pai de Alice — "Meu caro comissário" — as fotos de índios — a raposa empalhada acima da lareira — a coruja empalhada suspensa por um arame, em posição de vôo — a cabeça de veado (no máximo um por temporada de caça, mas todo mundo violava a lei) — as fotos de índios — a legenda emoldurada — a roleta e a caixa de fichas. *Lorna Doone, Beverly of Graustaré, Midshipman Easy, Andersen's Fairy* (capas azul-escuras e marrons, com complicados desenhos negros) — grandes lareiras de pedra — um grande mapa do norte do estado de Nova York pendurado no corredor de cima. — O lago negro — o silêncio espesso e vasto que afoga a pessoa em paz na noite — as montanhas azuis das quais se eleva uma névoa branca feito algodão — o temporal demorado caindo das montanhas — o barco do guia — nadar na água negra e pesada — havia duas estacas cravadas no fundo; as crianças tinham de saber nadar até elas para poderem andar de barco — ninguém ia lá há quinze anos — Alice, assim que se adaptou à vida de casada, foi amadurecendo como uma senhora de sua espécie, do modo mais diverso possível de Gilbert. — Alice tinha aquele riso simpático e franco, que se tornava mais livre e mais solto — o sr. Hall (pai de Alice) havia comprado mil hectares, mas nunca conseguira vender muita coisa por causa das associações entre Saranac e a tuberculose ** — adultério em proporções limitadas nos poucos trechos habitados. — A Villa Vera — queriam pintar embaixo "Essa não!" — um jogo de pratos decorados com salgueiros (uma vitrola com discos de quinze anos atrás).

Eu estava assobiando um tema de *Petrushka* ao me levantar — Gilbert disse que Cole Porter *** ia colocar esse tema na buzina do carro dele. — Alice era tão carinhosa com os filhotes.

* Jurista e político; foi secretário de estado, presidente do Supremo Tribunal e por pouco não foi eleito presidente da república em 1916 (1862-1948). (N.T.)

** Há no local uma tradicional clínica para tratamento de tuberculose. (N.T.)

*** Compositor popular americano (1893-1964). (N. T.)

Volta de Ted Paramore. Ele me ligou da clínica de Cramer, na esquina da rua 63 com Lexington Avenue. — Quando fui me aproximando, vi, emoldurada na janela aberta acima da porta, uma mulher de boca escancarada, como se num grito congelado. — Ted não dormia há quarenta e oito horas — *delirium tremens,* suor frio, impulsos suicidas quando passava do sono para o estado de vigília — queria pedir que amarrassem seu pé para que ele não pudesse pular para fora da cama — estava sem dinheiro. — Pedi-lhe que me contasse sua história — "Mas que história você quer? Sei contar quase todas as histórias". — Arranjou uma namorada em Del Monte — "Ah, ela era ótima! Ela vinha e cozinhava para mim e tudo mais. Aí um dia ela tomou um porre e casou com um corcunda — e quando ficou sóbria ficou horrorizada. — Me escreveu para dizer que ele tinha acabado de dar um dinheirão a ela e que ela queria me mandar um pouco. Ele era rico". — No momento do terremoto, Ted e um amigo estavam bebendo *gin fizz* e estavam começando a viagem de carro de Santa Barbara a Hollywood. "O meu amigo disse, 'Ih, olhe só a ventania, Ted! Olhe só aquelas chaminés balançando! Olhe o alto das árvores!' Mas eu disse: 'Ah, é só o efeito do gim'. Mas aí olhei e vi as chaminés desabando. Voltamos para casa e encontramos toda a família, os criados e todo mundo no quintal. E eu disse: 'É, parece que a gente vai ter que esperar passar essa ventania'. E mamãe disse: 'Que ventania, que nada! Vocês não vão a Hollywood coisa nenhuma! É um terremoto'. — O carro balançava de um lado para o outro na estrada!"

Jimmy Gruen. Ele tinha sido dono de um cassino, e numa época tinha trabalhado com mulheres teúdas e manteúdas, ensinando-as como deviam fazer — contou que foi falar com o homem e lhe explicou que era o melhor amigo da moça — "Ora, eu sei que isso de amor não quer dizer nada", etc. — "Quanto que ele quer dar a ela? Eu dou o dobro!" — Moça do cabaré que ele ensinou a pedir cinqüenta centavos para dar de gorjeta para a negra do banheiro de mulheres — com esse método pode-se ganhar até três ou quatro dólares por noite. — "Companhia de Adivinhar Idade de Anões — Nossa especialidade é anões bexiguentos e negros — o último anão que vocês me mandaram chegou em mau estado, e já morreu".

Mack Sennett, * convidado a um jantar em Pasadena. Começou como caldeireiro — agora está grisalho, gordo, rubicundo. Imaginou que seria o convidado de honra e que devia chegar atrasado. Chegou uma hora depois da hora marcada. A anfitriã pediu-lhe desculpa por já terem se sentado à mesa sem ele — respondeu que não havia problema, pois ele já tinha jantado. Ela o convidou a sentar-se e ele disse que não, obrigado, preferia ficar em pé. Assim, permaneceu em pé até os outros acabarem de jantar. Então, quando tentou ser cortês e ajudar uma senhora a levantar-se, derrubou um vaso de um console.

Pensamentos de um homem vigoroso e violento com uma mulher passiva — sonho de entregar-se aos braços de uma mulher encantadora e sensível, com a qual ele pode compartilhar uma ternura que inexiste na atual situação.

Verão de 1925. Meias cor da pele (para negras, também), "vestidos roxos, vestidos vermelhos, chapéus largos de abas caídas, vestidos de *chintz* com estampados de flores como os de papel de parede, em azul-escuro e cor-de-rosa, casacos leves com forro de pele na parte de baixo".

Anita Loos falou a Ted a respeito das diferentes táticas de sedução verbal usadas por tipos diferentes de homem — os que respeitavam a pureza dela.

Nas ruas residenciais dos subúrbios, menininhas de chapéus verdes dançam o *charleston.*

Lee Morse [cantora]. Festa na estação de rádio. Depois, fomos ao bar de Barney Gallant. Os erres arrastados de Barney Gallant. — "Garrçons! Escrravos! — Veja o que eles estão bebendo e sirva mais — *sur la maison*!" — As filhas de Gertrude Hoffman — a gorduchinha de roupa vermelha, com nariz adunco e sobrancelhas

* Diretor e produtor cinematográfico, um dos criadores da comédia de pastelão; lançou os Keystone Kops, Charles Chaplin e outros (1880-1960). (N.T.)

desenhadas a lápis. — "*Apenas um amor antiquado — Só um beijo e um olhar envergonhado — mas haverá outra como eu?*" — som prolongado, voz rouca e lúgubre. — O jovem empresário dela, judeu — ele achou a peça sobre Poe horrível, aparecia Poe escrevendo *The raven* [*O corvo*] no meio de uma tempestade — com trovões, relâmpagos e tudo — realmente, era ridículo! — Sua mulher, muito bonita, tinha acabado de chegar de Kansas City, na semana passada — escrevera à família dizendo que teria de voltar ou então se casar — muito *aplomb*, causou ótima impressão. — Lee Morse se fez de rogada para cantar *Yessir* e *The whatddyecall'em blues* (Sew achou a segunda música pouco inspirada). — Ela queria cantar "uma romança à antiga". Sempre que eu lhe fazia um comentário elogioso, ela me agarrava o queixo com a mão esquerda. Quando, no final da noite, comecei a cantar a romança à antiga com os erres húngaros de Barney Gallant, ela me agarrou pelo pescoço e disse: "Omelete à antiga. Ha, ha, ha!". — Canção humorística de toureiros quando entramos. — Em relação a uma das músicas apresentadas, Barney disse à platéia: "Foi essa besta que fez essa música!". Ele sentou-se a nossa mesa e suspirou, "Ah, meu Deus!" quando Lee cantava um *Negro spiritual*. Ela começou a discorrer longamente a respeito de seu pai — ele era pastor metodista no Oeste — Lee havia cantado alguma coisa que achava que tinha sido composta por ele — disse tanto a Alice Seldes quanto a Mary que esperava que Sew a pedisse em casamento, ela não queria casar-se com ele, nem pensava em aceitar o pedido, mas queria que ele pedisse. Alice alertou Seward, dizendo-lhe que não falasse em casamento com ela, não importava o que acontecesse. — Bebida horrível, impossível de beber e de identificar. Alice (irônica): "Meu Deus, que delícia! O que é isso, Sew?". "Suave, hein?" "Ficando bêbado." Servida em garrafas de *ginger ale*. — Tom Smith ficou no meio-fio com a última puta que sobrou: uma senhora de meia-idade de vestido vermelho. Ou bem estava esperando até os outros irem embora, para levá-la em casa de táxi, ou bem estava prestes a largá-la e ir com os outros.

Débil, insone, espectral, como se ela pudesse desaparecer a qualquer momento.

Em Red Bank, quando adoeci em dezembro. Aquela luminosidade azulada e desolada de chuva o dia inteiro — os galhos negros e nus contra o azul desolado de chuva.

Apartamento de ator famoso (no qual Leonora estava hospedada). Ele havia tentado decorá-lo em estilo chinês; tudo que era de madeira foi pintado de preto e laranja; um enorme vaso de bronze chinês, com luz elétrica dentro, fornecendo uma iluminação atenuada; relógio estilo colonial; dois divãs enormes, cobertos com almofadas de todas as cores do arco-íris; janelas pequenas, com cortinas; pequeno *boudoir* dando para a sala de estar, fechaduras triplas nas portas; enfeite de cobre oriental no meio da sala, que parecia uma privada para senhoras; coleções de Oscar Wilde e [Robert Louis] Stevenson, ambiente totalmente dominado por três grandes retratos do ator, sustentado por arames disfarçados por galhos de parreiras artificiais; aquário com ninfas nuas em posições eróticas espalhadas pelo cascalho no fundo, com um sátiro de bronze destacando-se no meio; um biombo oriental; tapete felpudo branco; dois magníficos jogos de bar; uma vitrola grande.

O quarto com sua cama imperial com dossel e um exemplar de *Who's who in the theatre* sobre a mesa — bem semelhante a quarto de mulher. — No banheiro, fotos de sua família. — O telefone com número fora da lista: na primeira noite que passei lá, três garotas ligaram. — O prédio: o porteiro cuidadoso e confidencial. Sons de histeria, violência, alegria e amor emanando dos diversos andares à medida que o elevador ia subindo. — Máquina de fazer gelo na geladeira.

1926-1930

A segunda metade dos anos 20 foi difícil para Edmund Wilson. Ele viria a recordar-se dos "primeiros tempos mais ou menos empolgantes na Nova York do pós-guerra"; porém a empolgação já arrefecera, e depois de algum tempo Edmund se viu imerso no mundo prosaico do jornalismo e da literatura, um mundo que, para ele, era fragmentado pela obrigação de produzir para abastecer as insaciáveis colunas das revistas. Não há leitura mais interessante, às margens de seus cadernos, do que os pequenos textos de caráter crítico e descritivo sobre o cenário nova-iorquino, escritos entre 1923 e 1928, que foram reunidos pelo autor sob o título "The Follies" e publicados em *The American earthquake* (1958). Percebe-se aí a extensão e a profundidade dos empreendimentos a que Edmund se dedicava, que abrangiam Stravinski, Eddie Cantor,* a aparência da Varick Street, a fachada de um velho prédio de arenito — ou a vista do alto de um prédio do East Forties,** "a monstruosa carcaça da Grand Central Station and Palace, com sua infinidade de clarabóias e seus telhados lívidos de zinco, esticados como um verme segmentado, quase irreconhecível como ser vivo. Por trás, elevam-se os retângulos verticais de tijolo, amarelentos e nus — tons de amarelo sem brilho, marrons nunca intensos — perfurados como que por uma furadeira". Sua linguagem é altamente precisa; e sua curiosidade o leva a boates, bares, tribunais, livrarias e às

* Comediante de *vaudeville,* televisão e cinema (1892-1964). (N.T.)
** Ou seja, do trecho leste de Manhattan entre as ruas 40 e 50. (N.T.)

pinturas de Georgia O'Keeffe,* Manhattan, em tantos anos de jornalismo tagarela, jamais conheceu uma mente tão aguçada e uma pena tão afiada, a examinar seus fenômenos mais efêmeros, como Texas Guinan e Alice Lloyd.

Os vários anos que Edmund Wilson passou escrevendo esse tipo de texto, bem como seus ensaios críticos mais longos, tiveram algum efeito sobre o autor. Mais uma vez, ele era o observador solitário, trabalhando num cenário maior do que o de sua juventude em Pottstown ou Princeton. Solitário em parte por ter se casado com uma atriz. As noites de Edmund eram longas, e era necessário preenchê-las. Quando, ao final do dia, estava pronto para beber algo, jantar e descansar, via-se, em vez disso, assumir o papel de "homem da noite". Esta vida noturna deu origem a alguns textos excelentes; porém as vigílias nos bares eram longas, e era grande a sensação de isolamento. Era impossível conciliar a carreira de Mary Blair com a de Edmund. Separaram-se a contragosto, porém ambos davam prioridade a suas carreiras. Permaneceriam amigos até mesmo após o divórcio, ocorrido em 1929.

Ao estudar a metrópole, Edmund estudava também o país. Permanecia otimista em relação ao futuro; tinha fé no que havia de novo nos Estados Unidos e nutria esperanças em relação à maturidade que surgiria após dois séculos de inocência e rapacidade. Surpreendia-se ao constatar que todos os livros dos anos 20 pareciam afirmar apenas que os Estados Unidos eram "um lugar terrível" — *Age of innocence* de Edith Wharton, que fora publicado no início da década; *Main Street* de Sinclair Lewis, no meio da década; *Ordeal of Maré Twain* de Van Wyck Brooks; ** a série de ensaios que Mencken publicava periodicamente sob o título *Prejudices*. Àquela altura, Edmund era obrigado a dizer que apenas um grande livro havia sido escrito para afirmar que o autor gostava dos Estados Unidos: *Leaves of grass*. *** Escrevendo a Allen Tate **** em 1928, afirmou: "Nosso elevado destino é entrar em cena e proclamar as verdadeiras palavras proféticas para a Europa decadente". Passaria toda a vida oscilando entre estas duas posições: na Europa,

* Pintora (1887-). (N.T.)

** Crítico, biógrafo e historiador literário (1886-1963). (N.T.)

*** Do poeta Walt Whitman. (N. T.)

**** Poeta, romancista, crítico e educador (1899-1979). (N.T.)

era de um americanismo beligerante; nos Estados Unidos, era um intelectual europeizado, um cosmopolita, no mínimo.

Os anos que Edmund Wilson passou escrevendo para periódicos modificou o conteúdo de seus cadernos. Agora ele passa a fazer anotações sobre sua vida erótica. Os cadernos atuam como seu confidente — lá aparecem a inconstante Katze, mais Winifred e outras tantas, acima de todas Anna, *taxi-girl* e garçonete, com a qual Edmund tem um relacionamento carinhoso, que o toca mais do que todos os outros. Era originária dos cortiços; seu marido estava na cadeia; encarava as duras realidades de sua vida com uma espécie de resignação estóica; e, quando falava, transportava Edmund para um mundo marginal do Brooklyn que ele conseguia apreender, apesar de tão distante de seu próprio mundo. Ela viria a lhe fornecer a matéria-prima para o conto "The princess with the golden hair", de *Memoirs of Hecate County*. A franqueza erótica de Edmund era bem própria do espírito da época. James Joyce havia desafiado as convenções ao utilizar palavrões; porém mesmo antes dos delírios sexuais de D. H. Lawrence, Edmund já estava descobrindo a linguagem objetiva — mistura do grosseiro com o delicado — para exprimir a experiência erótica. Na nossa atual época permissiva, sua audácia pode parecer tímida; porém devemos ter em mente que Edmund escreveu, numa atitude de sinceridade para com a vida e consigo próprio, antes daquela avalanche de textos eróticos que atualmente caracteriza a imaginação criadora americana.

Os cadernos nos dizem muito pouco a respeito do romance que Edmund começou em 1926 ou 1927. O tema era sua amizade e paixão por Edna St. Vincent Millay. Ele já havia escrito alguns contos notáveis, porém jamais se aventurara a empreender uma obra ficcional de fôlego; e constatou, surpreso, que este empreendimento era muito diferente de todos os outros tipos de trabalho literário. Sua versão original de *I thought of Daisy* foi escrita rapidamente. Quando a releu, deu-se conta de que havia começado do modo errado. O processo de reescritura foi demorado. Levou o rascunho para a Califórnia, e lá, numa casa de praia, reescreveu todo o livro em sua forma final. Neste ínterim, havia começado a trabalhar numa série de ensaios longos a respeito dos simbolistas, que viriam a formar o livro *Axel's castle*; e é divertido ler, numa carta sua a seu editor, Maxwell Perkins, que este livro, "sendo de crítica literária, é mais fácil de escrever, e representa um alívio depois de *Daisy*". Um romancista profissional, naturalmente, diria que *Daisy* é que era um alívio depois de tantos textos críticos. Edmund estava começando a encarar o fato de que ele era mais crítico do que romancista. Numa carta posterior a John Peale Bishop, ele relata alguns dos problemas que teve com seu romance. Ele não podia dar ao personagem baseado em Edna Millay, Rita, "seu verdadeiro valor, porque se eu o fizesse, colocaria em segundo plano o trecho sobre Daisy no final, que seria um anticlímax (o romance foi concebido originariamente a partir da perspectiva de Daisy)". Além disso, "depois de escrever alguns trechos mais ou menos verídicos a respeito de Edna, comecei a me sentir constrangido e a abordar o assunto com mais cautela". Edmund sentia que o livro fora concebido de modo artificial; "era para ser uma estrutura de idéias a se desenrolar, o que em grande parte consegui, no plano intelectual — e quando comecei a escrever a história em si, o efeito foi o de torná-la até certo ponto psicologicamente falsa. Reescrevi-a para remover este vício, mas um certo grau de falsidade era inerente ao que eu estava tentando fazer".

Para Wilson, escrever *Daisy* e planejar *Axel's castle* representavam uma tentativa séria de buscar o prestígio mais duradouro do livro; até então, sob forma de livro só havia publicado uma obra irônica e imatura, escrita em colaboração com John Bishop, *The undertaker's garland*; um livrinho chamado *Discordant encounters*, no qual reunira algumas das conversações imaginárias que publicara na *New Republic*; e a peça *The crime in the Whistler Room*. Agora já estava com mais de trinta anos; seus companheiros de geração estavam publicando um livro após o outro, o que o fazia conscientizar-se mais do que nunca da natureza efêmera de seus escritos. O fato de publicar basicamente em revistas implicava que havia "relativamente poucos escritos meus realmente acabados". Por este motivo, "comecei a trabalhar meus artigos, versos, contos, esboços e cadernos para tirar deles algo mais sólido". Queria dar a este material "uma forma mais decente e livrar-me dele, com todos os interesses, idéias e emoções ligados a ele". Assim Edmund esboçou a trajetória que viria a seguir pelo resto de sua vida produtiva.

Este ímpeto de "produzir", o trabalho incessante ligado ao romance e ao livro de ensaios, a tensão causada por sua vida amorosa — todos estes fatores fizeram com que seu mundo desabasse sobre ele, tal como havia ocorrido na época da guerra. Naquela ocasião, ele comentara que a indecisão o enchia de terror. Agora Edmund sentia-se subitamente presa de acessos de ansiedade e pânico. Com grande precisão, havia escrito, após ler pela primeira vez *The waste land*, que o poema "não é nada mais nada menos do que o relato dolorosamente comovente da agonia mental por que Eliot passou durante os anos que antecederam seu esgotamento nervoso. Jamais foram expressos de modo tão vívido os sofrimentos de um homem sensível, numa cidade moderna, acorrentado a um trabalho que ele detesta e crucificado na vulgaridade de seu meio. É, indiscutivelmente, um grito *de profundis* — quase o grito de um homem no limiar da loucura".

Com algumas diferenças importantes de temperamento, esta afirmação também se aplica ao caso de Edmund. Estava farto de Nova York; tinha um refinamento intelectual que, embora menos delicado do que o de Eliot, também estava em conflito com seu meio; e se a vida sexual de Eliot estava aparentemente ressequida, a de Edmund estava em crise por uma questão de excesso. Além do relato que ele próprio fez daquilo que denominou de "espécie de esgotamento nervoso" por que passou, que o levou — como seu pai — a imediatamente buscar refúgio num sanatório, temos também um trecho revelador de carta enviada a John Bishop, com data de 4 de outubro de 1929: "Estou tentando organizar minha vida sobre bases novas — a respeito das quais vou lhe escrever depois — e fui obrigado a passar por muita coisa emocionalmente angustiante, financeiramente constrangedora e psicologicamente devastadora!" *Angustiante, devastadora* — estas palavras deixam evidente a profundidade da ferida de Emund nesta época. Acrescentou ele, na carta a Bishop: "Creio que eu e você chegamos àquela fase da vida em que ou bem se toma algumas medidas um tanto desesperadas ou então se sufoca no trabalho que se faz".

A resistência e tenacidade de Edmund permitiram que ele atravessasse aqueles dias negros e suportasse seus pesadelos. No sanatório, continuou a trabalhar em *Axel's castle*; e interrompeu o trabalho a fim de resolver sua vida naquele triste final de década. Termina o relacionamento com Anna quase com relutância (embora ainda viesse a voltar a ela depois), rompe também com a misteriosa Winifred, resolve divorciar-se para depois casar-se com Margaret Canby, por quem se sente cada vez mais atraído, como suas anotações deixam claro.

O que é surpreendente na vida intelectual de Edmund, durante este período conturbado e doloroso, é sua constante busca pelo significado da arte e a natureza da literatura. Em parte, este empreendimento é uma decorrência de sua tentativa de pôr em foco o solipsismo dos simbolistas e o "fluxo de consciência" de Joyce; em parte, é um questionamento direto, sem dúvida derivado de suas leituras de Freud, da relação entre arte e neurose. Seria possível uma obra de arte, o mundo filtrado pela consciência de um indivíduo, ainda assim constituir uma "realidade", tendo recebido a marca e a coloração daquela consciência? Não seria uma "fraude"? A obra de arte fazia o leitor pensar que estava defrontando com o real, porém na verdade ele estava apenas recebendo "realidades" que refletiam todo o ser do artista. Esta questão o obceca e chega a manifestar-se em seu romance. Escreve Edmund: "A obra do escritor, por mais inteligente, elaborado (Proust) ou pródigo e vigoroso em imaginação, sempre termina por constituir uma justificação de um determinado conjunto de valores, uma condenação de algo em favor de alguma outra coisa". Este debate interior — e Edmund também põe em questão a pintura nesse contexto — aponta para a qualidade mais profunda dos ensaios posteriores de Edmund a respeito dos grandes escritores dos séculos XIX e XX: eles sempre se deteriam sobre o temperamento específico, a "ferida" específica, as forças que moldam o pensamento criativo do escritor. Nestas seções dos cadernos, já vislumbramos suas análises minuciosas e brilhantes de Dickens e Kipling — e de Abraham Lincoln — e seu questionamento dos solipsistas que "estudaram a si próprios, e não a outrem: todos os tesouros, do ponto de vista deles, se encontram na contemplação solitária, não em nenhuma tentativa de abordar os problemas gerais da existência". Ao escrever estas palavras no final dos anos 20, Edmund estava no limiar da era do "engajamento social". Isto viria a ser uma renovação de seu desejo de sair das fronteiras do eu, do mundo enclausurado de sua meninice. Edmund havia iniciado seus leitores nos mundos verbais dos simbolistas — Yeats e Joyce, Valéry e Gertrude Stein; assim, no final dos anos 30, ele guiaria seus leitores numa viagem pela história, até o momento crucial de nosso século em que o trem fechado de Lenin chegou à Estação Finlândia.

LUISIÂNIA

Nova Orleans [março de 1926]. Da janela do hotel, a cidade cor de chocolate fosco e lilás-ardósia, com seus telhados altos e janelas estreitas, à luz fraca e úmida de março, e, mais além, o rio barrento.

Avencas nos jardins e glicínias nas sacadas de ferro — folhas delicadas semelhantes aos desenhos de ferro batido das sacadas — Luisiânia — aquele perfume de árvores e plantas sulistas no ar. — Nas ruas do velho Bairro Francês, aquele cheiro de fumaça semelhante ao que senti em Trèves — deve provir da alvenaria, particularmente, talvez, quando o tempo está úmido.

Dois negros andando pela rua, cantando o *charleston* juntos, com muita elegância. — Alguma pessoa inidentificável, invisível, assobiando *Collegiate*, na hora em que saímos do trem, de modo mais suave, melodioso e sonoro do que jamais se ouve no Norte.

A última vibração do motor de um barco ainda ressoa no ar. Gritos estridentes de vendedores de jornais e camelôs. Poucas buzinas ásperas de carros. Os sinos delicados da catedral, como o zumbido de um mosquito de prata. O silvo agudo e plangente de um vapor.

Comida. Sopa de lagostim, de um marrom-escuro, com a cabeça e o tronco de um lagostim, vermelho vivo, flutuando, um cheiro tão ativo que o gosto parece o cheiro de um estábulo velho. — Galinha cozida, com cogumelos e molho, dentro de um envelope de papel pardo, que só é aberto pelo garçom quando coloca o prato à frente do freguês. Pampo no papel.

Chope num bar à antiga, com excelentes sanduíches quentes de carne assada. — Homens grandalhões e roliços, com rostos rubicundos, *barmen* e caixas velhos nos restaurantes — homens do mesmo tipo que os fregueses por eles servidos. — O gosto doce de alcaçuz — a animação iridescente causada pelo *absinthe frappé*, cor de cristal e pérola, servido em copos verdes. Coquetel Saranac.

Sopa de ostras, de um cinza-esverdeado, com arroz branco — café em todos os lugares e a qualquer hora — o gosto com laivos de chicória. — Pão para comer com a sopa.

O tilintar duplo dos sinos da catedral assinalando cada quarto de hora; o emaranhado de vozes de crioulinhos por toda parte no Bairro Francês.

Polidez — sentimentalismo — velhos clichês românticos.

Sacadas e janelas estreitas, treliças verdes. — Cupidos de ferro nas sacadas — pilastras finas.

Nova Orleans. Os carvalhos ladeando grandes alamedas, cheios de barbas-de-velho. Nos cemitérios, os pés de ficos — túmulos cobertos de capim, cujas lajes afundaram ou desmoronaram, de modo que os ossos lá dentro aparecem. Ao longo de Coliseum Place, os carvalhos-da-virgínia, esguios e frondosos, com folhinhas translúcidas amarelo-escerdeadas, e o verde-escuro fosco e uniforme das magnólias. Trepadeiras de ficos e bananas com flores que lembram heliotrópios. Alamedas francesas com uma calçada entre duas faixas de grama. Capim espesso e abundante cresce à sombra profunda das árvores.

As paredes, estores e portas verdes das casas de dois andares, todas fechadas, isoladas da rua. Volutas em forma de avelã e delicada renda de ferro batido nas sacadas — colunas finas — treliças — cercas de ferro com setas ou elmos nas pontas — as farpas de chamas de ferro.

A delicadeza das trepadeiras contra a delicadeza da renda de ferro. Trepadeiras mortas sobre cercas enferrujadas. Ferro que os anos esverdearam.

O cheiro de vetiver. A fragrância de açúcar mascavo, semelhante a mel, como um melado mais fresco e doce.

Os trens, os ruídos dos vapores, os assobios e cantos da rua.

Os troncos de palmeiras baixos e grossos de *tignasses* espetadas. Os aglomerados de cactos de um verde-cinza mortiço.

Myrtle (prostituta de Nova Orleans, bem jovem): "Cu de caridade, é? — dá de graça! — O tal sujeito estava de porre e não conseguiu fazer nada — você entendeu, não é? — e queria que eu devolvesse o dinheiro — tentou tirar de mim, eu tinha guardado dentro da meia, sabe. — Quer o seu cu de volta? — Qual foi a última vez que você coisou?" — Aquele olhar rebelde e debochado de mula. — Ela deu um sorriso amarelo quando perguntei se ela gostava muito da amiga dela. — Na vida. — A polícia estava prendendo todas as garotas em Atlanta. — A mãe queria que ela fosse passar o Natal lá em Elco, mas a amiga dela não podia ir junto. Disse que ela não teria de pensar tanto em prazeres e outras coisas. Ofereceu enviar-lhe o dinheiro — mas Georgia não queria ir. Georgia era o nome verdadeiro de Myrtle. Recebeu o nome de Georgia porque nasceu no aniversário de George Washington. — A primeira vez que a vi, ela quis fazer tudo o mais rápido possível, com o mínimo de sentimentalismo. Não quis tirar a roupa, não quis que eu tirasse a minha, não quis beijar por causa do ruge (depois me explicou que não tinha ruge líquido indelével); simplesmente deitou-se de costas atravessada na cama, os pés pendurados sobre a borda, e levantou a saia. Depois que me falou a respeito de sua mãe e do convite para passar o Natal com ela, seus olhos encheram-se de lágrimas grossas. Enxuguei-as com a colcha vermelha, e umedeceram de novo. Enxuguei-os pela segunda vez, e ela não chorou mais. — Tinha um corpo bonito, mas se achava feia — sempre que eu a elogiava, ela dizia "É!" com um sarcasmo terrível — algum homem lhe dissera uma vez que ela tinha de ser refeita da cabeça aos pés. Havia trabalhado numa fazenda — o pai era o dono; não gostou nem um pouco da experiência; tinha pés grosseiros, com um dedão grande e comprido. — Na sua cidade natal, costumava ir a bailes. Chegara a ficar noiva de um homem, porém ele foi atropelado e morto por uns crioulos bêbados que estavam num caminhão, quando ele estava dirigindo um Ford — "É uma pena ele ter morrido, mas ainda bem que eu não me casei com ele — você entende, não é?" — Trabalhou numa loja em Atlanta, depois caiu na vida em Macon — Queria se casar e ser alguém na vida! — Antigamente tocava órgão na igreja e na escola dominical — só sabia tocar *Yessir, that's mah baby* e uma ou duas canções assim no piano. — " 'Cê 'tá ouvindo o que eu 'tou falando?" — " 'Tá ouvindo?"

"Me solta! — me solta!" — O assoalho sujo — oleado verde — da ante-sala do banheiro — o fedor horrível da privada quebrada, na qual flutuava uma camisa-de-vênus nova. As paredes verdes do quarto, cobertas num trecho com nomes e datas, em outros aparecendo os sarrafos e a massa. A imagem de Cristo no andar de baixo. — "Meu amor". — "Ah, 'cê 'tá rindo de mim!" — "Porra, que beleza de vestido!" — Ela ficava sentada no arado enquanto o irmão o puxava — não dava trabalho, mas o calor era terrível — Bobby tinha de regar os rabanetes, e ela tinha que levar a água em baldes até lá, uma caminhada enorme. Myrtle chamava todo tipo de bebida de "uísque" — pelo visto, era o único nome que ela conhecia. Abriu a porta para olhar para a rua, de onde vinha o som de uma espécie de buzina; tinha uma espécie de beleza animalesca.

Hálito barrento do Mississipi, catedral românica, sólida, cor de cimento.

A elegância do parque, com sua estátua eqüestre empinada — feições graciosamente proporcionadas — grande urna de ferro verde enfeitada com cabeças de bodes e transbordando de samambaias — caules de bananeiras. Elegância de século XVIII da Prefeitura e prédio correspondente.

Linhas vivas de barro alaranjado realçadas pela chuva entre os tijolos de passagens estreitas.

O som incessante de pianolas por detrás das janelas fechadas dos bordéis.

A madeira rendada de um velho navio.

O bordado de Nova Orleans.

Velhos edifícios de bancos, incrivelmente ornados, dos anos 70, com colunas bizantinas retorcidas, ainda de pé na principal rua comercial.

A tagarelice do francês crioulo.

Velhos prédios coroados de sacadas.

Coelhos ou esfinges de ferro no jardim.

Os vestidos leves das garotas, de cores simples e vivas — verde-claro e rosa forte — azul vivo.

Portas e janelas com telas — os mosquitos gigantescos.

Os navios fluviais no final da rua.

Mobília feita para ambientes monumentais: camas e guarda-roupas altos, retos, lisos, de mogno; cilindros em forma de vaso, altos e graciosos, para sustentar velas nos consoles altos; lustres imensos desdobrando-se em aglomerados de enormes *gouttes* de cristal.

O entulho dos antiquários: taças de cristal da Boêmia, enfeitadas com grinaldas de vinhas verdes ou vermelhas; relógios dourados encrustados com "alegorias" sob redomas ovais de vidro; urnas de porcelana estilo império, ornamentadas com grupos mitológicos.

O ronco de um navio — gemido trêmulo.

Os candelabros de prata, como tulipas excessivamente altas, florindo em sinos de cristal, colocados em consoles altos, em salas de pé-direito alto; enormes candelabros dependurados com aglomerados de *gouttes* de cristal.

*Negócios imobiliários na Flórida.** Levaram um grupo de clientes em potencial num trem exclusivo até um matagal que seria loteado. Ponto de venda improvisado — almoço medíocre. Mas, depois do almoço, entra de repente um pregador: disse que havia três pecados cardeais — medo, cautela e protelação — e fez um sermão sobre o tema. 'E se Jesus Cristo estivesse vivo hoje, ele comprava um terreno aqui mesmo!" — Tremendo impacto sobre a platéia — muitos compraram terrenos na hora. — Quando todos os outros já tinham ido embora, o corretor elogiou o pregador, que enxugava a testa como Billy Sunday **: "Sensacional esta sua pregação! Você devia ganhar um dinheirão com isso!" Disse o pregador: "Pois é, e ganho uma ninharia!"

Viagem a New Iberia (fui com Gene e Maria Jolas — Maria foi dirigindo). Restaurantezinho ao lado de garagem: COMA. — "Oi, amores! Tomem o carro de vocês!" ("Mais uma prestação e é nosso. Pode ser que sim, pode ser que não.")

Cidade curiosa, como um parque de diversões, com carrosséis e escorregas, cafés e bares de refrigerantes — tudo com uma aparência provisória, leve, feito de tábuas.

* Durante os anos 20, houve na Flórida um *boom* imobiliário de proporções inauditas, em que foram utilizados os métodos menos ortodoxos de propaganda e venda, e grandes vigarices foram cometidas. (N.T.)

** Apelido de William Ashley Sunday (1863-1935), pregador integrista protestante, famoso por seus métodos bombásticos e sensacionalistas de granjear adeptos e arrecadar doações. (N.T.)

Grande esqueleto de casa de fazenda contra céu cinzento de tempestade e águas cinzentas do rio Teche, já sem suas colunas, a tinta descascada, tão sombria e morta. Numa época moravam lá seis famílias italianas.

O delicioso absinto, bebido à frente da lareira acesa, após a longa viagem pela terra úmida, que fez nossos rostos brilharem.

O *café brûlot*, preparado num rescaldo na sala escura, manipulado com uma colher, magnífica chama azul e amarela, serpenteando, crescendo e diminuindo. Gosto saboroso de café, conhaque e temperos.

As sensações vívidas proporcionadas pelo jardim depois da chuva — camélias vermelhas no meio da praça — estátuas das quatro estações, uma em cada canto: inverno, velho envolto em manto; menino; Ceres. Repuxo.

*Toile de Jouilly,** com estampado de lobo e cordeiro de La Fontaine. Guarda-roupas gigantescos e camas com dosséis vermelhos. Altos candelabros de prata, como tulipas, florescendo em cristal. Cilindros transparentes. Aquarelas de meados do século XIX, de paisagens. Coleção de Voltaire.

As feições inteligentes e bem delineadas de Boze, em contraste com o rosto de Hall, em franca decomposição. Boze era o criado negro que — segundo Anderson — juntamente com sua esposa (a de Boze), tinha total controle sobre a vida de Weeks Hall. Sem dúvida, havia algo um tanto sinistro naquela casa.

Garotinha do Alabama no trem — uma lourinha esperta, que lembrava Zelda Fitzgerald quando garota, voltando para a escola no Norte depois da Semana Santa — roupas bem na moda, mas não vulgares. Sua vozinha arrastada. Estava com uma amiga que, pelo visto, tinha passado os feriados na casa dela. Tinham uma vitrola na qual tocavam *Flamin' Mamie, Rolling along*, etc. Perguntaram ao cabineiro se podiam tocar discos — seu jeito de se dirigir ao cabineiro. "Se a gente conseguir uma cabine de luxo, a gente pode ouvir música a noite toda." Conseguiram mais tarde. — Meias cinzentas, casaco azul-escuro. Ela mudou de roupa várias vezes.

* Lapso do autor; a forma correta é *toile de Jouy*: tecido de algodão estampado, feito no século XVIII em Jouy-en-Josas, França, ou em outras fábricas na França ou na Inglaterra, usado para forrar mobília ou como papel de parede. (N.T.)

NOVA YORK

Logo antes de eu ir para Nova Orleans (1.º de março), caminhando pela rua no cair da tarde e olhando para o chão, tive a impressão de que a escuridão do inverno havia diminuído — embora, ao levantar a vista, eu não achasse as ruas menos cinzentas nem o ar menos subterrâneo.

Florence O'Neill. Um amigo dela levou-nos a um lugar, um porão, onde fazem um ponche com limão, rum e água, que vai ao fogo; depois encontramos um amigo dele, filho de um professor de economia, que estava com um homenzinho de olhos negros e vista baixa, com cara de italiano, o qual, ao que parecia, era um gângster importante — ficou falando o tempo todo sobre quinze dólares de cigarros — ou quinze centavos de cigarros — falou longamente sobre as diferenças entre Sing Sing e uma outra prisão — em Sing Sing, ensinavam uma profissão ao presidiário — "Quer dizer, você não sabe fazer nada — aí, lá em Sing Sing, eles ensinam você a ser carpinteiro ou sapateiro — ensinam uma profissão — mas na outra prisão, é a tal da solitária". Disse várias vezes: "Bleecker Street vai virar um arsenal! — Bleecker Street vai virar um arsenal!". Eu estava um pouco embriagado na hora — ele também disse alguma coisa sobre Gerald Chapman, cuja morte, evidentemente, abalara o submundo profundamente. — Queria por força que fôssemos a uma boate; fomos, e a tal boate estava vazia e muito enjoada. — O outro homem que estava com Florence contou uma história longa a respeito de um homem maravilhoso de Greenwich

Village que conhecia todo mundo — os Vanderbilt, os Astor, gente assim — e era também amigo de George Horace Lorimer.* Perguntei: "Todo mundo?" e depois repeti a pergunta quando ele disse: "Você sabe o que eu quero dizer com 'todo mundo' ", e tentou se esquivar manifestando interesse e fazendo perguntas. Lorimer queria que ele escrevesse suas memórias — perguntei: "Então ele está escrevendo as memórias, não é?" Ele disse: "Ah, não, ele não escreveu nem uma palavra — ele vive bêbado o tempo todo". Mas todo mundo ia vê-lo — por causa do acidente que ele tinha sofrido; havia batido o carro ou algo assim quando bêbado — rosto todo desfigurado, horrível. — Perguntamos se ele achava uma idéia divertida irmos lá, e ele disse: "É, sim — normalmente ele fica irritado no final da noite e expulsa todo mundo" — ele fazia isto porque tinha complexo de inferioridade. Eu disse: "E se alguém se recusar a ser expulso?" Ele respondeu: "Ah, sabe como é, as pessoas normalmente não querem ficar depois que mandam elas irem embora". Florence perguntou o nome do tal homem, e ao ouvi-lo novamente, exclamou: "Ah, esse sujeito é um vagabundo — ele era nosso senhorio!" — Acabei saindo com Ted Leisen, que ainda estava bebendo, sozinho, o último freguês do Sam Schwarz's. — Quanto aos cigarros, a questão era que em Sing Sing era possível obter cigarros, mas não na outra prisão. Era a maior besteira pegar seis meses na outra prisão, quando se podia passar dois anos em Sing Sing.

Katze e Florence saíram da sala e, depois de muita risadaria, voltaram de vestidos trocados: Katze com o azul e Florence com o cinzento. — "A Katze volta para o jardim da infância depois que toma umas e outras."

As pernas finas, mas muito bonitas, de Katze, e seus movimentos peculiares, imediatamente identificáveis como a inspiração dos desenhos de Franz Kuhlmann (que me pareceram tão sedutores). Quando ela veio à minha mesa no Sam Schwarz's, enquanto seus amigos estavam no guarda-roupa, ela vibrava e esvoaçava como uma avezinha ou um animalzinho arisco.

* Jornalista, famoso por ter lançado em sua revista (*The Saturday Evening Post*) inúmeros escritores importantes (1867-1937). (N.T.)

As garotas caminhando na avenida aos pares, as meias brancas e os sapatos pretos movendo-se exatamente juntos, num ritmo lento e regular — quase uma dança que hipnotizasse a elas próprias. — Um novo tom de cor de carne, arroxeado.

O murmúrio melodioso de apitos de barcos ouvidos num quarto de fundos em Washington Square.

Final da primavera de 1926. Abril estava tão frio e desolador quando voltei de Nova Orleans quanto março estava quando parti. No banheiro um dia, estando de janela aberta, tive a sensação de que o ar ligeiramente mais leve lá fora continha uma promessa de verão, época em que se pode deixar as janelas sempre abertas e não sentir diferença entre dentro e fora, pois é tudo um mesmo oceano suave e contínuo de ar.

No dia 21 de abril, ao sair à tarde, constatei que o verão havia chegado de repente. Viajei no segundo andar do ônibus, saltei na Grand Central Station e voltei a pé. Na Quinta Avenida, as pessoas ainda caminhavam como se atravessassem ar frio e cinzento; seus rostos ainda estavam soturnos, fechados e angulosos, como se para abrir caminho pelo inverno da cidade; ainda pareciam máscaras insensíveis feitas de algum tipo de material inorgânico, como se fossem proteções contra o meio ambiente, como os cascos do cavalo ou a carapaça da tartaruga. E pareciam atônitas e desprevenidas por causa da súbita mudança do tempo; mal podiam entender que agora podiam usar roupas mais leves, caminhar num ritmo mais tranqüilo, ostentar uma cor um pouco mais natural.

O céu azul-claro, de nuvens tênues, de abril, clareando após a chuva, no princípio da tarde, sobre a lividez acinzentada do asfalto de Waverly Place, azulando com seu reflexo.

Festa no apartamento de Throck [Cleon Throckmorton, cenógrafo dos Provincetown Players]. Entrei e encontrei a sala cheia de pessoas que, de início, imaginei serem do elenco de *Orpheus*. Aproximei-me de Catherine Throckmorton e sentamo-nos juntos — ela estava tão bêbada que tinha dificuldade de falar e assumiu, como costuma fazer nestas circunstâncias, um falso sotaque estrangeiro — quando lhe perguntei quem eram aquelas pessoas, ela começou uma história maluca — Throck antigamente ensinava numa escola dominical em Washington, e um de seus alunos, que era escoteiro, havia chegado em Nova York e lhe pedira para dar uma festa em seu apartamento. Disse que de início estavam tão assustados que não saíam do quarto. Eram, na verdade, rapazes e mocinhas que trabalhavam em *vaudeville* — ele disse que um deles afirmava que o conhecia. Eles haviam trazido sanduíches, substanciais e grossos, embrulhados em papel oleado, e também xerez e vinho do Porto, em potes grandes. A festa era em homenagem a uma garota muito bonita — uma morena com um vestido verde e cinza, meias cinza e sapatos pretos de bico redondo e lingüeta castanha. Era seu aniversário. Ela passou a festa toda mascando chiclete. Dançavam de modo sensacional — um rapaz jogou uma moça sobre o ombro — uma garota inglesa de vestido verde, falando quase com sotaque americano, dançou o *charleston* com seu par, explodindo em movimentos duros e angulosos para todos os lados, com uma vitalidade estupenda. Depois disse: "Estou cansada. Você é de teatro?" Trabalhava em teatro há três anos. Dançaram de cócoras, à maneira russa, e tentaram dançar o *charleston* de joelhos. A música vinha do rádio de Throck, que ele próprio havia montado (ele explicou que os melhores componentes para rádio tinham sido patenteados cada um por uma companhia diferente, de modo que nenhum dos rádios que havia no mercado era tão bom quanto era possível um rádio ser; assim, era só o governo ou um indivíduo que construísse seu próprio aparelho que podiam ter um rádio ideal). — "Não acredito em você, mas diga isso de novo!" — Loura grandalhona de vermelho, com lábios grossos e vermelhos, que ficava se espreguiçando no sofá e na poltrona. (A toda hora elas perdiam os sapatos — ou os rapazes os escondiam de brincadeira ou elas próprias os tiravam quando se deitavam num sofá ou numa poltrona.) Elas ficavam se abraçando — duas garotas se deitavam juntas no sofá — ou então uma descansava a cabeça no colo da outra. — Uma sabia dançar nas pontas dos pés, só que não havia trazido as sapatilhas. — Quando a morena foi ao banheiro, o namorado fez questão de entrar junto com ela. — Por fim ela colocou na cabeça o chapéu de abas largas que fazia parte do conjunto que trajava, e após dançar um *one-step* muito rápido com o namorado — "Olha a gente passeando!" — foi embora com ele. — Um dos rapazes tinha um rosto de anjo crescido, cabelos louros crespos e olhos azuis. Todos beberam vinho e comeram todos os sanduíches, até só restarem pedaços de papel amassados, restos de pão e potes vazios.

Chegando em casa, ele [Ring Lardner] *encontrou, copulando à frente de sua janela,* um casal de gatos magros e acabados, daqueles que tantas vezes o acordavam de noite com seus urros de almas penadas; como não quis perturbar a cena de amor e lembrou-se do que lhe haviam dito a respeito da dor sentida com a introdução do osso do pênis, esperou até que o macho se desvencilhasse e espantou os dois.

*Festa horrível que eu e Ted demos no 1.º de Maio.** "Tem bebida bastante para causar uma briga dessas que vêm quatro destacamentos de bombeiros para acabar com ela — poncheira do tamanho de uma pessoa!" — Não veio ninguém: os trocadilhos de Don Douglas e seu efeito sobre Florence. Chegada de Gropper, Wolf, *et al.* A arara, ave de mau agouro que produzia uma nota fatídica, um grito dissonante que "fez um arrepio percorrer toda a sala" — minhas tentativas de fechar a porta do banheiro com a arara empoleirada em cima dela. — Algumas das garotas subiram e saquearam o armário do corredor, pegando biscoitos, cafés, xícaras e pires. Discussão de Ted com a senhoria, à qual ele se dirigiu pelo primeiro nome: "Eu não sou Mary, sou a sra. Bilbur!". — Ele achou que Florence estava querendo escapulir para ir a uma outra festa em Greenwich Village, por isso lhe deu tamanho porre que ela teve que dormir ali mesmo. — Fui para a cama com ligas e tudo.

Aquela sensação vaga e encantadora de voltar a si (sem dúvida uma dose de aspirina contribuiu para essas sensações), depois de uma noite de bebedeira, já bem tarde — de sair e encontrar o dia quente de maio, as pessoas na avenida com suas roupas domingueiras, passeando de ônibus; de ficar deitado em casa e ouvir, vindo detrás dos estores baixados, com um furo pelo qual entra um sol forte, os gritos das crianças brincando na rua e o som dos apitos dos barcos. Deixamos as janelas abertas durante o dia e levantamos os estores à noite: não precisamos mais nos trancafiar. — À noite, a praça imersa numa obscuridade cálida, ornada das pérolas

* Nos Estados Unidos, não é o Dia do Trabalho, e sim a festa da primavera, tradicionalmente comemorada com muita folia. (N.T.)

reluzentes dos lampiões, os táxis cumprindo seus trajetos — parecem mais simpáticos, mais atraentes agora — os primeiros suaves mistérios do verão na cidade.

Central Park. O lago enlameado com o fundo cheio de papel, com barcos a remo em que passeiam casais — as grandes muralhas de rocha, a terra nua de grama — adiante, os edifícios desiguais, de cores desagradáveis, da Oitava Avenida — as árvores começando a exibir uma tênue folhagem verde não melhoravam a cena: todas as cores parecem destoar. Andando de carro à noite: frio, ventando bastante — grupos selvagens em automóveis, mulheres com as pernas no encosto dos bancos — cercado completamente pelos prédios da cidade, enquanto o carro rodava pelas curvas negras de asfalto do labirinto, diferentes arranha-céus escurecidos apareciam — edifícios comerciais, hotéis, edifícios residenciais — Pneus Fisk.

Florence e Ted. "Florence e eu nos damos pessimamente, não é, Florence? — Achei que o seu namorado nos recebeu muitíssimo mal". — Gim com *ginger ale*; gim com White Rock; gim com água da bica; gim puro. — O grande abismo, o grande vácuo que se vê da janela da rua 44 Oeste, 142, grandes espaços negros em carne viva, aguardando um prédio novo, sólido, que os preencham completamente. — Quando Florence cortou o pulso na lata de espaguete, o médico que foi chamado disse: "Se foi tentativa de suicídio, tenho de comunicar à polícia, vocês sabem". Quando ele me disse que talvez ela não pudesse mexer os dedos, ela ficou cheia de remorso e resoluções virtuosas — ela sempre fora uma boba, dali em diante ela teria mais consideração com as pessoas, ela fazia aquelas coisas e depois sentia-se a última das mortais. — No jantar, depois de um silêncio prolongado, ela levantou a vista e com os dedos puxou os cantos dos lábios para cima. — Ela achava que todas aquelas pessoas que ela divertia com suas graçolas agora tinham de vir vê-la e diverti-la.

A *respeito de Ted.* "Por que ele sempre quer lavar os pratos? — E anda de um lado para o outro esvaziando cinzeiros — fazendo todo mundo se sentir constrangido? — Por que ele sai e vai beber sozinho? — Uma vez o pegamos virando duas doses de gim puro atrás do biombo — por que ele não bebe junto com todo mundo?" — Ela disse a Mary que havia feito aquilo (cortado o pulso) porque estava cansada daquele entrar e sair de gente. — Quando lhe perguntei se ela havia tentando se suicidar, ela apertou os lábios, numa atitude de escárnio, e sacudiu a cabeça. — "Você achou que eu peguei uma gilete do Henry e me cortei com ela?" — O jeito intenso e forçado como Ted exagerava sua amabilidade, sua prestatividade, sua animação, de modo que, mesmo quando sóbrio, dava a impressão de estar bêbado. — Sua viagem a Buffalo e a Detroit, para arranjar o trabalho de escrever um prospecto em Buffalo e vender uns artigos para o *Athletic News* de Detroit — Suas tendências masoquistas: deixou Florence e Leisen passarem a noite em seu apartamento — emprestou-lhes seus pijamas de seda — eles disseram que iam ficar lendo na cama — ele ficou acordado, escutando-os — Florence disse que nunca viu nada esguichar do jeito que seu sangue espirrou quando ela cortou o pulso — foi bater no outro lado do quarto — era como se todo o seu sangue estivesse no pulso — ela achava que teria morrido de hemorragia em poucos minutos. Leisen levantou-lhe a mão e foi ao telefone para chamar o médico, ainda agarrando seu pulso, depois fez um torniquete. — Na tarde em que eu e Ted estávamos no quarto dela, ela estava com aquela aparência um pouco abatida que faz com que sua tez pareça encardida e seu cabelo, mais barrento do que avermelhado; quando a levei para jantar dois dias depois, porém, ela havia recuperado seu tom de pele rosado e seus belos lábios cor de coral, sob o chapeuzinho redondo. — Quando estava se vestindo no banheiro, ela me pediu para ligar a vitrola, enquanto ela... — Havia perdido o emprego nos Scandals — fora convocada para os três primeiros ensaios, mas não para o quarto.

A respeito de Katze (é Florence quem fala): "Eu não queria desiludir você, mas acho que você tem que perder as esperanças. Para ela, é uma verdadeira tragédia uma coisa que, para mim ou para você, é motivo de riso". (Ela estava com a mão numa tipóia de seda preta, feita com uma echarpe.) Quando protestei que ela estava tirando conclusões precipitadas: "Você ficou empolgadíssimo por ela". — Coquetéis de limão com gosto de aguarrás, que só eu e Florence conseguimos beber. Leisen, caindo de porre, derramou o resto do seu copo na lareira. — "Mas você, hein, que decepção!" etc. — Percebi que Leisen, falando ao telefone, havia começado a falar um pouco parecido com Florence, ou vice-versa. — Exatamente como a sra. Barton (que depois se casou com Cummings) havia ficado parecida com Elaine Corr e tinha começado a falar como Cummings.

O dia seguinte: indo e vindo da New Republic. Um disco quebrado e cinzas no chão — dia quente, sensação desagradável de suor nos pés sem sapatos, indefinição e inadaptação à vida — o transporte de um carregamento de tijolos na rua 20, o ar pesado de poeira do tijolo bebês deitados como mortos nos carrinhos, dormindo no calor — garotinha queimada ou sifilítica sempre tocando na rua 21 — garota italiana, bonita, saudável, morena, lendo à entrada de um prédio.

Desfrutando do apartamento de Elinor Wylie em Bank Street, onde passei algumas semanas naquele verão, quando ela estava na Europa. Ruth Warfield ostentando sua indiferença às posses materiais para Elinor — basta-lhe um piano e algumas partituras de que ela gosta, etc. [Ruth Warfield largou o marido burguês, foi namorada de Donald Ogden Stewart, depois de Dos Passos, depois casou-se com o maestro Alexander Smallens.] Melancolia decorrente de passar a noite sem beber nem café nem álcool. — Indo para Bank Street, uma noite, de táxi: num momento efêmero, a visão de fachadas baixas de tijolos vermelhos tinha a aparência sóbria e compacta do passado; porém no momento seguinte tinha-se a visão da paisagem sórdida, suja, dura e escura — a Nova York que nos cerca. — Quando entrei e encontrei os estores baixados, as janelas fechadas, as bolinhas de papel pelo chão, quando vi nas estantes e na mesa a quantidade de livros que Elinor havia utilizado para escrever seu romance (*Orphan angel*), quase senti inveja dela e de Bill, quase cheguei a considerá-la feliz na vida. Na ordem estanque da sala, senti um cheiro de cabine de vapor. — Para as pessoas, minha solidão.

Katze na festa dos Millay. Ela entrou na sala da frente, onde eles estavam quase a sós, com um rapaz muito bonito de cabelos louros abundantes, e lá jogou-se numa poltrona grande, com suas pernas longas com meias brancas e braços finos esparramados como as patas de uma potrinha. Estava de preto, com uma grande gardênia branca no ombro, e no lado em que o vestido longo estava repuxado para baixo aparecia a pele do pescoço, branca como uma gardênia. Estava um pouco embriagada e insistia em tentar falar francês; tinha acabado de assistir *The importance of being earnest,* * de modo que, quando a convidei a ir ao teatro, ela ficou repetindo: "Seria realmente delicioso, meu caro!"

A empregada mulata de Norma Millay, que cantou *Oh, tell me how long must I wait* e outros *blues* na festa. Ofereceu-se para cantar *A good man is hard to find* se as pessoas lhe dessem um dinheirinho a mais. Disse que não cantava em boates de negros, mas só em festas de brancos como aquela.

Ted e Margaret jantando no restaurante francês na rua 54 oeste, 154, no dia em que ela acabava de voltar da Europa, antes de ir para Santa Barbara — os dois em ótima forma, ele sério, cuidadoso, bem de saúde, com um terno azul-escuro e gravata vermelha, a qual, seguindo um conselho meu, por ele pedido (pois estava na dúvida a respeito da gravata que deveria usar), havia colocado ao invés de uma outra, de cores um tanto desencontradas, com listas marrons, azuis e roxas, esforçando-se ao máximo para parecer, tendo que pôr cartas no correio, mandar um terno do Yale Club para casa e outras incumbências, que estava *très affairé*; ela, com um vestido novo, e muito bonito, de organdi, rosa-alaranjado, e um chapéu parisiense, que destacava sua tez californiana rosa-alaranjado, muito mais saudável e limpa do que estava quando ela partiu, após ter morado em Nova York por algum tempo. Contraste entre a linguagem mais juvenil e alegre de Ted, quando fala sobre seu trabalho, etc., e o tom que adota quando fala com Margaret sobre as últimas da sociedade de Santa Barbara — Ed e Miriam se casaram, Prince Hopkins está alugando uma casa de campo enorme ("Mas o que é que você está fazendo aqui? Não sabe que só os radicais de esquerda jantam com os Hopkins?"): "É, quer dizer que eles casaram aquela menina com um nobre estrangeiro", "Para você ver", "A Edith suicidou-se mesmo?", "Não sei". — Ted contou que deu de presente de aniversário a Donald Douglas uma caixa de camisas-de-vênus — ele achou en-

* Comédia de Oscar Wilde. (N.T.)

graçadíssimo e saiu mostrando para todo mundo no Harvard Club — ("inflando-as").

Não, pode dormir aqui — não vou perturbá-la — muito embora eu não queira outra coisa.

Do outro lado do largo pátio em frente ao escritório da Bank Street, 68, o vermelho vivo de uma fachada de tijolo ao sol do entardecer, contra a qual as sombras das folhas de um ailanto se destacavam distintas e escuras, e à esquerda, contra o céu cinzento, as roupas brancas a secar no telhado, tão parcas, tão claras, tão brilhantes.

Mamãe, Gauss, etc. Sempre pensei neles em relação a mim mesmo, admiráveis na medida em que contribuíram para minha carreira ou a promoveram; mas, naturalmente, para eles eu só parecia um incidente ou um elemento nas deles.

Havia gerânios cor-de-rosa numa janela, um gato malhado numa cerca — com uma profusão de ailantos numa extremidade do pátio — crianças brincando nos quintais.

Junho. Uma grande cortina iridescente e diamantina projetando-se contra o céu no fim da rua — ou o cair do sol de um vermelho-dourado, como fruta de verão recém-amadurecida. — Aquele junho fresco e maravilhoso, com ventos fortes o bastante para arrancar chapéus de palha das cabeças, que sucedeu à terrível onda de calor do verão anterior.

Helen Westley [atriz conhecida, ligada ao Theatre Guild *], aquele abutre velho, engordando a própria alma com as humilhações e embaraços dos outros. — De repente ela começou a trabalhar, vestir-se com cuidado e maquiar-se, como se, agora que ela estava ficando realmente velha, ela estivesse pela primeira vez na vida pensando em esforçar-se para parecer atraente.

* Sociedade teatral nova-iorquina fundada em 1919, voltada para a produção de peças de qualidade, não-comerciais. (N.T.)

Haviam derrubado toda a esquina da Quinta Avenida com Washington Mews, onde havia um casario velho, e agora via-se o quadrado compacto de janelinhas negras nos últimos andares dos prédios de Washington Square e as chaminés sob o céu azul de junho, como se de repente se pudesse ver a Nova York achatada e provinciana do século passado, uma cidade com o sol e o ar estivais e os espaços abertos de uma cidadezinha, onde as múltiplas janelas retangulares e o volume das mansões vermelhas de classe média de Washington Square fossem as estruturas mais elevadas e majestosas existentes.

Primeiro dia quente de chuva de verão — a pessoa se molhava e suava ao mesmo tempo.

Entrada dos visitantes na prisão de Tombs. (Um garoto antilhano que trabalhava numa lavanderia havia assaltado nosso apartamento e roubado algumas roupas de Mary. Foi preso, e fui visitá-lo na cadeia.) De Lafayette a White Street: um prédio alto, com um lado cego e liso e na frente uma escada de incêndio de formato um tanto curioso, a qual, quando vista da rua e a um ângulo em relação à fachada do edifício, causava uma sensação nauseante de vertigem — ao lado, um galpão com telhado de ferro corrugado, ao lado de um pátio com piso de areia, onde havia algugns carros baratos — uma loja abandonada e decadente com vidros quebrados nas janelas do andar de cima e, embaixo, uma placa de "Pipocas e Balas", uma confusão de cacarecos, entre os quais um fogão enferrujado, provavelmente pertencentes a uma loja falida, amontoados à frente da placa; à entrada, cartazes desfigurados e velhos anunciando espetáculos de variedade, obscuras viagens de vapor e candidaturas de deputados estaduais e xerifes; na esquina, uma placa de Fianças — como se todo aquele quarteirão estivesse contaminado pela proximidade da prisão.

Esperando num compartimento semelhante a uma cabine telefônica para falar com o prisioneiro — rosto redondo, bem americano, com óculos de lentes redondas, visto de relance na primeira página do matutino *World* — surgimento do prisioneiro do outro lado da fenda gradeada, como um efeito especial numa peça ou filme — pessoas gritando todas ao mesmo tempo — antes da chegada dos prisioneiros, policial ou carcereiro, voz bem alta: "Me dê isso, *por favor*!", o "por favor" prolongado como o rugido de um leão quando está sendo alimentado.

Junho frio. O Plaza elevava-se da Quinta Avenida com um alto penhasco branco à beira-mar, e toda a cena, à luz pálida do sol poente, tinha um quê de desolador do céu sobre o mar — a estátua de Sherman à entrada do parque, uma silhueta comprida e negra.

O sr. Croly. Quando lhe perguntei, no *hall* do Algonquin, onde ele gostaria de ir para jantar, ele disse: "Para mim, tanto faz", e quando, no restaurante na rua 54 oeste, 154, lhe perguntei qual o vinho que ele preferia, ele disse: "Para mim, tanto faz". — Seu rosto, que na redação da *New Republic* é capaz de se transformar numa máscara pesada e amarelenta, em outras circunstâncias é tão sensível quanto um riacho que pulula sobre seixos. Quando se dizia algo que o magoava por causa de algum mal-entendido de sua parte (devido a sua humildade e sua doçura naturais), durante alguns momentos assumia a expressão de uma criança que se contém para não chorar. — Sua atitude cavalheiresca em relação a Hackett — o qual, segundo ele, havia se sacrificado mais pela *New Republic* do que qualquer outra pessoa, porque por sua própria natureza era o mais independente, o menos adaptado para trabalhar em grupo. Quando falava da defecção de Lippmann, que fora para o *World*, uma expressão de dor surgia em seu rosto — no entanto, a atitude de Lippmann era compreensível, já que lhe haviam oferecido mais dinheiro. A vulgaridade e os sotaques grosseiros de alguns trabalhistas ingleses presentes no almoço também lhe faziam reprimir uma sensação de mal-estar — esta reação era evidentemente algo que herdara dos pais, de origem inglesa.

Primeiro dia típico de calor de junho — a névoa quente em Washington Square Park, amortecendo os arbustos e árvores verdejantes.

Deitado na cama, ouvi uma vitrola ou um violão tocando a *Valsa da Viúva Alegre*, entremeada do som urbano de algum apito de vapor ou buzina de automóvel, e, transportado à Viena de vinte anos atrás, eu só conseguia ver as prostitutas dos salões de dança públicos, tão anti-românticas e rudimentares quanto as de hoje em dia, com suas roupas diferentes e acompanhadas por uma música diferente, dançando com sapatos de um modelo diferente, porém sujos e gastos.

Peggy [a amante de John Amen, mencionada acima, sustentada por um homem de quem não gostava. Quando John e Marion resolveram se casar, John sugeriu que eu ficasse com Peggy; porém não era o tipo de mulher que me atraía fisicamente — embora houvesse em sua aparência algo em comum com a de Marion, e portanto fosse sem dúvida o tipo de que John gostava — porém eu não estava interessado nela.] Quando perguntei a ela se podia sair na noite seguinte, depois que tive de cancelar minha ida a *The merry world*, ela disse: "Essa semana não posso mais", e quando liguei para a Tappé's (onde ela trabalhava como modelo) e mandei chamar a "srta. Tompkins", a moça que atendeu disse que "a Peggy" tinha saído e não ia voltar mais aquela tarde. — A amiga dela, uma loura chamada Pat, que havia entrado num relacionamento romântico e telefônico com um rapaz do Alabama "que escrevia um pouco", por acidente, por causa de uma linha cruzada. Ela estava em ponto de bala para se apaixonar, mas quando marcou um encontro com ele no parque, onde ele costumava ir para andar a cavalo, ela ficou profundamente decepcionada. Tanto ela quanto Peggy acharam-no por algum motivo muito desagradável e pouco confiável — não gostaram da cor de seus olhos, que, pelo que pude concluir, eram de um verde-groselha claro. Despediram-se prometendo se ver outras vezes, mas nunca mais se falaram. — O chão nu do apartamento de Peggy, com sofá, a vista de Lexington Avenue por cima da longa serpentina da calefação, a vitrola, o rádio com cone marrom e preto, a pilha de revistas *Cosmopolitan*, as gravuras de Maxfield Parrish e Remington * — eu esperava encontrar divãs, almofadas multicoloridas, um tapete felpudo, batiques nas paredes, um aquário e uma atmosfera pesada de perfume e fumaça de cigarro. — Peggy e eu estávamos vestidos a rigor; o namorado de Pat não estava — talvez tenha sido por isso que Pat nos recebeu de modo um pouco arrogante e frio quando encontramos com eles no teatro. — Os olhos de Peggy, inocentes e um tanto fracos, de um cinza-pálido, e o sorriso irônico só num dos cantos da boca, como se fosse resultado de uma longa e amarga

* Frederic Remington (1861-1909), pintor, escultor e ilustrador. (N.T.)

experiência. Seus cabelos, ondulados e partidos como as perucas que se vêem nos manequins das costureiras, ou como as fotos de damas inglesas elegantes nos jornais ilustrados londrinos. Nada de ditos espirituosos nem observações penetrantes: apenas um refinamento cauteloso. Ela é do tipo magro que, ao que parece, está na moda agora. Eu esperava uma garota de cabelos e olhos negros, grandalhona, simpática, eficiente, de voz grave (com base em minhas conversas ao telefone com ela) e vulgar. — No trem elevado, indo para lá, tendo tomado umas e outras antes de sair, entrei num êxtase de entusiasmo ao pensar em A. N. Whitehead — pensamento abstrato cristalino — um mundo de eventos em constante progresso rumo à novidade — que me deu muito mais prazer do que Peggy.

Reunião de ex-alunos de Princeton [Aqui EW inseriu o comentário: "a última a que compareci". Esqueceu-se de que fora também à quadragésima reunião, em 1956, quando Princeton lhe concedeu um grau honorário.] A aparência do sol poente, amarelo, logo acima da extremidade oeste de Washington Square, me fez pensar nos ocasos de fim de verão nos amplos espaços do campus, e no táxi, o cheiro do estofamento me lembrou o cheiro das poltronas de couro do dormitório. — Em New Brunswick, a visão suave do rio Raritan, com luzes vermelhas ao longo da ponte no entardecer azulado e esverdeado. — Em Princeton Junction, o cheiro delicioso do campo aberto, do feno ainda não cortado, como se eu estivesse pela primeira vez sentindo os cheiros do campo e do verão. — Gauss falando sobre estudantes bebendo, correndo atrás de putas, jogando a dinheiro, morrendo em acidentes de carro, tocando fogo em montes de feno nos campos e fazendo fogueiras em Blair Tower. — Gilly Pitcairn bebendo no Charter Club — "Minha mulher tem muito bom-senso — tem muito bom-senso!" — De início pensei que ele estivesse dizendo "sexo" * e dei-lhe parabéns — rasgando seda por causa das camas, porque Gilly achava que só havia uma — acabou indo dormir na biblioteca, e não houve jeito de eu conseguir convencê-lo a voltar. — Parker McComas vivia derrubando a garrafa de gim com o pé — eles sempre brigavam com ele e a recolocavam no mesmo lugar. — (Rapaz de

* Devido à semelhança sonora entre *sense* ("bom-senso") e *sex* ("sexo"). (N.T.)

um outro grêmio que tinha estado lá na véspera — eu repetia que não conhecia ninguém no grêmio que soubesse tocar piano além de Cy Seymour e John Wyeth.) — Sujeito da turma de 1911 com traje espanhol laranja e preto, que entrou com copo na mão e com muita animação — o melhor da coisa era que todo mundo bebia, isso era o fundamental — centenas de homens viajaram milhares de quilômetros para vir à reunião — 1911: suas fantasias permanentes, bem resistentes — "Agora vá dormir, não me deixe incomodá-lo", dito a toda hora. — Fui até a janela central do andar de cima com um copo na mão e contemplei o amplo cenário oval, o campo de beisebol plano com manchinhas de roupas azuis, alaranjadas e vermelhas, sob um suave céu azul percorrido lateralmente por nuvens finas e insubstanciais, à luz da tarde fresca e delicada, os gatos e tigres brancos de neve, de contornos suaves e sombras rasas, pareciam dissolver-se; um maravilhoso aglomerado de balões de ar, alaranjados em sua maioria, com alguns vermelhos e verdes — um cor de pérola na mão de uma criança. — Os crioulos reunidos nos portões — os garotos no telhado do vestiário. — O Desfile: a banheira de Earl Carroll — umas três turmas fizeram a mesma brincadeira — um crioulo da cidade — um homem magro de óculos de cuja banheira um outro homem fingia tirar cerveja, com a qual enchia garrafas, e depois bebia. — George Darcy, claudicante e curvado, destacando-se à frente da turma de 1916. — A aparência digna e interessante das turmas dos anos 70 — o mais velho ex-aluno, dr. Baker, reitor emérito de Trinity, foi à frente, numa carruagem. (O bêbado cuja garrafa se quebrou no bolso no intervalo — ficou muito sério, tirando os cacos do bolso, um por um — também o dinheiro, notas de um dólar molhadas — pôs tudo no chão, e depois por engano começou a catar os cacos de vidro, em vez do dinheiro, e recolocá-los no bolso.) "Que jogo? — contra Harvard? — Não, é Pennsylvania contra Purdue. — Que vitória? — Ganhamos uma tremenda vitória moral no sétimo turno — você não viu?" "Ih, o Bob Hyle está passando mal!" Todo mundo manifestou preocupação — ninguém fez nenhuma menção de fazer nada — por fim resolveram chamar o garoto ao descer, para limpar a sujeira — continuaram bebendo. Conversa com rapaz escocês: Homem que morreu de fome. Buttons contou uma história sobre a origem do *charleston* — nós o incentivamos a contar outras — a persistência e petulância dos escoceses. — Bill Kalt. — Ralph Hinchman, Sterling Carter, Arthur Jackson e eu ficamos deitados à margem do Prospect — a cerca de ferro coberta de hera que deve estar ali desde o tempo de Witherspoon * — o ar limpo, a luz forte ao final da tarde — os pássaros voando de árvore em árvore, tão baixo que víamos seus corpos em formato de carretel, as patinhas dobradas embaixo — balões carregados pelo vento para o sul — o primeiro, um pontinho escuro movendo-se lentamente, como se hesitante — o segundo, uma linda continha vermelha, seguindo depressa, impelido por um vento constante. — Tentei convencê-los a ir até o grêmio beber alguma coisa — "Isso não me tenta muito". Ralph: "Acho melhor *você* tomar alguma coisa, Bunny". — Ralph a toda hora olhando para o relógio, preocupado com o trem. O sol prateado dissolvendo os abetos no gramado do presidente. — Moore Gates e Wilton Lloyd-Smith, rostos endurecidos em direção ao férreo e ao triangular. Tentando convencer Arthur a tomar uma cerveja, dizendo-lhe que é refrigerante de salsaparrilha — porém ele cheirou antes: "Vocês já estão com frio, e ainda vão tomar uma coisa gelada". — Parker McComas caindo da cama — nós o recolocamos, depois de deixá-lo cair no chão várias vezes — rapaz hispano-americano moreno na cama ao lado da minha, que disse que quando ouviu o barulho, levantou a vista e viu uma grande mancha na parede acima de sua cama e pensou: "Foi lá que ele caiu!" — Órgão a vapor tocando músicas do Triangle Club de 1905 — Garrafas vazias de *ginger ale* e White Rock na manhã seguinte — copos pelo meio, bebida choca. O rosto inchado, vermelho, áspero e simpático de Frank Robert sob o tricórnio — sua voz tornada áspera e rouca de tanto reger corais. — *Almoço na casa dos Gauss* com as filhas de Gauss, lindas lourinhas, cada uma com uma tonalidade diferente de amarelo — maior liberdade quando os pais não estão em casa — Vestido lilás de Natalie, com cabelos dourados e meias cor de alfazema clara — as outras de branco — Natalie reprovou Natalie quando esta disse "Aonde?" — controvérsia gramatical — a ampla mesa de mogno, toalha branca, talheres de prata antiquados, saleiro e pimenteira altos, finos e graciosos — olhando para a sala de estar da sala de jantar, a cla-

* John Witherspoon (1723-1794), presidente da atual Universidade de Princeton; assinou a Declaração da Independência dos Estados Unidos. (N.T.)

ridade líquida da iluminação de interiores — cortinas translúcidas com sutis franzidos — espelho com moldura dourada — muito espaço. — Velhas canções ressuscitadas na reunião: *"Shut the door, they're coming through the window"* — perfeita expressão do estado de porre total, tentativa de abordar problemas que não se consegue apreender direito, forças atuando contra relato de um membro do Press Club, a respeito de ex-alunos que chegaram em seu quarto — seu companheiro de quarto disse "Venha para cá! Tem um sujeito aqui com uma valise grande com compartimentos separados para gelo picado, bebida, suco de laranja e o diabo!" — mas quando ele chegou a valise não estava mais lá, só estava o tal sujeito, dormindo na cama — quando, tarde da noite, o companheiro de quarto tentou convencer o sujeito a sair, ele disse: "Por que você não deita comigo?" — e quando o outro disse que não havia lugar, ele comentou: "Tsk-tsk-tsk!".

Tarde com Marion. Na entrada de Westlands, ouvi canto de pássaro de assobio argentino, como água soprada num tubo de prata — o gramado com as árvores, o jardim e a casinha dos criados no sol — o dr. Preston e suas abelhas (era o segundo marido da sra. Cleveland) — vestindo seu traje de apicultor — Marion disse que parecia um traje para tomar superporres — ele tinha outro ainda mais engraçado, com um véu verde — "As abelhas gostam de mim menos do que do George — ele nunca as rouba". A atitude dos filhos da sra. Cleveland em relação a Preston — sempre irônica e humorística. — Caro sr. McClenahan. — As calças sem vinco de Allison Armour: "Não me sinto muito *guapo*" — sua gozação inteligente e inesperada ao se despedir de McClenahan, agarrando-o pela lapela — "o que seria extremamente agradável para mim". — O sotaque britânico de Esther, jeito rápido e lacônico de falar (Esther Cleveland havia se casado com um inglês chamado Bosanquith e morava na Inglaterra) — seu apetite insaciável pelo tênis — "É como se fosse uma droga" — Se o outro demora alguns minutos para chegar, "Ah! eles não agüentam esperar". (O comentário deve ser de Marion.) — Criancinhas limpas e arrumadas entrando e saindo de casa com babás. — Os Russell — o jeito de falar de Doug Russell, como o de Bill Mackie, só que muito pior — rosto vermelho, inchado mais por causa do esporte do que por causa de bebida. — Marietta Russell, esbelta e bonita, um tanto magra, loura, um charme aristocrático — jeito encantador de falar, muito depressa, um tanto vago, porém com perfeita segurança, jamais cometendo erro — reclinada na espreguiçadeira de *chintz* — cadeira de molas — pernas e pés longos, sapatos de lona brancos. — Piscina com água verde-azulada, cor de sulfato de cobre — não havia toalhas, o jeito era secar ao sol — mulheres reclinadas na margem. — Chá: Russell levou (Howard) Cox e a mim até a despensa para mostrar os quadros de barcos a vela e iates que ele havia pintado — bebida. — Busto de mármore coberto por um véu no pedestal no corredor, vaso grande, volumes de Shakespeare na estante — na mesinha à frente da janela, fileira de livros franceses perfeitamente intactos, páginas ainda grudadas, Pierre de Coulevain, etc. — "Esqueci de perguntar se você queria chá". — Eles eram "tão inertes — vivem parados assim o dia todo — nunca demonstram nenhuma iniciativa. Toda vez que Howard fica lá eles quase o enlouquecem". (Marion): "Esta casa é muito velha?" Cox: "Não. Acho que não tem nada de velha". Tinha sempre um sorriso incipiente nos lábios. Senhora de idade que veio tomar chá. — Bela baratinha azul-escura. — Fotos de crianças sobre a mesa; retratos. — Cox sentado sem paletó, comendo grama. — Os olhos cinzentos da sra. Russell, quando examinados com atenção, davam a impressão de que a vitalidade feminina de suas feições tão femininas desaparecia com facilidade, restando um rosto assexuado que poderia ser de uma velha, ou de um homem — sem dúvida seu pai tinha aquela cara. Mas como ela parecia esbelta, elegante e linda quando desceu as escadas do outro lado da sala, o vulto rosado e as pernas brancas com uma postura perfeita e natural, movendo-se contra o fundo escuro, o corpo alto que a continha com facilidade.

Gauss (apontando para os automóveis em Nassau Street): "Ter todo este poder sob seu controle! — Olhe só para uma dessas máquinas! Veja como aquela corre!"

Bank Street. À noite, a lua encrustada na vidraça, como uma luzente falha na pérola azul-fosca do vidro. — O azul profundo da madrugada de junho, que faz clarear o verde e o azul das paredes de tijolo e árvores — o surgimento das cores vivas através do índigo cada vez mais luminoso. — A morte final dos véus azuis e a vivacidade até mesmo dos amarelos miseráveis dos edifícios residenciais mais pobres à luz nascente. — As folhas dos ailantos balançando-se, aglomerados flexíveis lavados na primeira leve libação de luz primaveril. A criança sempre chorando no quintal. — Música: piano erudito e acordeão *jazz*. — Cheiro apetitoso de jantares sendo preparados à tardinha.

Lloyd-Smith, com sua ninhada de raposinhas — talvez eu o tenha subestimado — fez umas observações até inteligentes quando o encontrei no campus, tinha entrado no McCosh Hall, e estava sentado, fumando sozinho. — Marjorie Fleming, com quem ele havia se casado, uma milionária californiana, era bonita, saudável e honesta, talvez eles viessem a gerar belas crianças — especialmente se elas puxassem o lado do avô ou tio de Wilton.

Idéia para casamento ou alguma outra ocasião solene, da parte do círculo do Algonquin — FPA, etc. — todo mundo pregando peças e fazendo comentários espirituosos. Quebra-cabeças, pôquer e trocadilhos. O casamento de FPA, após o qual eles viraram a noite jogando cartas.

Abismo de depressão provocado por tentativa de ligar para garota; ficou muito tempo dando sinal de ocupado; finalmente, quando chamou, ela não atendeu.

Bank Street. O céu cada vez mais escuro de um dia de junho, em que o ar ainda parece claro embaixo e as casas, as janelas, as árvores permanecem perfeitamente distintas. — O ronco distante e inofensivo do trovão — vai chover um pouco e passar. — O pianista tocando uma música de algum compositor impressionista — vagando, divertindo-se a sério nos agudos, nalguma luz cintilando na água ou nalgum jardim debussyano sacudido pelo vento — tremeluzir metálico.

Efeito do sol se pondo sobre os prédios do Lado Oeste — pálido e grandioso em nuvens cinzentas selvagens, como o sol em uma ilustração de Doré para Dante ou Milton — me fez pensar que eu devia estar a vê-lo após um temporal no campo ou uma tempestade no mar.

Howard Cox. Disse que havia passado um fim de semana muito maçante na casa dos Russell. "Como é a sra. Russel?" — "Assim mesmo?" — "É, mas pior". — "É possível que ela seja melhor". — "É, mas quando você tenta falar com ela, ela não tem a menor graça". — Ele disse que tinha certeza de que Russell não tinha alma. — Caso de sua briga com Fitz, exatamente quando ele estava se preparando para ir à casa dele e levar um presente para a menininha — estavam bebendo num bar em Paris. De repente ele dissera: "Eu podia dormir com a Zelda quando eu quisesse". — Depois ficou sem saber por que diabo tinha dito aquilo, ficou se sentindo péssimo logo depois que falou. Na verdade — comentário meu — nem Zelda era tão fácil nem Howard tão perigoso assim. Ele tinha inveja de Scott, imagino, e a bebida trouxe este sentimento à tona.

Katze. Ficamos sentados no sofá desde que acabamos o café da manhã, já tarde, até logo a hora do almoço, e tomamos quase uma garrafa inteira de xerez e meia garrafa de *scotch.* Cantamos, cantarolamos e assobiamos a *Violetera* e a *Flor del mal* de Raquel Meller com muita satisfação. Ela estava com o cabelo castanho-acinzentado penteado de um jeito diferente, partido no meio, de modo que formava umas franjas arrendondadas sobre os olhos, destacando-lhes a forma redonda, o tamanho, a doçura. Ela me disse que tinha o corpo parecido com o da mãe, que tinha ossos pequenos, mas que seus olhos eram como os do pai — era um alemão do tipo arrogante, despótico e intolerante, e sua mãe se divorciara dele recentemente. Isto me fez pensar sobre a origem dos olhos bonitos — não necessariamente uniões felizes. Katze tinha ido ao Metropolitan [Museum of Art], onde viu uma natividade de El Greco, e depois foi tomar chá num estado de grande entusiasmo. Um homem disse a ela: "Você é muito jovem para ser afetada", e ela respondeu: "Você é muito velho para me dizer isso" — porque, ela explicou-me, achava que ele já passara da idade em que as pessoas são capazes de sentir o tipo de entusiasmo que as leva a ser afetadas. — "Seja bonzinho comigo: estou tão cansada. — Fico tão boba quando estou com sono; você não imagina". — Falou sobre os pais com aquele jeito leviano e dramático típico dos jovens, principalmente quando andam preocupados com os pais: disse que seu pai era intelectual e sua mãe, sentimental: lia Schiller, que era um escritor terrivelmente sentimental; "Mamãe é muito bonita, sabe?" Franz costumava dizer a ela *"Schlaf schön"* quando a deixava na porta de casa à noite. — Seu jeito de menina de baixar a vista com um ar angustiado, quando lhe perguntei como terminara o romance com o homem que, segundo ela própria, ela havia amado — ele era "tão sensível" — muito tempo atrás — agora ela não estava apaixonada por ninguém. Perguntei-lhe há quanto tempo aquilo fora, e ela respondeu um ano e meio. — Sacudiu a cabeça, disse "Brr-r-ri" e depois exclamou: "Não é uma gracinha?" — Durante o balé de Greta Nissen: "Olhe a maquiagem dele!" — Problema na escola — colocou um biscoito e um pedaço de torta na mesa do professor, que vivia comendo — um garoto apaixonado por ela lhe fazia todos os deveres de química, de modo que na hora da prova ela não sabia nada e foi reprovada. — Na loja de comestíveis, com o vestido leve, rosa e branco, de florzinhas, e o chapelão, que lhe ficava muito melhor do que os chapéus pequenos. As barrigas de suas pernas, finas, que começavam no alto — tornozelos compridos — pescoço comprido. — "Isso provavelmente foi porque um avô meu era barão ou coisa parecida — não que eu dê importância a essas coisas".

[*Meu momento de anti-semitismo.* Fiz a corte a Katze por muito tempo, mas nunca consegui afastá-la completamente de Franz. Por fim disse a ela que achava que os dois eram judeus, e Katze, com muita razão, disse que aquilo era um comentário de mau gosto. Não que eu tivesse qualquer motivo para achar que eles eram judeus; e, se eles fossem mesmo e eu soubesse, isto não teria melhorado em nada minha posição em relação a Katze. Não me orgulho nem um pouco deste incidente, porém o menciono para mostrar a profundidade da qual esse tipo de reação pode emergir. Considero-o um exemplo do modo como uma idéia puramente supersticiosa — a idéia de que os judeus foram responsáveis pela execução de Jesus —, instilada no inconsciente de uma pessoa, pode influenciar de modo irracional seu comportamento. Fui impelido pelo mesmo instinto idiota que levou um amigo meu, que era russo e pianista, a dizer que seus concertos haviam sido prejudicados por uma conspiração de músicos judeus, ou que fez

Céline * achar que a montagem de suas peças fora impedida pelos dramaturgos judeus.]

Num táxi correndo pelas ruas de Nova York quando se está bêbado: impressão de que se está atravessando todos os obstáculos a uma velocidade estonteante; nada pode impedir sua passagem: mulher com pastor alemão, caminhão do American Railway Express, outros táxis inferiores ao seu; avançando por entre carros e pilares da pista da ferrovia elevada.

Quinta Avenida numa noite quente de julho. Descendo do ônibus, atravessa-se o ar cinzento, quente e pesado, no qual os táxis, os carros de passeio e os ônibus parecem estar incrustados, abafados e apagados, o que parece condensar-se e tornar-se mais e mais espessa para os lados do fim da avenida, até que, lá onde o céu passa de cinza para índigo, só se vê uma espécie de névoa atmosférica cheia de fuligem, que atenua os globos brancos dos postes de iluminação. Assim que se chega à praça, uma brisa inesperada e deliciosa — o cheiro quente e estagnado do rio.

Seabright em julho. Uma fina plataforma móvel de vidro — água lúcida sobre a areia cinzenta. Pus a mão, molhada do suor de meu rosto, dentro d'água, como se quisesse lavá-la, e depois provei, quando limpei o rosto com ela, e vi que, em vez de lavar-lhe o sal, eu apenas a havia temperado com um sal mais limpo. — O sol diminuiu e as ondas escureceram, com um ar de alto-mar, tão diferente das cristas brancas e dos tons cintilantes de azul e verde das ondas normais; e logo, contra o fundo cinzento do céu, surgiu um pequeno dirigível do exército, como a forma ovalada de um tom vítreo de prateado ferroso de um tubarão ou baleia, tal como vemos empalhados nos museus. Veio lentamente se aproximando da praia até que, passando acima de nós, pudemos ler o número e as letras nele escritos, e as pequenas silhuetas dos homens na cabine, um deles acenando com o braço. Na extremidade mais fina havia lemes e, atrás, uma pequena bandeira americana, desfraldada no vento como se fosse um pequeno leme, e do queixo

* Pseudônimo de Louis-Ferdinand Destouches (1894-1961), romancista francês. (N.T.)

do balão pendia uma corda semelhante a um barbilhão. O dirigível apontou para cima, subindo de repente, e seguiu sobrevoando a costa. — Garota de touca verde e maiô cinzento, com meias cinzentas e sapatos pretos reluzentes de bico chato, os quais ela tirou na areia, depois de já estar sentada por algum tempo, e caiu n'água. Era bem feita de corpo e sabia nadar com muita competência. O maiô cinzento parecia uma pele a recobrir-lhe o torso sólido e moldar os seios largos e achatados, em que os mamilos se destacavam como pontos escuros. Depois fiquei sabendo que esta era a praia freqüentada pela criadagem dos ricos; com roupas de banho, as criadas ficavam muito mais bonitas, a ponto de se tornarem irreconhecíveis. — Um caranguejo surpreendido por uma onda, de um tom arroxeado de cinza, manchado, como a areia vista através da água. Tirei-o de dentro d'água com uma lata enferrujada e coloquei-o a salvo ao lado de um pequeno quebra-mar que separa o Pavilion do Beach Club.

Vista de dentro do Child's. Harmonia em suaves nuanças escurecidas na janela retangular e branco-azulada, acima da qual, no meio, lia-se "Child's" ao contrário, em letras branco-azuladas, e embaixo da qual aparecia o prateado da chapa de assar panquecas e uma pilha uniforme de pratos brancos. A garota que fazia as panquecas (estava parada, palitando os dentes, em pé, de meias brancas, um tornozelo cruzado sobre o outro, o pé apoiado sobre os dedos) estava com um vestido leve e simples, verde, que combinava com o verde das árvores lá fora e com a penumbra de um azul-acinzentado da tarde chuvosa, ornada com o vermelho e o verde das luzes dos táxis, e à qual o guarda-chuva roxo de uma mulher que passava contribuiu com mais uma nota, ainda harmoniosa, de aquarela.

Olympic Burlesque, na rua 14. "Ei, não olhe pra mim! Não consigo tocar com você olhando pra mim! Você tem uma cara que só mesmo mãe pra gostar! Se eu tivesse um cachorro com essa cara, eu matava ele". — Os cômicos, um homem grandalhão com chapéu de palha e uma boca larga e vulgar, cheia de dentes brancos, como essas dentaduras que se vêem nas vitrines dos dentistas baratos, e dois comediantes difíceis de classificar, um deles um sujeito sério, com tipo de judeu alemão, tocavam um bumbo e pratos, enquanto rodavam pelo palco, batendo após cada estrofe da canção humorística que cantavam, com um painel de anúncios ao fundo. — "Eu vou pular do alto da ponte de Brooklyn!" — "Não faça isso, não! Você vai sujar a água toda!" — Vieram as garotas descendo do palco pelas rampas, todas as luzes de ribalta apontadas para elas: umas, louras e enrugadas; outras, judias feias, baixinhas e morenas — a mais bonita, talvez, era uma garota de formas curiosas, um sorriso jovem, simpático e atraente, de tipo californiano, porém pernas desproporcionalmente compridas e coxas extremamente grossas (também californianas, talvez); não sabia dançar o *shimmy* direito, mas fora isso fez o maior sucesso. A líder loura, com suas pernas musculosas e longas: sua expressão de esforço ao chegar às convulsões finais da dança do orgasmo — em um dos números, apareceu com uma roupa que parecia uma camiseta de flanela cor-de-rosa com uma fita de flanela na cintura; depois tirou a fita, revelando os contornos da virilha por debaixo da camisa — parada nos bastidores, esperando a hora de entrar, estava encantadora, com sombras suaves e profundas assinalando-lhe os olhos e a parte de baixo do rosto, fazendo-a parecer uma linda gatinha de pelos alourados. — Uma das mulheres apareceu com uma roupa que era composta de várias plumas brancas grandes, e, no espasmo final do orgasmo, fez um gesto significativo com o leque de penas brancas, colocando-o atrás e enfiando-o entre as pernas. "Se você está procurando uma grande estrela, eis a sua oportunidade!" — Num dos números, elas pescavam das rampas com caniços — a líder tinha um limãozinho. — Do lado, eu via as pernas e braços da corista grandalhona se remexendo nos bastidores, como se ela estivesse praticando o *charleston* ou algo do gênero. — A platéia masculina, homens que tiraram o paletó e assistiram impassíveis aos números das garotas e depois, surpreendemente, de súbito começam a aplaudir com entusiasmo assim que as coristas saem de cena — cada canção é bisada meia dúzia de vezes. — Num espetáculo de variedades, sempre há um número cômico em que aparece uma garrafa mágica ou algo assim — neste era uma caixa mágica, a qual continha um pó que, quando jogado em cima de uma vítima, a obrigava a fazer qualquer coisa que se quisesse: primeiro, o homem do chapéu de palha comprovou sua eficácia fazendo um dos comediantes lhe dar seu relógio, e depois o vendeu por cinco dólares ao outro comediante, que em seguida recuperou o dinheiro;

então o homem da caixa fez com que uma das garotas lhe desse um beijo, um abraço e por fim se despisse peça por peça — cai o pano! — "Semana que vem vamos ter um novo quadro com o Jimmy Schwarz — Jimmy Schwarz é muito muuito engraçado. É o que estava batendo pratos no espetáculo de hoje. Muuito muuito engraçado. — E vamos ter um número especial — a Dançarina Mascarada. O nome dela é Dançarina Mascarada porque ela usa máscara, e, podem crer, ela dança que é uma beleza! A Dançarina Mascarada causou sensação em San Francisco, e o sr. Rausch conseguiu, por um preço elevado, que ela se apresentasse aqui no Olympic durante uma semana. Ela dança que é uma beleza, pessoal! Muito obrigado."

Céu de fim de tarde depois da chuva: massas branco-pérola de luz sólida, riscadas de vermelho; acima, um grande dossel de nuvens amarelo-ferrugem.

Aquelas massas sólidas de luz branca ao pôr-do-sol, como cristal, ao mesmo tempo opacas e límpidas; as suaves superfícies cinzentas acima delas.

Chegando a Nova York pela barca de Liberty Street num dia de chuva — mancha cinzenta cobrindo tudo, por trás da qual as cores fortes e pesadas do verão pareciam escuras e amortecidas — o verde das árvores na praça, o vermelho das fachadas das casas do lado norte. Já perto, as paredes escuras e avermelhadas e queimadas das fábricas se destacando em meio a prédios mais baixos — janela na qual se via uma luz lívida, porém acre, de um verde-limão duro como sílex. E as luzes verdes e vermelhas nas traseiras dos táxis tinham também uma aparência de jóias.

Descendo a Broadway indo para casa à noite, ao passar pelas janelas de uma boate, ele ficou encharcado de algum líquido gelado despejado do segundo andar, e imediatamente imaginou uma coqueteleira prateada que, por algum motivo, estava sendo esvaziada. Porém, ao olhar para cima, viu o rosto chupado e amarelento de um cavalheiro a quem a bebida não havia feito bem. Com energia e uma repulsa viril, tentou enxugar o ombro e o joelho com o lenço. — Despindo as roupas contaminadas, exibiu o tórax, duas caixas brancas, e ficou a admirá-lo no espelho. "Um filho da puta *vomitou* em mim!" — disse à mulher, cravando-lhe as palavras como punhaladas másculas.

A moda dos chapelões pretos caídos sobre as orelhas, como gorros, que semi-ocultavam o rosto, com um efeito misterioso e insinuante. As duas moças na esquina da rua 34 com a Sexta Avenida, ambas de preto, com meias brancas e esses chapéus pretos — o rosto de uma delas estava fácil de ver, um rosto feio de judia; o da outra estava oculto pelo chapéu, como se por timidez — ela era bonitinha, com um nariz que lembrava o de Belle Gifford e uma voz mais grave e mais forte do que seria de se esperar — aparentemente, a outra mandava nela, de modo que ela sempre esperava que a outra tomasse as decisões. Ao mesmo tempo, está na moda esse corte de cabelo curto *à la garçonne*, e há um tipo comum de garotinha que, com esse cabelo, prende o vestido na cintura com um cinto de couro de rapaz. A garotinha desse tipo nos Tango Gardens — a primeira noite, achei-a miúda, de pernas finas, esperta, olhos cinzentos, simples. Na noite seguinte, achei-a simpática, honesta e dona de um sorriso espontâneo e simples, e observei que seu corpo era volumoso e roliço — foi talvez o cabelo *à la garçonne*, juntamente com o vestido e as sandálias de bico redondo com uma tira atravessada no meio, de um modelo que parece antiquado mas que agora está na moda, que a fez parecer miúda. — Quando ela desapareceu no meio da noite, a pedido, ao que parece, do homem que recolhe os ingressos, ela voltou com sapatos diferentes — castanhos, cor de café claro.

Marie. Peguei-a lá pelos lados das ruas de número quarenta ou cinqüenta, saindo de um hotel. Foi só um olhar para o outro e começamos a falar. Olhando para a noite de verão quente e sufocante, as folhagens de um verde-escuro do parque (Washington Square Park), os bancos carregados de enxames de seres humanos lerdos e calados, centenas deles vagando apatetados pela noite, tão perto de meu quarto espaçoso e vazio, meu apartamento tão mais fresco que a rua, do outro lado da rua, sujos, suados, emitindo os sons da vida, porém obscurecidos pela noite, contidos e atenuados pelo calor. — Ao vê-la na rua, de início achei-a cansada da vida, endurecida — sua expressão insatisfeita, desagradável, como se estivesse sentindo um cheiro ruim: mas quando fui falar com ela, soube que seu pai, segundo me disse, era de Barcelona, e vi que suas mãos eram fortes, largas e grossas, os dedos grossos e grandes. Por baixo de seu jeito duro de nova-iorquina, havia uma simplicidade e uma doçura feminina. — Quando fomos para o apartamento, fiquei surpreso ao ver que ela parecia muito mais jovem e muito mais bonita. Tinha os olhos grandes, suaves e trágicos (com o nariz largo e esparramado e os lábios grossos, vermelhos e sensuais que ela deformava em caretas vulgares ao falar) das prostitutas e camponesas italianas que os pintores da renascença transformaram em madonas. Ela falou-me sobre seu irmão, preso numa cadeia no Brooklyn, falsamente acusado de estupro — a garota que o acusara ainda nem tinha aparecido no julgamento, o rapaz com quem ela andava saindo e que tinha ciúme do irmão de Marie é que tinha criado toda aquela confusão — ela havia contratado um advogado que diziam ser muito bom, tinha até livrado alguém que se envolveu num caso famoso (famoso na imprensa sensacionalista) — ela lhe dera tudo que tinha, 350 dólares (uma forma sutil de me pedir dinheiro).

Dia cinzento na praia — ia chover — céu e mar estavam ambos cinzentos — algumas gaivotas sobrevoando a água — cheiro seco de poeira de sal nas narinas acima das ondas que se quebram. — No dia seguinte, a garota na areia que à primeira vista pensei que fosse um rapaz — tinha cabelos negros lustrosos, *à la garçonne*, e estava com uma camisa branca enfiada por dentro de um calção de banho preto, como um rapaz — percebi que era uma garota pela maneira como segurava o cigarro — o gesto feminino de levantar o braço em direção ao tronco — depois vi o vulto arredondado dos seios. — Rapazinho e garota jogando bola dentro d'água, cada um de um lado da bóia, ela loura, com maiô azul-turquesa e a parte bronzeada da pele não exatamente contígua aos limites do maiô na altura dos ombros e das coxas.

Visão na rua de mil garotas ressuscitando na tarde de quartos escuros e sujos, sem enfeites, mal mobiliados, pondo meias brancas, chapéus pretos, blusas, vestidos de *chiffon* de florzinhas, e emergindo, como borboletas dos casulos, criaturas encantadoras e românticas, para exercer sua magia nas ruas, para vagar e atrair os olhares dos homens.

Voz de criança vindo da rua quente, anasalada e estridente, porém com o encantamento de uma canção popular com uma melodia sutil e curiosamente arisca, que a voz segue com perfeição até o fim e depois repete.

Reflexões sobre a vida natural e entorpecida, sem pensar e sem sentir, da preguiça das funções naturais do corpo se processando e a mente vagando entre lembranças e imagens aleatórias, contornando de longe os problemas e as obrigações. Como é raro e duro nos elevarmos desta situação para elaborar uma imagem da experiência que lhe confira alguma espécie de intensidade e a exija seguindo algum modelo! De modo que a literatura e a arte não podem verdadeiramente representar a vida, mesmo quando atribuem a ela este aspecto a que me referi acima — pois, ao fazê-lo, elas dão a entender que este aspecto é de algum modo uma fuga, uma anormalidade, e que a atitude, a sensação, o tipo de atividade representado pela afirmação em si é a própria realidade. A literatura é a cristalização da consciência nos pontos extremos da auto-consciência e do impulso da auto-expressão, sendo estes coincidentes.

Toda a literatura fornece uma visão falsa da vida, porque é o anverso da realidade — o artista preenche as lacunas de seu caráter ou de sua experiência forjando material espiritual imaginário.

Em primeiro lugar, o artista, em suas produções, distorce a vida numa certa direção, fabrica para ela um rosto falso — e então o leitor, que tende a ser convencido a acreditar, erroneamente, que a vida é realmente assim para o escritor e portanto pode vir a ser assim para outrem, tenta na vida real concretizar a imagem que o artista inventou justamente com o fim de preencher a lacuna de algo que ele não conseguiu encontrar. No final, as incongruências do sistema tornam-se claramente visíveis, e o modelo é jogado fora; como resultado, o leitor recrimina o escritor por ter distorcido a realidade.

A questão é que os leitores *apóiam-se,* como quem se apóia em algo inquestionavelmente real e forte, numa coisa que, para o escritor, era apenas um falseamento confortante e perfeitamente consciente da vida, tal como sua própria experiência a revelou para ele, de forma desconcertante, uma espécie de eufemismo feito na esperança — infundada, como ele próprio sabe melhor do que ninguém — de que, dando tal aparência às coisas, ela possa realmente lhes atribuir este caráter — ao sujeitar a totalidade de sua experiência às nuanças e padrões de seu próprio temperamento, ele se esquece por um momento do mundo real e incognoscível nesta extensão de sua própria consciência imediata para preencher — o que, ilusoriamente, parece ocorrer — toda a paisagem da experiência. Para o leitor, é como se este mundo invertido fosse talvez o mundo real que ele vem procurando, e, temporariamente, ele pode vir a aceitá-lo.

Céu de final de julho. No céu asfaltado do verão, o sol era um ponto rombudo de luz branca, como a tocha ofuscante de luz violeta-pálido com a qual um engenheiro ataca um cano — não tingia as nuvens de cor dissolvida, porém apenas cortava aquelas que passavam a sua frente com uma lâmina afiada de cobre. — Numa outra ocasião (atravessando Abingdon Square), porém, vi delicados veios marmóreos cor de pérola, ligeiramente avermelhados, como se tingidos de ferro. — Meninos jogando handebol na rua — menininho de óculos, que um menino maior e duas meninas mais robustas não deixaram brincar, gritou com voz alta, rouca e veemente: "Filho da puta!". — Outro garotinho, em tom alegre (talvez como parte de algum jogo): "Eu vou botar vocês todos na prisão!". — Aqueles fundos vermelhos recorrentes nas ruas — o labirinto de Greenwich Village — a pessoa se sente perdida e ao mesmo tempo segura, como se fosse uma espécie de refúgio no verão.

Marie. Tinha o corpo largo e pele azeitonada quando tirou o sutiã, exibiu seios grandes e cheios com mamilos divergentes por causa da gravidez — tinha uma marca reta e comprida do umbigo até o púbis que lhe dava uma aparência de estátua, algo anatômica, como uma mulher de Dürer — a boceta, porém, parecia pequena. Da primeira vez, não parecia muito empolgada, mas na segunda se molhou toda e mordia minha língua, e quando terminei senti sua vagina latejando forte. — Enfiei o pau nu naquelas regiões obscuras e carnudas. Depois ela puxou o lençol até a altura dos peitos, deixando-os expostos.

— Sua irmã Loretta — a mãe era muito bonita e havia se casado três vezes. Casou-se aos quinze anos com um homem que era uma verdadeira fera — só ficou com ele uns meses. Criada num convento — toda aquela história sobre as freiras era pura invenção — o padre James a beijava todo dia quando ela vinha abrir o portão para ele. Ele a beijava com muita força — não chegava a enfiar-lhe a língua na boca, mas ela ficava toda arrepiada: "Era um beijo muitíssimo ardente". Até que um dia ela disse: "Padre, o senhor não sabe que isso é pecado?" — Ele a enrolou com um casuísmo que ela não entendeu. — Disseram a ela que ela estava desonrada e o jeito era casar. — Pediram-lhe que ficasse trabalhando no convento, mas a mãe disse: "Ser empregada!". "Pra mim tanto fazia eu ser empregada ou não." — As irmãs estavam casadas com filhos — não sabiam de nada, o que era um problema, porque ficava difícil conversar com elas. — Ela havia trabalhado como modelo para Neysa McMein (então vi nela aquele tipo de garota cigana e indiana cem por cento americanizada que Neysa McMein vinha fotografando para capas de revistas), que lhe pagava três dólares por hora — a srta. McMein era temperamental, às vezes era simpática, mas às vezes, em vez de pedir "Podia virar a cabeça um pouquinho?", ela dizia, muito seca, "Será que você não sabe posar?". Trabalhava também como modelo para um fabricante de vestidos. — Ela disse que sempre dava o azar de se envolver com homens casados ou noivos. "Aí sempre me dão o fora, sabe?" — No restaurante na Sexta Avenida. Logo antes de eu a mandar para casa: "Estou começando a ficar irritada".

— Tinha os olhos negros, grandes, opacos e vidrados e os supercílios curvos e acentuados de uma dessas máscaras careteiras japonesas quando olhava fixamente para algo (o que fazia muito quando estava num lugar público); mas era possível cativá-la através da simpatia, de modo que seu rosto dissolvia-se num sorriso delicioso, matreiro e bonachão no olhar. — À noite, no apartamento dela na rua 105 (na verdade, o apartamento da mulher por intermédio de quem ela trabalhava como prostituta): quarto dela incrivelmente novo, impecável e rígido, como seção de mobília numa loja de departamentos, com tapeçaria, toucador, abajur de porcelana com quebra-luz de crinolina estampada, lustre elétrico cor-de-rosa (acima da cama) com cordão de seda pendurado, cama larga (ocupando maior parte do quarto), onde a colcha de seda violeta-claro parecia ter sido colocada como uma camada de verniz — sua coleção de vestidos e *lingerie*, tudo cuidadosamente dobrado e guardado. Ela pendurou com todo o cuidado seu vestido (e meu terno) no armário. Modos e fala de prostituta profissional por causa de minha apatia e desinteresse: "Ah, seu diabinho! — Vamos nos divertir!" Quando expliquei que estava me sentindo lânguido: "Você sabe por quê: porque foi um esforço!" — Seu álbum: bailes a fantasia, festas em estúdios, acampamentos. Retrato dela feito por um amigo artista, à maneira de uma ilustração de revista; e as fotos das sobrinhazinhas dela, muito marotas, sobre a cômoda. Foto dela bem menina, com os olhos negros, boca grande e escura e cabelos negros saindo para todos os lados — achava aquela foto engraçadíssima: "Eu peguei um pente e ericei o cabelo todo, sabe? — Achei que ficou lindo". — Restabelecimento de relações cordiais e lúdicas.

Depois que ela saiu, naquela noite quente, li (deve ter sido uma das vezes que ela veio me ver na rua 13), forçando o cérebro a funcionar apesar da lassidão, com esforço, mas não sem prazer (se é que se pode falar em prazer num momento em que a capacidade de experimentar qualquer tipo de prazer parece totalmente esgotada), um parágrafo de página e meia de Matthew Arnold; * e mergulhei no sono. Pela manhã, eu ainda tinha a impressão de estar afundando na atmosfera pesada de calor e saciedade de minhas energias, uma espécie de contentamento animal entorpecido.

— Ela sabia quando as pessoas gostavam dela e quando apenas queriam usá-la — as pessoas do segundo tipo, ela simplesmente se livrava delas.

No auge de uma trepada, estando bêbado e achando que meu desempenho estava sendo particularmente brilhante, descobri que meu pau havia escapulido para fora e que ela estava tentando enfiá-lo de volta no lugar.

— "Está querendo me ensinar a me divertir?" — Ela costumava me chamar de Jack por engano. [Na época eu não tinha nenhuma namorada de verdade, pensava em sexo constantemente; só fiquei realmente satisfeito quando conheci Anna. Em *I thought of Daisy*, faço o protagonista ficar satisfeito com o personagem baseado em Florence, mas na verdade eu nunca cheguei a dormir com

* Poeta, ensaísta e crítico inglês (1822-1888). (N.T.)

ela. Meu relacionamento com Katze, embora eu me sentisse fascinado por ela, também não me satisfazia.]

Dias quentes de agosto. Névoa cinzenta enchendo e tornando indistintas as paisagens, como se o asfalto e os prédios estivessem evaporando sob a pressão do calor. — Cavalo branco preso à carroça, de cabeça baixa, como um lagarto, entorpecido e adormecido, os olhos fechados, no sol, enquanto o condutor empilha um monte de caixas na carreta. — Menininha judia perdida chorando na delegacia — detetive tranqüilo impassível em mangas de camisa segugrando a criança — "Quase sempre elas choram quando vêm parar aqui". — Velha cervejaria obsoleta na esquina onde mora Katze — anúncio de cerveja Pilsner, azul desbotado — janelas, algumas sem estores, outras com estores soltos, desenganchados — olhavam para um interior escuro e inconcebivelmente sórdido.

Litoral de Nova Jersey, etc. Moça e rapaz, bem desenvolvidos, bronzeadíssimos, em traje de banho, num furgão — parece um Ford. — Garota loura de tipo sueco, porte ereto e pernas esguias, com nariz afilado, olhos cinzentos, cabelos louro-pálidos *à la garçonne*, peitos bonitos, bem desenvolvidos, ainda não excessivos para seu corpo alto e esbelto — jeito e olhar independentes e despachados, sérios, exceto quando estava falando com amigo — quando então tinha um belo sorriso nos lábios — orgulhoso. — Criancinhas em Monmouth Beach, com roupas de banho alaranjadas e verde-pálidas, como balas de sabor limão e laranja ou refrigerantes engarrafados. — Algas esfarrapadas flutuando como espinafre nas ondas, e, quando saímos d'água, grudando no corpo em verdes flocos transparentes. — Despedaçar de pedaços de tábuas e galhos pela força mais que humana das ondas verde-cinza quebrando enviesadas, tornando nadar impossível e até mesmo ficar parado dentro d'água perigoso e incômodo. As chaves e fechaduras enferrujadas da humilde e obscura cabine de banhos — toalhas rasgadas, cinco centavos a mais — não havia separação entre o lado das mulheres e o dos homens — entre um quebra-mar de aparência perigosa e um limite.

Rosalind. Seu jeito áspero e peremptório de chamar "Stella!" — Quando o telefone do corredor ficou com defeito: "Manda consertar! Manda consertar!" — Quando mamãe viajou de manhã cedo para Talcottville, em pé na cama, de camisola, vendo carro pela janela: "Quê que é isso? Quê que é isso?" (Olhinhos negros contrastando com a camisola clara [de algodão]). — À margem do rio: sol, barcos, peixes, gaivota; quis saber a respeito dos ruídos do barco — "O quê que tem lá?" — "O quê que tem aqui?" — "Chega — pra casa!" — Rosalind transformada, depois de temporada no hospital, doente, por corte *à la garçonne.* — Adora saber nome das coisas: dedos dos pés — joelhos; casa — vaca: sorrindo num êxtase de contentamento. — Repete coisas do tipo "Muito prazer" de modo obediente, porém dando a impressão de que não entende o que tais expressões querem dizer.

Tarde de dia nublado que trouxe frescor após onda de calor. O ar noturno entrando pela janela telada com o toque agudo e gelado de água gelada bebida num dia de muito calor e suor — umidade macia congelando ar, não tão forte quanto chuva, névoa fina — aparência da garagem branca, céu azul e árvores verdes e cerca viva vistos das janelas da sala — brilho dos azuis e verdes — frescor na penumbra. A luz rosada ou alaranjada, satisfatória, nada sutil, americana, de um interior de uma casinha nova, quente na névoa do entardecer.

A praia. Garota de maiô cor de malva ou rosa com estampado de florzinhas como um tapete, tom arroxeado contra fundo rosa harmonizava-se maravilhosamente com o tom rosado na pele arroxeada de tão bronzeada. — Duas garotas na areia: uma, loura de cabelos cor de palha, tão queimada que a pele parece grossa, como couro, de maiô azul-escuro, e, quando entrou n'água, uma touca azul muito simples que se prendia sobre as orelhas e estragava sua beleza; e a outra, uma garota de olhos negros largos (mas não redondos), boca cheia de dentes grandes e brancos entre lábios de um tom escuro de malva, pele escura e arroxeada como uma ameixa, maiô vermelho e touca vermelha: ficaram deitadas, esticando as pernas e corpos na areia, mantendo a cabeça e os ombros um pouco erguidos, apoiados nos braços (John Amen: "Pular por cima delas!"), afastando as coxas roliças e irresistivelmente atraindo a atenção para as bocetas suntuosas entre elas. A flácida, a magricela e a gorda. — Num dia cinzento de ondas agitadas e pouco convidativas, água de cor neutra, como água suja de pia, recuando e deixando fímbria magra e esfiapada de espuma.

O sol visto como uma brasa prateada através de uma pilha uniforme de cinzas — o que reveste as florestas ao longe de uma escuridão adicional e uma profundidade azulada.

Gato atropelado por automóvel na estrada Oceanic (concreto com faixa de piche no meio, achatado como um tapete de pele de tigre de pêlo e sangue, tendo como única característica identificável uma pequena seqüência de costelas).

Katze. O corpo dela com o novo vestido preto de tecido fino, ela recostada na poltrona com os pés apoiados numa cadeira, *en faisant valoir* os seios, as coxas, a virilha. Foi deitar-se, e eu a carreguei no colo e coloquei na minha cama, beijando-a com voracidade, porém de modo respeitoso, no pescoço lindo e na barriga do pé por cima do sapato, antes de deixá-la sozinha.

— Seu aspecto na hora do almoço — tinha jantado com a mãe na véspera, a mãe passara horas falando com ela e conseguira perturbá-la muito. Depois ela foi para casa, chorou e berrou. O sofrimento lhe caía muito bem — seu cabelo estava um pouco despenteado e os grandes olhos negros brilhavam como eu jamais vira nada brilhar em minha vida — como olhos de corça, só que muito mais intensamente, com um negrume profundo muito mais poderoso. — Sua delicadeza quase um pouco ridícula de debutante quando eu a deixava em casa e lhe agradecia por ter assistido ao espetáculo: "Obrigada por se dar ao trabalho de me levar!" Quando começou a ler *Vathek,* * ficou desconfiada de que talvez a intenção do livro fosse humorística, porém lembrou que eu o havia mencionado em minha carta como "um romance edificante".

A voz de Dos Passos ao telefone, gaguejando, tateando, como seus olhos catacegos: "Mas... mas o que é que... o que é que você faz hoje?" — Ah, a literatura: a pintura também andava muito mal — mas na pintura havia certas dificuldades fundamentais

* Romance gótico do escritor inglês William Beckford (1760-1844). (N.T.)

que tinham de ser vencidas — enquanto que qualquer um podia se meter a escritor — não precisava nem saber escrever, era só ditar. — Havia muito dessa atitude tipo "Que horror, né, Mabel?" em Kyd (Thomas). * — Fora assistir às peças de Tchekhov (Teatro de Arte de Moscou) e "chorou baldes" ao ver *O Jardim das cerejeiras.*

Dos Passos. Quando estávamos bebendo em Red Bank e parei no meio de uma frase inconveniente (a respeito de *Manhattan transfer*), ** após uma pausa de alguns segundos ele disse: "Aquela frase interrompida está enchendo a sala em dobras e mais dobras!" — Seu jeito de olhar para a tia Caroline, já meio virado para a porta, antes mesmo de eu apresentá-lo a ela. — Ela disse: "Bem, até o clube [o Beach Club]". Eu disse a Dos, depois que ela saiu, que nós *não* íamos ao clube, do qual eu já não era sócio. "Eu sei", disse ele. "Fiquei alarmado: acho que esses lugares poluem um pedação do mar!" — Ele me disse uma vez que raramente conseguia ler até o fim as críticas a seus livros: sempre se distraía no meio da leitura. Disse que Albert J. Nock não fizera "um pingo de pesquisa" para escrever seu livro sobre Jefferson, e que ele preferia mil vezes ler uma Vida e Cartas à antiga a uma biografia moderna sofisticada. — Aquele excesso de maciez (Elinor Wylie uma vez disse a respeito de Dos que havia "algo nele que era macio que devia ser duro") posta em relevo, ou melhor, compensada, por uma afirmação de independência intransigente, insistente demais. — Ele disse que sua peça *The garbage man* era "muito infantil", e continha os restos mortais de uma idéia sua muito antiga. — Trouxe para Rosalind uma bonequinha. — Ficou preso em South Amboy por causa de um ciclone, "quase enlouqueci com o cheiro de comida que vinha do outro lado dos trilhos" — "garotinho malvado que ficava debochando da gente: 'Vocês vão chegar lá hoje — uma ova!' " — Seu riso prolongado, quase histérico, por eu ter partido o cordão de acender a lâmpada — quando eu disse a Stella: "Eu fiz assim e partiu". — Seu velho chapéu achatado e mole e seu bornal, com uma pintura enrolada dentro — só deu para

* Thomas Kyd (1558-1594), dramaturgo inglês. (N.T.)

** Romance de Dos Passos publicado em 1925. (N.T.)

eu ver que era vermelha. Uma vez ele me dissera que Bernice Dewey parecia um brinquedo mecânico.

[Eu havia começado a ler *Manhattan transfer* na reunião de ex-alunos de Princeton relatada acima. Fui junto com minha turma até o estádio. Quando o jogo começou, desci a arquibancada e voltei para o grêmio para ler. Fiquei surpreso e um tanto invejoso ao ver a maneira, que me pareceu maravilhosa, como ele abordava a Nova York dos tempos da minha infância, nas primeiras cinqüenta páginas. Pos Passos, que eu saiba, foi o primeiro romancista americano a fazer personagens falarem da maneira exata como falavam as pessoas de nossa geração.]

Jornal da tela. Motocicletas subindo ladeiras incríveis, saltando, derrapando furiosamente, jogando longe o motorista, sacolejando a toda velocidade; regata de barcos a motor, os barcos um ao lado do outro, como baratas-d'água, ao som de uma dança ridícula; lindas imagens em câmara lenta de garotas mergulhando, dando belas voltas no ar em poses como se estivessem deitadas, e levantando uma nuvem de gotas d'água que se condensa lentamente depois de atingir a superfície da água; a pesca de um peixe-serra gigantesco, mostrado em proporções que o faziam parecer um ictiossauro; Gertrude Ederle * em Atlantic Highlands, sentada à porta da casa do pai, tocando cavaquinho — o pai, um açougueiro alemão, em mangas de camisa, sem colarinho, e a mãe vestida de modo análogo: o silêncio da imagem e a música do piano do cinema emprestam à cena sua dramaticidade, apesar de sua banalidade absoluta, pois Gertrude nem sequer é bonita — depois ela impressiona muito mais, com seu *overhead stroke* ágil e vigoroso, levantando a cabeça como uma foca para receber a comida do barco.

21 e 22 de agosto. As folhas verde-escuras contra o céu cinza-prateado. — A chuva caindo do céu cinza-prateado, como se estivesse sendo momentaneamente sacudido. Aquela sensação de ficar dentro de casa no campo num dia chuvoso de verão (fazendo-me

* Nadadora; primeira mulher a atravessar a nado o canal da Mancha, em 1926, quebrando o recorde masculino por uma diferença de 1 hora e 59 minutos (1906-). (N. T.)

pensar nos Knox, quando ficávamos em casa brincando de anagramas). Uma umidade agradável dentro de casa, uma umidade que não é em absoluto excessiva lá fora — o vento de chuva arrancando um som grave, de ondas, das árvores — espalhando chuva pelas árvores e jardins, escurecendo partidas de tênis, competições de natação e corridas de automóveis por um momento, após o qual o brilho forte voltará e as superfícies rajadas de sol de Seabright vão secar de novo numa única noite — um pouco de vento, umidade e escuridão a ser suportado de bom humor para que os grandes gramados se refresquem e amanhã apresentem um verde mais vivo

Katze. "Mamãe costumava me levar para passear no Mall — eu queria era brincar na rua, sabe — mas ela queria que eu fosse chique e brincasse no Mall — todas as outras menininhas tinham babá, e elas viam a mamãe e me perguntavam: 'Aquela é a sua babá?' — e eu ficava tão envergonhada! E depois eu não conseguia mais ser amiga delas!" — Seu relato da tentativa de estudar numa escola católica — alguém lhe deu um tabefe no rosto e ela ficou indignada — pelo visto, tudo terminou de modo muito doloroso.

Ela me pediu que a beijasse no lugar mais público de todo o nosso passeio — esquina da Quinta Avenida com a rua 23.

Quando saímos e ela já havia bebido um pouco, começou a falar e falar sobre a escola católica, como eram bons com os cavalos — na verdade, sua sensibilidade era maior para com os cavalos do que para com os seres humanos; Goethe e Nietzsche — bebendo com copos e tudo no Central Park — atraindo atenção (inveja e admiração?) das pessoas que passavam nos ônibus, subindo a Quinta Avenida.

Telefone tocando misterioso quando mergulho rapidamente na escuridão do apartamento para pegar copos.

Ela admirava a água à noite, com reflexos de luzes.

"Você gosta mesmo do meu pescoço!" — "Admiro a sua persistência — em manter-se próximo à srta. Szabo [ela própria]!" — (Inesperadamente) "Estou começando a entrar num estado em que vou querer que você me ame".

A impressão que dá seu corpo de ser feito de um material suave e fino. Seus dedos pequenos e finos ("Pode beijar nossa mão!") — Seus sapatos no quarto, tão parecidos com seus pés.

"Você não acha isso um tanto anticonvencional?" (quando eu estava segurando suas pernas ou algo assim).

Início de setembro. A luz estival da tarde perdendo seu calor e tornando-se mais pálida por trás das árvores de Washington Square Park, onde o verde já começava a adquirir aquela tonalidade de cobre típica da folhagem no outono, e, mais tarde, contra a tonalidade de ferrugem do pôr-do-sol, parecia mais avermelhado e mais fosco.

Setembro. Olhando para fora, às sete e meia, depois de baixar os estores, vendo a silhueta negra e nítida do parque, as árvores e o lado sul da praça, onde as luzes dos postes e a luz vermelha de um táxi são tão nítidas, sob o azul límpido, frio e escuro do céu de setembro. O negror, a nudez, a limpidez de setembro.

Perth Amboy. O aço liso da baía, como uma lâmina que a névoa do horizonte parecia tornar mais fina e mais afiada — sob o céu de um azul-pálido.

Voltando de uma visita a Sandy (eu estava me concentrando nas coisas que eu via da janela para não ficar pensando no pobre Sandy). Esses hotéis de concreto, afetados, de um estilo mourisco insosso, artificialmente cobertos de hera, com telhados vermelhos com ameias; esses bancos e prédios de correios novinhos e impecáveis, que parecem existir exclusivamente para as pessoas que só vêm à cidade para trabalhar e depois voltam para os subúrbios; aquelas casas rosadas de tijolo, com suas vidraças reluzentes, que acabam de ser colocadas uma ao lado da outra, e outras ainda envoltas em andaimes e argamassa, antes de receberem o leve invólucro de tijolos. Anúncios de tinta, anúncios de sementes de grama, prédios com longos telhados verdes que brotam de uma fileira de vagas numa plataforma fina e ordenada, onde automóveis esperam as festas do fim de semana, uma cidade composta de prédios baixos e novos de companhias madeireiras, distribuidores de leite, fábricas de aparência leve e suburbana, porém sóbrias. Leves trens elétricos com grandes afrescos de anúncios de sabonete Lux e sopa de tomate, com bancos de palhinha — um vapor ainda atravessando um trecho raso e translúcido do rio pardo, com juncos nas margens, porém contrariados pelas ruas novas e retas de casas ou lojas suburbanas que correm paralelas ao rio — um novo céu liso e azul-claro de subúrbio. Os Jardins Botânicos — o norte de Manhattan, os prédios de apartamentos leves, porém ainda mais sem vida, ainda com intervalos entre um e outro, porém tendendo a coagular e formar blocos sólidos; entre eles com o tempo não haverá mais espaço nenhum, e então parecerá que os edifícios não respiram mais — Ferragens Pesadas — Metal Laminado Universal — Fairmount — banheiras, tinas e lavatórios — válvulas e acessórios — Morrisania — um ou dois túneis — fábricas mais vermelhas, de aspecto mais profissional — Melrose (o trem parece parar a cada dois minutos) — óleos e graxas para motores — Metalurgia Forgelight — Companhia de Limpeza de Tapetes Metropolitan — banheiras e piscinas — divisões à prova de fogo — ferragens para iluminação e novidades: Fabricamos — canos para chaminés; canos para esgotos; blocos de terracota; blocos de gesso — o rio Harlem, com fábricas sujas, grandes e incoerentes — a cidade: hotéis baratos, anúncios de Coca-Cola (rasgados nas paredes de prédios residenciais) — tijolo vermelho barato, de um tom rosado — estações da ferrovia elevada riscando a paisagem — Companhia General de Cartazes — Goma de Mascar — roupas no varal, travesseiros e roupas de cama nos parapeitos das janelas — túnel da Grand Central — cheiro abafado de túnel.

Katze. Ouvindo algum bêbado cantando no parque, ela arrepiou-se e disse que aquilo a fazia voltar a seu delírio provocado pelo éter (de uma vez que fez um aborto, como fiquei sabendo depois). — Seu jeito cauteloso, no apartamento de Washington Square, de só se sentar em cadeiras. Uma vez carreguei-a para o sofá — nós dois já tínhamos bebido — ela sucumbiu completamente até que comecei a mexer nas suas calças, quando então me mandou parar — "Por quê?" — "Porque nós dois estamos muito bobos — nenhum dos dois está agindo a sério". — Uma vez em que Franz também foi convidado, ela entrou pelo banheiro na cozinha — tão bonita, tão elétrica, tão atraente, *toute frétillante* — quando a beijei, porém, na cozinha, percebi que ela não gostou nem um pouco, como se a consciência de que Franz estava presente a inibisse.

A garota, com um olhar ressentido de prostituta, que vivia pedindo dinheiro para pagar o táxi até a casa de sua tia em Long Island (o último trem já havia partido) ou, quando suas circunstâncias já eram mais conhecidas e se fazia necessário um apelo mais enfático, para pagar um aborto a respeito do qual seu pai não podia saber. — Uma garota cheia de ideais elevados, cuja inocência todos viviam se esforçando para proteger, teve que fazer um aborto, e teve que ser ajudada.

O respeito de *jeune fille* européia de Katze por sua mãe e as opiniões e preconceitos dela — seu violino e seus bordados — seu amor à renda, assunto do qual entendia. Sua educação terrível — dizia "muito obrigada" de um modo tal que era praticamente um insulto — e então, depois de eu ter uma conversa séria com ela sobre Gerald, insistindo com ela para que fosse um pouco mais gentil, suas manifestações excessivas e artificiais de comiseração quando acontecia comigo algum revés trivial — seu hábito irritante de exclamar "Ah, não!" quando a convidavam para algo numa noite para a qual ela já tinha algum compromisso interessante.

— Já perto do fim: eu lhe dizia: "Você é tão doce!" ou "Você é um amor!", quando eu a levava para casa de táxi ou quando estava deitada no meu sofá, mas eu dizia aquilo só por dizer — no momento mesmo em que falava, eu estava fortemente convicto de que aquilo era justamente o que ela não era.

O Rompimento — Gerald Jenks (amigo inglês, na época estudando direito em Harvard): Seu olhar de doninha feroz encurralada quando fui a sua casa e a vi descendo a escada na manhã em que não veio para tomar café da manhã como havíamos combinado. Fiz com que ela voltasse a seu quarto, segurei-a pelos dois braços quando ela quis sair, etc. Trocamos olhares raivosos (se bem que, nessas ocasiões, como mais tarde naquela manhã, quando a deixei à entrada do metrô, ela tendia o sorrir, como se sem querer, o que atenuava a seriedade de ruptura final desses momentos — ainda que ela me dissesse que me detestava tanto que não queria voltar a me ver, etc.). Então ficou envergonhada e disse: "Não fale assim. Ah, não fale assim!" Ficou com uma cara tão horrível que a impressão que causou em mim teve o efeito de fazer com que, posteriormente, eu realmente gostasse dela menos. Comecei a lembrar-me da vez em que ela roubara o vaso de vidro do táxi, da vez em que rasgara a licença do motorista com a foto dele — como me fazia vir visitá-la nas horas mais inconvenientes, etc.

O táxi na noite da festa de Elinor — eu jogando o saco de

lixo, que parecia muito mais pesado do que era na realidade, na janela de Ted e Florence. — Quando ela veio me visitar antes de ir para Boston (a noite anterior), quando estava deitada no sofá e eu a beijava, olhei para seu rosto, com a consciência comum de sua expressão e sua maquiagem relaxada, de modo que vi — e amei — a mulher, tão macia e sem máscara, como quem vê a própria esposa de camisola na cama — suas faces macias, lisas, despidas de adornos, seu pescoço, seus olhos de criança. Todas as mulheres têm esses momentos — quando as vemos assim, sabemos que as vemos como seres femininos, indefesos e ingênuos — quando se trata de uma mulher que gostaríamos que nos amasse, às vezes sentimos nesses momentos uma espécie de satisfação triunfal, e no entanto nos punge uma profunda ternura, uma piedade, e o irresistível impulso protetor masculino, que nos impele a representar o papel de marido — é assim que ficam as esposas que acabam de ter um filho, a cabeça repousando de lado no travesseiro — assim também a cadela que acabou de parir seus filhotes, esparramada sobre a palha no chão do porão, talvez balançando a cauda. Aqui, mesmo com uma garota cruel e egoísta como Katze, no meio de um romance sensual e cínico, somos surpreendidos por sentimentos profundos e inesperados de espécie muito diversa — sentimentos que podem nos levar a desposar uma garota com a qual, no início, jamais havíamos pensado seriamente em casar, e que, ao menos, por menos simpática que seja a garota, nos fazem, daí em diante, respeitar sua confiança, proteger sua reputação e lhe emprestar dinheiro quando ela está endividada.

Depois da festa na casa de Elinor, onde nós dois tínhamos bebido muito, viemos para meu apartamento e ficamos deitados no sofá um ao lado do outro — súbita e inexplicavelmente ela começou a chorar — eu falei a sério longamente, certamente dizendo coisas infelizes, e estava bêbado demais e empolgado demais com minhas próprias palavras para ter o bom senso de me dar conta do que estava acontecendo. A única outra vez em que a vi chorar, creio eu, foi quando Franz, na casa dela, lhe disse alguma coisa áspera pelo telefone — depois disso eu conseguira ser carinhoso com ela: ela estava muito meiga e doce.

Tremendo o efeito das cartas de Gerald para ela sobre mim: "Compreendo você tão bem", etc. — explicando, tal como eu poderia ter feito antes, como as pessoas às vezes agiam mal quando estavam muito apaixonadas. — Vi à minha frente toda a minha adoração por Edna novamente, o modo como eu "compreendia" e perdoava tudo que ela fazia, como eu a via simplesmente como uma pessoa nobre, corajosa e brilhante demais para uma inteligência comum. Achei que Gerald estava profundamente apaixonado por ela, e a pediria em casamento — creio que eu a enchi de esperanças um pouco exageradas a esse respeito — expliquei-lhe o que ela deveria fazer caso se casasse com ele — disse que ela e todo mundo lá em Greenwich Village levava uma vida de fora-da-lei — uma observação que a impressionou muitíssimo. Alguns dias depois, ela me disse que desde então estava pensando naquilo; que era verdade, e se todo mundo de lá morresse, ninguém ficaria sabendo nem ligaria. Aquele meu sermão teve um efeito quase edificante, como se ela fosse bandeirante. Depois fiquei radiante, sentindo que era muito sábio e virtuoso — sem dúvida, eu havia feito papel de bobo, agindo de modo exacerbado. Percebi que eu tinha uma tendência a adotar para com ela um tom de "ah, minha querida criança" que acabava por irritar a mim mesmo, e certamente devia irritá-la também. Nunca antes eu me sentira mais velho do que uma mulher — todas as outras eram da minha idade. Comecei a me dar conta do que significava não ter vivido durante a guerra — ela me perguntou por que eu achava que os alemães não deviam mesmo ter ganho — e percebi também a tragédia (de *Le misanthrope*) do amor entre pessoas de idades muito diferentes. Eu estava começando a pensar em dar um jeito em mim e na minha vida e começar a realizar coisas que eu achava que já devia ter realizado há muito tempo, enquanto ela ainda achava que dispunha de possibilidades infinitas — de namoros e casamentos — pela frente, e a idéia de ir a uma festa onde talvez viesse a conhecer pessoas novas, uma das quais talvez fosse a pessoa de sua vida, a excitava mais do que as ansiedades de qualquer situação e era irresistível para ela, numa época em que eu não me sentia mais tentado pelas festas do mundo jornalístico e de Greenwich Village — pelo contrário, normalmente as encarava com horror —, lamentava precisar tanto ver gente e me sentir tão desmoralizado a ponto de ir, normalmente sentindo vergonha e arrependimento depois. — Além disso, ela encarava os namoros, sob certos aspectos, com mais seriedade do que eu, e, sob outros, com menos. Ela, como eu no passado, partia do princípio "Tudo por amor", enquanto eu me baseava no princípio, cuja força antes eu não sentia, "Amor, sejamos fiéis um ao outro", etc. (Uma vez eu lhe disse que ela não era capaz de distinguir um verso de um pedaço de lenha.)

D. e T. D. havia adquirido, em comparação com a última vez que eu a vira, um ar mais seco, direto, incisivo, anti-romântico, típico das lésbicas masculinas — e T., de quem eu me lembrava daquela festa com absinto na casa de Mary como uma mulher muito elegante, atraente e insolente — em particular com os homens — havia se tornado opaca, com aquela passividade e docilidade impotente típica das lésbicas femininas — falava macio, dizia coisinhas encantadoras e baixava a vista quando os homens se dirigiam a ela. — D. dava sinais de estar insatisfeita com sua situação, porém não podia largar T. sem mais nem menos. Se no tempo em que eu a conheci em Paris ela ostentava suas tendências, embora não tivesse cruzado a fronteira, e falasse sempre sobre mulheres bonitas (uma tendência ainda instintivamente contrariada por afirmações no sentido de que ela não era lésbica — falou-me num tom de indignação e repulsa a respeito de uma camareira do hotel que lhe fizera propostas) — agora ela ficava constrangida quando alguém falava sobre lesbianismo em sua presença, e talvez estivesse, como T., mais tímida do que antes.

O valor, a importância, a magia que uma expressão ou comentário parece adquirir para nós quando a ouvimos dos lábios de uma pessoa que já amamos ou admiramos — "Ele não é engraçado, apenas pensa que é" (Bernice Dewey). "Com toda a falta de solidez das fundações e a maluquice da superestrutura, seria impossível conceber uma construção mais insegura que essa" (Kemp Smith, falando sobre a utilização feita por Jung das idéias de Freud em *The golden bough*).

Dorothy Parker. Quando a vi pela primeira vez depois que ela voltou do estrangeiro, parecia gorda e inchada, os olhos saltados — "Por quê que você nunca vem me visitar, sua besta quadrada?" — os cabelos curtos pareciam representar que ela havia emergido de sua fase convencional de boazinha, se bem que o corte meio irregular lhe dava uma aparência descuidada. As duas noites em que saí com ela e levei-a ao Tony's. — "Você se incomoda de ir para o Tony's?" [Era inevitável que ela fizesse questão de ir a um dos lugares sempre freqüentados por sua turma: eles só sabiam se relacionar com membros de seu próprio grupo.] "O sr. Benchley está deprimido hoje, e eu prometi que vinha vê-lo" (por afetação, ela sempre o chamava "sr. Benchley") — a amante dele, uma putinha terrível, que o traía, arrancava-lhe dinheiro (a sra. Benchley estava às voltas com as amígdalas dos filhos), ele estava cada vez mais endividado (o que começou a transparecer em suas colunas — cheques sem fundo no banco em Scarsdale), ele viajava de repente para Chicago, onde a amante estava se apresentando, para dar uma palestra; ela começara como garçonete, agora estava na ribalta; ele a conhecera se apresentando na Music Box Revue; dizia ele: "Ela entra na sala como uma duquesa!" — Quando finalmente a conheci, era uma loura bem bonita, de tornozelos grossos, mas tinha, segundo me pareceu, algo daquele olhar duro de prostituta, causado por uma vida emocional sem coerência nem objetivo. — Bebemos muitos drinques. Quando entramos, encontramos Benchley, com seu rosto vermelho e embrutecido, encostado na parede do corredor — falou-se em descer até o porão para cantar — ele havia chegado ao ponto de nem sempre assistir às peças que criticava nas páginas de *Life* — (Fred Allen estava começando a censurá-lo.) Frase de Don Stewart (numa festa na casa de Elinor Wylie): "Hemingway acabou! — Fitz acabou — está cada vez pior! — Dos acabou!".

Dorothy Parker: "Mamãe é muito dependente — quase não consegue ler sozinha". — Suas lisonjas excessivas, que sempre me faziam ficar desconfiado. — "Eu sou pão-dura — você sabe!" — Sua vontade de ter um filho: "Você já fez outra pessoa" — combinada com suas pilhérias cruéis e repugnantes; gostava dos desenhos de Peter Arno * no *New Yorker*: as irmãs Whoops jogam o garotinho no bueiro: "Ih, olha só como ele flutua!" — Piada de Benchley no navio: jogar os salva-vidas de crianças no mar — outra, quando contemplava o mar do navio em que estavam: "Mas que noite para sair no meio da tempestade! Eu até que não ligava, se a tripulação não fosse um bando de medrosos!". Foi nesta viagem que ele e Dorothy cruzaram com Hemingway, o qual, segundo um deles me disse, tomava salitre com bastante espalhafato durante as refeições a fim de manter sob controle seu apetite sexual durante

* Cartunista; seu nome verdadeiro era Curtis Arnoux Peters (1904-1968). (N.T.)

a viagem — no hospital — o menininho que andava pelos corredores com ferraduras, aí foi operado e não se ouviu mais nada (contou-me essa história quando fui vê-la no hospital — sempre se referia a Rosalind carinhosamente como "aquilo"). Vicomte, que lhe enviou uma antologia de poesia francesa e uma tartaruga — "Pode ficar com ela até as duas" — a tartaruga acabou fugindo. — A garota que a ensinou a fazer tapeçaria. Emagreceu; a inteligência e a sensibilidade voltaram-lhe aos olhos. — Perguntei como era Benchley: "Estão preparando o quarto em frente a este para ele". Ele viria, disse ela, e diria que não sabia como ia sair do Shelton — estava devendo um dinheirão ao hotel, mas tinha que sair; não tinha dinheiro, e não conseguia tomar a iniciativa de sair.

Dorothy na dúvida se aceitava trabalhar como crítica teatral do *Telegram*: "O que é que faria o Lincoln na minha situação?".

Benchley, despedindo-se de mim: "Mas venha nos visitar quando estiver de passagem por Fall River!". — Tamborilando com os dedos na mesa no Tony's — parou quando as pessoas da mesa em frente manifestaram desagrado. "Está bem, eu paro!", disse a si próprio, segundo ele. "*Mas dia virá* em que vocês virão me pedir *de joelhos* para eu tamborilar!".

Dorothy foi a um concerto de canções folclóricas inglesas com Thornton Wilder: * "Eu estava até aqui de baladas. Eles [os cantores] sentaram-se em volta de uma mesa, e eu fiquei o tempo todo achando que eles iam começar a jogar baralho!". "Você disse isso ao Wilder?" "Disse, mas ele não prestou muita atenção. Comentou que atualmente tem aumentado muito o interesse pelo madrigal. Pois eu não havia reparado."

[Edna St. Vincent Millay havia se casado em julho de 1923, após voltar da Europa, com um importador de café holandês, Eugen Boissevain. EW a viu poucas vezes antes da ocasião relatada abaixo. No seu ensaio biográfico sobre Edna, diz que foi visitá-la na "casinha vermelha em Bedford Street", onde o casal morou antes de se mudar para o interior. A respeito desta visita, EW escreveu, em carta a John Bishop datada de 15 de janeiro de 1924: "Noutro dia vi Edna pela primeira vez desde que ela se casou. Ela me chamou, e fiquei a sua disposição na casinha em Bedford Street (enterrada nos

* Dramaturgo e romancista (1897-1975). (N.T.)

intestinos de Greenwich Village). A operação que ela fez nos intestinos durante o verão — por causa de uma obstrução congênita — foi, pelo visto, muito séria, e ela ainda não está muito bem, não. Quando cheguei, ela estava bebendo gim e lendo William Morris * no andar de cima, sozinha, com um ar de quem finalmente se dava o direito de deixar que alguém cuidasse dela, a guardasse em casa e a proibisse de ver outras pessoas. O marido toma conta dela direitinho, e aquela cambada de admiradores vagabundos foi banida. — Ela está mais calma do que antigamente — e realmente tive a impressão de estar visitando uma espécie de prisioneira voluntária, que havia sumido de circulação e se entregado à bondade dos outros. — Então ela me disse que ia começar uma turnê de recitais a qual, pelo que entendi, vai incluir todas as cidades importantes a leste de Chicago! E vai sozinha. Disse ela: 'Tenho que manter distância das pessoas que eu conheço nas cidades que eu visitar' — assim mesmo...! Ela não vai conseguir ficar engaiolada por muito tempo, eu sei — nunca, nunca. — Creio que a necessidade da pergunta tinha algo a ver com o casamento dela e a situação de impotência parcial em que ela se encontra desde então, afastada do mundo. — O marido chegou quando eu ainda estava lá. Pareceu-me um sujeito muito simpático e honesto — é um importador holandês, como você sabe, um pouco mais velho que ela e, ao que me pareceu, não é uma pessoa extraordinariamente brilhante. Ela fez questão de reforçar, como se estivesse na defensiva por ter se casado com um negociante, que na verdade ele era uma pessoa muito irresponsável — 'exatamente como eu' — mas tenho certeza de que ele é o importador mais ajuizado do mundo. — Estamos planejando uma tremenda festa, só ela, eu e você, sem nossos respectivos maridos e mulheres, quando você voltar. — Hoje ela começou a turnê".]

19 de fevereiro de 1927: Edna em Nova York [na época de *The king's henchman*, a peça de Edna que serviu de base para uma ópera de Deems Taylor, montada na Metropolitan Opera House]. Nosso jantar formal, numa mesa larga demais, cada um de um lado, bebendo o uísque e o *sauterne* de Boissevain. Diplomático, ele saiu

* Poeta inglês, também artesão e socialista militante (1834-1896). (N.T.)

da sala com um livro intitulado *Wine, women and war* e voltou às dez e quinze em ponto. Ela me perguntou sobre a *New Republic* — não gostei disso, pois achei uma formalidade vazia — vi-a recuar e por um momento perder o controle: nervosa, trêmula, preocupada e consternada — as gírias novas, também (que ela não conhecia) — nunca tinha ouvido falar em Hart Crane,* "o mestre de todos nós". "Eu não sou uma figura patética — não sou, não!" "E quem foi que disse que você era?" — Antes eu a havia feito entusiasmar-se pelo campo, depois eu próprio arrefeci seu entusiasmo — agora mais uma vez a entusiasmei — ela me falou do que sentia pelas árvores, etc. Eu havia comentado que a terra era uma coisa maravilhosa. — "Adoro a vida — adoro cada momento que estou viva! — Adoro estar aqui conversando com você, com essa chuva misturada com neve batendo na janela". — As fotos da viagem que os dois fizeram à Índia — depois os colares de contas e outras bugigangas trazidas do Novo México — agora andava pensando muito na posteridade, segundo os Benét. — Boissevain aparentemente sentia uma certa satisfação em encontrar alguma coisa pelo menos relativamente negativa nas críticas publicadas nas revistas — há muito tempo que só ouvia falar e pensava "no tal do *Henchman*". — "Sabe, Bunny", disse Edna, "que satisfação eu sinto — realmente, tem um significado! — pegar essa coroa de flores [com fitas vermelhas, brancas e azuis e *The king's henchman* escrito em grandes letras douradas] no Metropolitan!". Boissevain dissera que provavelmente era propriedade do teatro — eles ficariam furiosos quando descobrissem que ela a havia pegado. — Disse ele: "Sabe o que é isso, querida? É *scotch*" — e assim ela não bebeu. — Boissevain a respeito do *maître*, que dissera que os hóspedes do hotel agora eram *nouveaux riches* sintéticos: "*Il n'y a aucune joie à être maître d'hotel!*".

Ela estava toda acesa e ardente quando entrei, muito diferente daquela figura pálida e frágil que eu vira na cama no inverno anterior, e me abraçou e me beijou, enquanto Boissevain esperava no quarto, e fui eu que fiquei rígido e frio.

Aquela vez em Bedford Street em que a vi lendo o grande catálogo de tintas, com aquelas maravilhosas cores e nomes.

* Poeta (1899-1932). (N.T.)

Grande gravura de Boston no museu de Provincetown, feita em 1857. A cidade de um tom de prata ou ferro na água sob um daqueles céus com trechos limpos e nuvens gigantescas, típicos de meados do século XIX — as finas agulhas metálicas dos pináculos das igrejas e mastros, as raras chaminés fumegantes, a State House, as docas irradiando-se da cidade, os navios de panos redondos no porto, o velho vapor, os homens e garotos de calções até às canelas e grandes chapéus de abas curvas, com copas que pareciam cones truncados — como personagens de Dickens no Tâmisa, impressão reforçada pela escuridão do cais, as cestas dos pescadores e o barril flutuante — e, acima de tudo, aquela zona escura e sombria que raia e mancha a água — aquela escuridão de século XIX — que nos faz pensar na ligação que haveria entre ela e a ingenuidade dos homens e garotos nos barcos.

[Nesta anotação e em outras subseqüentes, EW parece obcecado pela questão da natureza da imaginação enquanto falsificadora da literatura; é atormentado pela sensação de que a literatura distorce a vida e é uma projeção do mundo de fantasia do escritor, mundo esse muitas vezes angustiado. Aparentemente, nesta época ele estava profundamente absorvido pela leitura dos escritos de Freud sobre arte e neurose, porém estava também interessado na questão da representação da realidade nas obras de arte de imaginação. Observe-se que nestas ruminações EW também menciona a pintura. Há muitos improvisos sobre este tema. Ele chegaria a uma síntese em *I thought of Daisy*. Porém EW está também considerando a natureza do movimento simbolista e dos escritores subjetivos que viria a abordar em *Axel's castle*, livro no qual estava trabalhando ao mesmo tempo em que escrevia seu romance.]

Literatura. A obra do escritor, por mais inteligente, elaborada (Proust) ou rica e vigorosa em imaginação, acaba sempre sendo uma justificativa de um determinado conjunto de valores, uma defesa de uma posição em detrimento de outra, um melodrama em que, mesmo que o herói termine derrotado, ele tem uma vitória moral — e o herói pode não ser uma pessoa ou grupo de pessoas, porém apenas certas qualidades ou tendências. Assim, o esforço do autor se concentra na tentativa de fazer com que a vida dê a impressão de justificar seus ideais — isto é, seus desejos — e é o impulso indestrutível que o impele a emprestar à sua experiência pessoal, que na realidade é decepcionante, um aspecto diferente e mais satisfatório, que proporciona a força motriz que o leva até o fim do livro. Terminada a obra, ele se sente tranqüilizado, até certo ponto acreditando no que escreveu, porque ele o afirmou e porque o que ele afirmou foi publicado e lido por pessoas que julgam que o escritor teve uma espécie de revelação divina da verdade e adotam uma atitude em relação a ele baseada nesta idéia — a de que o que ele escreveu tem que ser verdade.

Um navio em Seabright ou, no rio Shrewsbury, dois barcos à vela, um atrás do outro, mas não exatamente, de modo que davam a impressão de formarem uma daquelas pequenas borboletas brancas pousadas na água com as asas fechadas, abaixo do verde pálido da margem oposta e acima dos topos das árvores e do capim da margem em primeiro plano, contra um fundo de água cinza-prateado. O que o artista faria com estas cenas seria, no primeiro caso, borrar as cores dos prédios que cercam o navio, de modo que elas se harmonizassem com ele e com o céu e o mar, a fim de gratificar algum estado de espírito de que ele gosta, ou, no segundo, suavizar os detalhes distintos e prosaicos das casas, árvores e cais particulares da margem oposta, os quais, mesmo naquele dia nevoento, tinham algo da vulgaridade e da feiúra da vegetação e das habitações humanas em agosto (a menos, naturalmente, que ele fosse alguém como Botticelli ou o *"Douanier"* Rousseau, que fizesse tudo ficar nítido e distinto, de modo que delinearia todos os contornos vagos do dia úmido de forma a se aproximarem da nitidez das velas brancas contra a água, e ressaltar os detalhes da margem oposta com uma meticulosidade incansável). Assim, ele colocaria uma imagem corrigida no lugar da visão real, a qual, para ele, como para todo mundo, só é bela na medida em que *sugere* certas harmonias. Tudo que ele fez foi selecionar algo que sugere o tipo de harmonia que por acaso é agradável a seu temperamento, e modificá-lo de tal modo que lhe agrade ainda mais.

Matthew Arnold, escrevendo ensaios críticos e organizando uma seleção de poemas de Wordsworth e Byron, inseriu versos que lhe agradavam — e fora de seu contexto — num meio em que, sendo uma prosa de autor diverso, não poderia traí-los — versos que ele próprio gostaria de ter escrito mas que, devido às falhas de sua inspiração, jamais, mesmo em seus melhores poemas, escreveu — o ponto morto e impotente em suas repetições retóricas.

O contrário da posição desenvolvida aqui — isto é, da posição convencional, oficial — segundo a qual os grandes artistas são extra-humanos: "Foi mais ou menos por volta desta época que Fulano resolveu que deveria ser escrita uma história do isso-assim-assim" ou "resolveu criar uma nova forma". — Exagero da posição do humano-demasiado-humano na crítica biográfica moderna.

As anotações do grande escritor, cuidadosamente preservadas e publicadas após sua morte (Baudelaire, Tchekhov, Butler), ainda que não passem de apontamentos mecânicos e desprovidos de significado, produtos de um instinto de escrever em sua forma mais rudimentar, como os gestos instintivos, defensivos ou predatórios, das formas mais primitivas de vida.

O modo como os livros guardam em si a marca das eras bárbaras que os produziram: a forca e o chicote em Pope e Swift.

Formas de palavras nunca plenamente compreendidas pelos escritores que as usaram tornam-se fórmulas mágicas.

As novas anomalias e acidentes da vida constantemente sendo assimilados pela faculdade artística — imediatamente tomados e encrustados, tornados simétricos e iridescentes, como a pérola da ostra — até que, quando as ostras morrem e só resta sua obra, os anais da espécie humana parecem ser não uma sucessão de mortes, e sim um colar de pérolas. Todo o processo literário e artístico é apenas o protótipo de toda atividade humana, que tende inevitavelmente a ordenar a desordem, harmonizar a desarmonia, enfeitar o desgracioso.

No entanto, esta tentativa contínua de assimilar a experiência em arte talvez não passe de um modesto princípio de uma grande assimilação do universo realizada pela humanidade.

Quanto aos leitores de obras literárias: os colecionadores de primeiras edições, a tendência a fazer da leitura, que devia ser um campo aberto a absolutamente todas as pessoas, um luxo e um privilégio exclusivo.

[Mary Blair e eu havíamos nos separado. Eu concluíra que era impossível ser marido de uma atriz. Ela estava sempre no teatro à noite, enquanto eu fazia a ronda dos bares. Levei Rosalind para a casa de minha mãe e fui morar sozinho na rua 13 Oeste, 229, num quarto com banheiro. Adquiri o hábito de passar fins de semana bem prolongados na casa de minha mãe em Red Bank, onde eu tinha tranqüilidade e podia ficar com Rosalind.]

Aparições de pessoas monstruosas nas ruas em maio — um homem enorme e pesadão, de cabeça alta e óculos de tartaruga, e uma mulher sem queixo, com pescoço comprido, pesadona — como brontossauros.

Os espetáculos populares, como "Broadway" e os Scandals, já no final da temporada — um pouco passados, bem ensaiados demais, mecânicos demais, os atores tendendo a não fazer muito esforço — os Scandals pareciam tão vulgares quando vistos no final da temporada por um espectador sóbrio.

[Nos cadernos dos anos 20, a amante "proletária" de EW costuma ser mencionada pelo nome Milly; mais tarde ele passa a usar o nome Frances. Em *Memoirs of Hecate County*, no conto "The princess with the golden hair", ela aparece com o nome de Anna. Para não dar a impressão de que se trata de várias mulheres diferentes, e por uma questão de coerência, aqui utilizamos o nome Anna em todas as ocorrências. Todos os três nomes são fictícios. EW deu início a este relacionamento — um dos mais felizes de sua vida — em 1927. Foi uma experiência nova para ele conhecer os bastidores da pobreza do Brooklyn, através dos relatos de Anna. O que é igualmente interessante — à luz do escândalo causado pela publicação de *Lady Chatterley's lover*, em 1928 — é que Edmund tenta, antes de D. H. Lawrence, e de modo mais realista, menos bucólico, descrever a realidade da experiência erótica. Porém *Lady Chatterley* constituiu o precedente que deu a EW a idéia de que ele talvez pudesse publicar nos Estados Unidos sua visão da vida sexual dos habitantes da Costa Leste. *Memoirs of Hecate County* também fez escândalo, foi proibido e atraiu pela primeira vez um público mais amplo para a obra de EW. *Hecate County* era, dizia ele, "meu livro favorito — nunca entendi por que as pessoas que se interessam pelos meus escritos jamais lhe dão atenção". Referia-se ao fato de que alguns de seus leitores continuavam levando a sério o Wilson crítico e ignorando o Wilson ficcionista.]

Sensação de fim de estação — sem dúvida foi minha doença [eu havia contraído gonorréia de Anna, a respeito da qual terei mais a dizer adiante] que me fez sentir isso — as músicas dos Scandals *(Lucky day, And the girl was me, Black bottom, Never saw the sun shinin' so bright)*, que eu passara o inverno inteiro ouvindo, me davam a impressão de que a peça havia terminado e que havíamos tirado férias de verão — Eu estava tão desapaixonado por Katze — nem mesmo tentei convecê-la a vir comigo até a rua 13 depois do espetáculo, porém fui logo dizendo ao motorista do táxi que a levasse em casa — sentada a meu lado no teatro, ela já não representava quase nada para mim — às vezes eu tinha vontade de estar acompanhado por uma pessoa com quem eu me sentisse mais à vontade, mais tranqüilo. — Lembrei da vez que fomos ao Winter Garden, de traje a rigor, bêbados, excitados, formais, apenas um ano atrás.

Uma mulher no trem de Red Bank, sentada no braço de um banco e obstruindo a passagem das pessoas pelo corredor, mascando goma e gesticulando com uma mão tão magra quanto seu corpo e seu rosto: "Ele vive com problema no estrombo!".

Chegando em Red Bank (meados de maio), o aspecto estival da rua no outro lado dos portões da ferrovia, com contornos nítidos — os carros, as lojas de um andar, as garagens ao sol mais forte e branco.

Um homem capaz de atos de uma brutalidade considerável em suas relações pessoais, mas cuja sensibilidade sente-se torturada ao ouvir um bom disco sendo tocado com uma agulha rombuda, a qual ele imagina alargando os sulcos, deixando, como um cinzel, um rastro de aparas de cera.

O modo como a guerra — prendendo nossas atividades e nossa atenção a coisas desumanas e desinteressantes, à maquinaria calculista, metódica e implacável da destruição — agora nos fazia dar valor às coisas humanas, aos mais simples sentimentos de companheirismo. Com que alívio, que prazer, largavam-se as armas, a ordem-unida e a disciplina e passava-se para a simpatia de um companheiro, o prazer de uma garrafa de vinho, as piadas irreverentes dos soldados. Nunca antes amei a humanidade tão profundamente, tão sinceramente, e não creio jamais voltar a fazê-lo — e isto apesar de eu no início detestar a maioria dos outros soldados enquanto indivíduos e de, mesmo depois que me identifiquei com eles, eu continuar tendo uma opinião negativa a respeito de sua integridade, sua inteligência e seus atrativos pessoais. — Estes pensamentos foram trazidos à baila quando vi a artilharia sendo deslocada para a fronteira no filme *Spread Eagle*.

Em Ruddigore, onde eu não ia desde os tempos em que comecei a trabalhar na *Vanity Fair*, no mesmo teatro, houve um momento em que tive a impressão de que era quase impossível eu ser uma pessoa bem diferente, sete anos mais velha — quando parecia que tudo estava igual, que eu estava igual — quando o *glamour*, a indefinição e o mistério do passado haviam desaparecido, e a vida parecia a mesma, imediata, aleatória, natural, sem arte nem *glamour*, exatamente como era quando, ainda menino, eu ia assistir a Gilbert e Sullivan * (sendo que alguns elementos da montagem normalmente me deixavam insatisfeito), e numa época em que minha inteligência e minha imaginação ainda não haviam se apropriado do mundo completamente, emprestando interesse ao prosaico, atribuindo-lhe uma importância (num todo muito maior e mais abrangente do que qualquer coisa que eu já tinha apreendido antes) e dramatizando o corriqueiro em caráter e incidente interpretando segundo minha experiência maior tanto dos outros quanto de mim mesmo. (Naquele tempo, tudo era mais misterioso para mim, mas por outro lado havia grandes áreas da vida que me pareciam totalmente desprovidas de interesse porque eu nada entendia a respeito delas.)

* *Sir* William S. Gilbert, poeta e libretista (1836-1911), e *Sir* Arthur S. Sullivan, compositor (1858-1918), dupla de ingleses que criaram em colaboração uma série de óperas cômicas de grande popularidade. (N.T.)

O dr. Geiringer (o médico que tratou de minha gonorréia). "Eu dizia aos meus alunos: se um de vocês me disser no exame que o nitrato de prata cura a gonorréia, eu reprovo. — Sempre que estiver na dúvida se deve ou não usar o nitrato de prata, não use. — É como um cinzel — você sabe, na mão de um escultor serve para transformar um bloco de mármore numa linda estátua — mas nas mãos de uma pessoa qualquer, faz uma porcaria." Era vienense, e tinha a alegria e a inteligência dos vienenses por trás do corpo roliço e atarracado de alemão e o rosto escuro de barba e de papadas caídas. — A respeito do "sujeito seco" que entra e diz: "É só um pouco de estafa, doutor" — quando se diz a ele que o que ele tem é gonorréia, o sujeto diz: "Ah, não, doutor, ela é uma menina direitinha" — sua fé na natureza humana é abalada (expressão chocada no rosto). Um desses indivíduos melancólicos apareceu uma manhã ainda mais melancólico do que de costume — havia engravidado uma garota, queria um aborto — depois engravidou a irmã dela — eu disse: "Escute, vá embora desse consultório — você está me partindo o coração!". Rapaz que pegou gonorréia na guerra, teve que mentir para a esposa, etc. — lutador de boxe — "Não tire o pau de dentro das calças" — mas a mulher o chamou para a cama. — "Uma zinha qualquer". — História do velho chefe do hospital de pós-graduação — rapaz que trabalhara como garçom num balneário e "pegou só um resfriado" — "Espirra? Tosse? etc. — É, parece que é gonorréia, mesmo". — Marinheiro que pegou um cancro de uma princesa africana no Daomé — "uma especialidade da família real" — "Se você me aparecer aqui de novo, eu corto fora!"

As pernas de G. . . T. . . com seu vestido na moda que parece preso na frente (como uma cortina) de modo a deixar a saia, por assim dizer, na posição de uma cortina diante de uma porta, cujo ângulo atrai o olho, de modo irresistível, para a boceta quase descoberta.

Margaret Canby. O casamento de Ted — a dor ciática dela — anda de bengala. — Na casa de *Daisy Waterman* (que fora amante do pai de Margaret): os desenhos dela mais moça, emoldurados — logo depois dos tempos do Floradora Sextette, sem dúvida — uma moça de nariz reto, fronte limpa, da *belle époque*, com cabelos negros lisos — nas linhas retas distintas dos desenhos, como uma rainha, costas eretas, pescoço altivo, cheia de dignidade, quase austera — agora com a testa um pouco franzida, abatida, magra, o nariz reto virando um focinho de cachorro afilado, as sobrancelhas desenhadas a lápis até ficarem totalmente artificiais. Conversando pelo telefone com o atual amante recreativo — que havia tomado um porre no hipódromo de Belmont Park e disse que havia chorado duas vezes no caminho — "conversa fiada" — "Ah, quer dizer que você está em Flushing, é? Pois acho que seria ótimo vocês dois se afogarem. — Traga as garotas também!" — Margaret relatando a festa circense em Santa Barbara — havia uma tenda, o chão estava coberto de serragem e todo mundo vestiu roupa de palhaço, todo mundo ficou parecido — os rostos pintados de branco — comeram ovos mexidos servidos diretamente sobre a mesa de tábuas, nua, sentados em longos bancos de madeira — queriam que todos os convidados entrassem na sala de jantar por um escorrega, mas o clube não deixou — Margaret ficou visivelmente impressionada de ver como eles "fizeram tudo direitinho, até os menores detalhes". *A irmã dela (de Margaret), Camilla*: o homem e a mulher que estavam vivendo juntos na mais perfeita harmonia — a esposa dele era louca, etc. Ela desmanchou o lar dos dois porque eles estavam "vivendo em pecado", deu um jeito de pôr o homem na cadeia, etc. — Casal de italianos (?) amasiados numa cidadezinha industrial da Pensilvânia, onde o marido dela (Camilla) tivera sua paróquia antes de obter sua atual, mais chique, na Califórnia — grandes quantidades de filhos dos primeiros casamentos e mais uma meia dúzia daquela união — vivendo em pecado, mas tão pobres e com tantos filhos que ela resolveu não criar caso. Margaret disse que não conseguia entendê-lo. (Todo o presbiterianismo escocês da mãe canadense de Margaret havia se concentrado em Camilla.)

John e Marion. John, um sujeito tão simpático que percebi que só podia ser a situação causada pela visita de Louise que o fizera agir de modo grosseiro e mal-humorado. — A delicadeza sonsa de Marion a respeito do iate dos Deering Howe — um barco a motor grande no qual eles iam subir o Hudson e o rio S. Lourenço. — John me saudando com exclamações exageradas a respeito de Lindbergh (que acabava de sobrevoar o Atlântico): "Você não acha que o Charlie Lindbergh devia ser nomeado embaixador? — Espero que você ceda o seu apartamento a ele — e a sua sala na *New Re-*

public!" — John, sobre Sacco e Vanzetti: impossível saber se o julgamento foi imparcial sem examinar todos os testemunhos.

Benchley enviou telegrama a Charley Brackett em Paris: "Lindbergh já chegou aí? Saiu daqui há uma semana". — Resposta de Brackett: "Quem, o George Lindbergh?".

Margaret Canby e seu anticonvencionalismo convencional — sua reação ao romantismo de *The barker* — indignada com o pai que não queria que o filho casasse com a dançarina — torcia para que a garota não desistisse — no final do segundo ato: "*Como* que eles podem terminar? — Mas a gente fica em suspense", etc. — Margaret sempre achou a gravidez uma coisa surpreendente — achava tão bobo um bebê começar a se formar a partir de um ato como aquele — nunca conseguiu se acostumar com a estranheza da idéia.

Semelhança entre Lindbergh e Veblen, o matemático [não Thorstein, e sim o primo (creio eu), de Princeton]. Escandinavos louros de olhos azuis, altos e magros, naturalmente polidos, distantes, inteligência precisa e durável, capazes de levar a cabo empreendimentos difíceis com uma tenacidade natural e obstinada, Lindbergh não fumava nem bebia álcool nem café, e Veblen, com seu jeito simples e neutro, me oferecia chá e Coca-Cola, mas não bebia nada.

Olhando pela janela em Red Bank (25 de junho), vi o vulto branco, desajeitado e gracioso de uma garota passando pela entrada larga e escura de uma garagem nova e branca, emoldurada pelas copas verdes das árvores estivais.

A visita de Marion, com a sra. Headley (ex-enfermeira), entre as primeiras famílias do Bronx. Constatou que todos usavam certas expressões que ela pensava que fossem idiossincrasias da sra. Headley. — Tinham uma empregada e elas próprias ajudavam no trabalho de cozinha — conjugavam os verbos errados. Médico que tomou drogas e entrou de carro e tudo no gramado de uma delas — quebrou vidraça e "provavelmente derrubou alguns dos veadinhos de ferro" — não podia processá-lo porque todos iam dizer: por que uma mulher na situação dela querendo processar o coitado do dr. . . ., e recusando-se a tirar o carro do gramado porque teria de sacrificar várias arvorezinhas — queria desmontar o carro, mas acabou tendo que sacrificar as árvores. Falavam muito sobre mortes de parturientes — uma delas fazia caridade — ajudava crianças delinqüentes — disse, ao despedir-se de Marion, que gostaria muito de levá-la ao tribunal uma vez — de certa feita vira um menininho comendo o que achara numa lata de lixo — achava que ele devia estar com fome mesmo, porque "os adultos, você sabe, comem lixo só para fazer efeito".

Logo depois de Red Bank, final do maio [1927], quando dormi e passei da estação — pela janela do trem, letreiros luminosos, telhados vermelhos, paredes brancas, folhagens verdes.

Na primeira semana de junho em Nova York, eu estava caminhando por aquelas velhas ruas entrecruzadas — Barrow, Grove, etc. — sentia o cheiro levemente salgado, ligeiramente rançoso do rio, como se suas águas tivessem invadido as ruas da extremidade sul da ilha, agora que as pessoas tinham saído da cidade para passar o verão fora — em Woodstock, Provincetown — eu estava procurando Fitzy (Eleanor Fitzgerald) [administradora dos Provincetown Players] na Barrow Street, porém, numa praça deserta desconhecida, encontrei com Harold McGee, que me disse para ir a Grove Street — ele sabia chegar lá, eu não. — Aquela *velha casa cavernosa*, em que Fitzy, Stark Young, Dorothea Nolan e Djuna Barnes numa certa época moraram todos juntos — com seus trechos vazios e partes cobertas com linóleo, suas escadas íngremes e corredores sem fim, suas balaustradas, seu cabide de chapéus quebrado, feito um esqueleto, num nicho de mármore, suas serpentinas de aquecimento altas e quadradas, suas portas enormes no vestíbulo, suas misteriosas janelas internas recobertas com panos, seus corredores desolados, os lances de escadas intermináveis e cansativos, o madeiramento e o gesso amarelos, o cheiro dos banheiros, os ruídos das banheiras gotejantes e privadas defeituosas. Fitzy ainda tentando manter de pé os Provincetown Players, fazer com que começassem no dia 1.º de julho do ano que vem, levantar dinheiro, pagar contas (já sabia até quando eram os cobradores que vinham a seu apartamento — porque eles chegavam de manhã cedo e batiam na porta como batem as pessoas desconhecidas) — estava tão cansada — sua casinha no campo.

Idéia de personagem (de peça, talvez) como Carl Van Doren, muito "civilizado" (talvez gostasse dessa palavra?), tipo de professor universitário renegado — seduz a esposa de outro literato, colocando tudo em termos elevados, sérios, razoáveis e "civilizados" — diz a ela o quanto ama sua própria esposa — ela é a mãe de seus filhos e ele sempre foi muito feliz com ela — do mesmo modo como ela, ele está certo, ama seu marido, só que ele acha possível se amar mais de uma pessoa, nossas personalidades têm vários lados diferentes que não entram todos em jogo em relação à mesma pessoa, etc., etc.

Viagem a Coney Island com Florence [que EW aproveitou em *I thought of Daisy*]. Ela disse que havia começado a tomar vários remédios para todas as suas doenças — rins (costas), olhos, etc. — Comentei que ela estava queimada de sol. — "Não — estou é amarela — cabelo muito ralo." — "Que nada, está bonito." Compramos sanduíches e *ginger ale* — fomos direto para o convés de cima e sentamos num banco — bebemos *scotch* em copos de papel — o batom de Florence (a melhor marca — um tom de malva — mulher na loja em que ela comprou mocassim lhe fez perguntas sobre o batom) — eu a fizera esperar por mim no Brevoort escrevendo recado: "Bem, os primeiros 25 anos da minha vida eu passei no Brevoort Hotel. — Tive a impressão de estar casado com você 25 anos, quando você estava lá escrevendo aquela carta". — Disse que se sentia "muito sapeca" — eu estava deprimido — lembrei de minha chegada em Nova York numa manhã, no "North Carolina" (voltando da guerra num cruzador americano) (cheiro de tinta branca de navio no sol) — tentei falar sobre isso, mas ela diversas vezes mudou de assunto — sentado sob ventiladores — "calor na bunda" — "respirar esse ventinho mantém a pessoa sóbria" — os dois cachorros-quentes que caíram no mar quando o garoto tentou se mostrar para ela — "Nunca vi isso acontecer antes!" — Quando o barco parou, sentimos o calor, parados no sol, tudo muito silencioso, ela disse que, quando o voento parava, ela ficava tonta — descendo a escada, atravessando o longo cais, chegando ao passeio de madeira. A Arca de Noé, buzina de nevoeiro intermitente, a arca balançando-se de um lado para o outro — pescador, elefante, HANK sacudindo as grades. Bebendo em venda de cachorro-quente — cartões postais: bandeira americana com inscrição em lantejoulas prateadas — "Pensei em você em Coney Island". — Cartão fotográfico esmaltado, casal com aparência de estrangeiro prestes a se beijar — "Aguardo carta de você" — garotas de maiô — homem levando mão ao chapéu diante de garotas desengonçadas. — Museu de cera: assassinato do caso Snyder e Lindbergh — ela só viu um defunto na vida, uma tia — jogo de bolinhas — irritou japonês por derrubar cobra a toda hora e obrigá-lo a recolocá-la no lugar — "Não, não faça isso", dizia ele — rodada de pôquer, tiro ao alvo (velas, patinhos), acertar argolas em relógios e bonecas de camisola — ganhou uma gaita, uma roleta em miniatura e uma pistola da qual saía uma cobra com mola dentro. — Seu dilema em relação à garota que puxou conversa com ela na loja — simpática de início, mas depois, à medida que a garota foi tomando intimidades, ficou distante e um pouco seca, sugeriu que fôssemos embora se a garota não ia conseguir nunca achar o número dela — atravessamos o parque e fomos ao Brighton Hotel — bebemos lá: Arthur a levara lá quando fugiu com ela, primeiro pileque de sua vida, o dono não parava de encher sua taça de champanhe, vestidinho preto abotoado nas costas e toda vez que ela dançava, eles desabotoavam mais um botão, você sabe como são os homens quando estão com uma garota bonitinha e querem dar um porre nela. Perguntei-lhe de novo se ela já se apaixonara alguma vez — não: não se preocupava com isso, mas às vezes acordava com aquela "dor no sovaco" — lá fora, o mar — o céu ficando de um azul cada vez mais profundo e os globos do passeio cada vez mais amarelos contra o céu — Eu: "Você viu como está ficando azul?" etc. — Florence: "É: já vi isso". — A vez em que o pai dele os pegou juntos, com um detetive, e perguntou se ela havia dormido com Arthur, ela disse que não — Arthur sabia que eu não era louca por ele, por isso a gente se deitava e dormia. — Ah, se você conhecesse o Arthur, você entendia — ele não é como você nem é como o Ted [Leisen], etc. — todo mundo é diferente — Arthur tinha a fama de ser o sujeito mais amalucado de Pittsburgh. — Pegamos uma cadeira no passeio — tentei beijá-la — "Espere: quando chegar a hora eu beijo você com vontade — depois". — Eu disse que me sentiria muito melhor se ela me deixasse beijá-la — "Você se sente muito melhor?" "É." — Lua Azul — luxo, tapetes bonitos, etc. — jantar numa sala grande, quase vazia, ao lado de uma janela um pouco aberta — pensei em viagens pelo oceano — ela pediu duas porções de coquetel de mexilhão, depois lagosta — eu pedi enchova — ficamos lá até tarde (cerca de dez e meia) depois de acabarmos de jantar — então saímos e ela entrou numa lanchonete barata — "Tenho que ir a uns dezoito banheiros" — saiu, tendo vomitado o jantar de frutos do mar — "o cheiro daquele lugar" — depois entramos na Arca de Noé: escada maluca, corrente elétrica; eu a amparando, todo solícito, perguntando como estava se sentindo, com a impressão de que lá fora seria muito melhor do que ali dentro — minha ternura séria por ela naquele momento; numa ocasião mais alegre e mais cedo, poderia ter sido divertidíssimo — garotas gritando, etc. — Luna Park fechado — ônibus — tentativa frustrada de conseguir beber algo — sentados num banco à beira-mar — ela conseguiu tocar a primeira parte de *Nearer, my God, to Thee* na gaita — areia artificial marrom demais — farol piscando de modo regular — luzes e vapores cinzentos seguindo a linha da água cinzenta na tarde me lembraram verões na Europa — Adelaide Knox voltando da Inglaterra — Henry James e Edith Wharton, etc. — Como eu vira as luzes de Coney Island turvando a água com sua luz bronzeada e estremecia ao pensar na América — (teria me divertido em circunstâncias mais alegres em algum ponto da costa de Nova Jersey onde nasci) — onde eu poderia ter visto a cabeça loura dela naquelas areias pálidas onde tantas outras cabecinhas louras passavam o verão. Ela, ao contrário delas, tão verdadeiramente interessante — bolas de praia, chaves de vestiários, etc. — achei que estava com vontade de abraçá-la durante toda a viagem de volta, no táxi — ela havia se lembrado do beijo que eu lhe dera na casa dos Throckmorton quando ela apareceu no alto da escada na hora em que eu estava saindo. O lugar estava fechado, frio: autômatos que não eram mais humanos, cartazes dobrados de homens selvagens — ela nunca fora a uma exposição de *freaks* * — a mãe nunca a deixara ir — queria saber se não era tudo tapeação. — Suas expressões em francês e referências à Europa — voltando de ônibus — soluços terríveis que me sacudiam todo — falou-me do pai, fora o primeiro a projetar certos tipos de caminhão, tinham umas coisas na frente e sirenes que eram acionadas quando se puxava um fio — arruinado por ser incriminado de homicídio, ele e um outro homem haviam se atracado (culpa dos

* Isto é, irmãos siameses, mulheres barbadas e outros tipos de pessoas anormais. (N.T.)

dois) quando o pai estava saindo de uma garagem; o homem morreu e o pai passou um mês no hospital — nunca haviam deixado de pensar que ela devia ter se casado com um homem rico. — Pegamos um táxi em Madison Square (o cheiro azedo da cidade) e ela esqueceu a gaita no táxi — havia composto canções na banheira — uma era cômica, a outra sentimental. — Exatamente o tipo de garota que podia ter morado na casa ao lado da minha — eu poderia ter-lhe dito que a amava, pois era verdade, mas temia que a frase tornasse vulgar a ocasião — éramos como crianças naquele lugar infantil, e sem dúvida isto era uma das coisas que tínhamos em comum que nos dava um sentimento americano de camaradagem e solidariedade — nós dois tínhamos passado a infância na era de Roosevelt, cuja efígie tínhamos visto no museu de cera, sua simpatia encantadora com as crianças e seu sucesso análogo com o público americano — descendo da tensão da paixão e do sofrimento, do esforço intenso, havíamos chegado a este nível simples e normal (tão banal) de solidariedade amiga e nacional, pessoas do mesmo país e da mesma raça, quase da mesma família e da mesma casa, a terra natal da qual brotavam obras, além de crianças — ela e eu — de ramos diferentes — sob a influência do clima, etc., fundidos por fim numa mesma raça e prontos para um fecundar o outro. — Lamentei que ela tivesse pesadelos e tivesse acabado de vomitar. — Quando a deixei em casa com um beijo, senti, embora exausto e passando mal de soluços, uma satisfação profunda e, por assim dizer, uma espécie de desapontamento.

Como ela ficava bonita com aquelas saias curtas e apertadas que lhe ocultavam as pernas logo acima dos joelhos. — Não soube reagir da maneira correta quando exclamei: "Puxa, como eu sou inteligente!". — "Puva, acho que eu entendo muito de mulher!" — Quando ela apareceu na janela e disse: "Não queremos comprar nada, não", com aquele seu sorriso. — "Você tem as unhas mais horríveis que eu já vi — iguaizinhas a unhas de mecânicos, só que as unhas dos mecânicos são sujas." — "Acho que palavras do tipo 'querido' e 'benzinho" foram inventadas só para a cama, não é?" — Ted Leisen passava a maior parte do tempo beijando as mãos dela — que eu nunca achara particularmente bonitas. — Ela elogiou minhas meias cinzentas, que combinavam com meu terno, mas que fora minha mãe que me dera, e disse que gostava do modo como minhas meias combinavam com minhas roupas — a maioria das pessoas usava meias que não tinham nada a ver com o resto da indumentária.

Aviadores [Charles Lindbergh tinha feito seu vôo heróico de Nova York a Paris de 20 a 21 de maio de 1927]. *Discursos de Lindbergh* sobre suas recepções, policiais londrinos, etc. — carta de Hemingway: "Não é uma beleza o que a embaixada americana está fazendo pelo Lindbergh? É como se tivessem pego um anjo que falasse igual a Coolidge", etc. — "O melhor amigo dos Estados Unidos é a França", como se tivesse decorado um texto. No filme. aquele jeito seco de falar de oficial de exército, que ele não conseguiu separar totalmente do arfar do menininho que é obrigado a recitar algo de cor — "Muito obrigado!" — em meio à aclamação enlatada das multidões, já trivializada. — E enfrentar a chuva e neve sobre o Atlântico. — Porém, quando o vi saltando de seu avião Washington, com seu traje de aviador, entrar no carro, correr para um hidroavião, subir nele, fazê-lo elevar-se do chão, depois pousar na água em meio ao pandemônio de barcos fluviais (rejeitando os convites para entrar no rebocador dos jornalistas, dos quais desconfiava) — tinha-se a impressão nítida de que se estava diante de um novo tipo de gênio, de domínio total de um novo meio, um virtuosismo completo, seguro e discreto.

*O comandante Byrd * no Harvard Club.* "Todo aquele pessoal presunçoso do Harvard Club desfilou e sentou-se nas primeiras fileiras" — Byrd apareceu com um copo numa das mãos e uma coqueteleira na outra — "E assim partiram, estes dois homens corajosos, e se perderam na neblina — lá estavam os dois", etc. — "Só um aviador compreende o que isto significa", etc. — Apagaram as luzes e começaram a projeção — um silêncio tumular e sinistro. (A família distintíssima de Byrd na Virgínia, segundo a tia Susan [Wilson] — descendente do Byrd "que construiu Westover" — o irmão dele era o governador — tinha um jeito muito simples de fazer as coisas — alguém tocou a campainha — a mulher do governador disse: "Você não acha que agora ocupa um cargo em que devia deixar o criado ir abrir a porta?". — "Ah, mas é só o Fulano!" —

* Richard E. Byrd (1888-1957), pioneiro da aviação e explorador das regiões polares. (N.T.)

O irmão [que não usava bastão de governador] se dirigia a ele como "Vossa Excelência" nas cerimônias em Richmond — "Obrigado, Excelência", dando um risinho, aceitando um copo d'água.) — "Alguns senhores presentes acham que não vou conseguir terminar meu discurso" — acendem-se as luzes outra vez — as pessoas na platéia com "lágrimas escorrendo pelo rosto" — começa a projeção — Byrd faz que o ajudem a subir na mesa — apontando com taco de bilhar — "O ponto mais setentrional de todo o mundo!" — "Os bravos exploradores — os intrépidos aviadores" — ele olhava para a platéia e dava um risinho: "Conversa fiada!".

Aquele anúncio de cigarros: um rapaz vestido a rigor com uma grande mandíbula carnívora de mastim e boca aberta (grande pata canina segurando cigarro) como se estivesse prestes a devorar o pescoço, as bochechas e os ombros suculentos da garota de cabelo cor de melado de vestido decotado que estava ao seu lado. Ao tirar-lhe o xale ele parece descascá-la, como se ela fosse uma fruta humana — "Suave — não agride o paladar". — O verso do cartaz, todo cheio de ripas.

O pano de prato elisabetano sendo espremido sucessivamente para se extrair a tinta do verso branco, primeiro a cor profunda e magnífica de Shakespeare, e, em outras etapas, o brilho de asa de borboleta (vivo porém ralo) de Marlowe e do verde-e-amarelo venenoso de Webster, até que, com Otway, já não resta mais cor alguma. Até mesmo o tom lúgubre cinzento e sujo de Tourneur era uma tinta preciosa, diversificada com amarelo seco.*

Tia Susan (Wilson, nos visitando em Red Bank): esnobes de Ashville, Carolina do Norte, que achavam que estavam desgraçados se a sra. Vanderbilt não os convidasse para alguma festa — bem, como se diz, "são coisas da Carolina do Norte" — um estado povoado por descendentes de pessoas que haviam se metido em encrencas em outros lugares — a Botany Bay ** das colônias — "Minha senho-

* Christopher Marlowe (1564-1593), John Webster (1580?-1625?), Cyril Tourneur (1575?-2626), dramaturgos contemporâneos de Shakespeare; Thomas Otway (1625-1685), dramaturgo do período da restauração da monarquia. (N.T.)

** Antiga colônia penal na Austrália. (N.T.)

ra, venho do vale da humildade, entre duas montanhas de orgulho". — "Ah, então o senhor é da Carolina do Norte!" — No Alabama, sua irmã observara, numa visita, que as mulheres tinham o hábito de irem de uma casa para a outra de penhoar — e que não comiam nenhuma espécie de pão, só bolachas de água e sal. — Woodrow Wilson: a tia Susan tinha dezesseis anos e tinha muita admiração por ele — ele vinha muito a sua casa — seus discursos sobre Gladstone e Bright * — ela chegava a tremer quando segurava o hinário junto com ele, a ponto de mal conseguir mantê-lo na mão — por ocasião da inauguração do busto do pai dela, Wilson trocou de lado com seu companheiro, quando desfilava, à medida que foi se aproximando da plataforma, para que pudesse passar mais perto dos Raleigh — apertou as mãos dos membros da família e disse: "Vejo que minha inspiração está aqui". — Ela tinha o hábito de escutar seus discursos com os olhos pregados em seu rosto, sorvendo cada uma de suas palavras. Ele era considerado notável (seu único rival era William Cabell Bruce **), mas não tinha muitos amigos — se bem que os "intelectuais" gostavam dele. — A bisneta de Grant, a princesinha Cantacuzene — "o general Grant", "o sr. Jefferson" — o pai dela sabia dizer a origem de qualquer um de seus alunos da Virgínia assim que ouvia seu nome, e se o aluno dizia que era da Nova Inglaterra ou do Oeste, ele dizia: "É, mas o seu avô deve ser do condado assim-assim da Virgínia". — Ela pareceu ficar um tanto surpresa quando lhe mencionei o comentário de Allen Tate segundo o qual tudo teria sido muito diferente se o Sul tivesse ganho a guerra. Continuei a elogiar o Sul, até que por fim ela fez uma tentativa de dizer algo elogioso a respeito de Nova York, falando na beleza da Quinta Avenida e comparando-a com Paris, em detrimento de Paris. — "O juiz" ralhou com ele por não ter lhe dito que Minor estava indo para a Virgínia ocidental — aquele trecho da Virgínia ocidental que praticamente faz parte da Virgínia. — A Carolina do Norte era um estado maravilhoso: indústria, o povo muito econômico e não sei que mais, cada vez mais rico, e ela não tinha nada contra as pessoas enriquecerem, desde que elas não vivessem falando sobre dinheiro.

* William Gladstone (1809-1898) e John Bright (1811-1889), estadistas ingleses que promoveram reformas sociais. (N. T.)

** Escritor e político; senador federal (1860-1946). (N.T.)

PROVINCETOWN

[Fora umas visitas rápidas, esta foi a primeira vez em que eu realmente passei o verão em Provincetown. Fiquei no hotel da sra. Mayo na Commercial Street, li *Moby Dick*, procurei um lugar para trazer Rosalind e Stella, andei com John Francis, que, embora trabalhasse como corretor de imóveis, desaconselhava os clientes a comprar as casas que ele próprio lhes mostrava. Então chegou um telegrama de Jimmy Light dizendo que ele não ia poder ficar na casa de O'Neill conforme pensava, e portanto eu podia ficar lá. Mudei-me para Peaked Hill. O'Neill parou de ir para Provincetown quando se divorciou de Agnes, e deu a casa a seu filho do primeiro casamento, o qual a estava alugando. Ele veio me visitar uma vez — creio que depois, quando eu estava morando lá com Margaret — muito sério, e um tanto pesadão.]

Provincetown. O céu de um tom azul-linóleo baço acima das fábricas de Boston, de tijolo vermelho, como as cores e formas de brinquedo de um livro infantil, chegando a Boston, gelou-me a alma.

Chegando a Provincetown, beleza delicada do mar madrepérola afinando-se, tornando-se uma lâmina frágil feito concha ao longo da praia — espécie de iridescência de violeta, azul e verde — algumas gaivotas.

Provincetown. 20 de junho [de 1927]. "Cheia de fadas que trabalham em lojas de antigüidades" — "The Anchorite", com os falsos vitrais (eclesiásticos) na porta — aquele céu acinzentado, macio e emplumado, o dourado amplo para os lados do oeste, como se vê de um navio — o porto de um tom acinzentado de alfazema, tão lindo, cheio de barquinhos, menos alfazema e mais cinzento à medida que a tarde caía — grande estrela brilhante na escuridão acima dos beirais de uma casa branca. Excelente cavalinha frita na manteiga e uma espécie de sopa de ostras adocicada — velho capitão no hotel — falando do preço do peixe-espada — portuguesinhos com pele de um tom limpo azeitonado, lavada pelo mar, mas não excessivamente queimada nem escura, olhos negros, normalmente não bonitos, nem eles nem as mulheres, e sim uma espécie de vegetação mirrada, como as ervas que dão nas dunas das areias do norte — um bebê bonito, de olhos negros, sorrindo nos braços de uma mulher de pele curtida conversando com outra mulher igualmente curtida. — Reconheci o pináculo da igreja, entre os telhados, que havia sido pintada por Charles Demuth * — a casa verde, alta, escura e lúgubre, sobre a qual se contava uma história estranha que O'Neill adorava, fora reformada com capricho e agora era um museu histórico. — Harry Kemp ** falando sobre poetas ingleses esquecidos, bêbado e incoerente, desanimado com estudo de literatura — "dezenas de artistas burros — não há mais literatos" — a voz suave e simpática de John Francis, seu cavalheirismo (um corretor de imóveis excêntrico) — figura de proa de madeira pintada representando mulher de cabeça erguida e segurando com uma das mãos uma coroa de flores contra o peito, à entrada de casa amarela, afundada como um velho navio num quintal cheio de grama crescida, com uma velha sentada à janela — "bebida destilada da areia das dunas". — Igreja Episcopal de Santa Maria do Porto, cantando *Holy, Holy, though the darkness hide thee*, na tarde limpa na igrejinha, o pastor com sua sobrepeliz branca.

O sol de fim de tarde brilhando prateado num céu com laivos férreos acima de uma casa branca cujos estores azul-escuros correspondiam às sombras do céu — uma casa em tom branco de zinco, com persianas de um verde-alface vivo. — Uma bela casa branca com uma cerca branca baixa, trançada, longos retângulos achatados entremeados com diagonais, por trás da qual a luz clara da tarde mostra as folhas das árvores no gramado como uma renda verde

* Pintor modernista (1883-1935). (N.T.)

** Escritor, boêmio e agitador da vida cultural de Provincetown (1883-1960). (N.T.)

precisa em silhueta, toda delicada e sem profundidade; persianas verde-claro nas casas brancas altas e esguias, gaiolas de canários douradas, redondas em cima, nas janelas — Pete Carr (os Carr eram dois irmãos que tinham uma carreta, a qual usávamos para transportar bagagem) sabiam conversar melhor com os convidados de O'Neill do que Dick — nenhum dos dois nunca havia se casado, aparentemente — viviam numa casa onde havia um rádio e uma escarradeira redonda cheia de areia para cuspir fumo; homem que tinha medo de cobra preta, mulher que agarrou víbora pelo rabo e arrancou-lhe a cabeça num átimo. Azuis vivos das centáureas, alaranjados e escarlates das capuchinhas, vermelhos das papoulas, amarelos profundos com centros marrons daquelas florzinhas que lembram girassóis, cores primárias fortes contra verdura pobre e a terra arenosa pálida, e as casas brancas.

[Hazel Ufford foi recomendada a John Peale Bishop por Edmund no ano seguinte como "uma garota que morava perto de mim no verão passado, quando eu estava na velha estação de guarda costeira de O'Neill perto de Provincetown. Ela é bem garota e muito bonita, e tem um talento literário notável, ainda em estado bastante imaturo". Na época, Bishop estava morando em Paris, e Hazel Ufford estava planejando uma viagem ao estrangeiro.]

Hazel Hawthorne (Ufford) (Ela ainda estava casada com Ufford, e eles tinham um cabana em Peaked Hill) fazia os filhos a chamarem de Hazel. A avó (mãe de Hazel) fora casada com um pastor, seu rosto emagrecido, seu jeito de dizer "inho" — "Você não deve machucar a pulga-do-mar". "Por quê?" "Não se deve machucar nenhuma criaturinha viva." (Susan Glaspell * dissera sobre Roger que "aí tem uma história interessante, também".) Quando Hazel veio com amigos olhar a casa: "Ah, Edmund, você se importa se a gente der uma olhadinha lá em cima?". — Sermão do marido sobre os Dez Mandamentos — bem ao gosto dos síndicos — "Craque! outro mandamento rasgou o firmamento!" — O sangue de Abel gritando no chão — tinha de dizer àqueles velhos o que eles queriam ouvir a respeito da imortalidade ou bancar a autoridade

* Dramaturga e romancista; com o marido, George Cram Cooke, co-fundadora dos Provincetown Players (1882-1948). (N.T.)

em reformas sociais, etc., assunto sobre o qual, na verdade, ele nada sabia. Metera-se numa encrenca em Durham (Universidade de New Hampshire) por ter servido uma bebida a um aluno, por isso ficou um tanto receoso de aceitar o drinque que lhe ofereci enquanto esperávamos na estação. — Roger queria me apresentar a sua irmã — não era absolutamente o que se espera de uma mulher de pastor com seis filhos — sua eterna prestatividade — seu eterno barco — a "pressão central", que não estava certa — jogando raias e lulas de volta no mar. — A preocupação de Hazel (e Ufford) com um corpo devorado pelas pulgas-do-mar e com os infortúnios de George (o guarda costeiro bonitão) que usara o barco, mas depois ficara acamado com gonorréia, que pegara com a mulher de um português da estação, a quem tinha acesso sem nenhum risco por saber que, quando ele estava livre, o marido estava na estação. Os dois pegaram gonorréia e foram para o hospital, onde aprenderam "a se conhecer melhor". Roger lamentava a queda de George — um bom rapaz, mas sem juízo — podia ter andado com as melhores pessoas da cidade, mas agora o escândalo estava em todas as bocas. — O jeito dela de dizer "Oi" (disse Fanny, enfiando a cabecinha bonita pela porta). (Havia em torno de Hazel e Roger uma atmosfera um tanto melosa e antiquada daquelas velhas histórias da Nova Inglaterra.)

Os Gorman (que estavam me visitando). Herbert aliviado ao me ver brigando com Jean por causa de Carl Van Doren — percebi-o em sua voz quando falou com ela naquela noite — e ele acomodou-se na espreguiçadeira de palhinha e escreveu um poema — certamente um poema dedicado a ela, ou uma sátira a mim. Acusando-me (segundo me pareceu) de falta de dignidade. Sempre chamava Jean de "benzinho". Herbert me provocando falando sobre o excelente *scotch* que tomara na véspera, trazido por Carl Van Doren.

Provincetown. Após uma noite de chuva, aquela manhã maravilhosamente limpa — todas as moscas e mosquitos desapareceram — o mar de um verde e um roxo vivíssimos e profundíssimos, encapelado com ondas verdes, que ao se dissolverem nas águas balouçantes junto à praia ficavam tão transparentes que se podia ver com clareza a areia amarela no fundo e uma pedra azul ou esverdeada ou uma grande concha branca. — Nos dias quentes de verão o oceano ficava enevoado e cinzento, e à noite uma bola de brilhar seca, cor de cereja, sem fulgor nem cores de crepúsculo, descia no mar plúmbeo e deixava o céu com um tom pouco menos plúmbeo — à noite, a luz das estrelas era amortecida.

Florence. Alga vítrea — Garota de maiô como nos filmes de Mack Sennet de 1915 — *Priscilla, Priscilla, she smells like vanilla, she keeps the mosquitoes away*! — suas pernas finas de pássaro do joelho para baixo — a rede viva de veias azuis por causa da cãibra — havia bebido tanto para conseguir entrar em cena em *Louis XIV* que finalmente entrou numa espécie de *delirium tremens* e viu um cavalo sentado ao lado de sua cama, olhando para ela com malícia, com os cascos, que estavam pintados de azul, apoiados nos joelhos — ela disse a si própria que aquilo não podia ser real, mas parecia ser — até que a fizeram beber uma boa quantidade de uma coisa amarga e ela dormiu.

— animadíssima e em clima de gala no dia em que chegou em Provincetown — todo mundo animado e você calado e sóbrio — seu macacão de criança — no dia seguinte sua cor começou a voltar.

— "Essa noite sonhei que você estava apaixonado por uma ruiva."

— o pai dela se embriagava, vinha para casa, sentava na beira da cama e convocava reuniões da diretoria: "Eu achava engraçado, mas a minha mãe ficava tão preocupada!".

— Não sabia por que seu cabelo tinha ficado rosado — muito tempo atrás, não lembrava mais da cor original — cor de pêlo de rato, eu acho — clarearam quando ela foi trabalhar em *Louis XIV* e desde então que ela sempre passava água oxigenada e suco de laranja de vez em quando para manter a cor.

— a primeira vez que viu Ted, chegou-se a ele e disse: "Eu me sinto mais à vontade com você do que com qualquer outra pessoa que eu já conheci!". — Ele limitou-se a sorrir — demonstrou ter muito discernimento.

— Os pés não serviam direito para dançar — pequenos demais para mantê-la em posição ereta.

— deixou de trabalhar em mais representações de *Louis XIV* do que qualquer outro membro do elenco (independência da garota que é filha de um homem que já foi rico).

— chorando porque concluiu que não tinha futuro.

— os homens — "Eu detesto — só pensam numa coisa, 24 horas por dia — olhando de esguelha e devorando a gente com os olhos, e beliscando, e pegando — agarrando e se esfregando!"

John Francis. Fox disse que você viu o anúncio da firma do John Francis em todas as casas — "você ficou meio embasbacado". — O pai dele fora um belo homem, forte e correto — passou a infância na fazenda — tímido — acreditava em fantasma — faziam as mesas se mexerem — quando subia a escada, o fantasma ia atrás — nunca soube quais as casas com que estava trabalhando — "dormindo a maior parte do tempo", disse um cliente — o próprio John Francis disse que não sabia como é que um homem podia se olhar no espelho depois de publicar no jornal um anúncio mentiroso, como fazia o outro corretor — sangue português misturado com irlandês (mãe irlandesa chegou num naufrágio) — no armazém faltava tudo — disse que eu parecia um rapaz solitário — não conseguia mobiliar a casa e aprontá-la toda a tempo — jovem casal simpático e instruído, compraram casa mas quase imediatamente se divorciaram — " 'Sacco e Vanzetti têm que morrer!' — que coisa terrível, gritar uma frase dessas bem alto!" — canhoneira no porto para a comemoração — para que é que eles queriam um navio enorme daqueles para sair por aí matando gente? — voz macia, como uma lamúria — achavam que por lá todo mundo era rico — não havia viajado muito, mas até que não devia ser dos piores — se preocupava com o sentido da vida — filho intelectual — lia Thomas Mann, Hemingway, *The Dial* — votava no candidato comunista (única pessoa na cidade que fazia isso) — perguntei se o filho ia para a cidade grande: "Will não tem dinheiro para sair daqui!".

Beijo belo e frágil do mar em Peaked Hill à noite, após um lindo dia. — Raias marrons rajadas com olhar desvairado trazidas à praia pela maré, ao entardecer ficam se debatendo, mostrando o lado branco. — Águas-vivas de um belo tom de vinho, com desenhos de tapetes. — Pulgas-do-mar luminescentes.

[EW viajou de Provincetown a Boston quando os libertários faziam a última tentativa de salvar os anarquistas condenados, Sacco e Vanzetti. Na verdade, viajou para ver os amigos, mas o clima dramático daquela causa célebre, a atmosfera de tensão, a tragicidade de cada apelo da defesa, a prisão dos liberais, tudo isso muito influenciou os sentimentos de EW e seu estado de espírito durante toda a sua estadia em Boston. As anotações que fez a respeito de suas impressões do *country club* e de sua animada vida social com as irmãs Fort, Louise e Henrietta, amigas do advogado John Amen, suas conversas sobre poluição — "mexilhões condenados", sobre a maneira de preparar as lagostas cozendo-as vivas, um gracejo sobre os homens da Rumpelmayer's, firma internacional de serviços de banquete (na verdade, uma alusão a uma expressão que aparece na primeira página do romance *Mrs. Dalloway* de Virginia Woolf) — tudo isso cristalizou-se na mente de EW num conto magistral de fina ironia. Ele o publicou com o título "Lobsters for supper" em *The New Republic,* em 28 de setembro de 1927, e mudou o título para "The men from Rumpelmayer's" quando o incluiu em *The American earthquake* (1958). Bem típica do lugar e da época, a história deve ser lida no contexto da rigidez judiciária e do clima feroz da Boston daquele tempo.

Manifestações diretas de sua posição quanto ao caso Sacco e Vanzetti se encontram numa carta escrita um ano depois (22 de outubro de 1928) para John Peale Bishop, que estava morando no estrangeiro. Escreveu EW a Bishop: "Na época, você estava longe demais para poder se dar conta da importância [do caso] e seu interesse. Ele trouxe à luz toda a anatomia da vida americana, com todas as suas classes sociais, profissões e pontos de vista e todas as suas relações, e levantou quase todas as questões fundamentais de nosso sistema político-social. E, além disso, o fez de um modo inesperadamente dramático. Como disse Dos Passos, durante os últimos dias antes das execuções, foi como se, sob um encantamento mágico, todos os tipos diferentes de americanos, do eminente ao obscuro, de repente, em explosões breves de vida intensificada, fossem obrigados a revelar seu verdadeiro caráter de modo acentuado e exagerado".]

Porto de Boston. Primeiro as casas grandes e quadradas de madeira, grandes demais e sóbrias demais em alguma ilha verde-escuro — depois aquela geada de pedra contra a água, prédios vermelhos semelhantes a grandes instituições, chaminés de fábricas, uma espécie de campanário — Boston a nossa frente num poente vermelho-cobre industrial, que empresta um contorno metálico a uma grande nuvem de chuva que enche a parte esquerda do céu e encobre o azul ainda límpido do início do outono, os velhos barcos — porém o negror das águas era o de Sacco e Vanzetti, não o escurecimento de uma paisagem do século XIX que de algum modo a tornava mais profunda e rica, e sim apenas a embaçava, desnudando ainda mais uma superfície metálica lisa e uniforme, de onde se espetavam bóias e mastros de navios — a tempestade muda e imóvel sem trovões, como uma grande ameaça irremovível e sem rosto, a ameaça não apenas de um desastre para a humanidade, e sim da própria negação da humanidade. — Eu não devia ter pensado no porto de Boston do quadro — vento forte, mas não opressivo.

Mar cinzento e enevoado — com neblina e calor — as ondas grudentas — nem quebravam direito — ao invés de quebrar, grudavam na praia e detinham o movimento das ondas que vinham atrás, as quais só conseguiam subir e descer, impotentes, à-toa — fedor de peixe morto, água suja — subindo pela areia, feia — água de um verde opaco.

Indo ao celeiro do traficante de bebida, passando pelo cemitério enevoado — as árvores cercando a massa escura da casa, silhuetas negras de tinta borradas em cinza.

Harry Kemp queria ir às ilhas de St. Pierre, onde servem vinho em garrafas de leite todos os dias pela manhã, mas não sabia o que fazer com seu gato — abandonaria uma criança sem escrúpulos, mas não era capaz de abandonar um gato. Sua mulher, quando deixou o gato com ele, sabia que desse jeito ele continuaria caseiro, apesar de estarem se divorciando.

Ufford. Os hipopótamos são fáceis de se provocar — ele vira um elefante na jaula ao lado de um deles enfiar a tromba dentro da boca do hipopótamo. Este fechava a boca e o elefante tirava fora a tromba na hora exata, com absoluta precisão. E aqueles dentões enormes prontos para esmagá-la.

História de Dudley Digges sobre Moore* e Yeats (os Digges vieram me visitar em Peaked Hill): *Diarmuid and Granya,* originariamente escrita em inglês por Yeats — depois traduzida para o francês por Moore, depois para o irlandês por Douglas Hyde, ** depois para o inglês por *Lady* Gregory. *** Moore foi a Paris — Yeats a Sligo — telegramas, Moore para Yeats: "Ponha mais lascívia em Granya!". — Foi finalmente montada por uma companhia de atores ingleses, um dos quais era Walter Hampden **** — leram todas aquelas falas syngianas ***** com sotaques britânicos carregados. Ao lhe ser perguntado como foi, Hampden disse que se esquecera completamente, só lembrando que "foi uma experiência muito dolorosa".

Provincetown. Aquela filigrana de ferro batido infinitamente delicada, metálica e folheada, contra a limpidez brilhante do céu estival, azul e branco diamantino — em finas folhas diamantinas, nublado e azul límpido.

Harry Kemp. Foi a uma festa em Provincetown onde todos tomaram coquetéis de absinto — ficou bêbado, escreveu poemas para todo mundo, ofereceu-se para escrever um poema para a anfitriã se ela lhe servisse mais uma dose — tempestade: ele se propôs a fazer mágica para afastá-la — toda uma encenação com velas, ajoelhou-se, andou pela casa toda — tempestade de fato passou — ameaçou fazê-la voltar a menos que lhe servissem mais uma dose.

Nascer do sol esta manhã — o mar tão liso, um azul tão tênue e tenro e, no céu azul-claro, algumas nuvens de um tom delicado de rosa, como conchas — as ondas suaves emprestando à seda do mar uma franja levemente prateada, sibilante.

* George Moore (1852-1933), ficcionista e memorialista irlandês. (N.T.)

** Escritor e estadista irlandês, primeiro presidente da República Irlandesa (1860-1949). (N.T.)

*** Isabella Augusta Gregory (1852-1932), escritora e tradutora irlandesa, amiga e protetora de Yeats. (N.T.)

**** Ator americano, que começou a carreira na Inglaterra (1879-1956). (N.T.)

***** Isto é, de sabor tipicamente irlandês, como as obras do dramaturgo John M. Synge (1871-1909). (N.T.)

Rua de Provincetown. Garota para garoto numa casa: "Você foi tão arrogante — a gente chamou você quando passou de carro e você nem ligou".

— Aqueles pés de garotas calçados em tênis — a tarde americana no interior — falavam a mim com um sabor inconfundível — alguma grandeza e vulgaridade da vida jovem que no momento me pareceu algo poético e estranho.

Os Hapgood. Um irmão ficou trabalhando na fábrica e acabou resolvendo democratizá-la — Norman e Hutchins ficaram horrorizados — Susan Glaspell tentou gozar Hutch Hapgood por causa disso — mas ele disse: "Não posso rir disso — é uma coisa que me toca muito de perto".

Harry Kemp disse que nos dias em que Frank Shay estava sóbrio, ele não conseguia fazer sua livraria motorizada funcionar, e nos dias em que conseguia, estava bêbado.

Os senhorios italianos de Greenwich Village costumavam alugar imóveis para donos de restaurantes por períodos curtos, de modo que, quando o restaurante estava todo montado e já tinha uma boa clientela, eles despejavam os inquilinos e assumiam o controle do restaurante.

O homem que costumava ir morar com a família em casas mal-assombradas, porque o aluguel era sempre bem barato.

Briga de Polly Halliday com Frank Shay — sabedora das técnicas das festas bagunçadas de Greenwich Village, ele jogou-se em cima de Frank; mas o anfitrião, "por acreditar na igualdade dos sexos", bateu nela e cortou-lhe o lábio. — Quando um dos convidados, na hora de ir embora, tentou dizer ao anfitrião que achava que ele havia se comportado mal, este deu-lhe um soco no queixo.

Harry Kemp. História sobre Jack O'Brien e Fitzsimmons — Jack O'Brien nocauteou Fitzsimmons * — mas Fitzsimmons já era velho — Jack descobriu que os pais de Fitzsimmons estavam num asilo de indigentes em Ballyrat, Austrália, e quando a luta começou ele disse: "Sabe pra onde que eu vou mandar você?". — "Pra onde que você vai me mandar, Jack?" — "Vou mandar você de volta

* Robert Fitzsimmons (1862-1917), campeão mundial de boxe em três categorias, perdeu o título na de peso-meio-pesado para Jack O'Brien em 1905. (N.T.)

pra Ballyrat pra fazer companhia ao seu pai e à sua mãe no asilo!" — Harry Kemp havia perguntado: "Mas Jack, você não acha que isso foi uma coisa muito mesquinha?" — Jack respondeu: "Pensando bem, acho que foi mesmo! Nunca que pensei nisso antes!". — Alguém começou uma luta com Tunney, * um homem fino, dizendo: "Seu merda, você não devia ser lutador, devia era ser engraxate!" — e em outra ocasião, quando ele estava sendo apresentado a um velho lutador de boxe, homem rude e endurecido, este lhe disse: "Você vai ser o próximo que eu vou pegar!", etc.

Harry Kemp estava se preparando para botar seu gato num saco e jogá-lo dentro d'água quando o gato vinha e punha a pata em seu braço, e ele dizia: "Não, seu filho da puta — eu vou ficar com você, mesmo!".

Sua vaidade o impedia de trabalhar em grupo. — Era um saltimbanco — mas não conseguia ser um grande *showman* — porque não *acreditava* em fazer as coisas em grande escala — acreditava em fazer as coisas em pequena escala para que daí saísse alguma coisa grande — tal como O'Neill fez com os Provincetown Players. — Ele costumava ir aos restaurantes com um chocalho de vaca para atrair pessoas para seu espetáculo — sua mulher não gostava disso. — Uma vez ele ficou tão preocupado com outras coisas que esqueceu de fazer divulgação, e na estréia só apareceram três pessoas.

História sobre O'Neill — tinha tido tanta dificuldade em entrar em contato com ele — concluiu que ele era arredio e, vindo da praia um dia, Harry resolveu passar por ele, dizendo apenas "Oi", e sem fazer nenhuma tentativa de puxar conversa com ele — assim foi à praia e sentou-se e logo ouviu alguém se aproximando pesadamente, como um cachorro S. Bernardo dos grandes — e O'Neill disse: "Sabe, eu sempre quis ser lutador de boxe — mas uma vez eu levei um soco que deixou meus dentes todos frouxos".

Harry Kemp disse que Jimmy Light só não havia se tornado um grande produtor porque vivia tentando conquistar as atrizes. — Antigamente — não precisava bajular nenhum patrocinador judeu — se tinham dinheiro, gastavam todo ele na produção — se aparecia alguém que não se entrosava com o grupo, ninguém ligava para ele.

* Gene Tunney (1898-1978), campeão de pesos pesados. (N.T.)

NOVA YORK

Hortense Alden. Acho todos os casamentos incongruentes, mas acho esse (Jimmy Light e sua mulher) particularmente incongruente — (Por quê?) — porque ele é anglo-saxão — e ela (dando de ombros) — ah, sei lá! — oriental do oeste — Aquele sotaque não é britânico de verdade, você sabe! (ela própria tinha um sotaque de melindrosa de teatro). — A perceptividade dos judeus quando se trata de detectar as imposturas e hipocrisias um do outro, e o prazer que sentem ao revelá-las.

Bingham, o psicólogo industrial. Sua esposa, de olhos vivos, parcialmente dessecada, não inteiramente desprovida de charme — ele, um homenzinho calvo e sem cor, com uma boca chupada sem vida e olhos semelhantes a buracos vazios — seu jeito preciso e profissional de falar: "Acho que em relação a isso não há o que considerar". (Eu estava tentando alugar a casa dele.) Quando perguntei a Mary a seu respeito: "Olhe, ele me deu dez em psicologia e eu não tinha nem aberto o livro, e sei que deve ter havido um motivo".

Tardinha em Nova York, moça parada numa porta de rua ao lado de um homem, com um braço para trás, num ângulo reto americano, para que pudesse segurar a mão dele.

Homem sem pernas, o tronco enfiado num estojo de couro, se arrastando com as mãos, enfiadas em grandes luvas de couro amarelo, sujas — atravessando a rua rente ao chão e erguendo o corpo com as mãos ao chegar no meio-fio, enquanto as pessoas olhavam para ele sorrindo.

Dorothy Parker. Teve caxumba — Don Stewart, Marc Connelly e Benchley estiveram com ela de tarde — Don "guinchava": "Eu *vou* encostar em você! — Eu *vou* mostrar a você que sou seu amigo!" para o espanto do médico — Benchley estava bêbado, pelos cálculos dela, há onze semanas — estava "reduzido a pedacinhos" — havia escrito uma comédia musical que foi tão espinafrada que ele nem queria chegar perto do teatro. — Marc Connelly estava afogando as mágoas porque sua peça fora um fracasso.

Eu havia conhecido Anna no Tango Gardens, um *dancing* vagabundo na rua 14.

Anna. O padrasto era um sujeito grandalhão, gordo, horroroso — a gente estava se medindo — a gente até que se diverte um bocado quando eu não estou aporrinhada com ele. — A gente estava se medindo e a coxa dele é da grossura da minha cintura — eu tenho 86 de cintura, sabe, e ele tem 86 de coxa — e a minha mãe é que sustenta ele — ela que dá dinheiro pra ele! — prenderam ele junto com o meu marido — acharam ele num carro roubado — ele pegou cinco anos e o Sam pegou só um — Quando penso na minha mãe se enroscando nele! — quando passo pela porta do quarto dela e vejo ela se enroscando nele na cama — me dá uma vontade de entrar e dar uma porrada nela — Falando sério, é horrível dizer uma coisa dessas, mas juro que eu preferia ver minha mãe morta que vivendo com um sujeito assim! (Ele era russo; ela era ucraniana.)

A festa — batizado da filha da irmã dela — uma festa e tanto — duzentos dólares gastos em bebidas — álcool — todos os tipos de bebida — sujeito apaixonado por ela — mas ela não queria nem dar umazinha com ele, sabe? — ele vive grudado em mim e olhando pra minha cara — os outros mexiam com ela por causa dele — pra começo de conversa ele é maluco, eu acho, e depois que ele conseguisse isso ele não ia mais querer saber de mim — na festa ele sentava ao lado dela e dizia: ah, Anna, deixe eu pegar no seu braço, e quando vinha alguém para tirá-la para dançar, ele dizia: "Você não pode dançar com ela, não!". — "Não pode dançar com ela, meu Deus!" — Italianos, judeus, nem sei o que tinha lá. — Quando lhe perguntei se ela pensava em mim: "Penso, sim, sempre". — Ela é que tinha de fazer tudo na cozinha, dormia no porão — a mãe levava o café-da-manhã na cama para o padrasto — nunca fez isso pra ela — no tempo em que ela estava grávida — a família do sogro dela não aturava o padrasto. — O rapaz que a ficou incomodando — ela deu uma bebida fortíssima para ele e ele apagou feito uma lâmpada.

Pele branca e macia no rosto com um toque de rosado — boca vermelha úmida — passional para uma garota tão suave e frágil — beijos cegos — só aquelas bocas úmidas se encontrando.

Horrores da rua. Mãe jovem e bonita com bebê sujo e feio no carrinho.

Garota negra com dentes horríveis na frente.

Vi um homem encostado na parede de tijolos de uma lanchonete, e de início tive a impressão de que ele não tinha cabeça — o boné estava enfiado até cobrir os olhos, de modo que o pescoço parecia decapitado, e o corpo dele era extremamente curto.

Homem na rua com rosto fino demais e cabeça fina demais e têmporas fundas — como uma cabeça de madeira que, por acidente ou de propósito, tivesse sido esculpida com proporções erradas.

Em *Seabright*, moça loura com maiô azul-claro deitada de bruços na areia, com toalha cobrindo as nádegas. — Garotinha com cabelos de estopa, com suéter preta grossa, de gola quase universitária, examinando um punhado de conchas.

A caixa de blocos de construção alemães de Rosalind, que a mãe comprou para ela por dez centavos — tão simples, tão bonitos — aquele gosto alemão legítimo em matéria de brinquedos — caixa fina, simples, com tampa de correr, na qual apareciam quatro figuras coloridas de prédios, com pinheirinhos e palmeirinhas em volta, que podiam ser construídos com os blocos, e dentro dela vinham guardados, de modo compacto, as peças quadradas, de proporções cuidadosamente calculadas, com a metade da largura da caixa, as vigas especiais pintadas de marrom, para diversificar e individualizar os monumentos criados, os pilares pequenos e verdes, como rolhas, o arco de pontas finas e quadrado em cima, para servir de apoio para um segundo andar, o arco vermelho curvado em cima, o pequeno semicírculo maciço que era útil como enfeite — sendo cada peça serrada da anterior, de modo que não fora desperdiçada sequer uma lasca de madeira e que todas as peças se encaixavam compactas dentro da caixa — e, por fim, a peça mais elaborada e, por assim dizer, luxuosa e interessante, um trechinho de rio para ser usado quando um dos arcos fosse usado como ponte — azul-anil escuro, com cinco ondas, como se fosse uma pequenina tábua de bater roupa — economia, adequação, proporção — um gosto bem-humorado e impecável — simplicidade e beleza. — Outro brinquedo alemão, também muito barato — talvez 25 centavos — o galo que saía e cantava quando se abria a porta do galinheiro — os brinquedos americanos — como aquele gato em Boston — muitos tão feios que nem dão vontade de comprar.

Bebê em carrinho equilibrado na beira da obra do metrô — criança de patins que leva um tombo — mulheres vêm acudir a criança, que chora desesperada — mulher anormalmente gorda, talvez hidrópica, com cabelos grisalhos, soltos e ralos, levantando uma lata de lixo.

Mulher de nariz pontudo como um bico com a cabeça virada para o lado me deu a impressão de estar com o pescoço torcido.

Cummings e Sacco e Vanzetti. Perguntei-lhe como era A. Lawrence Lowell: * "Foi um dos melhores amigos do meu pai! — Vai para todo lado com um *poodle*zinho que anda arrastando os colhões no chão, que formam a letra H — é assim que ele é! — Já conheci vários desses rapazes que estão sendo preparados para ocupar cargos importantes — primeiro, eles perdem os dentes — depois passam a usar óculos — depois, você pode não acreditar, mas é verdade! — eles têm que aparecer em certos lugares na Quinta Avenida, em determinadas horas, com uma cartola na cabeça! — E se eles fazem isso e estão sempre à mão e fazem visitas e lambem sacos — depois de algum tempo morre alguém, aí eles se levantam e põem as cartolas na cabeça e põem os colhões para

* Educador; presidente da Universidade de Harvard de 1909 a 1933 (1856-1943). (N.T.)

fora, e, se eles fizeram tudo direitinho, eles ganham o cargo — Quando o Henry morre, você vira Lee, e quando o Lee morre, você vira Higginson! Tem um tipo de colarinho que ele [Lowell] usa que faz parte da tradição — meu pai também era para fazer parte da tradição, mas ele se vestia como um cavalheiro — usava colarinho de ponta virada — mas o Lowell usa só um troço que dá uma volta no pescoço, e tem uma espécie de gravatinha-borboleta que eles têm que usar também que sobe bastante de um dos lados por debaixo do paletó — a sra. Royce diz: 'Ora, Josiah, você esqueceu a gravata!', e ele diz: 'Ora, ora, vejam só, não é que esqueci mesmo? Como é bom ter uma mulher para reparar nessas coisas!" E assim eles enrolam essa camisa-de-vênus seca no pescoço — e o pomo-de-adão fica para fora — você estava falando em malva-rosa velha e murcha — pois o pescoço do Lowell é assim mesmo — chega a ser meio indecente! É como o sujeito parado na esquina — ele pergunta para o guarda: 'Eu estou mijando?' — e o guarda responde: 'Não' — e ele diz: 'Pois devia estar — minha braguilha esá aberta!'.

"Você não imagina como as esposas andam ficando carinhosas com os maridos esse ano — [É mesmo?] — Ora, nunca se viu nada igual! — Você vê o sr. e a sra. X um belo dia andando de braços dados, e no dia seguinte descobre que o bosque foi todo derrubado e a vegetação rasteira foi toda arrancada — e um monte de placas: Mantenha o chão limpo!".

Anna. Ela pensava que estava lubrificando a máquina de costura — fazendo tudo direitinho, sabe — mas em vez de óleo era cola — ah, agora ficou tudo grudado! — você precisava de ouvir a minha mãe! — a mãe dela era ucraniana e falava um montão de outras línguas também — a irmã dela nunca bebia nem fazia nada — podia ter se casado com um monte de sujeitos com grana, mas quando apareceu o tal carcamano, ela ficou louquinha por ele — o padrasto tentou levar ela pra cama uma noite — o Sam deve ser maluco — ele pegava um gato, sabe, e botava ele no muro e amarrava uma corda no pescoço dele que aí se o gato pulasse ele se enforcava, e aí é claro que o gato pulava e ele ficava parado rindo de ver o gato se enforcando — e no inverno ele rolava do alto do telhado e caía na neve — ah, falando sério, ele deve de ser maluco.

Faziam troça dela em Oswego (onde moravam seus sogros) porque ela não sabia jogar bridge — a tia dele, metida a besta, de Long Island — o tio dele é grandalhão — já te contei? — uma vez no carro — ele de agarramento com a tia dele no banco da frente — pegando nela todinha — eu xingando ela com tudo que era nome feio que eu conhecia — no banco de trás — mas ela estava tão bêbada que não ouvia nada — ele tirou cem dólares dela — ela estava tão bêbada que não percebeu o que ele estava fazendo — o pai e o irmão dele ficavam de agarramento com ela quando estavam de porre — esnobavam ela quando estavam sóbrios —

Foi o padrasto que pegou cinco anos com Sam a primeira vez que foi preso — o homem que antes era dono do *speakeasy* que depois passou a ser do padrasto, onde Anna tentou trabalhar uma noite e ficou enojada — costumava escrever poesias e deixou umas lá quando foi embora — não parecia o tipo de homem que escreve — era um sujeito grandalhão, forte.

15 de outubro — ela ia ter que começar a pressionar os inquilinos — a dificuldade de conseguir autorização para o despejo — mas os inquilinos pagaram, de modo que ela não teve que se aborrecer — Ela tinha medo daquela porcaria daquela fornalha — quando a pressão começava a subir cada vez mais — uma vez foi subindo e subindo e ela teve que sair de casa correndo e pegar um vizinho para consertar — ficou com medo de toda a casa explodir!

Ela havia amado Sam mais do que a mim, mas o Sam não fazia com ela o que eu fazia — ela beijava o corpo dele todinho que nem eu fazia com ela — acho que não tem um pedacinho do corpo dele que eu nunca beijei! — Acho que ele não ligava. O do Sam era maior que o meu, mas machuca gostoso — sabe? — o médico disse que ela era muito ardente, não era verdade? porque a abertura do útero dela era pequena — a prima dela não achava graça nenhuma naquilo, mas fazia toda noite porque o marido gostava, sabe — ela achava que sua boceta (nunca a ouvi empregar o termo, ela dizia só "ela") era uma coisa horrorosa — não sabia nada a respeito do clitóris — lavava mas não olhava para ele — gostava da coisa do homem — quando o Sam me fazia pegar nela, eu tirava a mão depressa, sabe, mas eu sentia um negócio delicioso — uma noite eles chegaram em casa bêbados, e o Sam fez ela beijar a coisa, etc., e ela ficou a noite toda fazendo isso, e gostou — era por isso que, quando o Sam estava preso, sabe, ele achava que eu não ia ser fiel a ele — porque eu era muito ardente — mas era verdade: eu amava ele tanto que não tinha vontade de fazer com mais ninguém — tinha um rapaz que até que podia ser, porque ele era muito parecido com o Sam, e eu dançava sempre com ele, e achava que o dia que ele me beijasse eu desmaiava — eu pensava nele — e aí ele me levou no carro dele e me beijou, e eu não gostei nem um pouco: fiquei enojada e fiz ele me levar de volta em casa.

Quando ela gozava, ela tinha uma sensação elétrica que subia desde os pés pelo corpo todo, sabe? e ela tinha vontade de arranhar e morder — eu nem sei onde eu estou, nem nada — não sentia o esperma, não sentia que saía nada dela — e (quando estávamos juntos) não quero que você vá embora, mas se você ficar insistindo eu fico nervosa — como eu, ela gostava mais da segunda vez do que da primeira — uma vez sonhou comigo — "Como foi o sonho?" — "O quê que você acha? Sonhei que a gente estava fazendo no sofá lá em casa e aí minha irmã entrou e disse: 'Pelo visto você estava precisadíssima' " — uma vez ela estava com tanta vontade no verão que não conseguiu dormir — deixava os rapazes levarem ela em casa e aí ficava de agarramento no corredor, mas nunca fez nada com nenhum deles — "Ai, como eu gosto de ficar de agarramento quando eu estou bêbada! — porque pra fazer alguma coisa mesmo com um homem, só se eu estiver apaixonada por ele".

Haviam se mudado um monte de vezes, ela andava de bicicleta quando garota — era o tipo de coisa que eles faziam — andar de bicicleta por aí (eles trabalhavam rápido) — a carta e a letra dela — o Sam era tão esperto que escapou enquanto o padrasto pegou cinco anos — a vez em que Sam bateu nela quando ela saiu do hospital porque achou que ela andava flertando com os médicos mais moços, que ficavam todos em volta dela para ficar vendo quando o médico dela a examinava, na enfermaria atrás do biombo — "Ele é maluco, eu estou te dizendo!" — ele dissera a ela que era vendedor de carros, mas o que ele fazia era roubar carros. Onde ele morava? — "Não pergunte pra mim, não! Ele mora por aí — mora com os amigos lá dele." — Dirigindo bêbado, um homem perguntou a ele como que se ia para um certo lugar, da calçada. Anna tentou dissociar a conversa de bêbado de Sam do que o outro homem estava dizendo — tentou dirigir-se ao homem ela própria, Sam a derrubou com o bebê e tudo nos braços — gostava dele assim mesmo — outro dia mesmo estava pensando que só estava comigo para fazer pirraça ao Sam — ele levava mulheres para casa — onde já se viu! Preso por dirigir bêbado — esperando na garagem, tentou assaltar o homem da garagem — andando com armas escondidas — teria escapado mostrando o distintivo da Burns — mas foi ela que o entregou no tribunal, falou no cheque falsificado que ele a obrigou a fazer em nome do tio dele — aí ligaram para a Burns e perguntaram a respeito dele — acho que foi uma segunda à noite e que foi enquanto esperavam a Burns que ele rendeu o homem. — O tio e a tia, esses não querem mais nem saber dele, não mexem uma palha para ajudar ele — depois ela ficou com um tremendo peso na consciência, torcia para que ele não pegasse uma sentença muito pesada — quando ela chegou em casa e contou pra família dela, todo mundo lhe deu parabéns.

Preocupada com a criança em Oswego, quando a família dele a colocou numa instituição — depois, desesperada para consegui-la de volta, ela chorava, pensava nas vezes que tinha batido nela, derrubado ela — se ela conseguisse a menina de volta, nunca mais ia fazer aquilo!

A vez que ela e a mãe foram a Coney Island e saíram com dois homens que pensaram que as duas eram irmãs. — Era ótimo estar com a mãe quando o padrasto e a irmã iam lá. — A mãe dela gostava de dar suas escapadelas também, sabe.

Seu rostinho pálido ardente à meia-luz com aquela boca úmida, e sempre pronta, mais um órgão sexual do que uma boca, sentia a língua entrando nela quase como um ato sexual — gostava de se enroscar toda à noite — se enroscava na mãe quando dormia com ela — a mãe a empurrava para longe — não sei o que eu faço que ela é assim comigo — Logo ela se excita e entra naquele movimento ritmado — rapidamente entra no ritmo — qualquer que seja o estímulo — ("Você quer que eu arranque fora com os dentes?").

Ela foi ao dentista e ele passou o motor em três dentes, mas ela não tinha dinheiro para tampar as cáries.

Perguntei em que lugar ela mais gostava de ser beijada — "Todos eles!" — o Sam nunca a tinha beijado em outro lugar que não no rosto — no começo resistia quando eu a beijava no pescoço, seios, etc. (seu jeito coquete uma noite, quando tentei tirar seu corpete: "só um") — "Você não gosta?" — "Até certo ponto!" — Uma vez eles estavam conversando — "Sabe, quando a gente fica conversando assim, a gente diz cada coisa! e a minha prima e as outras estavam falando nos lugares em que os maridos beijavam elas, e o Sam disse [imitando voz pesada e masculina]: 'Pois eu só beijo a minha mulher na boca!' "

O rostinho suave dela, com a pele branca e macia, sombreado, ela semi-recostada na cama, a porta do banheiro entreaberta, as pálpebras baixadas de modéstia porque eu a elogiava — as pernas roliças e bonitas sob a saia curta do vestido azul-claro, um tanto elegante. — Ela havia pedido emprestado à amiga Doris oitenta dólares para comprar o vestido (nem parece que custou oitenta, não é?) com a saia transparente, vermelho e ouro pálido (isso aqui é veludo transparente, sabe — a última moda), tão elegante, curtinha, contrastando com as meias brancas, me dando vontade de pôr a mão em suas coxas solidamente cruzadas — os calções que ela estava usando de propósito a primeira vez que a vi — "eu ponho essa roupa de propósito — quando eu saía com um rapaz, sabe, e ele tentava enfiar a mão debaixo da minha roupa — quando eles encostam na pele da gente, eles enlouquecem".

Não me agradava seu hábito de não tomar banho depois do sexo ("Ah, que coisa mais besta!") — Cheiro associado com o Tango Gardens — hálito cheirando a alho, que eu gostava — mau hálito após noitada, cheiro disfarçado pelo cigarro — ela não bebia quando olhavam para ela — os cabelos caindo pelas costas daquele jeito feminino — não mudava quando cortava os cabelos — cabeça pendurada para fora do sofá, "Amorzinho!" — voz grossa urbana na cama amorosa — "Ah, não! — Ah, isso! — O que foi que você disse?" — curvada para trás com o travesseiro sob as nádegas — meu desempenho insatisfatório e imperfeito por causa da camisa-de-vênus, principalmente depois da primeira vez — para ela, a única diferença era que "não entrava tão fácil" — sua timidez, seu pudor, sua doçura — "não sei como você chama, pra mim é colhões, mesmo" — enfiando a mão debaixo do meu roupão — só quando já nos conhecêssemos há muito tempo é que ela faria o que antes fazia com Sam — "isso só puta que faz, você acha que eu sou uma puta tarada!" — eu não gostava quando ela me beliscava o queixo — o Sam também não gostava.

Antigamente ela era toda rechonchudinha — "meu pescoço seco" — magricela — não era mais bonita — não gostavam mais dela no Tango Gardens — não se achava bonita em casa.

Bocetinha um tanto recuada, abertura não muito grande, muito pouco pêlo, porém havia ainda menos antes de ela ser raspada no hospital. — Trechos da melodia do orgasmo prolongados em gemidos sobre o pescoço dela.

Ela e a prima medindo os paus dos maridos — quando Sam saiu da cadeia, eles ficaram mais de 24 horas na cama — há um ano e meio que ele não fazia — a cama rangia tanto que tiveram que botar o colchão no chão. "Mas pelo amor de Deus! eu só tinha dezessete anos quando casei — eu queria ir dormir no sofá, mas a mamãe — ela estava no quarto bem ao lado — ouviu eu e o Sam discutindo e disse: 'Vá, Anna: não seja boba, vá pra cama!' — e foi assim que eu finalmente fui pra cama com ele, mas eu me enrolei toda no cobertor. — Ele me dava só um beijo e partia logo pra coisa". — A família dela vivia jogando-lhe na cara que ela era o tipo de moça que nunca ia conseguir arranjar outro homem.

Um longo e lento processo de meditação com lapsos e pausas — "Posso gozar?" — "Pode — não — você que sabe — pra mim tanto faz!" — Eu gozei três vezes! — homem só goza uma vez e aí a coisa termina! — Estava muito precisada de fazer uma coisa. — Bonita com o pijama branco, com o paletó desabotoado — pele pálida, olhos mais suaves, pareciam escuros, cabelos alourados.

— Pedaço de biscoito — toalha molhada no chão perto da entrada do banheiro.

— Grupo lá embaixo: bebida tinha acabado — Quem ia até Kingston? — não sabiam se podiam ir a baile sem trocar de roupa — garotas doidas para fazer alguma coisa, mas os rapazes não se decidem — rapaz finalmente confessa que queria ir, só que não tem dinheiro — garota toca um pouco de piano, e muito bem — brincam com o gato do clube, garota diz que ele tem olhos tristes "porque mora aqui no clube" — faz frio, os rapazes também ficam procrastinando a tarefa de acender a lareira — novamente a proposta de ir ao baile; garota diz: "Aposto a última pena da minha cauda que eles não vão nos deixar entrar!" — rapaz retruca: "Essa pena você já perdeu há muito tempo!" — garotas começam a folhear as revistas: *Spur, Theatre, Judge* — por fim começam a formar-se casais — são três rapazes e apenas duas moças — provavelmente este é que foi o problema desde o começo. — Também haviam sugerido descer a escada escorregando pelo corrimão — mas "todo mundo tem que começar lá de cima". — Risada gostosa de uma garota — lenta — no momento em que estavam indo embora.

— O rapaz disse, a respeito dos gatos: "Eles têm esses bigodes pra não esbarrar nas coisas no escuro, sabia?".

A garota disse: "É, você já cortou eles fora? — Antigamente eu sempre cortava fora os bigodes do meu gato".

— No banheiro, todas as toalhas retiradas da prateleira e amontoadas num grande bolo branco e úmido numa extremidade da vara curvada.

— Aquela música prolongada, muito bem tocada — não acabava mais — não entendi por quê — Chopin —

— atormentado, na biblioteca, pela idéia de que a minha presença os impedia de namorar — ouvi o rapaz, creio eu, fingindo levá-la ao banheiro. A moça disse: "Tem banheiro aqui em cima? — Bem, se não tem, vai ter daqui a pouco!" — "Então desça de novo — deve ser lá embaixo".

Romãs que eu havia comprado para Katze, achando que eram fotogênicas. Guardei-as no meu quarto durante um dia e elas começaram a liqüefazer-se — todas moles e grudentas por fora. Quando as trouxe de volta na noite seguinte e peguei uma para comer, meus dedos afundaram nela — comi duas por cima da lata de lixo — por dentro eram de um vermelho grudento e vivo, e doces de enjoar. Quando peguei o saco de papel com a última dentro para jogar no lixo, ela furou o papel molhado e caiu no chão com um baque surdo e úmido.

Florence em Barrow Street — jantares elaborados e deliciosos preparados por Ted Leisen — os cabelos dela estavam lavados, lindamente louros, a pele muito mais rosada do que de costume; tinha um cachecol azul e amarelo macio com manchinhas brancas — seu jeito cômico de entrar na cozinha ou no vestíbulo do teatro comigo, pisando pesado e arrastando os pés desajeitadamente.

Aquela noite fria em que saímos com o cachorro para passear, depois que Florence voltou e encontrou a chave com um bilhete aborrecido de Ted — fazia muito frio, um frio agradável, quando a beijei na porta, um beijo deliciosamente leve e frio e um pouco úmido — como as flores na varanda envidraçada em Red Bank.

Dinheiro para emergência (caso ela tivesse de voltar para casa sozinha) — falou sobre sua atitude negativa atualmente — não queria se divertir demais por causa do que aconteceria depois — o French Club — o homem da sanfona animada, que a fez pensar nos seus tempos de Paris — *On fait ça en douce sur les fortifications*.

Ela havia vestido aquela saia-balão em *Sunny*, com cachinhos e tudo, e estava tão adorável que Henry de Wolf disse que tinha vontade de derrubá-la.

Naquela época, os rapazes da Notre Dame quebraram o vidro do teatro para roubar sua foto e colocá-la na revista da faculdade.

Anna. Fodendo de tarde, ela com o vestido — experiência totalmente diferente — cheiro rançoso agradável — sabor especial dessas ocasiões apressadas, acrescentado pelos sapatos, meias e vestido, que seriam obstáculos incômodos e indesejáveis num encontro noturno.

A tia dela havia comentado que desde que o Sam foi embora que ela não aparecia mais com galos e olho preto, mas agora ela estava com os dois olhos pretos de novo, porque Doris tomou um porre e ela bateu com a cabeça na parede do banheiro e Doris bateu nela.

Ela estava tão meiga na noite em que eu li poemas para ela: "Será que eu vou entender? Eu sou tão burra!". Li para ela "Never give all the heart", de Yeats:

> Sabe o preço quem estes versos escreveu,
> Pois ele deu todo o coração e perdeu.

Perguntei-lhe o que ela achava que aquilo queria dizer, e ela respondeu primeiro que sabia, mas não conseguia explicar — depois disse: "Como eu com o Sam, por exemplo!".

Edna [Millay]. Parecia bem e de volta ao normal, quase robusta — sem maquiagem, um vestido salpicado de branco, sem graça, o qual, porém, conforme ela insistiu, havia sido comprado numa loja muito boa e careira. Suas mãos, pés e tornozelos tão maiores do que eram antigamente que eu mal podia acreditar que eram os mesmos que eu havia amado. Também sua garganta não parecia mais tão bonita — acho que ao engordar seu contorno perdeu a beleza — e a boca, que parecia mais grossa que antes, revelava dois dentes grandes e quadrados na frente.

Ela gostou daquela história do Joe Cook e o chuveiro que, segundo ele, não molhava — comentei que era igualzinho à vida, tal como ela dissera a respeito do console da lareira no apartamento da rua 17 anos atrás. — A criada dela, que tinha lá suas leituras e perguntou, a respeito de lavar a banheira: "Mas isso é belo?" ou algo assim. — Quando comentei, com um tom de mexerico, que [A. E.] Housman * era homossexual, ela disse: "Todas as pessoas boas são, eu acho".

Juliu's, dezembro de 1927 [Eu estava escrevendo o ensaio sobre Yeats de *Axel's castle* e costumava ir lá quando encerrava meu expediente, tarde da noite. Era um bar um tanto horroroso, que vendia cerveja não alcoólica, mas era o único lugar que nunca fechava]. Multidão, fotos extraordinárias, Mabel Normand, etc. — *barman* simpático, com um bom humor e uma gentileza antiquados, pele rosada, bigode tipo escova de dentes e cabelos pretos e crespos, cheios de brilhantina — ajudante antipático, que me roubou quando pedi duas cervejas ("É um dólar!") — jacaré empalhado do tamanho de um cavalo, esparramado sobre o espelho. Almoço grátis.

Polly Halliday saiu do meio de uma multidão na qual eu pensava não haver ninguém que eu conhecesse — ela parecia conhecer todo mundo; conhecia o velho de gravata preta fina e comprida, que fiquei sabendo ser diretor de um jornal anarquista (Hippolyte Havel). Cecil Fiske (irmã de Agnes O'Neill) também apareceu num canto — olhos vermelhos, embriagadíssima, cheia de impulsos amorosos dirigidos a qualquer um, mas ainda com seus cabelos pré-rafaelitas. — O marido dela — eu não tinha certeza se

* Poeta e latinista inglês (1859-1936). (N.T.)

era o mesmo que eu havia visto antes num táxi com Hemingway, só que havia raspado a barba e passado a imitar Hemingway — me disse que admirava profundamente Hemingway, quando o mencionei, e dizia a toda hora: "Tome mais um drinque!" mas não pedia outro. Tratava Cecil de modo abominável — dizia: "Você já viu uma reles irlandesa pior que essa?" e a abandonava completamente. A toda hora queria brindar Heerman Melville: "Ao homem mais uma vez!".

Anarquista (HH): "O Morse Lovett, toda essa rapaziada ótima podia estar escrevendo para um jornal anarquista!". — Em relação a W. Z. Foster: "É um intelectual!"; sobre Mike Gold: "É um intelecutal!" — "Os socialistas, os comunistas, os anarquistas! Não sabem escrever uma mísera frase!" Eu havia comentado que os anarquistas deviam estar em alta agora — mas ele respondeu que não, porque *nós* estávamos escrevendo tantos artigos: — Um burguês num canto lhe perguntou se ele queria ver gente morrendo, ou algo do gênero. Ele levou as mãos à testa e ficou boquiaberto — expliquei que anarquista não era necessariamente uma pessoa que queria jogar bombas em cima dos outros — grandes dificuldades: anarquista enojado, afastou-se, sentou-se olhando para o outro lado, por trás das lentes dos óculos. Burguês: "Eu faço uma pergunta pra ela [Polly H.], ela me responde. Por que é que com ele é diferente?" Tentei explicar. "Alguém fala com você como se você fosse vendedor de roupas, só que você é banqueiro." Ele retrucou: "Eu quero me informar! Já falei com democratas, republicanos, socialistas". Havel: "Por que você não lê as nossas publicações?". — Homem horrível, cabelos desbotados e olhos pálidos, boca extraordinariamente larga — mais parecido com um macaco do que qualquer pessoa que eu já vira antes, quando ele disse: "Newton Baker * escreveu um monte de artigos!". Havel havia dito que antigamente *The Atlantic Monthly* tinha um certo prestígio na Europa, representava uma certa cultura, etc.; agora os Estados Unidos não tinham mais nível. Quando o burguês fez esse comentário, Havel reagiu: "Que idéia é essa de mencionar isso?". — Mas depois ele (o homem-macaco) argumentou, quando o vi no banheiro, que era esse o problema de Nova York, aliás do resto dos Esta-

* Político, secretário da guerra durante a Primeira Guerra Mundial (1871-1937). (N.T.)

dos Unidos: não se podiam encontrar pessoas interessantes para conversar, pessoas que fossem informadas.

Tremenda discussão depois entre Irlandês e Fiske: o primeiro não acreditava que o segundo fosse irlandês, tal como dizia ser — um irlandês do Ohio, onde já se viu — um começou a contestar a ascendência do outro, etc. — Quando perguntei a Cecil sobre Agnes (O'Neill): "É, eu tenho que ir visitar Gene e ela na época do Natal, que droga!" — ou algo assim. — A certa altura dos acontecimentos, quando Havel me pediu que tomasse conta de Polly (depois de me dizer que ele a havia tirado de Ward's Island *), pensei que ia deixá-la em minhas mãos, porém teve a decência de ficar com ela até o fim.

Sujeito irritante com meias de golfe, que segundo se dizia já tinha sido juiz, e que apelidei de "Duque", parecia decidido a conquistar uma garota. Quando tentou se apossar de Polly Halliday, ela disse que era minha mulher. Ele pediu desculpas, insistiu em ficar conosco. (Eu nunca tinha visto o Julius's tão cheio.)

Cecil perdeu o chapéu, achou e perdeu de novo. — O burguês ia embora com a mulher e o amigo irlandês. Polly Halliday queria um cigarro — eu só estava com quatro centavos e tentei pedir um cigarro a alguém. Por fim, a mulher do burguês — que até então não tinha participado da conversa e que certamente estava aborrecida com as atenções que seu marido dava a Polly e Cecil — ofereceu um, na esperança — disse ela — de que na próxima vez eles ficassem sem cigarros para que Polly pudesse retribuir o favor. Os dentes e os olhos de Polly.

A literatura como resultado de uma tensão constante no organismo universal — quando todo o organismo, por assim dizer, tiver sido reimaginado e recriado de modo a eliminar as tensões, então a arte se tornará desnecessária, pois todo o universo será uma obra de arte e as energias "criativas" da humanidade se ocuparão tão-somente em melhorá-lo (esta situação é inconcebível e, tal como a enunciei, absurda).

O conceito que faz o artista daquilo que ele vai produzir é algo bem menos pessoal do que a obra resultante — porque, ao

*** Ilha próxima a Manhattan, onde havia um hospício. (N.T.)**

reimaginar coisas, ele na verdade está buscando uma totalidade que está além dos poderes do indivíduo humano — e os maneirismos do artista, seu estilo fortemente marcado, que seus admiradores particularmente apreciam, podem na verdade, do ponto de vista de suas ambições e de sua concepção original, representar apenas as limitações do hábito, a queda no sulco do menor esforço, os estigmas lamentáveis porém inevitáveis — como a lata amarrada no rabo do cachorro — de suas peculiaridades físicas, dos fracassos de sua família e das limitações de sua nação e raça. — Se ele tiver sucesso, sem dúvida será verdade que ele introduziu uma harmonia entre estes fatores, que ele os fez desempenhar um papel na produção de algum tipo de beleza apreciável por todos — mas, por outro lado, este processo pode ser efetuado em qualquer nível, até o mais baixo, de idiossincrasia ou limitação, e uma obra igualmente perfeita — ainda que não com a mesma amplitude nem a mesma importância geral — pode ser produzida; o impulso estético — como qualquer outra manifestação da vida — encontra os meios necessários para adaptar-se, para sobreviver, até mesmo nos ambientes mais desfavoráveis. — Portanto, é ridículo dizer que uma bagatela que seja perfeita tem o mesmo valor que uma grande epopéia ou uma sinfonia. Há uma analogia entre o Shakespeare ou o Dante, que tem uma visão tão abrangente da vida e é capaz de fazer tantas coisas diferentes com sua arte, e o homem em relação aos outros animais.

Não esquecer a história — Burke, * G. B. Shaw, imediatamente, em seus panfletos, dando uma demão de razão e arte por cima dos eventos contemporâneos e deste modo proporcionando uma sensação de segurança às pessoas (Burke escrevendo sobre a Revolução Francesa, Shaw e *Commonsense about the war* **). Quando as coisas acontecem, elas não parecem acontecer no mundo da literatura — a não ser naquela espécie de conversação culta que é uma forma de literatura — e sim num mundo bárbaro e animalesco, sanguinolento, ignóbil, incontrolável — precisamos imediatamente adotar uma atitude em relação a elas, seja cômica, trágica

* Edmund Burke (1729-1797), estadista e pensador político conservador inglês, adversário ferrenho da Revolução Francesa. (N.T.)

** Panfleto de Shaw publicado em 1914, pedindo negociações e o fim da guerra. (N.T.)

ou de distanciamento científico — precisamos impedir que nossos semelhantes se limitem a andar às apalpadelas ou entrem em pânico, como pessoas que ficam olhando para um acidente na rua ou saem correndo de um teatro em chamas — e essa atitude se encontra na literatura.

Filosofia e Lógica — também Erudição — p. ex., Verrall: — Diz-se que esta posição está sujeita a sérias objeções, ou que esta posição apresenta certas dificuldades sérias — apenas uma maneira respeitável e pomposa de exprimir a ignorância abjeta que se tem e a pobreza ridícula e pueril das únicas explicações que se sabe dar para as condições de nossa existência. — As dificuldades fundamentais da Lógica: quanto mais se busca a verdade, menos certeza se tem de contentar-se com ela — [Bertrand] Russell, em seu prefácio a *Principles of mathematics,* afirma que o livro partiu de uma tentativa de abordar princípios abstratos demais para serem tratados com a linguagem comum — as limitações e os aspectos questionáveis deste método — o gosto pelos paradoxos em Whitehead e Russell. (Whitehead, a respeito do "erro" de Bradley * em sua lógica: Se B está à esquerda de A, e C está à esquerda de B, então C está à esquerda de A.)

E os escritores que eram conhecidos por seu *discernimento sensato*! — Lembro que a pouca reputação que eu tinha devia-se aparentemente ao suposto discernimento sensato que eu havia demonstrado em alguns artigos e críticas literárias — no entanto, fora dos momentos em que eu estava escrevendo sobre literatura, ninguém podia ter menos discernimento que eu — eu vivia tratando as ocasiões importantes de modo ou indiferente ou irreverente ou então valorizando em excesso — ocasiões intrinsecamente triviais — subestimando de modo vergonhoso ou exagerando de modo grotesco — e o discernimento sensato que, com esforço, eu às vezes conseguia demonstrar em meus escritos não passava de uma compensação pelas decepções e humilhações de uma vida em que eu nunca acertava o alvo nem usava meios adaptados aos fins.

* F. H. Bradley (1846-1924), filósofo idealista inglês, autor de *The principles of logic* (1883). (N.T.)

Os leitores de livros — experiência vicária.

Os moralistas, que, como Shaw, se entregam ao prazer ignóbil de fazer com que as outras pessoas se sintam pequenas, e se, como Mencken, percebem o que há de escandaloso nisso, continuam assim mesmo sentindo a necessidade de ralhar, só que sob a forma diferente de fazer com que as pessoas que agem deste modo se sintam pequenas, denunciando a intolerância, o hábito de atribuir motivações aos outros e a própria indignação moral.

A impossibilidade fundamental de haver um denominador comum para a dor e a tranqüilidade — discordância que a arte tenta resolver.

O escritor se esforça desesperadamente no sentido de exprimir algo de modo definitivo, e tudo que consegue como resultado são esboços incompletos e fragmentos desordenados — os quais, após sua morte, são excessivamente valorizados por causa de seu sabor muito pessoal.

A grande convenção de toda a literatura que aprendemos com esforço e à qual subimos com determinação, partindo do caos confuso da vida.

Os movimentos são dominados por *slogans* e jargões, os quais poupam seus seguidores do trabalho de pensar.

Nossa incapacidade de escapar, em nossos romances e peças, de uma forma que é ela própria determinada pelo caráter de nossas atividades reprodutoras — ou caminhar em direção a um clímax e depois amainar lentamente, como no teatro grego, ou caminhar até o clímax e parar, como no teatro moderno.

Os escritores e as escritoras se identificam tão intimamente com seu sexo que é quase impossível julgá-los todos juntos — cada um funciona, mesmo enquanto artista, tão completamente dentro da esfera de influência de seu sexo — amarrado àquela estaca e limitando-se a rodar em torno dela, descrevendo um círculo de raio curto — de modo que eu mal sabia como estimar o valor de

Christina Rossetti * em relação, por exemplo, a Yeats, ou de Jane Austen en relação a Turgueniev.

Exemplos de escritores: Housman colocando toda a sua sensibilidade e afeto em sessenta ou setenta poemas líricos frágeis e empenhando todo o resto de seu intelecto na reconstrução do texto latino de um poeta inferior a ele próprio, ** e todo o resto da sua paixão em críticas acerbas dirigidas a estudiosos obscuros que por acaso não haviam se distinguido na sua área. — (Sua indelicadeza ao referir-se publicamente, em Cambridge, a seu antecessor — "mal chegou a arranhar a superfície do assunto" — Caso contado por Gates sobre rapaz em Winchester que perguntou a Housman a respeito do verso *"cannot see the record cut":**** "Observe que a quebra do recorde é enumerada entre as coisas desagradáveis que vão acontecer com o atleta após sua morte — talvez isto o ajude a compreender o sentido do poema". — "Se o sr. X não consegue entender o que escrevi no meu livro, não conseguirá entender o que jamais pretendi dizer." — O professor revelado nestas cartas — a petulância professoral.)

O lado frio, suspeito, de *Platão,* derivado de seu homossexualismo.

Obras de arte — talvez o produto de anotações excretadas, sob a pressão de interesses e emoções bem diversos, pela necessidade de voltar a mente para outra coisa, algo que possa ser encarado objetivamente — algo (a obra) montado a partir desses fragmentos.

Linguagem confusa dos símbolos tomados emprestados e aplicados de modo literal. — Os escritores derivam um do outro, não

* Poetisa inglesa (1830-1894). (N.T.)

** Housman passou mais de trinta anos preparando uma edição corrigida e anotada de Manílio, poeta romano do século I A.D. (N.T.)

*** Do poema "To an atlete dying young", de Housman, dirigido a um atleta que morreu jovem. O verso foi extraído de uma estrofe cujo sentido literal é: "Olhos que a noite sombria fechou não podem ver o recorde (sendo) quebrado, e o silêncio não soa pior que os hurras depois que a terra tampou os ouvidos". (N.T.)

apenas por um imitar o estilo, a técnica e as idéias do outro, de modo claramente reconhecível, mas também por um tirar do outro pontos de vista e efeitos que reproduzem de modo tão completo em termos de seu próprio estilo e segundo seu próprio temperamento que se torna impossível para o leitor perceber a fonte original. Assim, o que visto de fora parece ser um movimento significativo — diversas pessoas diferentes chegando todas às mesmas idéias e formas independentemente umas das outras — pode na verdade dever-se apenas ao fato de que todas elas, menos a primeira, seguiram o caminho do menor esforço — assim, a situação que elas apresentam é semelhante a um trigal ao vento, ou, melhor ainda, uma fileira de dominós em pé quando o primeiro deles é derrubado.

A incomensurabilidade das literaturas de diferentes épocas, países, classes, tipos de homens (prático em oopsição ao esteta) e sexos — erros das tentativas de pôr as artes, * que dependem apenas dos nossos diversos sentidos, os quais dependem do tipo de meio ambiente, o ambiente do mundo, a que tivemos de nos ajustar e conformar — Clive Bell ** tentando basear a pintura na analogia com a música — os simbolistas fazendo a mesma coisa com a poesia, e os críticos da escola de Eliot, com seu horror à política, à propaganda, à popularidade e ao jornalismo, tornando-se filosóficos e abstratos, Allen Tate criticando Keats por ele se deixar dominar pelas idéias libertárias de sua época (!) — Eliot fazendo questão de "pular" a geração de "Wells, Shaw, Strachey e Hemingway" (!) fazendo a mesma coisa de modo diferente — embora insistissem no "interesse amoral" (e achassem Baudelaire importante por este motivo — Eliot levava o cristianismo dele tão a sério) — as idéias geométricas de Varèse a respeito de sua música (deu a uma de suas composições o título "Integrale", uma referência ao cálculo).

Os ingleses e os clássicos: o que eles extraíram deles, atribuíram a eles — Verrall e Gilbert Murray *** escrevendo sobre Eurípides — um escritor como Ésquilo ou Safo nos parece ainda maior e mais poderoso pelo próprio fato de que não sabemos exatamente o que

* Esta oração não é retomada adiante; sintaxe truncada no original. (N.T.)

** Crítico de arte inglês (1881-?). (N.T.)

*** Classicista inglês, nascido na Austrália (1866-1957). (N.T.)

ele quer dizer — como acontece freqüentemente quando começamos a ler textos numa língua estrangeira, pode ser que as coisas que mais admiramos como exemplos do gênio do autor não passem de fórmulas ou clichês em termos de idéia ou arte.

A literatura é apenas o resultado de nossas brutais colisões com a realidade, cujas repercussões, depois que nos recolhemos ao abrigo de nosso íntimo, tentamos explicar, justificar, harmonizar, colocar numa ordem lógica na corrente uniforme de um pensamento que se reestrutura depois de ser, por um momento, destroçado e dilacerado por elas — tornam-se meras cores e formas que podem tranqüilizar e divertir a placidez de outras mentes ou que, no calor das circunstâncias ou atos, podem proporcionar aquele estado de distanciamento reflexivo — pois até mesmo o mais alto nível de excitação da visão imaginadora é um estado de reflexão e distanciamento. — A literatura é um longo processo de neutralização destes choques, abrandando o grosseiro e o bárbaro, a traição, o assassinato, o amor não correspondido (as anomalias, tanto quanto os crimes, têm de ser incluídas) — as irrupções constantes, impossíveis de prevenir, de nossa natureza bárbara e os acidentes dos desajustes internos de nossa situação enquanto parte do universo — na arte, lhes emprestamos a lógica de nossa razão e a harmonia de nossa imaginação — razão e imaginação, como leucócitos acumulando-se no local em que a infecção, no organismo físico, aconteceu, acorrem imediatamente ao local da ruptura e, ingerindo os elementos estranhos, são expelidas sob a forma de arte — assim é que podemos rir ou chorar desses desastres, aliviando, num caso, nossa inteligência preocupada e, no outro, nossas emoções obstruídas (por meio do processo estético, seja lá o que ele for), e desse modo a ferida sara. — Assim, apenas as obras de arte — que, como os fagócitos, realmente ingeriram as bactérias nocivas, a causa da inflamação, da perturbação do equilíbrio do sistema — são importantes e valiosas; tem de haver um conflito com bactérias realmente nocivas, as inimigas do organismo que constantemente o atacam. — Em si, a obra de arte produzida, a qual, de certo modo, como o glóbulo branco, está morta, nunca pode, sozinha — ou seja, pelo simples ato de ser contemplada —, dar início à inflamação que evoca os leucócitos vivos. — É só quando reinfecciona o leitor — no caso da literatura, com uma forma mais branda da infecção — que a obra de arte pode gerar novas obras de arte; o intelecto intrigado e as emoções desconcertadas são causados pela obra de arte, e também, como a obra de arte é apenas humana, como o é o leucócito — ou seja, é um agente imperfeito que tenta realizar um objetivo — ela exibe em sua própria forma e textura as anomalias, tragédias e vícios que são inerentes a todas as partes do organismo (o grande organismo whiteheadiano do qual as obras de arte não passam de partes, assim como os seres que as produzem). Se estas anomalias, etc., são sentidas a fundo — isto é, se o crítico, já infectado do sarampo, da difteria, da tuberculose ou da sífilis do desajustamento e do sofrimento, é posteriormente infectado por obras de arte (às quais, talvez, ele prefira limitar-se, ao invés de correr os riscos da infecção da vida em si, mais séria, e, para ele, talvez fatal) — ele pode vir a produzir ele próprio novas obras de arte. — A analogia, naturalmente, não se sustenta em todos os pontos, e não se deve tentar levá-la às raias do absurdo.

As cenas de sociedade da *Education sentimentale*, em que Frédéric faz um papel um tanto impotente e bobo entre pessoas cheias de segundas intenções das quais ele nada percebe — estes efeitos foram imitados por Henry James, assim como os efeitos criados por Virgílio no sexto livro da *Eneida* — Deifobo, Palinuro — obcecaram Dante e foram reproduzidos por ele — aqueles em certos personagens do *Inferno*, estes em Buonconte. *

Nova York vista da barca de Liberty Street, 25 de novembro. A cidade vista através das portas de vidro da barca — os edifícios do centro eram apenas as luzes insubstanciais das janelas — como um pano gasto, de textura irregular, colocado à frente de uma luz — então, quando o observador ia para fora, como uma estrutura insubstancial de arame amarelo-vivo — solta no ar — brilho de ouropel — bloco insubstancial, o peso da pedra e do aço totalmente abolido.

[E. E. Cummings já estivera casado com Elaine Orr; o casamento que EW descreve abaixo foi o segundo, em 1927, com Ann Barton, que terminou em divórcio.]

* Personagem do *Purgatório*. (N.T.)

O casamento de Cummings. Dos, com sua centáurea murcha — bebendo em Hoboken — estavam bêbados há dias — casaram-se no que chamavam de "igreja da Sagrada Zebra" — Dos estava com eles — Cummings havia tomado vários banhos sucessivos: sentira os braços e pernas ficarem dormentes, como se não estivessem no lugar — Ann adormeceu e passou dias dormindo e não conseguia acordar — momento terrível logo antes da cerimônia (a mãe e a irmã de Cummings estavam presentes) em que, quando tudo até então havia corrido na maior tranqüilidade e amabilidade, todos de repente começaram a se agredir.

A triste banda alemã — fizemos com que os músicos viessem até a mesa e tocassem a marcha nupcial. — Cummings parecia excepcionalmente limpo e bem, e fazia tudo do modo mais natural e distinto. — Falando sobre a noite da véspera: alguém tinha dito que não gostava de mulheres de braços e pernas finas — Dos se levantou, batendo os braços, e disse: "Eu não tenho braços finos, não!" — "Não me lembro desta súbita mudança de sexo", disse ele agora, quando Cummings o gozou por causa deste episódio. "Eu estava um pouco ébrio — só ligeiramente embriagado." — Dos tomou coquetel de laranja (no apartamento do novo casal, que antes era de Ann) e teve vontade de evacuar; no banheiro cantou uma ária de ópera. Cummings lhe perguntou se ele estava bem, com medo de que ele estivesse cantando por estar sofrendo — "Ah, não, é puro contentamento!".

História contada por Ann: homem que tinha perdido as pernas na guerra, matou a tiros a esposa infiel e fugiu andando com os tocos — pernas de pau — prendia as meias com percevejos — foi assistir a um espetáculo de *vaudeville* em Montreal e viu uma ursa treinada. Quando o treinador desafiou alguém a subir ao palco e entrar na jaula da ursa, ele foi, entrou na jaula, abaixou a cabeça da ursa e deixou que ela mordesse as pernas de pau. Aquilo virou parte do espetáculo — o homem tinha dinheiro mas, segundo Ann, tinha "espírito aventureiro". Mas a ursa ficou neurótica: só tinha aprendido a fazer um determinado número de truques. Ele acabou tendo que abandonar o espetáculo.

Cantos de pássaros, que pareciam vir — no restaurante — de umas uvas de vidro de enfeite: "São aquelas uvas!". Ao sairmos, constatamos que o som vinha de um aquário (peixinhos vermelhos em água escura, aquário enfeitado com folhas de um verde vivo).

Anna. A tia dela se interessava muito por ela, era a única pessoa da família por quem a tia se interessava, mas a tia tinha câncer, por isso Anna não chegava perto dela. — "Agora quando eu penso nisso, ela querendo tanto me ver e eu me recusando a chegar perto dela, eu me sinto tão mal, sabe." — A mãe e as tias haviam nascido em Stanislau, na Galícia: a mãe falava polonês e ídiche (quase tão bem quanto o ucraniano) e a tia ucraniana tinha boa voz e cantava em banquetes de caridade — todos os ucranianos compareciam, e se vestiam todos, sabe, pra ir lá — ninguém da família dela ia, porque não tinha roupa — Anna tinha medo de ver a tia agora, porque ninguém da sua família ia lá — o avô detestava sua mãe, provavelmente porque ela havia fugido com seu pai — o avô tinha dinheiro, que guardava em casa, uma das melhores da cidade, mas depois perdeu tudo.

Anna e a irmã viveram numa instituição dos dois aos quatro anos. As freiras batiam nelas toda noite. Depois que ela saiu, tinha que trabalhar tanto com a mãe que nunca tinha tempo de se divertir, começou a lavar pratos com doze anos — a mãe e o padrasto brigavam toda noite — depois sempre faziam as pazes de manhã — mas Anna ia se deitar chorando e rezando, sabe — e na escola ela pensava nisso o tempo todo, e aí não conseguia prestar atenção no que estava fazendo — mas elas andavam muito de bicicleta — foto dela do tempo em que estava com as freiras — olhos grandões — não sei o que aconteceu com eles — meu nariz arrebitado — (eu disse que era uma gracinha) — é, era sim — mas as roupas! Eu parecia mesmo uma órfã. A mamãe queria se mudar lá pra Broadway esquina com a rua 125 — queria afastar meu padrasto, que era traficante de bebida, dos amigos dele — Anna achava que a mãe estava ficando meio biruta.

Haviam morado num bairro de judeus, e Anna tinha uma amiga polonesa com quem aprendeu muito polonês — mas havia perdido o ucraniano na instituição — quando saiu de lá, estava tão tímida que não conseguiu aprender de novo — ela ficava só olhando para a mãe sem dizer nada — tinha que dizer sempre "mamãe, mamãe" quando se dirigia à mãe, não conseguia chamá-la de "você" — Sua mãe ouviu-a dizer à tia: "Ela saiu e entrou furiosa". — Anna não entendia nada, sabe? — Os ucranianos não gostam dos russos.

O *reveillon,* no tempo em que ela estava no outro *dancing*, em que fizeram a maior comemoração — "Ah, o patrão plantou bananeira — se exibiu, o diabo!".

Como ela estava linda na penumbra — os olhos eslavos, grandes e fundos, com sombras, e a boca generosa, vermelho-escuro — eu olhava para ela de baixo — as bochechas, o pescoço e o queixo pareciam tão macios (na verdade estavam pálidos e ressecados devido ao excesso de bebida, e os olhos, esverdeados e com as íris muito juntas uma da outra) — nessa noite fui delicado e vagaroso com ela, e na hora do espasmo ela reagiu com paixão, beliscando minhas costas e braços, coisa que há algum tempo não fazia. (Outro dia, à tarde, como estava bonita e rosada a pele macia de suas coxas acima das meias brancas muito limpas, sob o vestido azul-claro, que ela acabava de lavar.) Quando, hoje, ela gozou pela primeira vez, porém, e olhei para ela do meio do quarto, o vestido azul-claro dava a seus olhinhos uma aparência de miosótis. — Sua reação quando lhe digo alguma coisa: "Ééé!".

A noite em que ela estava com um vestido vermelho e eu estava bêbado e a beijei, apenas roçando minha boca contra seus lábios úmidos, vez após vez, até que aquilo era quase um ato sexual — efeito semelhante a carne, como os lábios de baixo.

Katze. Franz havia se suicidado: Quando Ted deu a notícia da morte de Franz, fez troça, dizendo: "Franz abotoou o próprio paletó". Ela nunca tinha ouvido a expressão, mas entendeu o que ele queria dizer — praticamente já sabia antes mesmo de ele falar. De início, pensou no que ele devia ter sentido nos vinte minutos antes do ato — depois pensou em como ele devia ter ficado fisicamente — depois pensou no que ele poderia vir a fazer se não tivesse morrido. — A irmã dela vinha morar com ela — sonhava com Franz todas as noites. — Sua tática em relação a Helpmann já exatamente igual ao que ela antes fazia com Franz. Estava bem bonita, de vermelho, os olhos pintados de modo a parecerem oblíquos. Eu disse a ela que era um prazer vê-la — ela me disse que não sabia se me ver era um prazer ou não.

Primeira parte do jantar foi terrível: eu me sentia fisicamente indisposto; bebemos muito. Ela me contou que Franz meteu-se em encrencas no exército e teve de enfrentar um pelotão de fuzilamento — ele costumava dizer que, depois dessa, não tinha mais medo de nada. A irmã dele tinha bebido veneno na sua frente, quando era menino. Uma vez ele passou a noite sentado, com Katze — dormiu a noite toda numa cadeira, com medo de que ela se suicidasse — coisa que ela não tinha nenhuma intenção de fazer. — Quando fui pegá-la em casa, ela hesitou alguns segundos antes de me dizer, a respeito da campainha da porta, que estava com defeito: "Aquela noite. . . que Franz morreu". Disse que se sentia alegre agora — durante algum tempo evitou falar em Franz, mas qualquer que fosse o assunto, estava fadada a chegar a ele

Por acaso foi Ted Leisen que a fez falar nele, com suas graçolas. — Sanfona no French Club — falamos sobre Franz, já meio bêbados, ao som da sanfona. Ted Leisen a toda hora ficava telefonando para Helpmann, exatamente como Franz antigamente quando Katze estava comigo. Ela tinha vergonha de admitir que havia alguma coisa entre ela e Helpmann, ou que queria ir à casa dos Leisen porque ele estava lá — disse que tinha liberdade para passar a noite toda no French Club, mas a toda hora calçava as luvas e dizia: "Vamos embora!".

Helpmann parecia um pouco Noël Coward * e o admirava muito, queria escrever peças teatrais. Disse que quando bebia muito tendia a ficar "muito homossexual" e criar problemas com a polícia. Quando o levei ao Julius's uma noite, havia um indiano atarracado de sobretudo, com um chapéu em forma de pão de açúcar na cabeça que era pequeno demais para ele e ficava equilibrado no cocoruto. Helpmann disse: "Quem é aquele homem? Gostei daquele homem!". Achei que ele estava brincando; mas quando estávamos pegando o táxi e o indiano estava saindo ao mesmo tempo, ele parecia não querer ir embora, e quando eu fechei a porta do carro espichou o pescoço para fora, gritando: "Gostei daquele homem!".

Margaret. O pai era da Filadélfia; o avô ganhara dinheiro com carvão (a parte de Margaret já estava acabando). Seu pai ficou com o miolo mole. Daisy Waterman, a segunda esposa dele, não chegou a conhecê-lo quando ele estava normal — ela fala a Margaret sobre "seu pai". Quando garota, Daisy trabalhou no Haymarket

* Dramaturgo, ator e compositor popular inglês (1899-1973). (N.T.)

e foi também da formação original do quarteto Floradora — "um pouco acima de uma teúda e manteúda, em termos de *status*". — O tio de Margaret havia investido dez mil dólares em fogos de artifícios; soltou-os todos no Bois de Boulogne e depois suicidou-se. (Quando contei essa história para Dorothy Parker, ela comentou: "Esses fogos franceses são uma porcaria — provavelmente só um quarto do total pegou!".) Uma tia dela costumava ficar sentada à janela jogando tinta nas pessoas que passavam na rua.

A mulher em Paris que usava aqueles anéis franceses enormes e de mau gosto, e que palitava os dentes, os anéis faiscando, espalhando reflexos pela sala toda.

O disco ortofônico que compramos na Broadway — tínhamos ouvido a música saindo de uma daquelas trompas de volume alto colocada sobre a porta da loja — achamos que parecia Gershwin, uma de suas obras mais sérias, mas quando chegamos em casa descobrimos que era uma monstruosidade: *Creole love call, Black and tan fantasy* — "Bla! — bla! — bla! — Nunca mais vou acreditar em Deus, nunca mais vou acreditar em nada". Margaret sugeriu que colássemos nele um poema sobre o amor materno e Belém e o mandássemos para Ted. Eu havia comprado *Igitur* e *Coup de dés* de Mallarmé numa livrariazinha ao lado do prédio de Margaret.

Margaret estava morando num apartamento verde de propriedade de Wanda Lyons e sua irmã — vitrola no quarto — cama baixa e luxuosa — nas paredes, mulheres ardentes em poses lascivas — nos banheiros, figuras de menininhos mijando — *kitchenette* com portas de vidro de dois batentes dando para a sala de estar, prático para servir bebidas. Folheei catálogo de Sargent * sentado num divã tão baixo que era a maior dificuldade se levantar depois. As meninas estavam em Palm Beach — haviam deixado lá uma cadelinha tímida, raça *Scotch terrier*.

Dorothy Parker. Telegrama de Benchley do navio: "Ah, meu Deus. Ah, meu Deus. Fred". Tentativa de fazer empréstimo — sala grande e deprimente, com pessoas miseráveis sentadas alisando os chapéus — deslocou o joelho na hora que entrou — enquanto esperava, abriu uma carta de sua amante, de Londres, a qual dizia que tinha arranjado outro homem.

* Pintor americano radicado na Europa (1856-1925). (N.T.)

Dorothy disse que tinha parado de beber — Marc Connelly disse que conhecia uma pessoa que também tinha feito a mesma coisa, e que não fez a menor diferença. Na noite anterior, ela havia tomado um porre com Benchley.

Ela começou a falar de um modo calculadamente tranqüilo, sem olhar para mim, um pouco parecido com o jeito de falar de Ann Barton.

Anna. Estava com um vestido marrom, creio que de sua irmã, sapatos pretos reluzentes, novos, de bico chato — os olhos pareciam mais escuros do que de costume, a tez mais avermelhada. Pela primeira vez, creio eu, fomos os dois para a cama nus, e ela passou o resto da noite — mesmo quando acendi a luz e fui pegar para ela um sanduíche de ovos com presunto — nua, só com as cobertas cobrindo-a até os seios. Seus cabelos pareciam mais avermelhados, também. Riu muito com a história dos fogos do tio de Margaret. "Você sabe outras histórias?" Sam costumava jogar sacos de papel cheios d'água atrás dela quando ela estava saindo da aula de dança — "aquele maluco do meu marido". — Com ela era gozar e pronto, mas era diferente com as outras mulheres — "com elas ele fazia amor, mesmo, sabe". — Uma vez ele ficou com ela 45 minutos — por acaso o relógio estava perto e ela ficou olhando sem querer — ela não sabia se era porque ele não conseguia gozar ou se porque não queria — mas ela deve ter gozado umas doze vezes.

A tia nunca a perdoara por ter ela casado com o Sam, por quem a filha dela estava apaixonada. Depois disso a prima sumiu e nunca mais se teve notícia dela (apareceu mais tarde casada com Walter Polyakov). — Festa com muita bebida, com as garotas fazendo bagunça na banheira e o diabo. — Festa de subúrbio em Hackensack, os homens levando as moças de carro — quando uma das mulheres tentou impedir que o marido fosse: "Vamos só dar uma voltinha!". "Voltinha, pois sim!"

Uma vez, quando já estava casada com Sam, ele a apresentou em algum lugar como sua garota — quando alguém lhe perguntou se ele não estava casado com ela, Sam disse que não, estava só vivendo comigo, não estava casado, não — isso me magoou.

A filha da irmã estava com pneumonia — "Tadinha, mal fez cinco meses". — Tinha que acordar cedo para cobrar aluguel dos inquilinos no dia seguinte, para que pudesse levar o dinheiro para a mãe sem que a irmã pegasse.

Estava tão bonita, a toda hora olhava para mim para ver se eu estava olhando para ela. Quando, depois que terminamos de fazer amor pela segunda vez, voltei do banheiro e a abracei na cama e disse que eu seria tão feliz com ela — quando me deitei e ela me tocou de leve várias vezes no pau.

Middletown. Vi, da janela do trem, a imagem pálida da pequena estação, as luzes mal dissipando a umidade daquele amanhecer de inverno, a placa pouco iluminada, bem alta, evocando, com sua suave cordialidade rural, antigas viagens pelo interior, reencontros, carruagens enlameadas, um agente de estação comunicativo, seguindo por uma estrada úmida, atravessando uma cerca viva em torno de uma propriedade — tão longe de Nova York, tão longe até da amenidade e da atividade, moderna e suburbana, de Red Bank.

Edna [Millay], quando me convocou ao Vanderbilt para me falar sobre seu poema da triste-pia: "Quer dizer que você acha que parece coisa de Mary Carolyn Davies!". — Eu disse que, quando ela escreveu *Second April,* estava sofrendo tantos tipos de pressões que as pessoas que liam seus poemas praticamente não os encaravam como literatura, havia um toque de pânico neles. Ela disse: "É, e eu ainda continuo querendo nocautear o leitor!". Por dois centavos ela seria capaz de rasgar o poema da triste-pia em vez de dá-lo para ser publicado na *Delineator*. Boissevain solicitando uma opinião negativa sobre o livro da irmã dela, Kathleen — atitude dele excessivamente protetora — disse que as obras mais recentes dela eram "mais objetivas".

Ela estava muito bonita, muito corada, vestido marrom que realçava sua cor.

Anna. Ela foi a Oswego — marido estaria morrendo de coágulo no cérebro — mas depois se recuperou — quando lhe perguntei o que ele tinha: "Não quiseram me dizer, sabe — ele quase que ainda não estava consciente" quando ela chegou, mas depois ele saiu e embriagou-se e voltou e derrubou-a e chutou-a entre as pernas e deu-lhe um corte grande e começou a pisotear-lhe o rosto — "Eu estava toda cheia de mancha roxa e aí ele tentou bater no pai dele e aí eles chamaram a polícia".

A irmã dela havia se casado com um homem que ela mais tarde descobriu que já era casado e ela tinha filhos e voltou pra casa e fez o diabo com as crianças, bateu nelas até elas desmaiarem — e tinha começado a tomar tóxico — e ela nunca que fez isso antes — e ela gritava e berrava e xingava — e obrigava Anna a ficar com ela — "Eu quero Anna!" — "Aí eu ficava com ela e ela se acalmava, sabe". Ela ameaçou de matar os filhos — a mãe velha era maluca e o padrasto era meio amalucado — e o irmão mais velho tinha nojo daquilo tudo. Quando ela estava quase pegando o trem, Sam chegou e agarrou a carteira dela e disse: "Vejo você em Syracuse — pede devolução do dinheiro da sua passagem de Syracuse a Nova York!". — Ela foi para um hotel barato em Syracuse, dois dólares por dia, e ele simplesmente mandou alguém lhe entregar a carteira, da qual ele havia tirado dez dólares.

Trabalhando como garçonete no restaurante da mãe na rua 125 — ninguém dava gorjeta pra ela porque sabiam que era filha da dona. — Preocupada com medo de que a filhinha dela acordasse no meio da noite na casa da irmã na rua 5 (lado leste) e pedisse pela mãe. A irmã não estava lá? "Está, mas ela não conhece ela, entende?" — A mãe dela era louca pela criança. — Ficava muito nervosa quando estava agitada — tinha dores de cabeça de nervosismo.

Sam gostava da irmã dela e ficava chateado de ver ela chegar em casa nesse estado. — Além disso, ele ficava falando nos homens com quem Anna teria saído no tempo que ele estava preso — ficava perguntando a ela quem eram eles. — O padrasto tentava dormir com ela e a mãe acabou ficando com ciúme e achando que quando ela estava doente, ele tinha engravidado ela — chamou ela de puta em ucraniano — "e você não sabe como isso é horrível em ucraniano!".

— Aquele insetinho escuro no final da rua, o qual, com suas perninhas se mexendo embaixo do corpo maior e mais redondo, vai aumentando, cada vez mais perto, até que se vê que é uma moça.

Quando Sam voltou e ligou para ela, ela pegou o bebê e sumiu.

Margaret. A pele dela era tão lisa — parecia lisa e macia em comparação com Anna, com seus ossos duros e pontudos — mas seu queixo era duro e pontudo (me espetando as costas) — os fios grisalhos nos cabelos — o rosto simpático — sua naturalidade e compostura de escocesa, de vez em quando interrompidas por algum comentário áspero — surpreso ao vê-la enrubescer — pó que acabava com odores — discrepância entre modos e jeito de falar naturais e prazer ardente (gemidos) — pescoço e costas fortes de andar a cavalo, etc. — pés pequenos contrastando com torso um tanto grosso — mãos pequenas, porém com dedos um tanto curtos e grossos.

O pai dela correndo atrás da mãe e dos filhos numa carruagem, atirando neles. — Ele levou-a para ver *Pif, Paf, Pouf* quando ela era pequena e achou que ela devia estar mais bem vestida — comprou para ela um chapéu com uma grande pluma de avestruz. Levou-a para almoçar com Daisy a pedido dela — ficou muito constrangido. Daisy havia trabalhado no Haymarket — fora isso, não se sabia nada.

Sua súbita partida para a Europa. Sapatos franceses bonitos: cinzentos, bico chato, laços borboleta, manchinhas prateadas muito curiosas, que a faziam ficar uma gracinha, já que os sapatos eram um número acima do dela, e um pouco maiores, e conseqüentemente mais bem proporcionados, do que os sapatos pequenos de bico fino que ela costumava usar. Ela disse que não queria me dar trabalho, que eu lhe tinha entregado o chapéu e o casaco, que estava começando a sentir saudade de mim e que esse era um dos motivos pelos quais achava que tinha que viajar. Um último *étreinte* — quase com a violência de um acidente do qual levamos muito tempo para nos deslindar — um abraço musculoso, esmagador — ficamos atordoados, deitados, quando terminou — mal consegui tirar meu braço debaixo dela — ela parecia estar tapando a boca para não gritar. "Eu não estou com muita vontade de ir!" Eu disse que ela era a melhor companheira de noitadas que eu já conhecera — ela disse: "Sou uma garota do Oeste!". Quando eu lhe disse que lamentava não ter feito um programa mais divertido com ela, tê-la chamado para vir a minha casa tão tarde, etc., surpreendi-me ao ver que seus olhos se encheram de lágrimas — ela desviou a vista e disse: "Estou muito cansada" (antes tinha dito: "Cuidado, senão você vai me fazer chorar"). Me olhei no espelho e comentei que eu estava de meter medo. "Você está discutindo com quem? Eu nunca disse que você era um Adônis."

Problema com o baú da companheira de viagem dela, porque não sabiam se iam para Cherbourg ou Southampton (os dois lugares onde despachavam bagagens). — As rosas de caules longos — o camarote suntuoso.

A última vez que eu a vira antes, após uma despedida terna e delicada quando eu ia para o banheiro, eu caíra de costas naquela traiçoeira cama baixa e macia, escorregadia como um monte de neve, de cabeça, porém — certamente por causa do efeito anestésico do álcool que eu havia ingerido antes — sem me machucar nem um pouco.

Winifred. Seu jeito esvoaçante de mariposa, seus movimentos bruscos de coelho, suas faces, braços e pescoço macios e suaves, seus membros delicados e vibrantes, trêmulos de medo e excitação quando a abracei — "Não ligue para mim por eu estar assustada" — contraída de modo nervoso e espasmódico — doeu um pouco, mas não muito nem por muito tempo, porque quando lhe perguntei depois se tinha doído, ela disse que se arrependia de ter dito que havia doído. Seu rostinho de amor-perfeito ou violeta, com toque de sensualidade espanhola que me fazia desejá-la. Sua obediência e presteza, apesar do medo. Suas exclamaçõezinhas sussurradas, iniciadas mas não terminadas, a menos que eu insistisse para que terminasse, e mesmo assim nem sempre: "É muito estranho! Não compreendo!... Não sei se é direito a gente fazer amor!... Você não me conhece!". Perguntei-lhe o que era que eu não sabia a respeito dela, e ela respondeu: "Não, não é nada em particular" — porém fez que sim quando perguntei se ela achava que me conhecia. Pensei: as pessoas sempre se sentem desse jeito quando se apaixonam pla primeira vez. Ela falava como se estivesse se dirigindo não a mim, e sim a si própria— disse que na família dela todo mundo falava sozinho, às vezes passavam dias sem que um se dirigisse ao outro

— ela costumava ter longas conversas com ela mesma, "e são ótimas essas conversas". — Ela estava tão doce, tão adorável.

História sobre *moça que foi dançarina das Follies*, teúda e manteúda por um homem durante sete anos — uma gracinha — disse que tinha feito quatorze abortos — falava sobre os amantes detalhadamente, como é que eles faziam, se eram bons ou não — contou história de garota que perdeu oportunidade de se casar porque deixou que a visse o noivo, que trazia um amigo para apresentar a ela, sentada na privada, lendo a seção de quadrinhos do jornal com a banheira cheia de champanhe. — Margaret: "Pois eu achei uma ótima idéia fazer isso numa tarde de sábado. Só que ela *perdeu* a chance de se casar!".

A caminho de Chatham, Nova York, 19 de maio; indo visitar Edna e Boissevain (eles tinham me mandado um telegrama). A paisagem cada vez mais vasta do norte do estado de Nova York, com as serras escuras obscurecidas pela névoa, em cima e embaixo, enevoada pelas flores das árvores frutíferas — Boston Corners, Copake Falls — longas estradas de montanha, pequenas cabanas vermelhas e casas brancas, enormes celeiros escuros e encardidos, cercas de pedras escuras e desiguais, os morros hirsutos, de pêlos grossos e espetados, os pequenos hotéis rurais desbotados em frente às estações — o dia úmido e cinzento sobreposto ao verde fresco da primavera — bancos ásperos de encosto reto no trem, forrados de pelúcia castanho-avermelhada, desbotada — os prédios de madeira do interior do estado — vagões de carga amarelos desolados espalhados ao longo do caminho — pântanos cheios de árvores e folhas verdes de aráceas, lagoas escuras e riachos com um brilho liso e escuro até mesmo debaixo de chuva, um pasto de carneiros sujos (amarelados, encardidos como as macieiras em flor), dois cavalos brancos ossudos pastando num campo distante — a espuma das flores com a cor atenuada — Hillsdale, Philmont — um cacho de casas quadradas e esbranquiçadas numa depressão no vale, como plantas num pântano.

Em Austerlitz, o tempo fechado que parecia ruminar, como uma galinha choca, sobre as belezas da primavera — os próprios pássaros pareciam ressabiados (e Edna disse que imaginava os peões, também num "silêncio agourento", empoleirados com as cabeças debaixo das asas), e nas árvores frutíferas os botõezinhos rosados prestes a se abrirem em flor.

O morro grande com árvores frondosas; as folhagens, alinhavadas pelo branco destacado das bétulas, pareciam tecidas, densas e elaboradas, numa única superfície plana, como uma tapeçaria.

Os dentes-de-leão num gramado, abundantes, como ovo mexido sobre espinafre. — O amarelo vivo e áspero dos botões no brejo.

Boissevain plantou uma fileira de amores-perfeitos e se descontrolou, começou a cantar canções proletárias inglesas a plenos pulmões — lubrificou o cortador de grama e parou. — Todos nós bebemos um pouco. Resolvemos não dar uma volta.

Edna tocando a sonata de Beethoven na tarde.

Diversas qualidades de vinho de maçã — e de conhaque de maçã — variando de um amarelo-esverdeado até cor de âmbar.

Cadela de pastor alemão que, quando Boissevain ralhava com ela, ficava num estado de paralisia freudiana, entrava se arrastando, como se não pudesse mexer as patas traseiras, esbarrando nas cadeiras.

Margaret voltou de Paris. Quando fui pegá-la no porto, pensei primeiro, ao me aproximar do cercado branco reservado para os passageiros que desembarcam, aquelas duas listas brancas, com bases negras embaixo, pregadas contra a cerca de modo a apoiá-la, eram as pernas de uma menina de corpo esguio e elegante, debruçada de costas sobre a cerca, os pés para a frente, para se apoiar.

Os dias em que abraçamos muitas e não amamos nenhuma.

Raymond (Holden): explicando que já houve guerras muito mais terríveis que a última, porque já houve guerras em que uma proporção maior da população morreu, etc.

Louise (Bogan) e Winifred. As duas me disseram, em ocasiões diferentes, que achavam melhor, ou mais interessante, se apaixonar por uma pessoa do que se apaixonar simplesmente por um membro do sexo oposto.

Meados de junho: Seven Bridge Road (Nova Jersey). Aquelas línguas de terra baixa cobertas de capim avançando na água rasa e parada, cheias de juncos — fui até a extremidade de uma delas — vi, atrás de mim, uma casa grande, cercada de um terreno extenso, quase ilhada pela água — e à minha frente uma faixa de terra, onde, acima do azul intenso e profundo da água, as cabanas de cor creme contrastavam, num relevo nítido, com o verde da margem, e onde um gasômetro, apagado pela distância, adquiria uma certa beleza, com seu brilho metálico embaçado. Havia ali um cheiro rançoso de rio, e algumas aves aquáticas grandalhonas, que pareciam balançar as pernas compridas e voar batendo asas lentamente, como uma espécie de garça.

Anna. Sensação perfeita de possuí-la completamente — abraçar totalmente seu corpinho esguio — língua enfiada em sua boquinha macia — pernas que eu a faço colocar sobre as minhas, por fim avançando a bocetinha macia e encaixando-a — ela se derrete dentro de mim, como eu, a partir das virilhas, terminarei [me derretendo] dentro dela — eu a possuo, eu a absorvo em parte — o enrubescer rosado de seu rostinho de mulher, rosto de mulher sendo amada — e, depois do clímax, ela me é tão querida, quando a beijo, quando ela me olha com amor, com cara de quem é feliz comigo. — Eu havia descoberto o botãozinho rosado e vermelho de um de seus seios no espaço entre seu corpete e a fita de uma outra peça de vestuário, e beijei-o e puxei-o apertado entre os lábios — o mamilo começou a entumescer — beijei-lhe as coxas brancas, acima das meias e abaixo do corpete. Quando enfiei o polegar maior dentro dela, ela estremeceu de prazer e dor — foi quando jogou suas pernas por cima das minhas que o ato se consumou. A beleza esguia e alva de seu corpo, tão deliciosa de descobrir sob suas roupas desgraciosas e gastas. — Seus beijos, o apetite ardente com que ela mantém a boca sob a minha para ser pressionada em beijos sucessivos, quando roço os lábios sobre sua boca, já ficando úmida, quando enfio a língua entre seus lábios. Eles a recebem e a prendem amorosamente. — A vez anterior, a umidade fresca de seus lábios quando ela se abaixa para a felação, tão deliciosa, tão curiosamente diversa da umidade quente e pegajosa do ato sexual normal — a carícia incrivelmente prazerosa, subindo e descendo, até que a onda de prazer estoura deliciosamente enchendo aquela boca amada de mulher. — Ao segurar meu pau e meus colhões, ela era de uma delicadeza relutante e tímida a qual, juntamente com o modo como acariciava a glande por cima e por baixo, dava a todo o ato uma leveza deliciosa, de certo modo tantalizante, só satisfeita, completada, pela plenitude do jorro final. — Sentimentos em relação à mulher após o ato. Um pouco depreciada, um pouco degradada, o homem um pouco constrangido, sente uma atitude ligeiramente diferente em relação à boca da mulher, porém a beija afetuosamente. Tão natural para a mulher, mas sempre um pouco estranho para o homem, daí seu fascínio especial.

Anna. Trabalhando no Schrafft's, ganhando um dólar por dia, mais gorjetas — vinte dólares por semana. As moças com mais prática chegavam a ganhar cinqüenta por semana. Ela dava a impressão de que tinha trabalhado muito, os olhos saltados como se estivesse tensa e o rosto um pouco endurecido. Deixou a criança na creche de manhã e tinha de estar lá às seis para pegá-la. Dia quentíssimo de meados de julho — acordei com riachos de suor escorrendo de minha testa para o travesseiro. Ela estava quase nua — mostrou-me as coxinhas totalmente nuas — por baixo da camisa tinha apenas um corpetezinho.

Estava com uma camisa rosa e uma saia branca plissada, com uma espécie de flor amarela, e meias brancas bonitas com os velhos sapatos pretos de bico chato. A mãe havia se separado do padrasto — e ele havia transformado a casa num verdadeiro *speakeasy*, com garotas e tudo — "eles baixaram todos os estores às dez horas, e eu não sei o que estão fazendo lá dentro". Perguntei se as garotas eram terríveis, e ela respondeu: "São terríveis, sim — terríveis, mesmo!". Uma delas havia lhe explicado que ganhava três dólares por homem (seis dólares por hora, pensou ela) — Anna era uma boba de trabalhar tanto assim em vez de fazer como ela (neste ponto, à medida que ela prosseguia, percebi que seu sutil senso de humor começava a vir à tona, emergindo de sua superfície endurecida e infeliz, conseqüência de ter ela acordado cedo, vindo me ver e ido para o trabalho) e ganhar quinze dólares por duas horas de trabalho cada noite. Perguntei se as garotas eram bonitas — "Estou lhe dizendo, é cada uma pior que a outra". Uma noite houve uma tremenda confusão — um homem deu cinco dólares a uma das garotas e queria dois de troco — foi uma briga feia, e expulsaram a garota. — Anna queixava-se do coração, que, segundo ela, às vezes doía que era um horror — creio que ficava em pé muito tempo no Schrafft's.

Praia de Seabright. Garota bonita, um tanto germânica, com maiô branco liso em cima, cinto e parte de baixo vermelhos, com faixa branca do lado — tinha olhos escuros sorridentes e pele muito alva; movimentava as pernas, primeiro deitada de barriga para cima, com um joelho levantado, as coxas um tanto afastadas, a cabeça no peito do homem; depois se virando para o meu lado, como se para expor o ninho gracioso de seu colo, com uma dobra profunda entre as coxas bem torneadas — sua maneira de mexer as pernas era voluptuosa. Na água, nadava lindamente e como se estivesse em seu elemento natural: nadava um *crawl* lento e elástico. — Os dois formavam um desses casais que ficam se acariciando na praia, ele colocava o braço em volta dela, etc. Outro casal: a garota enfiava a mão por baixo do maiô do homem e acariciava-lhe as costas.

Linda garota loura e esbelta, com mãe e irmã mais feias, bronzeadas — estavam costurando e lendo na praia — ela se levantava, as pernas longas e alvas bem abertas, movimentos espontâneos e à vontade, ou melhor, com a segurança tranqüila de quem sabe que é bonita. Os ombros, vermelhos de sol, eram estreitos, os seios pequenos, porém formosos e desenvolvidos, não achatados, por baixo da blusa branca — usava cinto e calções azul-escuro. Os cabelos de estopa estavam cortados bem rente à cabeça — havia algo de sueco nos olhinhos estreitos, no nariz pontudo e na boca em forma de V, que se destacava com muita nitidez contra a alvura de loura, talvez com ajuda do ruge. Por fim, quando terminou a costura, ela se levantou e vestiu um xale branco, bordado de azul — apenas cobriu metade dos braços e ficou em pé, os pés bem afastados, contemplando o mar, o xale sacudido pelo vento às suas costas.

Cenas de horror nas ruas de Nova York. O menino que pôs a boneca da criança menor debaixo das rodas de um caminhão que estava parado ao lado do meio-fio — a criança começou a chorar — peguei a boneca, apenas um tronco nu e sem cabeça, e a devolvi à criança. Uma mulher grandalhona, de aparência muito simpática, que parecia estar saindo de um porão, disse: "Não põe isso aí, não!".

Menininho com pernas atrofiadas rastejando pela escada abaixo e descendo meio-fio, como uma aranha.

Sandy. Quando entrei, ele estava olhando pela janela, e me ofereceu a mão de costas para mim. Terno bom, cinzento, da Brooks — amassado; finalmente seu rosto estava profundamente mudado: mais magro, mais duro, mais grisalho, mais maduro, olhar mais fixo. Dificuldade de falar — longas pausas dolorosas — tendia a responder com naturalidade a perguntas fáceis e naturais, mas muitas vezes só após longos silêncios ou pausas cheios de murmúrios, até que conseguia por fim recompor o equilíbrio e assumir seu velho jeito brincalhão e encantador — por exemplo, quando lhe perguntei como eram as outras pessoas internadas no hospital, ele respondeu, mais alegre e com um sorriso súbito nos olhos: "Uns são criminosos, mas não todos". Ficava o tempo todo de pé em frente ao espelho, fazendo caretas e falando sozinho, dizendo: "O dinheiro é pouco — o dinheiro é pouco!". Aquele lado interiorano que todos nós temos" (referindo-se às origens em Talcottville); "Você já se divorciou?" (num tom alegre, como se isto já fosse de se esperar); Adelaide Champollion (após a morte de André): ela precisava de alguém "para cobri-la de atenções". (Ele saía-se agora com umas observações ferinas que ele jamais faria no tempo em que era equilibrado.)

Comentei que a paisagem ali era bonita — a encosta verdejante, que se via pela janela gradeada, estava de um tom dourado de verde ao sol de fim de tarde de setembro. Após uma daquelas pausas, ele disse: "Mas não serve para a agricultura — tem muita pedra". — Começou a resmungar de novo: o jornal; "É, é isso que eu quero"; história — a biblioteca do hospício: "A história das coisas é tão ruim quanto as coisas em si. A vida não é má, se a pessoa consegue suportá-la" — mais uma vez, sua delicadeza, dando a entender: "Mas eu nunca consegui!".

Agora é acostumar-se com a prisão. Haviam-lhe cassado os privilégios — cinema — continuava violento. — Vou dizer à família que ele não está sofrendo, mas vejo em seu rosto que está. — Comentei: "Você sempre se vestiu melhor que eu". Ele perguntou: "Você continua usando ternos da Brooks?". Respondi: "Continuo". "Você devia arranjar um alfaiate." Eu havia elogiado sua gravata; olhando-se no espelho, ele a ajustou — era listrada, laranja e vermelho — de modo que o nó formasse um volume preciso na altura do colarinho mole, coisa que jamais aprendi a fazer com as minhas gravatas.

A última coisa que ele havia conseguido ler fora *Tristram*, de E. A. Robinson. * Ficava o tempo todo murmurando coisas que eu tentava não escutar. — O acompanhante bateu à porta — eu disse: "Entre" — ele disse: "São quatro e meia". Disse eu a Sandy: "É hora de eu ir embora". Ele disse, falando rápido e de modo enfático: "É, é hora de você ir embora!" e saiu pelo corredor afora. — O acompanhante me disse, quando lhe fiz uma pergunta à porta, que ele não era tão violento assim, que as ocorrências que havia naquela enfermaria eram bastante corriqueiras — que era um tanto difícil manter Sandy limpo e arrumado.

Red Bank, 12 de outubro. Descendo para o outro lado de Prospect Hill na minha bicicleta, à esquerda a paisagem outonal, os celeiros com um tom de vermelho quase tão suave, e diferente do vermelho vivo e áspero do ar limpo, quanto o vermelho intenso das pétalas de uma rosa — melhor dizendo, como as bochechas de uma maçã, como a grande mancha vermelha de uma árvore, e exatamente igual à cor dos celeiros, acima dos quais a copa cheia de uma árvore, ao mesmo tempo desbotada e intensa, onde o capim alto e irregular e os aglomerados de arbustos e árvores pareciam interessantes, como se de algum modo, com o outono, eles parecessem ocultar alguma vida especial, vegetal, animal ou humana? — a impressão era indistinta e mista — que terminava na copa das árvores, ásperas e densas ou esfiapadas, através das quais a janela de uma casa atrás das árvores brilhava prateada do alto do morro — brilhava enquanto eu passava, de vez em quando apagada pelas árvores; e à esquerda da estrada ficava o tronco branco e os ramos tortos de um velho pé de plátano, ainda verde, mas já morto no alto, a partir de um ninho de águia-pescadora, enquanto à direita as folhas avermelhadas de um sumagre venenoso enroscavam-se no tronco de uma árvore já morta.

Meados de outubro em Red Bank. Da janela à frente de uma garagem branca lavada pelo frio de outubro, um hidrante vermelho como um gladíolo, amarelo-canário em cima.

* Poeta (1869-1935); a obra em questão foi publicada em 1927. (N.T.)

Indo de Rumson a Oceanic em minha bicicleta, a vista um pouco turva, mergulhando como num sonho no ar límpido, ricos tons outonais da muralha de vegetação rasteira e árvores de alguma propriedade à margem da estrada e as listas douradas do sol de outono.

Na escada lateral, as cores vívidas e límpidas durante todo o final de tarde de fim de outono.

Tarde da noite, em outubro, saindo da casa dos Gorman na rua 12, contra o fundo de uma escadaria negra e alta numa dessas casas relativamente antigas, um homem e uma mulher, ele de casaco escuro de meia-estação, negro como a escada no fundo, e ela de marrom, alta e bela, a cabeça afastada dele, porém os dois numa pose amorosa. Nova York minha hoje, contra aquele fundo de granito marrom.

Anna. Sam disse: "Aprendi a lidar com eles depressinha".

A aparência dela, em plena menstruação dolorosa, o vestido longo todo rasgado — veludo negro embaixo, e em cima, aquela blusa com aquele estampado cor de bronze, com manchas rosadas, que combinavam com seu cabelo vermelho-bronze — e lábios e faces ardentes, inflamados — e palavras inesperadamente espontâneas quando perguntei: "Você não quer me amar?" — "Hum, hum!" — aquele grito doce e melodioso.

"Você nunca mais que olhava pra mim se visse minha irmã" (eu tinha dito que estava pensando em visitar sua família) — ela não era muito inteligente ou algo assim — "acho que foi porque minha mãe batia nela — batia na cabeça dela com toda a força".

Maneira calma com que ela aceitava todas as desgraças — era evidente que ela sentia-se envergonhada ao ver que eu tomava as suas dores. Uma vez, quando fiz um comentário a respeito de sua infelicidade, ela disse: "Ah, até que eu não estou tão mal assim — agora eu sou feliz!". Perguntei-lhe por quê. "Porque eu tenho certeza que não amo mais meu marido." Retruquei que eu achava que ela já tinha certeza disso há algum tempo. "Não: só de uns quatro meses pra cá, mais ou menos. Antes eu não tinha certeza, não."

Sam estava doente, estava magérrimo — não tinha onde ficar — provavelmente não tinha muito o que comer — conhecia todos os donos de *speakeasies* e filava bebida deles — vivia bêbado — dizia, meio esperançosa, que achava que ele não ia durar muito. — Por fim queria que ela caísse na vida pra sustentar ele. O Alex pôs ele no olho da rua.

Garotas num prédio que causavam o maior escândalo — deram gonorréia para um monte de homens. O prédio estava para ser demolido, mas a crise foi evitada porque as meninas se mudaram. A mulher que sujou o nome de Anna, disse que ela queria trepar com todos os homens do prédio. A mãe dela ficou preocupada, queria que ela se mudasse.

Seu apego pela mãe — ficou com saudade dela quando foi para Oswego — fora por isso que voltara.

"Eu queria afeto — acho que foi por isso que fiquei tão louca pelo Sam."

A sensação de fazer sem camisa-de-vênus, depois de usar camisa por tanto tempo — rude, animalesco, carnal, mais íntimo.

A segunda vez, parcialmente atrofiado pelo álcool, sessão difícil e prolongada — ela goza duas ou três vezes antes de mim — a aparência dela depois de ser fodida durante vinte minutos mais ou menos — olhos castanhos tão íntimos como os olhos de um animal — expressão normal do rosto desaparece com a maquiagem — tão nua e natural quanto o resto do corpo. — Finalmente ataquei-a por detrás e gozei.

A noite em que chegamos e encontramos gente lá — nós dois tínhamos bebido — segundo um princípio que deve ser geral, gozamos mais do que o normal, quando, uma vez contornadas as dificuldades, nos vimos sozinhos, abraçados, ela com o vestido e tudo (estava menstruada) e eu de roupa de baixo. O efeito foi como se um desejasse o outro ainda mais. Sensação daquele corpo querido, com o vestido sedoso, nos meus braços nus.

Minha partida para a Califórnia. Quando eu estava fazendo as malas, o quarto todo vazio: "Não gosto de ver você indo embora". Nunca antes eu tinha sentido que ela gostava muito de mim. Lizzie estava esperando, como ela já a tinha feito esperar antes, direitinho, na escada da casa do outro lado da rua. Lizzie não queria falar comigo quando partimos no táxi, todos juntos, porém me dirigiu um olhar maligno. Comentei que ela tinha uns olhos lindos — "Ela tem uns olhos maus! — Iguaizinhos aos olhos do pai!" — bem pretos, um pouco amendoados, um tanto italianos. Depois de algum tempo

Lizzie ficou em pé, porém, e o resto da viagem ficou olhando pela janela com atenção. Parecia gorda, bem nutrida, e Anna havia tentado fazê-la vestir-se direitinho — sapatinhos de pelica, pretos, com botões. Anna estava de meias brancas e sapatos pretos novos, um tanto chatos na ponta, de aparência grosseira, que faziam seus pés e pernas ficarem muito bonitos — mas ela estava magra e pálida por causa da perda contínua de sangue causada pela menstruação excessivamente prolongada. "Não tenha medo de pôr o braço no meu ombro." Eu disse que não era por causa de Lizzie que eu teria medo. "Ela está olhando pela janela", disse Anna. (A família vivia mexendo com Anna por causa de seu namorado novo — "Eles falam de mim e ficam me gozando o tempo todo quando eu vou lá, sabe".) Ela se apertou contra meu corpo: "Não sei por que você vai pra tão longe! — Você é a única pessoa que já foi boa pra mim!". Beijou-me com mais força e mais paixão do que jamais fizera antes, por iniciativa própria, me abraçando apertado. — E eu nunca a ouvira falar daquele jeito antes.

Quando lhe dei a nota de cinqüenta dólares, ela ficou parada, como se estupefata, sentada no sofá-cama, e disse, como se eu tivesse lhe dado um soco, quase como se a surpresa que sentia fosse dolorosa: "Nunca que eu pensei que você fosse fazer uma coisa dessas!".

CALIFÓRNIA

[EW estava ficando cada vez mais apegado a Margaret Canby, que já foi mencionada muitas vezes nessas páginas; e sua viagem à Califórnia foi, na verdade, uma visita a ela. Ficou numa casa de praia perto da casa de Margaret, e foi lá que reescreveu a maior parte de *I thought of Daisy*. Estava também reunindo alguns poemas; os dois livros seriam publicados pela Scribner's. Escreveu EW a Maxwell Perkins, da sua editora: "Tenho uma casinha aqui na praia, e só tenho feito ler, escrever e nadar. O tempo está ótimo e os dias todos são exatamente iguais. Os espaços calmos do Pacífico são ótimos para o trabalho — sempre me sinto espremido em Nova York. Mas quem fica aqui muito tempo provavelmente acaba parando de escrever, porque pára de pensar — aqui pensar não é necessário, e os nativos acham esse hábito uma coisa mórbida".

Algum tempo antes, havia escrito a Perkins (9 de junho de 1928), quando estava trabalhando em *Daisy* em Red Bank: "É o tipo de coisa que ou bem dá certo mesmo ou então é impossível. O que quero dizer é que, do começo ao fim, subordino os personagens, os incidentes e as situações a uma série de idéias a respeito da vida e da literatura, e a menos que as idéias realmente sejam comunicadas, a menos que elas se tornem interessantes o bastante para compensar para o leitor o que ele não está recebendo em termos de ação e emoção, e que normalmente encontra num romance, todo o livro fracassará".]

Santa Barbara, outubro-dezembro de 1928

Num dia de sol, um tanto frio, de dezembro, as massas de nuvens muito alvas por trás dos picos das montanhas são vistas em silhueta contra o azul puro do céu, e as silhuetas das montanhas, apesar de lisas, são tão distintas quanto as manchas castanhas sobre fundo escuro na pele de uma cobra.

Este travesseiro gordo de nuvens atrás das cabeças das montanhas, numa tarde curiosa, assumiu um tom castanho ao pôr-do-sol e parecia uma coisa sólida, estufada, feita de couro fino — nesta ocasião, não estavam atrás das cabeças das montanhas, creio eu, porém cobriam os picos, que se perdiam dentro das nuvens.

A torre branca da prefeitura nova, construída depois do terremoto, as superfícies quadradas e chatas contra o céu azul e chato.

O lindo aspecto de aquarela de tudo no sul da Califórnia — as flores: buganvílias roxas, acácias, hortelãs que lembravam pequenos feixes de bombinhas — beleza de um dia de outono em que este sol californiano recebe uma leve fitada de frio, e a clareza das cores do céu, da grama, das árvores e casas é ligeiramente acentuada. Os vestidos das mulheres também têm esse aspecto de aquarela — azuis, vermelhos, vermelho-granada — usados com simplicidade, sem requintes de elegância — cena de crianças na escola na hora do recreio — estas cores parecem ter se entranhado nos tecidos com tanta facilidade, tão bonitas, que se tornam silvestres como as flores.

Azul e laranja no interior de minha casa de praia — os cobertores índios, pesados, lindos, nos quais o sol forte batia de manhã, quando eu acordava sentindo-lhes o peso — o frio da noite havia se dissipado — paredes brancas — lareiras em estilo indígena — assentos ao lado das janelas que constatamos, surpresos, terem almofadas muito confortáveis — um pássaro índio de argila vermelha — dança do alce, desenho a cores — santa espanhola, apagada, com sete espadas atravessando-lhe o coração — anjinho alemão com candelabro — as almofadas cinzentas dos assentos das janelas — o chão de cerâmica vermelha, com o vermelho e marrom sobre os tapetes índios brancos.

As cores ao mesmo tempo suaves e vivas — no final da tarde, os azuis desmaiados ao longo das serras. — Pálidos troncos contorcidos de árvores, cortiça clara, no desenho da tapeçaria de um verde não muito vivo. — Na velha casa da família de Margaret, contra o fundo verde da alameda, um grande ramo de flores amarelas de aparência japonesa entre folhas finas e duras, como alfinetes, como cerdas de escova.

As emanações, a voz despertada do charco, trazendo as chuvas das serras, ouvida à noite ao voltar para casa pela praia.

Sifões num saco de papel — ao tirá-lo do carro, esguichei um deles — "Esses sifões silvam como cobras".

Paul Dougherty falou sobre a monotonia da Califórnia — "Dá até vontade de ver a sombra de uma nuvem, sabe?'. — Mas em Carmel o mar era mais interessante — de vez em quando uma onda vulcânica.

De Santa Barbara a Los Angeles. Ventura — o grande prédio branco californiano do tribunal revelado ao final de uma rua de um ponto elevado. — A encosta distante, contra o céu pálido de inverno (meados de dezembro), a superfície verde-cinza salpicada de manchas mais pálidas de terra aparecendo nos lugares desmatados e pontilhada de pequenos cilindros prateados de gasômetros ou tanques de petróleo. Coelheiras: placa em forma de silhueta de coelho, pato e galinha, Mike's Tavern; Poinsettia Lunch. Poinsétias vermelhas — as flores vermelhas frágeis e lindas. Churrascarias — atmosfera festiva, de abundância — toda espécie de restaurante sofisticado: Trading Post, Uncle Tom's Cabin (esse muito grande), Old Stage Coach Inn, Swiss Chalet, Indian Wigwam — cor de capim-dos-pampas — um toque de artificialismo e histrionismo que começa quase assim que se sai de Santa Barbara. Postos de gasolina azuis e amarelo-claro — placas azuis e brancas — Avocado Acres, Walnut Acres — arvoredos de nogueiras — efeito compacto e espinhento de ramos belos, como que de ferro batido, formando feixes, sobre caules curtos e retos — uma espécie de energia em sua imobilidade torneada — as palmeiras, por outro lado, têm personalidades interessantes — de algum modo não são o que se espera de uma árvore, porém dão a impressão, como as anêmonas-do-mar e os moluscos, de serem formas de vida rudimentares demais — falta-lhes personalidade — vegetam no lugar onde estão arraigadas, imunes ao vento. — A ladeira de Canejo — Migs enfrentando as curvas perigosas com virtuosismo magistral. [Migs era amiga íntima de Margaret. Uma vez haviam administrado juntas uma chapelaria.] — Na viagem anterior, Margaret estava o tempo todo esperando por caminhões compridos — desses com várias seções — lentamente transportando canos — carregamentos de feijão — as plantações de feijão. — Os morros sarapintados, arredondados e secos.

— Projetos imobiliários: sedes fantásticas de empresas imobiliárias: uma delas uma espécie de castelo de gnomos, com um telhado alto, estilo Nuremberg, que parecia ter saído de uma história em quadrinhos. — Construções de cinema num morro longínquo. — Uma grande placa de madeira, pintada em cores vivas, coberta de figuras cômicas, que parecia a fachada de um parque de diversões, por trás da qual, porém, não havia nada, aparentemente — apenas umas residências particulares — a fantástica entrada de Hollywood. A Vila Francesa — as vilas e castelos de imitação nas encostas — as casas: de ambos os lados da rua, o que é provavelmente a seqüência mais absurda de residências no mundo — uma porta em forma de entrada de tenda e, creio que na mesma casa, uma estátua de prata em baixo-relevo — estilo hollywoodesco-bizantino. — As estátuas de gesso ridículas, anunciando coisas: qual seria a mais ridícula? — o mensageiro de hotel carregado de bagagens com um sorriso idiota nos lábios — a Joana d'Arc do Hotel Normandie — o velho senhor sulista de calças largas, barba e bigode, anunciando café — o casal de dançarinos prateados, um tanto bizarros — a mãe e filho ao lado de uma vaca, já tão desbotados que, ao invés de parecerem saudáveis e inspirarem confiança, têm uma aparência um tanto sinistra, sendo que a mãe parece mais uma bruxa. — A venda de laranjas, grande, em forma de laranja — a venda de sorvete, com quatro casquinhas de sorvete de *papier-mâché*, enormes e fálicas, nos cantos, nas cores rosa, marrom-chocolate e branco. A fantasia chega ao auge em Los Angeles propriamente dita, de modo curioso — edifício branco alto, quando se vai subindo uma ladeira, sem dúvida apenas um edifício comercial, não exatamente construído, e sim desenhado, por capricho ou por brincadeira — tudo parece feito de *papier-mâché*. — A antiga residência de Pickford e Fairbanks * — chafariz e leões brancos — "Eles têm tudo!".

O dia em que cheguei, ao sair da casa dos Nevins (um bom exemplo de casa do sul da Califórnia, fantasiosa porém bonita), o céu acima das palmeiras e das casas brancas de Los Angeles derramava brilhantes num rápido e luminoso fim de tarde da costa pacífica — havíamos bebido um pouco — meus momentos de exultação.

* Mary Pickford (1893-1979) e Douglas Fairbanks (1883-1939), famosos atores do cinema mudo, foram casados entre 1920 e 1936. (N.T.)

O homem que se disfarçava de velhinha, pedia carona e assaltava os motoristas.

Eucalyptus Avenue, onde as cristas esfiapadas dos eucaliptos dos dois lados da rua encontram-se no alto.

O restaurante em que a pessoa paga uma quantia fixa para o almoço e depois come o quanto quiser de *enchilada,* * *goulash,* espaguete, tomate recheado, *pâté de fois gras,* língua gelatinada, carneiro gelatinado, carne gelatinada, saladas (molhos apimentados e azeitonas pretas maduras), pãezinhos e pães de milho, ovos com galinha ao molho de creme de leite e *champignons,* tudo servido em rescaldos — ravióli — picles, ovos recheados com enchovas, café servido em copos, doces folheados, bolo de morango enfeitado com morangos gelatinados de aspecto mortal, semelhantes à decoração do próprio restaurante (o Victor Hugo), em que uma longa escada atapetada levava a um interior luxuoso, cheio de cortinas — espelhos, ornamentos estilo império, aves-do-paraíso por trás das cortinas brancas — contemplávamos o salão do alto de um tablado acarpetado que corria ao longo das paredes.

Praia de Santa Barbara. Quando cheguei, as suaves explosões ritmadas das ondas, que pareciam débeis — mais tarde, pareciam golpear a praia com uma força intolerável. — Um lagarto parecido com Ted. — Uma camisa-de-vênus branca boiando nas ondas. — O piscar constante da fileira de luzes em Carpenteria — e o piscar das estrelas para aqueles lados. — Os galeirões e cormorões, pescoços contorcidos sob os peitos virados para cima ou partidos, ou apenas as vértebras esbranquiçadas, já sem carne e penas, espalhados pela praia. Ratos mortos — geômios. Gaivotas grandes — quando a gente se aproxima delas, elas apenas se afastam um pouco e depois param. Os galeirões pretos que se alimentam de caranguejos e ficam tão gordos que mal conseguem andar ou voar — batem as asas ridículas e impotentes e se esforçam para levantar vôo, correndo com os pés negros e longos. Os pelicanos. Maçaricos correndo ao longo da praia. As urias, menores que as gaivotas. As carapaças vazias de lagostins. Conchas de haliotes opalescentes. Em Sandyland, o mar opalescente rastejando pela praia longa e rasa. Os maçaricos

* Prato mexicano, que consiste numa *tortilha* recheada com carne e molho apimentado. (N.T.)

— como as garotas Tiller, fazem evoluções com coordenação perfeita: todos correm para as ondas, então todos viram para a direita, param e enfiam ao mesmo tempo os bicos na areia — então, quando assustados, todos levantam vôo ao mesmo tempo, formando um V cuneiforme perfeito, em branco, contra a areia ou o céu.

Os cachorros na praia — passeando — buldogue, cão esquimó, *terrier escocês*, vira-latas — estes muito humildes. Os treinadores de lebréus — dois adultos e um filhote — o filhote com membros mais grossos, desajeitado, porém logo adquiriu a esbelteza dos lebréus — podia-se ver a mudança em um mês — os lebréus adultos corriam para o treinador, ondulações de amarelo sobre a areia castanho-claro — o treinador, sempre alinhado, sempre em perfeita forma, sem olhar para a direita nem para a esquerda, conhecendo o seu lugar, jamais cumprimentando nem falando com as pessoas na praia, nem mesmo quando lhes dirigiam a palavra as pessoas que o viam todos os dias na praia e achavam que caberia cumprimentá-lo — de modo que acabaram desistindo. — As pessoas que passavam montadas a cavalo ou amansando cavalos — passavam, belas silhuetas escuras contra o mar azul — o cavalo cor de café.

As ervas. Os beija-flores. As ervas com suas flores bonitas, de um violeta vivo, em Sandyland. As algas — vistas da estrada costeira, uma faixa de castanho fosco na superfície luzidia do mar — formando cordas, com folhas cor de âmbar como nas colunas coríntias. Bobby Dalton (gerente do Miramar Hotel) entre as algas — o prefeito que havia morado a poucos quarteirões da praia e que de repente descobriu que a praia estava coberta de algas — disse que Santa Barbara teria uma praia linda se as algas fossem removidas — assim, mandou homens com uma carroça para retirá-las — ele não sabia que aquelas algas iam e vinham da praia há milhares de anos — que ela vinha e depois desaparecia. Os caules das algas, com um grande bulbo na base — como cetros de tritões ou como lulas. Os grandes ninhos marrons, esponjosos. — O longo cais de Miramar — todo dia Bobby Dalton e os hóspedes do hotel andavam até a ponta e ficavam olhando ao redor.

O gavião, pairando imóvel, prestes a atacar um inseto. Dois cormorões ou gaivotas voando juntos. O cormorão que eu e Margaret vimos a caminho de Sandyland, pousado à beira de um poço de petróleo, ao lado de uma gaivota impassível, que permaneceu lá depois que a outra ave foi embora, as asas grandes estendidas, claramente observando um peixe — ficou parado assim por algum tempo, sem voar, então levantou vôo e sobrevoou as ondas a baixa altura, batendo as asas um pouco, depois planando em linha reta, como um ciclista descendo uma ladeira sem pedalar. Os pelicanos e cormorões me lembraram a Luisiânia, a estrada de Grand Isle.

Alvorada em Carpenteria, mar e céu espelhando-se em rosa e azul (o rosa contra o céu azul um pouco vulgar e feio — bonitinho demais) com a montanha no meio. Nadando ao pôr-do-sol — tão suaves as ilhas ao longe — Santa Cruz e Santa Rosa — no horizonte imerso em névoa onírica. O sol dá um toque rosado contra o fundo azul, e as ilhas são azuis contra o rosado do sol, para os lados do oeste. Um paraíso terrestre — um pouco suave e doce demais — as paisagens marítimas são bombons visuais.

Os pescadores de lagostas em seu barco. O velho acampado, acendendo uma fogueira, aparentemente morando numa gruta no rochedo. Os restos — esqueleto retorcido e enferrujado — do automóvel que caiu do alto do despenhadeiro. O canal ao pé do despenhadeiro de onde foi jogado o bebê. Um ou outro barco — um deles de uma companhia que explorava o iodo das algas, mas que nunca tivera muito sucesso financeiro. As crianças — os gêmeos bonitinhos. Velhinhas passeando por motivos de saúde.

Praia de Santa Barbara. O ruído dos canhões — o ribombar dos carros de munição — o pipocar dos mosquetões. — O estardalhaço prolongado e esmagador da arrebentação — até mesmo estas manifestações mais violentas, por se sucederem com intervalos vazios, têm algo de impessoal — não falam.

Em dezembro, pela primeira vez, num dia em que começou a chover, o céu ficou cinzento, com cara de inverno — Santa Cruz e Santa Rosa chegaram a ficar desoladas. — O som vazio do Pacífico.

No meio do aguaceiro uniforme e monótono batendo no telhado, numa noite chuvosa de dezembro, um barulhão súbito no telhado: Margaret disse: "Granizo de verdade — depressa! — a primeira vez em anos". — Então, tão repentinamente quanto havia começado, após a saraivada inicial, pedras isoladas — depois o som mais fraco, suave, quase morrendo — depois mais forte, caindo mais depressa — amainando — batendo com força — aumentando e diminuindo, rápido e suave, metralhando, borrifando, mais ou menos depressa — confundindo-se com a chuva, caindo no esquecimento.

Hollywood. História de Dorothy Parker sobre o filme que John Gilbert * queria fazer: ele e uma beldade se arrastando numa selva africana, mortos de sede — por fim ela lhe oferece seu lindo corpo alvo em troca do último gole d'água no cantil — "Você pode imaginar uma oferta menos oportuna que essa?". A graça da coisa era que finalmente eles encontravam uma cascata reluzente, mas depois descobriam que era de brilhantes e não água.

Idéia de Wilson Mizner ** para história de homem rico que não conseguia comprar felicidade — terminou jogando dois mil dólares em cima do cachorro, e o animal continuou não querendo saber dele.

Insolência dos empregados do hotel — "Sorte danada de vocês de conseguirem vaga nessa espelunca! — Essa aí é a tal da Crane?" Mizner chamou o gerente e disse: "Tenho uma baita duma reclamação pra fazer, Frank". Mais tarde o gerente mandou flores para o quarto.

A última coisa que ouvi ao sair foi Mizner, sentado no chão, falando a respeito de alguém que tinha um dos melhores cérebros de Hollywood, mas era *toxicômano*! (Ele próprio era toxicômano e estava drogado nessa ocasião. Não o achei uma pessoa divertida, e Dorothy Parker também foi da mesma opinião.)

O Miramar. Hotel californiano à antiga — interiores escuros e com pé-direito baixo — portas teladas — velhos e velhas sentados pelas poltronas — biblioteca em que cada hóspede deixava um livro ou dois — a lareira sempre acesa na sala escura, cheia de móveis coloniais.

Nosso passeio até Sandyland — já saímos bêbados — eu falava furiosamente. O sistema complexo e amplo de poços de petróleo interligados, com sondas para encontrar petróleo abaixo do leito do oceano, silenciosamente subindo e descendo — uns poucos casebres onde moravam os operários — destacando-se contra o céu, como

* Ator de teatro e cinema (1897-1936). (N.T.)
** Dramaturgo (1876-1933). (N.T.)

num desenho de Pennell.* O trecho de praia emurado por pedras amarelas. Sentamos num tronco, fizemos um lanche e tomamos mais uns goles da garrafa de uísque cheia de um drinque à base de suco de *grapefruit.* A muralha de rocha parecia parte do cenário de uma velha produção do *Anel dos Nibelungos*, da Metropolitan Opera Association. O trecho sendo urbanizado — tudo bagunçado, subúrbio, um monte de Fords caindo aos pedaços. Margaret com seu maiô marrom, que ficava bem nela, linda contra o fundo de pedras de um amarelo-acastanhado e areia de um castanho-claro — por cima do maiô usava uma camisa de malha de um tom de marrom-arroxeado, um pouco mais quente — o maiô tinha um estampado de riscos irregulares — seu corpinho rechonchudo de maiô, com as pernas bonitas — coxas roliças e rechonchudas, e pés pequenos com dedos ossudos. Saímos na maré baixa e voltamos na alta. As aves e outras coisas pareciam ganhar um novo interesse e valor. Seu maiô preto pré-histórico em Sandyland — quando tentei fechar os colchetes à altura do ombro dela, todos os colchetes enferrujados saíram na minha mão. Ela acabou amarrando-o, e quando foi pegar surfe, uma parte de seu traseiro rosado ficou à mostra. Furos na varanda onde ela havia praticado tiro ao alvo quando menina. Mar lento e opalescente — ondas maiores quebrando só ao longe — mais primitivo, mais selvagem, mais desolado. A casa de praia e seu interior escuro, de madeira nua — estava coberta de uma erva com flores roxas, folhas grosseiras de praia. Ao fundo, a serra enrugada e escurecida, o baluarte. Fiquei a vê-la deslizando na prancha de surfe ao longo da praia rasa, seguindo a crista branca da onda, até ela morrer na areia — longos vagalhões. — No caminho de volta, subindo nas pedras lisas, onde as ondas já estavam quebrando — olhei para trás uma vez e vi o penhasco amarelo-pálido pulverizando-se no oceano azul-claro, onde a noite estava prestes a cair. Ela lembrou-se, quando voltamos no dia seguinte, de que na véspera, quando estávamos bêbados, havíamos lamentado não ter bebida suficiente e havíamos afirmado que na próxima vez traríamos duas garrafas. — "Bem, hoje você não está bêbada." — "E ontem também eu achava que não estava." Pisei-lhe os dedos dos pés e os machuquei muito quando tentei beijá-la, ao detê-la, nas pedras, quando voltávamos, cansados mas animados. Eu repetia o

* **Joseph Pennell, gravador e ilustrador (1857-1926). (N.T.)**

tempo todo que não sabia se lhe tinha dito o quanto gostava dela, etc. — Nosso drinque, líquido esverdeado, servido em xícaras de chá verdes. Os sapatos de praia de borracha dela, azul e branco. Seu corpo pequeno e sólido, em pé, as pernas nuas, entre as pedras, ao fundo os rochedos da Califórnia. Os seios aparecendo, sólidos apesar de amarelados, os mamilos bem nítidos, sob o maiô molhado, quando ela voltou à areia depois do surfe. — Albert Isham, impopular na escola (eu o conhecera na Hill School) — sua casa de praia sofisticada, de um tom nada apetitoso de marrom — o anexo grande, com minaretes iguais aos de uma mesquita — igualzinho a um cenário de cinema — ali ficava uma espécie de ginásio onde ele tentava emagrecer, para ficar mais atraente — tinha muito dinheiro — ela achava que os pais dele sentiam-se terrivelmente culpados em relação a ele.

As pegadas que ela deixava na areia, quando voltávamos de um lugar depois de Sandyland, a marca firme dos pezinhos. — Os bulbos das algas que explodiam quando pisávamos neles. Os dardos verdes das algas achatadas na areia. — Troncos contorcidos de eucaliptos esbranquiçados de sol, como crânios de animais fantásticos. — As nuvens de milhares de ácaros negros subindo das algas marrons. — A casca vazia e vermelha de uma lagosta, as antenas caídas, retas e rígidas. — Trabalhador lendo revista de mistério nas pedras.

Anotações feitas no iate de Morgan Adams. O rugido ritmado do Pacífico — o oceano quebrando lá fora, uma série de explosões lentas e suaves. — A caminho de Los Angeles, as montanhas com seus tons suaves de aquarela, de azul e marrom — e o branco-prateado brilhante das ondas longas e baixas, encapelando-se não na praia, e sim no amplo lençol de água azul. — As cortinas altas e irregulares de eucaliptos tortos e as treliças de sombras compridas atravessando a estrada amarela seca — as montanhas secas, castanho-claros, a beleza da terra, o cheiro do ar sem maresia — o cheiro gostoso das leves toras de eucaliptos queimando na lareira. — Contemplando uma rua larga de Los Angeles, cheia de casas alegres e frágeis, um grupo numa varanda com uma grade alta, acima da qual se viam os braços nus de duas mulheres, aparentemente fazendo a sesta em cadeiras confortáveis, com os braços acima das cabeças. — As mulheres e menininhas, com cabelos de estopa foscos, porém claros, e as pernas nuas amareladas ou castanhas, um tom de pele totalmente diferente do que se vê nas pessoas nas praias de Nova Jersey. — A moda do ioiô.

A tarde clara, azul, um pouco fria, os iates partindo — as canhoneiras paradas a distâncias uniformes — os marinheiros na pôpa das lanchas, as proas levantadas da água — ao longe, uma vela branca e côncava, uma mancha semelhante a uma impressão digital de um polegar no céu azul — por fim, Los Angeles parecia uma miragem ou uma cidade-fantasma que pesava no horizonte tanto quanto névoa ou espuma — a ponte levadiça preta, volumosa e quadrada, que dobrava de modo maravilhoso para que nós pudéssemos passar.

Na volta, ainda não havíamos acendido as luzes apesar da hora, e quase nos metemos numa encrenca e fomos multados — as pessoas gritavam para nós. O "Enchantress" passou pelo intervalo estreito entre as muralhas escuras de dois navios-tanques.

Morgan Adams — feliz por voltar sem estar bêbado — sempre chamava as garotas de "moçada" — seu jeito de contar histórias sobre experiência num hidravião do Panamá, proezas aeronáuticas, motim da tripulação em Cuba. Amante que trabalhava com uma modista — cigarreira comprida formando um ângulo entre os dentes. "Eu votaria no Smith [Al Smith *] se tivesse coragem." Convidada que havia subido até o cesto da gávea de porre uma noite — Adams mandou um marinheiro ir atrás dela — ela bancou a coquete e tentou fugir dele. Nadamos até [a ilha de] Catalina — as sepulturas solitárias na encosta, para chegar às quais tivemos de passar por seixos, terra e cactos — o homem no barco, visto de cima, esperando, os remos pousados na água da enseada, com tons de azul e verde como na plumagem de um pavão. A placa que proibia entrar, fumar, fazer fogueiras, etc. — Olhando para a água lá embaixo do iate — deixando cair uma fita com uma fivela ou algo assim dentro d'água — queda lenta, porém direta, até o fundo, onde bateu, sete metros abaixo. Os cardumes de peixinhos prateados ou de tons indistintos de roxo ou azul nas profundezas esverdeadas — os peixes maiores, lerdos e gordos, atravessando

* Alfred E. Smith (1873-1944), político democrata, quatro vezes governador do estado de Nova York, católico e opositor da Lei Seca; candidato à Presidência da República em 1928. (N.T.)

água roxa, prateada ou azul — cores que se desfaziam e re-formavam quando a superfície da água era rompida. — Nosso mergulho no meio da noite do alto do iate, cheios de uísque por dentro, e a maresia noturna de fora. — Hora de deitar, de pijama, um visitando a cabine do outro. — A tábua estreita pela qual passamos de um iate para outro, no porto de Los Angeles.

Beijos prolongados, abraços nus — as cortinas, à tarde, tornadas transparentes pelo sol, o padrão de flores marrons tornando-se líquido, cor de âmbar, e finalmente morrendo ao pôr-do-sol. — O interior frio, como um acampamento nos montes Adirondacks.

"Puxa, aqueles ursos eram umas gracinhas, não eram? — Pois nós também somos!" (Tínhamos visto dois ursos namorando no zoológico particular: estavam deitados no chão, num abraço amoroso, dando gemidinhos.)

O galope das vidraças quando o trem se aproxima ao longe.

Philip Owen dirigindo (típico rapaz da Nova Inglaterra) — cortando como o vento, no frio da noite, as curvas da estrada — virando a direção de repente, seguindo a toda velocidade rumo a seu destino.

Ele nunca a amou mais do que na vez em que foi vê-la de noite, apontando uma lanterna para a janela de seu quarto, e a viu, àquela luz imperfeita, saindo da cama com as pernas grossas, bronzeadas e nuas. [Transferi este trecho para algum personagem de um conto.]

Pelicano voando, a cabeça comprida, pescoço grosso e escuro como um *terrier escocês* — batendo as asas lentamente, de modo grotesco, porém um grotesco cativante.

Montanhas tingidas de sombra azul — e, mais tarde, as faixas castanho-claras de eucaliptos, rosados à luz do sol poente, e as montanhas coloridas de um tom quente e esbranquiçado de rosa àquela estranha luminosidade californiana, ao mesmo tempo seca e quente, as suas formas ao mesmo tempo frágeis e monumentais.

Menino brincando com ioiô, atirando-o em direção a uma pessoa de quem ele não gosta. Ao ouvir que alguém tem que voltar para o trabalho, diz: "Até logo. Espero que você seja promovido".

O dono do zoológico; tinha uma aparência desmoralizada de animal — o homem que comprava imóveis preparou o terreno e escravou o porão da casa — tratamento paisagístico, cascata de três níveis, alameda ladeada por plantas californianas, um lago estagnado artificial, escuro e plácido, tudo isso ao rápido pôr-do-sol pacífico, obscurecido tão de repente — aloés com seus cones de flores de um rosa-vivo, tão vistosas, para ninguém ver, no lusco-fusco, acima das estrelas dos aglomerados de folhas rígidas, e aquela flor estranha — como uma ave marítima tostada de sol, gorda de tanto comer caranguejos, parada na praia, de boca aberta — o bico fino e agudo aberto, uma língua dura e azul vibrando impotente — o canto distante de um hino dominical — o acampamento que vimos por entre as folhas da alameda e que Margaret esqueceu tão depressa. — Por fim ele deu um tiro na mulher uma noite, mas não a matou — ela o deixou.

As montanhas de um tom escuro de roxo azulado nas dobras e rugas elefantinas das superfícies vulcânicas lisas e, acima delas, as nuvens cinza-azulado correndo para o norte.

Quando a espuma muito macia parece violeta e a areia lisa, azul.

Verde-alaranjado do sol de fim de tarde sobre as encostas cobertas de plantas de folhas grosseiras.

O azul brilhante como o mar daquelas asas de borboleta.

O pneu enterrado na areia perto da arrebentação.

O fedor, estagnado e atolado.

As tábuas cinzentas, chegando até a casa, levemente arroxeadas pela hora.

"Uma criança japonesa caiu n'água, e a outra criança pulou atrás dela — então todas as famílias japonesas saíram — e ficaram sentadas na areia, em círculos — esperando que as ondas trouxessem os corpos. — Isso me impressionou muito, eu ainda era criança — porque sempre achei os japoneses uma gente pequenina e engraçada — e, não sei, aquilo era tão triste!"

Os pontinhos brancos das gaivotas, e, mais além, a forma mais clara, rosada, do cais do Miramar — e as pernas de um tom mais quente de rosa da menininha e sua babá vindo em nossa direção pela areia.

Agora (5:30, 14 de dezembro) o céu estava violeta, a serra de um tom muito escuro de violeta e, mais embaixo, as luzes de Sandyland cintilando, a água violeta como o céu.

Tom alaranjado no oeste, um pouco hibernal e barato, por trás das grades negras do cais e acima do azul metálico do mar.

14 de dezembro. Primeiro, as nuvens bronzeadas contra o céu esbranquiçado — depois o roxo das montanhas, escuro e mortiço, recortando nitidamente a massa de nuvens de um branco fosco, porém destacando-se nítido contra o azul fosco do céu. As vilas brilhando como beiras de moedas novas na encosta contra o fundo escuro de árvores. Indo de Santa Barbara para Montecito, as cercas brancas contra o verde, escurecido e azulado, dos eucaliptos.

O mar com suas longas listras de azul metálico e, acima delas, as nuvens cinzentas achatadas, esfiapadas, cristadas, rumo ao norte, marcando o céu, e acima delas, o laranja diluído contra o céu azul, esmaecido, a lua crescente nítida acima das nuvens.

As ondas vazias e ruidosas, ressoando contra a praia.

A aparência leve e oca das pedras redondas, de um castanho-pálido nos leitos de riachos secos, por detrás do verde seco e claro da folhagem, que mesmo em dezembro mascara a natureza, como uma paisagem de cenógrafo (a beleza de uma tela de fundo mal pintada também nos impressiona), mesmo no auge do meio-dia e até mesmo ao entrar na ruazinha onde qualquer um pode morar.

A casa dos Paramore — e a ponte sobre o riacho seco — em seu ninho de folhas secas.

As roupas verde-claras dos atores de cinema — a melindrosa

muito engraçada, inteligente e de belas formas, que acabou revelando ser uma baronesa von Romberg — ela tinha de ficar assistindo à corrida com um binóculo e depois, de repente, quando o homem cai do cavalo, sair correndo; a loura de cara enjoadinha com o mesmo tom de verde — Laura LaPlante — ela atravessa o palanque e assume seu lugar — esbranquiçada, sem nenhuma distinção; o diretor: sapatos esporte de duas cores, meias de golfe brancas e calções de golfe, judeu, moreno e bonitão — sentado num bastão cheio de pontas, cujas extremidades pareciam ser de prata — os cabelos escuros, bem crespos, tinham uma certa dignidade de grisalho prateado — seu nariz de camelo, caído. — A mãe, sentada, imóvel, com sua estola de arminho. — O segundo homem, muito mais apresentável e decente — disse: "Eu acho que, em partidas de pólo, não fica gente em pé entre as cadeiras e o palanque. Por favor, sentem-se", etc. — agradece aos espectadores — lamenta que o cavalo ensinado não tenha chegado — Langdon Mitchell (autor de *The New York idea* e da peça baseada em *Vanity Fair*): "Você merece servir de modelo para uma estátua de bronze". — O jogador de pólo vestido de verde, Laura LaPlante de verde, a tal von Romberg de verde, e tudo ia sair branco no filme. — Os grandes refletores de lata — que, àquela luz, equivaliam a luzes de Kleig. — A mistura, no palanque, de atores — um com bigode falso e um colete branco com um V verde e preto — suéter por baixo do paletó marrom — *pour le sport* — e com um chapéu mole enfiado fundo na cabeça — pessoas desinteressantes da região, mais algumas bem informadas, que, ao mesmo tempo que eram fascinadas pelo cinema, ficavam gozando as outras.

Tighe Wheeler. A sala com vista colorida, bem focalizada, do Pacífico — a palmeira vista pela janela que repetia a palmeira do papel de parede — e havia também uma vaga diligência branca — mar azul, folhagem verde e grosseira, o sol constante do Pacífico.

Ela era filha da sra. R. L. Stevenson — sempre se referia a RLS como "o sr. Stevenson". Uma criatura masculina, com, pelo que me lembro, um marido um tanto feminino.

Viagem de volta passando por Nova Orleans, dezembro

Um desfiladeiro abrupto e árido, depois das placas berrantes; as serras como se cobertas de líquens; morro artificial de vilas cinematográficas; Texaco; aquela silhueta de cidade falsa contra o céu diamantino da Califórnia — diamantino seco, levemente azul, à medida que o sol se desloca para o oeste.

A Serra Nevada, seca, riscada de neve — prata contra azul-claro.

As ondas azul-prateado, em forma de salva, na areia lisa.

Os rígidos galhos e caules cinza-geada dos arvoredos de nogueiras.

Os choupos verde-amarelado em Wyoming.

Cavalos na encosta escura, como animais na arca de Noé.

Carros amassados em acidentes.

Deserto vermelho, infestado de cactos — as serras amarelo-limão acastanhado, sem cor.

Prazer de passar do Oeste para o Leste — logo depois de Beaumont, uns poucos edifícios modernos e altos no meio do deserto — pessoas, mulheres com vestidos de cores vivas, na hora do almoço, atravessando os trilhos depressa — os barcos brancos na água lamacenta, um navio grande no golfo — o ar frio e a atmosfera mais úmida e vaga, mesmo num dia límpido de inverno — a vida mais instável, incerta, um tipo diferente de movimento, esquivando-se do vento, lavado nele como se por um mar, e não o Pacífico — ritmo menos uniforme, apressado e aliviado.

Os pântanos e a água lamacenta — os galhos secos cobertos de barba-de-velho, como farrapos de roupas sórdidas presos no mato — os crioulos — casas sem pintura — pinheiros — porcos atravessando os trilhos — árvore caída esparramada na água — pântano cinzento e morto cheio de galhos secos, incolor como uma fotografia — a própria barba-de-velho, que havia matado as árvores, secando e morrendo, e, abaixo, uma vegetação rasteira viva de palmeiras.

Chicória no café — sopa de camarão bem grossa, com quiabo — comida da Luisiânia.

Nova Orleans. "Quem é esse tal de Hoover?"; Rex com óculos de osso (no último carnaval); semana da segurança; Tim

Healy, chefe de polícia, jogo e mercado de algodão; Père Antoine; garotas em Berkeley; prefeito que fez campanha em cima de caso Dreyfus; Mississipi exige que a Virgínia entregue corpos de Jackson e Lee; * velas acesas por Al Smith na redação do *Picayune* — para o bispo: "Que Deus tenha piedade da tua alma fanática nesta manhã de Natal"; prefeito segurando chapéu sobre o abdômen, com o charuto espetado na boca.

* "Stonewall" Jackson (apelido de Thomas Jonathan Jackson, 1824-1863), general, e Robert E. Lee (1807-1870), general e comandante-em-chefe do exército confederado (sulista) na Guerra da Secessão. (N.T.)

NOVA YORK, CLIFTON SPRINGS

[Voltei a Nova York da Califórnia para passar o Natal com Rosalind em Red Bank. Depois, por volta de janeiro [de 1929], aluguei um quarto mobiliado barato na rua 13 Oeste, 224, um ou dois quarteirões a norte da redação da *New Republic*, uma espelunca que cheirava a mofo, sem banheiro — eu era obrigado a descer um andar de escada para usar um banheiro comum. Achei que ia conseguir morar ali sozinho e começar a escrever *Axel's castle*, porém eu havia acabado de despachar *I thought of Daisy* para a editora e estava sofrendo da sensação de anticlímax que às vezes se tem após acabar de escrever um livro. Sentia saudade de Margaret. Rosalind estava em Red Bank com minha mãe. Anna vinha de vez em quando me ver, porém, lembro-me, na época era difícil para ela me visitar, e meu quarto estava longe de ser um lugar agradável, ou sequer adequado, para receber uma moça. Eu estava planejando me casar com Margaret, mas sentia que havia algum obstáculo contra este casamento — uma sensação, imagino, derivada de sentimentos de lealdade para com Mary [Blair], de quem eu não queria me divorciar, embora não tivéssemos vivido juntos por muito tempo, e para com Ted [Paramore], que ainda tinha esperanças com relação a Margaret, e mais a sensação de que, ainda que eu gostasse de Margaret e nós dois nos déssemos bem, não tínhamos o bastante em comum. Eu estava entrando no mesmo estado neurótico em que já entrara uma vez, na primavera de 1917, quando os Estados Unidos tinham acabado de entrar na guerra e eu não conseguia resolver o que fazer — a indecisão é a única coisa que me desmoraliza completamente; e com resultados ainda piores. Um dia recebi carta de Winifred da Europa; eu me sentia muito culpado em relação a ela, principalmente porque estava bêbado no dia em que a levei para a cama, e achava que, se eu estivesse sóbrio, eu teria tido bom senso suficiente para não fazer aquilo. Creio que foi justamente nesta época que Winifred me escreveu dizendo que tinha tido um aborto acidental (que, como fiquei sabendo depois, foi imaginário). Fosse como fosse, a essa altura eu já lhe havia escrito falando de meus planos de me casar com Margaret. Constatei que não conseguia passar a noite sentado escrevendo meu livro naquele quartinho horroroso, e comecei a beber e ir sozinho assistir à revista de Noël Coward que estava em cartaz na época, que no momento em que eu estava na platéia me parecia divertida, mas que, quando eu ficava sóbrio, me parecia algo revoltante; e aquelas musiquinhas bobas não saíam da minha cabeça. "Teach me to dance as Grandma did" ficou para sempre associada, na minha cabeça, ao cheiro nauseabundo daquele quarto. Por fim, quando, ao final da semana, resolvi, como de costume, ir a Red Bank, assim que entrei no táxi fui acometido de uma sensação de pânico. Os sintomas foram bem mais sérios do que os ocorridos em minha visita a Princeton, na época em que estava ansioso por causa da guerra: comecei a sofrer tremores violentos, e dei-me conta de que seria impossível visitar minha mãe. Telefonei pra a tia Caroline e pedi que me recomendasse um médico. Ela me encaminhou para um jovem clínico, o qual simplesmente achou que eu tivesse bebido demais, me fez passar uns dois dias no hospital e me fez dormir com uma injeção de morfina. Quando saí do hospital, os sintomas voltaram. Eu temia estar enlouquecendo, e pedi que a tia Caroline me arranjasse um psiquiatra. Creio que sempre tive esse medo, por causa de meu pai e Sandy. Minha tia me encaminhou a John M. McKinney, que me recebeu tarde da noite, de roupão, e me convenceu de que eu não estava enlouquecendo. Falei-lhe sobre meu pai, e ele observou — coisa que eu não havia percebido — que meu pai havia tido sua primeira crise mental séria quando tinha a idade que eu tinha agora. Passei a consultar McKinney duas ou três vezes por semana, e deste modo foi possível continuar levando a vida, mas os ataques de pânico e depressão continuaram. As semanas em que vivi a pior fase desta crise foram a experiência mais horrível da minha vida. Um dia disse a McKinney que tinha a impressão de que não conseguiria sobreviver a minhas crises de depressão, durante as quais me parecia que eu estava condenado, por alguma força que eu era incapaz de controlar, a me destruir de algum modo violento; e ele me deu um ponto de apoio no rochedo pelo qual eu estava escorregando, ao afirmar: "Você vai conseguir, sim. Você vai conseguir se recuperar disso como se fosse uma dor de cabeça. Você sabe que isso vai passar igual a uma dor de cabeça". Por fim, mandou-me para o sanatório de Clifton Springs. Estávamos no auge do inverno, e o sanatório ficava no trecho mais desolado do norte do estado de Nova York. O tempo que passei sentado numa sala de espera com um relógio de madeira austero na parede foi algo indescritível; só sei que estava tentando escapar das diversas mulheres com as quais eu havia me envolvido de modo tão complicado. Obriguei-me a rever as provas de *Daisy*, a terminar meu poema sobre Provincetown e a trabalhar no rascunho do primeiro capítulo de *Axel's castle*. A satisfação que experimentei ao reescrever o trecho em que eu tentava explicar o simbolismo foi um sinal de que estava começando a me recuperar; travei conhecimento com Robert Reid, um velho muralista, que sofria de artrite e veio a morrer no sanatório. O tédio que eu sentia no sanatório era algo inconcebível. Lá eu não podia beber, porém rapidamente fiquei viciado numa droga denominada paraldeído (da mesma família que o éter), que tem um cheiro muito desagradável, mas produz um efeito de relaxamento e euforia. A velha enfermeira que tomava conta de mim, para quem eu lia poemas à noite, ficou tão encantada comigo que me dava doses maiores do que devia, e mesmo após sair do hospital continuei adquirindo a droga, através da receita, até que um dia, quando McKinney observou que eu estava correndo o perigo de ficar fisicamente dependente da droga, abruptamente parei de usá-la. Lugares como Clifton Springs são arapucas: nunca querem dar alta ao paciente. Oferecem banhos, tratamentos elétricos e massagens, que ocupam uma parte do dia; mas a mim tais coisas irritavam. Eu vivia dizendo aos médicos que sempre me havia considerado uma personalidade forte, e que não conseguia entender como eu havia chegado àquela situação. O homem de Clifton Springs dizia: "Às vezes a personalidade nos passa peças muito estranhas", ou algo assim. Quando me queixei de fraqueza, McKinney me havia dito: "Os neuróticos são pessoas fortes. É como o fenômeno da polarização na física. A neurose é o resultado negativo de uma afirmação positiva da vontade". Ele dizia: "Você não está tão mal assim: afinal, você não perdeu seu emprego". Eu tentava expiar minhas faltas escrevendo cartas para minhas namoradas.

Não sei se passei duas ou três semanas em Clifton Springs, mas acabei insistindo em ir embora, apesar de os médicos do sanatório não quererem que eu saísse. Senti gratidão em relação a Mary quando ela me telefonou um dia e disse: "Não esqueça que os médicos também precisam ganhar a vida!". Por algum tempo, continuei consultando McKinney, porém detesto sentir-me numa relação de dependência, e — apesar da relutância do psiquiatra — afastei-me, dominei a indecisão neurótica e a sensação de estar flutuando num vazio fora do mundo dos outros seres humanos, onde os compromissos parecem não ter valor, a sensação terrível de não ser real, de não fazer parte da sociedade nem através de objetivos nem de relacionamentos, o desgaste de me relacionar com as pessoas juntamente com o medo de ficar sozinho. Fui para Dennis, no cabo Cod, com Rosalind e Stella; pela manhã, trabalhava no quarto do hotel (no último grupo de poemas de *Poets, farewell!*) e lia Valéry na praia, para escrever um capítulo sobre ele em *Axel's castle*. Ao mesmo tempo, tinha de enfrentar Winifred, que havia rapidamente voltado da Europa e com quem eu tinha conversas angustiantes. Além disso, eu mantinha correspondência com Margaret. [Depois que ela morreu, destruí em Santa Barbara todas as cartas que lhe enviei, porém ainda tenho as que ela me escreveu.] Levei anos para me recuperar destas oscilações de estado de espírito, aparentemente de caráter maníaco-depressivo: momentos de vivacidade ou jovialidade seguidos de um desalento e um silêncio que as pessoas não entendiam e que, creio eu, me tornavam nestes momentos uma companhia um tanto desagradável. Antes da chegada de Margaret, Anna continuou a me visitar; sua sensibilidade era tal que, embora eu tentasse ocultar minhas crises, ela sempre percebia imediatamente o que estava acontecendo, e isto me fazia sentir um pouco melhor, pois significava que minha experiência de solidão, meu isolamento assustador, estava sendo compreendido, e portanto compartilhado, por outro ser humano.

Um telegrama me havia sido enviado para Santa Barbara, avisando que Herbert Croly tivera um derrame. Quando voltei, ele me pediu que ficasse na *New Republic*, pois eu estava prestes a largar a revista. Embora estivesse parcialmente paralítico, ele estava pretendendo voltar ao trabalho; porém teve outro derrame e morreu. O grupo de diretores permaneceu, teoricamente todos com iguais poderes. Meu salário foi aumentado para me colocar no mesmo nível que os outros. Esse estado de coisas funcionou por algum tempo.]

NOVA YORK

Central Park. Pôr-do-sol para os lados de Nova Jersey, e prédios amarelos e brancos na extremidade sul do parque adquirindo um tom cinzento de sombra que os tornava relativamente insubstanciais e atenuava seu peso opressivo — o verde tenro das folhagens de maio no parque dava aos edifícios um agradável ar de indefinição (relativamente, para Nova York) — os prédios residenciais de duas torres, como catedrais.

— velha manta de viagem preta e felpuda no táxi.

Anna. Depois que eu me encontro com você — o dia seguinte eu fico tão sonolenta — não é bem sonolenta, não — fico assim sonhadora — e você sabe por quê (com animação crescente) — porque eu estou pensando nisso!

Estava deitada ao pé da cama — eu à cabeceira — olhei para seus olhos por sobre suas cadeiras — macios-duros e redondos — como carrapichos inteligentes — carrapichos semelhantes a bolas de gude de ágata — com profundezas insuspeitas, principalmente quando o resto de seu rosto estava escondido.

Seu vestido curto, azul, tecido semelhante a *chiffon,* com meias de um tom mais ou menos parecido com a cor da pele e sapatos brancos de bico chato, que sempre me davam vontade de chupá-la: "Ah, não faz isso não — no dia seguinte eu fico tão fraca!".

Perguntei: "Comigo você nunca foi tão feliz quanto foi com

o Sam, não é?" — "Eu nunca fui feliz com o Sam: eu chorava quando ele fazia amor comigo". — "Ah, quer dizer que não fazia aquilo sempre, é?" — "No princípio, não".

A irmã ficou surda porque a mãe batia-lhe na cabeça com força quando pequena ("Nossa vida lá em casa não era muito boa, não, sabe") — por isso ela não ouvia a campainha tocando — foi um milagre ela ouvir — ela pensou que fosse algum cobrador — é tão fraquinha que a gente quase que não escuta — cobrador aparece todo dia (exemplo do humor de Anna — sua sensibilidade cômica inconfundível) — seus pezinhos curtos — fodendo com ela menstruada — hmm — bochechas tão coradas — "Ah, não" quando comecei a enfiar a língua — "Posso amar você?" — "Mas como?" — aquele cheiro rançoso de arenque na minha mão — travesseiro e toalha de banho — manchas cor de ferrugem na fronha — "Isso aí foi você que fez, não fui eu, não!" — Tão bonitinha com seu uniforme amarelo-claro no Child's.

Ele coçou-lhe a sola do pé com a unha — a comunicação amiga, leal, sem roupas e semi-submersa no estupor, entre dois seres humanos — seus pés curtos, os tornozelos longos e retos — as coxas bonitas e finas de menina.

Child's, rua 57. Não pode usar calções na varanda — o uniforme era quente — meteu-se em apuros porque estava com as meias enroladas — estavam perseguindo ela — não tinha dinheiro para comprar cinta — por isso botavam ela pra trabalhar nas mesas do fundo, onde ela só ganhava dois dólares e uns centavos — (a vez anterior que a vi, a supervisora das garçonetes a tratou bem — seria lésbica? — costumava beliscar-lhe o braço e dizer: "Ah, meu amorzinho!") — porém logo ela foi transferida — e ela achava que ia ser promovida a supervisora — tivera que ficar o tempo todo em pé, num dia chuvoso de abril, em que não veio nenhum freguês (estava cansada de noite quando veio a minha casa) — o gerente a viu conversando com as garotas e foi falar com ela — quando ela não lhe deu atenção, ele disse: "Você entende inglês?" — ela respondeu: "Entendo, sim! E o senhor, sabe falar inglês?" — ele disse: "Ô Katherine!" — ela disse: "Meu nome é Anna!" — "É capaz deles me despedirem — acho ótimo!" —

"Quem pede demissão depois não consegue emprego em lugar nenhum" — "A gente tem que dar um jeito de ser despedida — as garotas fazem o diabo para serem despedidas, sabe?"

Ela já havia aprendido muita coisa lá só de ouvir as garotas falando — "Uma delas está grávida há um mês — diz ela: 'É, vou ter que arranjar alguém pra casar comigo!' " — Anna mostrou-se um tanto inocente em relação a isto — parecia aceitar literalmente o que a garota dizia.

As gorjetas variam de cinco centavos a meio dólar — as mulheres dão cinco centavos — o homem que entrou com a namorada e disse: "Não tenha pressa: a moça quer se secar!" — "Ficaram três horas lá — bobalhão — não sabia que eu só tenho de cuidar de um certo número de mesas". — Quando os homens tentavam flertar com ela, seu humor melhorava.

Festa no Brooklyn. Coisas de todas as cores diferentes para se beber — sabe: como é que se chama? (licores) — todo mundo enlouquecido. — De manhã ela desceu para consertar a fornalha, embrulhada só num cobertor — e os homens todos estavam deitados no chão, dormindo, e um deles enfiou a mão por baixo (riso envergonhado) — era uma festa de batizado.

A mãe dela costumava dizer que ainda bem que os filhos que tinham morrido estavam mortos. Anna: "Que coisa horrível de se dizer!". — Hoje (21 de abril de 1929) ela disse que a mãe "estava chorando sem parar, porque não tinha como pagar a hipoteca — dois dos inquilinos saíram e foram pra outro andar — eu não consigo agüentar isso, sabe?".

Preocupada com a possibilidade de a filha ficar igual ao Sam — "Ela é má, sabe. — Quero criar ela direito — só que eu não sei como é que se cria uma criança direito". — Diz à menina para não se urinar, não mentir, etc. — castiga-a, argumenta com ela, tenta convencê-la — faz-lhe ameaças. — "Parecia uma mocinha quando voltou de Oswego — e agora está igualzinha a qualquer criança de cidade, sabe." Estava com tinta no rosto e uma infecção num dos dedos dos pés. — Os filhos da irmã estavam passando fome.

55 Charles Street (apartamento de Ann Cummings, que eu aluguei durante o verão, quando eles estavam em Silver Lake). Os prédios pesadões, cinzentos e amarelos, do centro da cidade —

porém mais espaçados — na Sétima Avenida — após um drinque, na tarde de fim de maio — aveludados pela bebida — misteriosamente suavizados e coloridos, contra o céu azul-claro.

Passeando de carro pelo parque numa tarde de meados de maio [de 1929]. Na véspera, após uma primeira manhã e tarde de verão nova-iorquino, à tardinha o tempo limpou como água fresca — e nesta tarde não estava fazendo frio nem calor demais — o motorista, irlandês do norte, nos propôs uma charada, depois que lhe demos um golo do gim puro e ele brindou nossa saúde — o verde-claro, um tanto apagado, das folhagens de primavera, e, acima, os vultos cinzentos dos edifícios — voltar ao Plaza [Hotel], na rua 59, foi como aproximar-se de uma serra — ficamos deitados olhando para os edifícios em cima, voltamos pela Quinta Avenida às cinco horas — Nova York parecia mais interessante — tinha-se uma sensação de viagem e aventura olhando-se para os prédios sempre diferentes — os edifícios franceses, de um amarelo-acastanhado — então um muro bonito, como um dominó, de um branco puro, cor de giz, contra o céu azul-claro do início da primavera. — Os poucos lagos azulados do parque, com suas margens nuas — o reservatório. — Um prédio residencial ou hotel abandonado a oeste do parque, marrom, com janelas semi-românicas, já obsoleto — havia nele grandes placas anunciando leilões (o Waldorf também ia ser derrubado). — Vimos um carro elegante à porta do Plaza, azul-esverdeado, com uns ornamentos de bronze atrás, calotas amarelo-canário e outros acessórios — a mulher que o dirigia estava de chapéu vermelho (na moda naquele ano — *cloches*) — os policiais no parque, que não deram a menor atenção para nossos copos de papel.

Tulipas: 12 de maio (jardim de mamãe em Red Bank). As amarelo-canário, mais baixas, na frente, misturadas, mais para a extremidade, com tulipas de um amarelo mais forte e de uma forma diferente, com pétalas de ponta fina e vermelha, e por trás delas umas inteiramente vermelhas por dentro e um tom de pêssego escuro por fora; na segunda fileira, taças de caule fino e reto, de um amarelo-champanhe pálido e seco; depois, mais flores rosa e de um vermelho temperado — ao longo de um dos lados do canteiro, vermelhão bem forte por dentro e por fora, e no canto, umas inteiramente brancas — devia haver mais destas — disse mamãe, indignada — mas a maioria dos bulbos, para sua surpresa, geraram florzinhas pequenas, de pétalas finas, semelhantes a chamas, com listas vermelhas ao longo do meio das pétalas amarelas; as flores mais altas das últimas fileiras eram de um roxo forte, mais intenso ou mais desbotado, e por fim rosadas. — As flores do segundo ano nasceram raquíticas e escassas; havia um grande repolho híbrido rosado. Entre as brancas, havia uma tulipa pequena com pétalas pontudas, com laivos rosados.

O caminho era margeado por tulipas grandes, de hastes longas, de um vermelho vivo, com o centro negro, como papoulas, e, por trás delas, flores em arbustos pequenos, quase marrons, no interior escuro das quais o pistilo triplo destacava-se, de um amarelo seco. Havia dois grupos de flores belas e delicadas, como óvulos, uma coral, a outra rosada. O canteiro extenso era como um cesto cheio de ovos de Páscoa de cores vivas. Os lilases ainda tenros, roxos e brancos.

A fileira abundante de salsa; os invólucros tenros, feito espuma, de alface; as primeiras ervilhas-de-cheiro, apenas começando a subir pelas treliças.

Entre as tulipas, alguns ramos de flores que lembravam lírios-do-vale ou campânulas, cujo nome ela não sabia, que ela havia herdado de vovó.

Os primeiros dentes-de-leão na grama.

Os invólucros de alface do verde mais claro espumando em suas fileiras sutilmente traçadas; os tenros tentáculos de cebolas.

Um dos primeiros íris brancos — o primeiro.

Céu suave, azul-claro, com nuvens pequenas e fofas flutuando, flutuando com uma lentidão infinita.

Ela estava tentando criar um olmo ainda novo, uma cerejeira e um vidoeiro; tentando fazer com que um jasmim-da-virgínia subisse num dos espinheiros-da-virgínia; e tinha armado treliças para hera na fachada da casa.

O canteiro de pepinos continha uma caixa retangular, onde pequenos aglomerados de folhas redondas, como patas de besouros-d'água, brotavam da terra em intervalos regulares, e uma seção de pequenos vasos de lata, dos quais elevavam-se ramos rosados de folhas finíssimas, como antenas de mariposas.

Na casa de um vizinho, o tom forte de marrom-bronzeado das frondes em leque de algum arbusto, e aquele dossel plano e rosa-coral de alguma outra planta, talvez corniso.

Deitado em meu quarto em Red Bank à tardinha — adormecendo profundamente e semidespertando à medida que o sol da tarde vai se esvaindo em escuridão, em meio ao balançar de folhas grossas, azul-escuro, em torno da casa, abundantes porém vagas, e as vagas locomotivas e vagões zunindo na ferrovia — todo o mundo abundante, vago e contente do verão e o campo, o litoral — o dia mais fresco, mais alegre, o último dia de junho, véspera de julho, do auge do verão.

*Bruce Bliven * e suas danças folclóricas, etc.* Fez uma exibição de dança — e de um modo um tanto exibicionista. — "Essas danças são muito difíceis de lembrar." — Ensinadas por um discípulo de Cecil Sharp, ** especialmente importado.

Anna. 27 de junho de 1929 (depois de cerca de três semanas sem vê-la). Estava aborrecida comigo, mas não se lembrava mais por quê — Ah, porque eu falei que só ia passar uma semana fora ("Ah, estou tão cansada de você!") — Eu ainda a amava, por isso beijei-a até machucar sua boca — e ela disse: "Minha boca está machucada de tanto você beijar!" — ela estava começando a ficar menstruada — começara no Child's, e de início não se deu conta do que era (como todas as coisas ruins da vida) — "Eu estava o dia todo pensando em você, e olha só o que foi acontecer!" — Estava sentada no sofá com um chapéu vermelho (na moda, como vestidos roxo-escuro, naquela primavera), as pernas abertas e os pés calçados em sapatos cor de palha ligeiramente futuristas, e aqueles olhinhos negros, ucranianos, tão queridos. — Estava com gos e presos atrás das orelhas — ela parecia um pouco abatida com gos e presos atrás das orelhas — ela parecia um pouco abtida com o calor, mas disse que havia engordado meio quilo — pela balança do banheiro — os seios, tão bonitos, rechonchudos e na moda,

* Jornalista (1889-1977). (N.T.)

** Músico e pesquisador de canções e danças folclóricas inglesas (1859-1924). (N.T.)

assim como suas pernas estavam na moda, finas — quando ficava menstruada, os seios ficavam firmes, bonitos, chiques. — Seus olhinhos adoráveis, negros e fundos.

29 de junho de 1929. Ela se preocupava constantemente com a filha — perguntou-me se eu me preocupava com a possibilidade de minha filha cair e cortar o lábio, ser atropelada por um caminhão, coisas assim — uma vez ela viu uma menininha no metrô que cortou o lábio — "Bem, na verdade ela não tinha lábio, sabe — eu vivo preocupada com ela — porque ela é uma peste, sabe — senta no parapeito da janela." — "Você não devia deixar ela fazer isso." — "Não deixo, mas ela faz assim mesmo — tenho tanto medo dela cair! — O Sam era assim mesmo — ele subia no telhado e pulava lá de cima — tentava pular do telhado e agarrar o galho da árvore." — "Mas ele conseguia ou caía?" — "Caía — e aí pulava de novo e caía de novo — e a menina fica no alto da escada, sabe, e quer pular pra baixo."

Sam lhe escrevia e lhe pedia que o visitasse na cadeia, que lhe mandasse dinheiro — "Ele não merece, mesmo — só quer saber dele mesmo". — Uma criança no Brooklyn, quando perguntaram a sua filha por que o pai dela não estava lá: 'Porque ele está na cadeia! — Muito bonito, ela ouvir uma coisa dessas!".

Sua boca, úmida, macia, vermelha — beijá-la, depois de tanto tempo sem vê-la — perguntar se ela gostava de ser beijada — "Adoro, adoro alguém fazer amor comigo — se pudesse, não fazia outra coisa!".

5 de julho de 1929. Costumava rezar — Ave-Maria e Pai-Nosso — todas as noites — não queria rezar depois de estar comigo, sabe — mas não conseguia dormir se não rezasse — por isso acabava rezando, mesmo. — Tinha medo de acabar ardendo no inferno — quem acreditava em Deus e Jesus Cristo tinha que acreditar no inferno também.

Fora visitar Sam na sexta, seu dia de folga — ele queria que ela lhe desse seis dólares por mês, mas ele a tratou muito mal — "e depois que ele sair, ele vai me tratar mal, mesmo. Estava todo embonecado, com o uniforme da prisão — achou que estava todo elegante, mas estava era engraçado".

Seus suspirozinhos femininos, quando eu a apertava contra mim, no amor.

Pensando em mandar a menina para a casa da tia — preferia mandar para alguma instituição, onde ela pudesse vê-la uma vez por semana.

De roupa nova: vestido novo, rosa com pintas — leve, bem verão, com lenço amarrado no pescoço, meias cor da pele e sapatos de bico chato, com laços grandes, que lhe davam muito *sex-appeal* — boca e olhos pequenos, fortemente coloridos, sensuais a seu modo miúdo, brilhante, bonito — seu nariz todo inchado de tanto ser beijado pela minha barba — os cabelos dela, quase lisos, apenas ligeiramente ondulados, tinham um cheiro limpo de sabão.

Hillsdale (Nova York), início de julho (visita a Raymond Holden e Louise Bogan, na época casados). A velha escavação da mina, quatorze metros de profundidade, uma lagoa escura e oval com uma bóia branca no meio da água verde-azulada — azul opaco, com ondulações verdes, ou verde uniforme e brilhante com ondulações azuis — as águas fundas e escuras, com trechos quentes e veios gélidos de fontes — o cheiro de capim e água. Ao passar pela bóia nadando, vi, contra a luz branca do sol poente, os corpos dos banhistas, como espíritos desenhados por Blake, os contornos delineados na luz, como se semitransparentes e radiantes — vistos através do ar e da água — então, enquanto eu os observava da margem, saltando da bóia um por um e manchando o verde de azul, nadaram até o ancoradouro e subiram a margem, nas palavras de Louise, como cachorros. Ela disse também que a água parecia cheia de tranças — e que as ondulações eram como folhas de salgueiro.

Quando Louise bateu na água com um galho, formou-se de repente uma lista como se de tinta verde, nas profundezas transparentes, cristalinas, perto da margem.

Pegando salamandras — "salame de salamandras frescas — é assim que eu ganho a vida — com o golpe da salamandra". Bordalos e peixinhos pintados — um cardume de peixes pequeninos como mosquitos, recém-saídos dos ovos, transparentes e quase invisíveis, não fossem as cabeças escuras e quadradas.

— A árvore de um verde nítido contra o fundo indistinto

da serra azulada, cada vez mais escura. — À noite, os vaga-lumes contra o fundo das montanhas escuras, enevoadas, de um azul-opaco.

— Na serra — a Taconic — atrás da casa dos Holden, logo abaixo da fileira de álamos ou faias, de caules finos e pálidos, que formam a margem do bosque. — Deitado no capim alto, vi — além do lindo vale — o sol descendo atrás dos cumes mais baixos, deixando no céu um tom fosco e desbotado de laranja — a lua reduzida a um crescente finíssimo, quase sem brilho — no leste, uma superfície irregular de água luzia acima do vale, já no meio da encosta, como um lago pintado num mapa antigo. Duas luzes se acenderam na estrada que percorria o vale — pareciam de um amarelo-limão quase verde, como o verde estival luxuriante do capim e das árvores que lhes serviam de fundo — trens ressoaram pelo vale, trens de interior, compridos, monótonos, honestos, cotidianos — pensei. — Ao descer, vi os morros a minha direita se dissolverem na noite, suas dobras e ângulos suavizados pela névoa pareciam ao mesmo tempo mais selvagens, com a grandeza inconsciente da natureza, e de algum modo mais confortadores, mais pacíficos — o céu acima dos morros mais próximos brilhava num tom mais intenso de laranja e a lua, embora reduzida a apenas um traço, estava brilhante e límpida — então, quando passei por um barranco coberto de mato, coberto de estrias pálidas de feno, o céu estava de um branco puríssimo. — Agora o alaranjado estava mais pálido e enfumaçado outra vez, quando me aproximei da casa — e encontrei o interior iluminado — as pessoas cansadas afundadas em poltronas.

Dennis, cabo Cod (onde passei parte do verão de 1929 com Rosalind e Stella, a babá). As casas cinzentas e espalhadas — o mar e o céu cinzentos, a névoa cinzenta da tarde em que chegamos, com vento, chuva e frio — o verde já um tanto ralo — os bancos de areia, a praia compacta molhada de mar — emaranhado de pedaços de rede com caranguejos — o hotel antiquado, monótono, seco, limpo, até alegre — quarto vazio com cadeiras rígidas sem almofadas, sentado numa das quais li para Rosalind uma história de coelhos — um pouco de Gluck executado pela orquestra de três membros do hotel na noite de domingo — velhinhas — não há água corrente nos quartos — as últimas nuvens cinzentas e o ouro pálido do cabo — depois rosado, e noite. — Gosto adocicado das folhas de capim, mastigadas ao caminhar pela praia — dia chuvoso — praia arenosa e mar cinzento — aquela névoa cinzenta e céu esverdeado dos dias de mau tempo no cabo Cod — as casas brancas de telhados cinzentos — as dunas ou morros na névoa — postes de telégrafo. — No hotel — Nobscusset — os guarda-roupas e cômodas, de um amarelo esmaecido. — Os gemidos e murmúrios do vento nos corredores nos dias de vento — os filhotes de caranguejo, verdes, na praia, trazidos pelas ondas e mortos por elas, verde-escuro, como se dourados [illegible] como os traços de uma máscara misteriosa — as cascas esverdeadas dos ouriços-do-mar, límulos — as poças deixadas pela maré vazante, água límpida com pedras cobertas de cracas — riachinhos pelos quais peixes minúsculos voltam para o mar.

— Azul brilhante e escuro do mar, riscado de branco, num dia de vento — depois, à tarde, à medida que o vento ia amainando, a água rasa perto da praia tinha um tom de azul e um brilho espelhado de asa de borboleta.

À medida que o sol se punha, o mar ganhava um tom luminoso de azul-claro, perfeitamente liso, e o horizonte era uma linha longa e ininterrupta — as areias eram de um cinza tenro, e as grandes poças deixadas pela maré eram quase cor de alfazema — grandes montes gelatinosos de águas-vivas, com desenhos internos cor de ferrugem intactos, entre as pedras perto das ondas — mais tarde, quando passeávamos, a lua, minguante, rosada, um globo amarelo luminoso — ao qual a irregularidade da forma dava uma aparência insubstancial — e o mar agora mal roçava a praia, quase como se fosse uma lagoa lambendo as margens — no trecho em que a onda suave e ritmada era amortecida por um amontoado de algas moles, via-se apenas um movimento de ir e vir, como se o mar adormecido estremecesse — o grasnido ruidoso de uma gaivota — os montes baixos de areia com capim no alto — a areia cheia de estrias como a superfície ondulada de uma lagoa, nos trechos onde a maré recuou — o piscar das luzes ao longe. — Então uma noite, a lua já nascida, toda cinzenta — seguida de um dia nublado e cinzento.

Belle Gilman (eles vieram me visitar em Dennis). Ela havia engordado, mas continuava atraente — estava elegante com suas roupas novas (compradas com os 127 mil dólares que Clem ganhava por ano na bolsa de valores), dirigindo o carro novo — seios sob camisa de malha azul-cinza, sapatos com desenhos em azul e rosa, como num tecido de algodão estampado, contra fundo branco, sobre o peito do pé — ou recostada numa almofada no banco de trás — os olhos negros e brilhantes e a boca feita para o amor. — Quando X "tentou seduzi-la", levando-a de táxi até o apartamento dele para tomar um copo d'água, "quase implorando" quando ela não quis — "eu disse a ele que só fazia aquilo com um homem se estivesse apaixonada por ele". — Z jamais lhe perdoara por não ter ela correspondido a suas investidas em Paris — "porque eu não chutei a perna dele por baixo da mesa quando ele me chutou". — Disse que Y "também tinha um lado mau". Eu disse: Ah, isso, todo mundo tem. — "Não: tem gente que é boa e gente que é má."

Dennis. A enseada atrás do quebra-mar de madeira, onde os barquinhos a remo ficavam atracados, tinha uns tons intensos de roxo e verde de tinta. — A água, quando fui nadar, parecia molho de hortelã.

Na água verde e transparente, cardumes de peixinhos semelhantes a cobras, verdes, com cabeças e olhos de cavalos-marinhos, com pontinhos dourados — pareciam algo de precioso — algum artigo de luxo, imitação caprichosa de alguma coisa do mundo animal, sem nenhuma intenção de captar a aparência de coisa viva. — Caminhando pela praia à tarde, o cãozinho correndo atrás dos maçaricos, que levantavam vôo com asas brancas claramente delineadas — a sucessão ininterrupta de ondas pequenas, com rufos brancos, uma atrás da outra pareciam verter um azul-arroxeado macio, fluido e transparente na beira d'água — a maré estava vazando — e elas deixavam um tom azulado nas areias castanhas. — As famílias de jovens eretos e bronzeados — uma garota de azul, com cabelos encrespados — Diana — uma de verde — tiravam as alças dos ombros para ficar com um bronzeado mais uniforme — garota mais jovem, com corpo perfeito, esbelto, de pernas longas, como um rapaz, porém seios pequenos, pontudos e firmes, se destacando — usava boné de homem, elegantemente inclinado na cabeça — menininho sem a parte de cima do maiô, com tórax extremamente largo e bem desenvolvido, e braços tenros e fortes. — À tardinha, o sol um disco brilhante, vermelho-cereja, parcialmente filtrado por nuvens de um branco-acinzentado, cujas bordas eram por ele tingidas de vermelho-ouro — e o mar branco-acinzentado acima do tom delicado de cinza da areia, emergindo em ilhotas redondas e lisas da água deixada pela maré vazante e onde havia uma mancha de capim ou musgo, quase roxo, um escurecimento de terra fértil, que combinava lindamente com os tons delicados de cinza-pálido. — A garota do boné usava calças brancas de marinheiro, das quais subiam as alças de seu maiô até seus ombros de rapaz — os braços esguios e tortos batendo no mar quando ela nadava.

Nadando a partir da bóia do hotel — as ondas cinzentas, que às vezes me afundavam, às vezes me descobriam, às vezes ocultavam a bóia, na qual havia uma garota sentada e outra, os cabelos longos escorridos, em pé.

Um dia monótono impregnado de neblina, o céu de um cinza opaco, não como se estivesse escurecido por nuvens, mas como se a luz do dia estivesse engrossada por névoa. Ramos brancos de musgo-da-irlanda, semelhantes a pulmões, que "servem pra fazer um pudim muito bom pra quem está doente". — Gaivotas, preocupadas com seus ovos, grasnando a meu redor, voam em minha direção com seus bicos afiados e de repente, com medo, embicam para cima e para outro lado, miando. — Passeio na chuva, de maiô — perto de Dennis, finalmente consegui enxergar outras praias — uma ilha, chata, indistinta, em tons escuros e baços de azul e verde, com uma torre ou chaminé de algum prédio, além das águas enevoadas. — O velho que vivia do mar há quinze anos — o filho dele tinha morrido lá fora, um rapagão alto e bonito, quarenta e quatro anos, na flor da vida — ficara preso na corda da âncora ou coisa parecida — o velho havia pegado uma tartaruga gigantesca, que pesava quase cinqüenta quilos, emaranhada na corda da rede — com medo de amarrar uma corda nela porque ela podia nos afundar — baleia de dezessete metros — globicéfalos adultos pesam uma tonelada. — Caranguejinhos na praia, ou verdes por baixo ou ficando verdes — mar verde-cinzento e encapelado, areia emergindo de poças de maré baixa como conchas de mexilhões gigantescos, um tom escuro e fosco de marrom, ou marrom com laivos avermelhados — cascas de caranguejos maiores, como grandes aranhas petrificadas — tardinha líquida. — Cascas de caranguejos pequenos, de todas as cores, de bronze a marrom a verde.

Cummings, durante uma de nossas conversas em Silver Lake: "Eu sei que você. . . bem, você daria um passo e atravessaria o rio, em vez de construir uma ponte e atravessar — como eu!".

Atitude — misto de timidez e agressividade — em relação ao ato de matar cobra.

Eu havia lhe falado de meus escrúpulos em relação a certas coisas que eu havia feito. Ele retrucou, muito sensatamente, que na época de sua vida em que havia se comportado pior, ele se dava ao trabalho de tirar minhocas das calçadas para que ninguém pisasse nelas.

Quando todos os nossos conceitos de honra e lealdade, oriundos de nossa classe social, de nossa educação renascentista, de nossas ingênuas fantasias infantis a respeito de nós mesmos, já foram destruídos e levados embora pelas correntezas em que nos afogamos, não sabemos a que recorrer, porém fatalmente recorremos a alguma coisa; e é talvez neste ponto que começa a verdadeira solidariedade consciente da espécie humana — embora ainda possamos nos comunicar com muita facilidade, embora ainda busquemos avidamente a companhia dos outros — ou, à falta disso, as cartas e os escritos (eu tinha acabado de ler *The buck in the snow* de Edna Millay) daqueles que receberam uma educação e um "condicionamento" bem próximos aos nossos — que foram criados em algum mito de egoísmo, romântico ou clássico — considerando-os geniais, bons ou importantes, porque, embora possuam muita energia, estão na mesma situação que nós.

Perambulando por volta de meia-noite, em agosto, por perto da antiga residência de Katze — contra o fundo liso das paredes sólidas dos depósitos e apartamentos e lojas imersos na escuridão, que mesmo de dia não pareciam vivos — as figuras de duas moças — havia um homem, um pouco afastado — uma de azul, a outra de branco, graciosas, esguias, de pernas retas, vivas e frescas — a elegância natural da cidade — vida humana tão ativa naquela parede aparentemente a mais lisa e morta da cidade noturna.

Nova York, meados de agosto. Barco em Seabright — azul-fosco e semi-incolor da tardinha (céu e mar) — cidade parece recoberta de couro pardo desbotado — grandes massas cúbicas velhas e perfuradas — cor uniforme à luz que se esvai — o sol poente, vermelho, visto de Hoboken, refletido em janelas vermelhas de mica, como a parte traseira de um aquecedor elétrico de lata, ligado no inverno.

31 de agosto: Chegando a Nova York na barca de Sandy Hook. As pontes e os edifícios pintados de cores claras — em silhueta, uns poucos prédios amarelo cinzentos contra o céu cinzento — e saindo daquelas formas vagas, um rebocador emergia para a nitidez e a vulgaridade do dia, prático, escuro e duro, aproximando-se da barca. — A buzina áspera da barca soou atrás de mim, arranhando-me os tímpanos — ouviam-se buzinas e gritos no porto, e o tom prolongado de um pequeno vapor de uma chaminé só, perto dos penhascos marrons que se elevam do Battery [Park] — nossa barca respondeu com outra buzinada. — Os navios todos parados e desertos, logo antes da hora do jantar — apenas uns poucos pontos de luz nos rebocadores silenciosos. — Quando peguei o táxi, o sol já havia descido mais, e de repente tudo virou uma penumbra cinzenta: o cais, o céu e a rua.

Anna: 31 de agosto de 1929. Além das roupas azul-escuro, ela estava com uma maquiagem que parecia excepcionalmente acentuada — lábios muito vermelhos — sobrancelhas muito escuras — e os olhos escuros como o mar, assimilando aquela profundeza.

Todos sempre implicando com sua filha: "Dizem, por exemplo, que ela é mais feia que a Anna — mais desajeitada que a Anna". — Eu tinha acabado de elogiar a beleza de suas mãos — mãos de filha de um distinto comerciante pequeno-burguês europeu — um anel num dos dedos. — "Você me elogia o tempo todo — ninguém nunca que me elogiou antes." — Eu quis chupá-la, mas ela não deixou — Não gosto que você faça isso — Nunca gostei disso, não é? — Depois, quando ela já estava mais alegre e eu liguei a vitrola — "Coquette" de Irving Berlin, seu disco favorito — e ela já havia admitido que sempre se sentia melhor depois que já estava na minha casa há algum tempo, ela disse: "Sabe, eu estou imunda — não tomo um banho há três dias" (tinha bebido — primeiro com as garçonetes do Rockaway, e, duas noites depois, com Jane) — eu disse: Ah, foi por isso que você não quis que eu chupasse você. — Não, mas...! — Seu corpinho esguio, alongado, bonito, sob a capa aveludada azul-escuro (estava usando também um chapéu *cloche* de um tom brilhante de azul-escuro, e pela primeira vez estava bastante elegante) — a cintura alongada, as nádegas roliças e cheias, quando a abracei, e continuamos ouvindo discos, embora ela estivesse prestes a ir embora.

(JA, personagem do meu conto, deve nutrir em relação a ela — logo depois da garota das Follies? — idéias sádicas de estrangulá-la, *au fur et à mesure*, à medida que vai se fortalecendo sua decisão de se casar com a moça. Além disso, não estava muito interessado em foder — ainda mais por ela estar preocupada com a possibilidade de ter bebido demais e em relação a Adele e estava um pouco fria ao chegar — o excesso de energia sexual dele aplicada mais do que de costume à análise do caráter dela e da situação.)

Aborrecida, depois da festa no Rockaway, porque Jane não queria tomar conta da menina — as garotas iam para Atlantic City e Flórida — ela não podia ir, por causa da menina, sabe — não suportava a idéia de interná-la em alguma instituição — "Ela entra e deita na minha cama todas as manhãs" — anunciou ao telefone, após falar sobre a recusa de Jane em relação a ficar com a menina, que ia sair e se embriagar todas as noites. — Seus pés bonitos, enfiados nos sapatos ainda elegantes, embora gastos, castanho-claros, com lingüeta, aparecendo por baixo do cobertor que eu havia jogado sobre ela quando estava nua, salvo pelo sutiã e as meias, no sofá da sala. — Quando vi aqueles olhinhos negros e suaves tão adoráveis: "Ah, meu amorzinho!".

4 de setembro de 1929. Ela segou às oito, tinha saído cedo do Child's, porém tinha se levantado às cinco e tinha de voltar para pôr a menina para dormir. — Telefonou e ficou sabendo que Jane tinha acabado de sair para ir ao cinema e que sua mãe ainda não havia chegado em casa — a menina estava brincando no quintal da frente com uma amiguinha, e ela teria de voltar para colocá-la na cama. — Seu jeito prático ao telefone, conversando com a prima. — Ela nem sabia quem era o pai.

Uma dessas fodas rápidas, enérgicas, substanciais, que acontecem quando se está com pressa — ela estava quase inteiramente vestida, tendo despido só os calçõezinhos, o que ela fez enquanto eu ia rapidamente ao banheiro colocar um preservativo — prolonguei a coisa ao máximo — o primeiro travesseiro não a levantava o bastante, por isso coloquei outro embaixo dela — quando terminou, ela disse: "Meu ombro — você está machucando meu ombro". — Havia em seus olhos aquela expressão adorável, escura, aveludada, orgânica-animalesca-humana — e nos meus dedos que eu havia enfiado em sua vulva um cheiro pungente, animalesco-humano, sob as unhas. — Fiquei de vê-la na noite seguinte.

5 ou 6 de setembro, 1929. Contraste entre elpa e X em relação à questão do bebê: ela ia ao médico que sempre fazia aquilo para ela e Jane ("Ele que sempre faz isso pra nós") — Cobrava só 35 dólares — mas a mãe dela uma vez teve uma hemorragia e quase que morreu.

Suas lindas mãos — a esquerda, com a aliança da sogra morta, que tinha sido roubada, depois penhorada, depois retirada da casa de penhores por um preço muito alto, estava sempre mais limpa e mais bonita que a direita — a mão com os dedos lisos, longos, bem torneados, brancos e o pulso mais fino, que aos poucos engrossava formando um braço mais grosso e roliço.

"Gozado ver um Edmundzinho correndo pela casa, hein? — Acho que eu estou inchando lá embaixo — não sei se é porque eu ando comendo um bocado e bebendo um bocado... [rindo] Estou preocupada! — Vou passar mal e acho que não vou ver mais você essa semana. — Todo mundo ia ficar sabendo se eu tomasse um banho de mostarda — eu desmaio. Acho que vou desmaiar — Vou precisar que uma pessoa fique comigo." — Mesmo assim, queria que eu gozasse dentro dela de novo depois que começamos.

Como estava bonita, sentada no sofá, esticando as meias enroladas, as coxas nuas expostas, sem nenhuma tentativa de cobri-las. — Falei sobre a beleza de seus olhos escuros e aveludados, e ela disse: — "Eles são verdes — meus olhos são verdes — quando eu ponho um chapéu verde, eles ficam verdes".

Uma foda perfeitamente satisfatória, embora eu achasse que estava exausto antes mesmo de começar.

23 de setembro de 1929. Sua boquinha beijada umidamente pela minha boca, e meu dedo esfregando o ponto mais sensível de sua bocetinha úmida — senti que estava em contato com os dois pontos mais tenros de seu corpo — pequenos, infinitamente deliciosos, aqueles dois pontos em seu corpinho pequeno, onde a carne, onde a personalidade se dissolvia em magia e delícia.

A primeira vez, eu estava tão preocupado com a possibilidade de gozar dentro dela que retirei na hora e gozei no travesseiro — ela tinha dito, quando sussurrei que não queria gozar dentro dela: Eu que-ro. . .!, me apertando contra ela, não querendo me soltar. — Depois, para compensar aquele primeiro malogro, gozei mais uma vez, dentro dela.

A noite em que ela chegou numa hora inoportuna e eu a levei para o restaurante de Julius Ranganeschi. Constatei (era a hora em que eu estava menos preparado para enfrentar aquilo, menos disposto a fazê-lo) que ela estava estourando de vontade — depois da vez em que ela veio a mim cansada, depois de me dizer pelo telefone, para a família ouvir, que nunca mais queria me ver — cheia de *sex-appeal*, o cabelo com um tom mais forte de vermelho para combinar com o vestido verde novo, e a tez avermelhada — estava tão bonita no Julius, olhando ao redor, tímida, porém assumindo para fins daquela ocasião uma dignidade feminina — disse ela, em relação aos fregueses gordos e pesadões de Julius: "São todos tão simpáticos!". — Quando voltamos para o apartamento, comecei a beijá-la. "Estou bem à frente de você", quando pedi desculpas.

Andava brigando com a família — eles achavam que ela deixava que todos os homens que ela conhecia a comessem — havia ficado fora de casa até tarde da noite para ajudar a tomar conta dos cinco filhos de um homem que ela conhecia — "Não sei o que ele faz, não, mas é um homem distinto, isso é" — era marido de uma "grande amiga" delas que havia morrido. — Mas o verdadeiro motivo, disse ela depois, era que ela havia saído para passear com a menina e esta disse que a tia Jane não ligava se ela comia ou não — dava só uns flocos de milho pra ela comer numa hora qualquer — por isso Anna a tirou de Jane e deixou-a com umas pessoas que ela nem conhecia mas que ela tinha certeza que eram gente boa — nunca mais que falou com a Jane.

A mãe e a tia Lilly iam se reunir para discutir o problema

dela — a respeito do divórcio de Sam — tinham medo que ela se perdesse de vez — a mãe dela tinha dito que me quebrava a cara se me visse (eu havia ameaçado entrar na casa de Anna quando fui levá-la em casa) — porém Anna, após telefonar e constatar que a mãe não estava, voltou para o Brooklyn com um triunfo ao mesmo tempo maroto e ingênuo. — Ninguém disse nada, afirmou ela depois, quando lhe perguntei — sua mãe a chamara de "querida" naquela manhã — só você vendo os nomes que ela já me chamou — e queria voltar cedo, tal como tinha prometido. — Tinha que ir ver Sam na sexta, seu dia de folga — e talvez se atrasasse um pouco, porque a menina detestava se despedir dela — "Não quero voltar pro Brooklyn", dizia ela, "mas não quero que você vá!".

27 de setembro de 1929. Toda preocupada, nervosa e inquieta — "Ah, por quê que eu fui fumar tanto cigarro!" — Longa conversa sobre Sam e situação da famíia — tivera medo de ir visitá-lo em Sing Sing no seu dia de folga (sexta) porque temia contar tudo a ele — a última vez que tinha ido lá, depois de passar dois meses sem escrever para ele nem fazer nenhuma visita, ele entrou com uma cara horrível — "Como assim?" — "Ele ficou só olhando pra mim sem dizer nada, como se estivesse zangado — aí eu falei com ele e disse que eu ainda gostava dele e tudo mais e aí ele foi acalmando aos poucos. — Ele acha que ninguém mais quer saber dele. — Ele não presta — não é flor que se cheire, não — eu tenho medo dele — medo que ele me corte toda — matar ele não me mata, não — ele diz que ele não me mata porque não quer ir pra cadeira elétrica".

Estava tão bonita com o pijama branco quando passou creme no rosto antes de se deitar. — Tão gostoso sentir o corpinho jovem dela na cama ao meu lado — as órbitas sombreadas de seus olhos com aqueles olhinhos esverdeados espertos e sinceros — e sua boquinha rosada amorosa — suas meias novas claras e os sapatos novos marrom-escuro que embelezavam as pernas. — Ela estava uma gracinha, dizendo: "Bem, você disse que ia me deixar em paz. — Então vamos dormir!" ao mesmo tempo que reagia com uma leve pressão carinhosa quando me virei para ela e a abracei. Eu a tinha convencido a passar a noite comigo abraçando-a, quando ela estava semi-reclinada ao pé do sofá-cama, e esfregando de leve o dedo em sua boceta — o vestido verde estava levantado na altura do colo — de início ela queria ir embora sem fazer nada. — Dormimos um sono agitado, eu me virando o tempo todo de um lado para o outro e mudando de posição a cabeça sobre o travesseiro, e os mosquitos nos atormentando.

De manhã, uma jovem eficiente, de vestido verde, passando a ferro o avental sobre a mesa de jogo.

Toda aquela tarde e noite deixaram em mim uma lembrança de doçura e ternura que durou todo o dia seguinte — afeição, satisfação.

Meados de outubro de 1929. "Você já gozou?" — Seus olhinhos matreiros, delineados de preto, abrindo e voltando-se para mim quando ela se virou para a parede e eu me debrucei sobre ela e olhei para seu rosto semi-oculto.

Quando ela estava menstruada e passou a noite comigo mas não quis fazer nada, fiquei em tal estado que fui ao restaurante no dia seguinte para combinar de encontrar com ela à tarde, na hora em que ela saía, e tentei convencê-la a ir morar comigo — na minha cabeça predominava a imagem dela vestida com meu pijamas, deitada entre mim e a parede — fiquei o tempo todo com uma ereção, até mesmo andando na rua, até que, na véspera do dia em que fiquei de vê-la, ejaculei dormindo.

A noite em que ela veio e tomou banho enquanto eu saí para jantar — quando voltei, ela estava muito limpa, com meu pijama, que era branco, sendo que o paletó só abotoava no primeiro botão de cima — e com uma aparência muito russa, o rosto largo, o nariz achatado e os cabelos alourados partidos ao meio — os olhos pareciam verde-claro, límpidos e estrangeiros, como se também eles tivessem sido lavados — ela tinha um cheiro bom de talco e sabonete — foi gostoso estar com ela sem aquele cheiro de pobreza ligeiramente azedo.

Quando menina, ela sempre se achava feia, lhe disseram que ela era feia — sentava-se na última fileira na sala de aula para não ser vista. A irmã saía com marinheiros, choferes, qualquer um, e vivia ganhando presentes de todo tipo, os quais ela passava adiante, mas nunca dera nada a ela. Quando ela via uma mãe cobrindo a filha de atenções, achava que aquilo era só fingimento. Nunca ninguém lhe cobrira de atenções como eu fazia — nunca tivera pai. Perguntei-lhe se na sua família os maridos não eram assim com as mulheres — ela disse que não, eles achavam era que elas tinham que fazer tudo pra eles — depois acrescentou, após pensar um pouco, que achava que no fundo eles tomavam conta delas, sim.

Carta de Sam de Sing Sing (Rua Tal, Ossining) — cheia de erros de gramática — acusava-a de infidelidade, aparentemente na esperança de fazê-la confessar — ela lhe dissera que havia se embriagado — "e você não acha que eu sou cristão bastante pra lhe perdoar? — Eu sei que eu sou ladrão e mentiroso e que nunca fui bom com você, mas assim mesmo eu te amo, etc. — não ligue pras coisas que as pessoas dizem [illegible] pense com a sua cabeça — mais dezesseis meses — eu só peguei dois anos, e pretendo viver com você cinqüenta anos se você me aceitar — vou cantar uma música pra você no espetáculo — traga a Lizzie". — As outras cartas que ela havia recebido dele a fizeram chorar.

Novembro de 1929. Antes ela pensava que as picas dos homens ficavam duras o tempo todo, porque toda vez que ela se aproximava de uma delas o bastante para ver, sempre estava — quando os homens dançavam com ela ou quando era menina e os homens a faziam sentar nas pernas deles — (com rancor súbito) "Aqueles safados!".

Época em que fiquei com ciúmes dela (depois da semana em que eu a vi quase diariamente, mas ela não queria fazer nada comigo na noite em que dormiu lá quando estava menstruada, e quando fiquei todo excitado por causa dela e fui até o Child's para pedir a ela que viesse morar comigo) — Achei-a na rua 49 Oeste, 220, que tinha uma porta igual a porta de garagem: era só empurrar e entrar — com uma amiga chamada Ethel Mildred, a qual, eu desconfiava, era lésbica e estava interessada nela — minha cena com ela no táxi — ela queria que eu fosse ao Child's, para que elas vissem o Marty, o namorado de Ethel — Fiquei brigando com Anna quando a levei em casa, criando obstáculos entre nós — ela disse: "Você não gosta de mim, mesmo!" — que eu devia estar enjoado dela porque estava começando a implicar com ela — na cama, eu ficava perguntando se ela ainda me amava — "Eu não gosto do jeito que você pergunta isso — está bem, se você acha que não. . . eu podia dizer que sim, de qualquer modo, não é?". — As bebidas baratas do *speakeasy* e o queijo Limburger que a gente comeu tiveram o efeito de enjoá-la e de lhe dar mau hálito — fizemos amor só por fazer — mal nos beijamos, ela virou o rosto para o outro lado.

Na vez anterior (tínhamos parado de usar preservativos nos períodos estéreis dela), eu a tinha comido no sofá, ela com o vestido verde — o prazer de foder sem camisa-de-vênus — a sensação confortável e mágica da fusão de umidades depois, quando os dois permanecem grudados por mais alguns momentos — humano sub-sobre-humano.

A vez que a levei ao Peter's e depois ao National Winter Garden — trouxe-a para casa no final do primeiro tempo — ela estava menstruada e ardente, implorava para que eu não a levasse para meu apartamento, mas claramente não queria outra coisa — quando eu estava abrindo a porta da frente, perguntei se ela não queria que eu pegasse algo para ela beber — "Você não quer?" — "Eu quero é você!" — abraço apaixonado, ao entrar no apartamento — ela começou a me chupar, mas parou e não quis terminar (talvez porque eu comecei a lhe dar instruções) — recusou-se terminantemente a ser comida, jogou-se em cima de mim e me beijou — acabei tirando seu absorvente, etc., abrindo alfinetes de segurança — "Você está com tanta vontade assim?" — e a comi na beira da cama. Ela havia comprado um vestido preto barato (três dólares), com enfeites alaranjados na saia e no seio direito, especialmente para aquela ocasião; e no restaurante tinha dito: "Não sei como você não sente vergonha de vir aqui comigo — tanta gente fina vem aqui — eu era capaz de ficar vendo essa gente a noite toda!". Achava que o sujeito metido a palhaço, que falava alto, imitando um locutor de rádio, parecia o Sam — Sam também era palhaço — "Eu nunca achei graça nele, mas todo mundo ria".

O cunhado dela do Brooklyn vivia perguntando: "Então, o sr. Wilson comeu você hoje? — Por que você não dá pro coitado do sr. Wilson?" — ou então: "Pelo visto, essa noite você deu!" — "Ele diz isso toda noite quando eu volto".

A noite em que ela trouxe a menina, porque, depois de levá-la de volta para o Brooklyn para uma visita, ela não conseguiu convencê-la a ficar com os ucranianos que agora tomavam conta dela — eles eram mais severos com ela, sabe — e aí a menina chorava e não deixava Anna ir embora — Lizzie estava extremamente bonita e atraente nesta ocasião, bem vestida e com os cabelos negros cortados em linha reta, formando uma franja — os olhos grandes e negros, extraordinariamente intensos, porém com uma espécie de sorriso inteligente e sedutor dirigido a Anna — meus amendoins de borracha, rato mecânico e biscoito de borracha — dei tanta corda no rato que o quebrei, e tentei de todo jeito consertá-lo — até que Anna disse: "Deixe isso pra lá: o Mac conserta — ele é mecânico". Perguntei a Lizzie se ela gostaria de dormir ali, e ela respondeu, sarcástica: "Grande idéia!" — Anna não gostou daquele jeito de falar, disse que ela aprendia com umas crianças da rua. — Anna lhe dava ordens e a corrigia com muita aspereza e severidade. — Narizinho achatado contrastando com olhos intensos e fortes — os olhos de Lizzie faziam com que os olhos verdes de Anna parecessem pálidos — pernas cruzadas, sapatos de adulta, de uma jovem matrona casada. Ela me abraçou quando Lizzie estava de costas, até que a menina ouviu-me beijando e se virou. A família de sua tia costumava dizer a ela que Lizzie era feia, mas numa outra ocasião Anna, quando eu lhe disse que Lizzie era extraordinariamente bonita, retrucou: "Isso é o que todo mundo diz". Lizzie tinha uma vozinha um tanto rouca — era lacônica, mas quando falava era de modo firme e afirmativo.

Quando eu estava me mudando do apartamento de Ann Cummings, ela pediu o disco de Helen Morgan, "Mean to me", que eu havia comprado, e também o "Coquette" de Irving Berlin, que sempre fora seu favorito — primeiro eu lhe disse que ela não podia ficar com o "Coquette" porque era de Ann — quando finalmente disse: "Está bem, leve o disco", ela de repente ficou exultante de entusiasmo e contentamento. — Depois me disse que Jane era louca por aquela música — "Todo mundo era louco por ela" — mas Jane havia sentado em cima do disco, e agora ela chorava por isso — antes ela vivia ouvindo aquele disco, chegava a enfiar a cabeça lá dentro para ouvir melhor — agora só dava para se ouvir um pedaço.

Tarde fria e cinzenta de domingo em que ela veio me visitar — efeito curioso de possuí-la à luz cinzenta do dia, entre os lençóis brancos e frios, ela com seu prosaico sutiã diurno, etc. (ela havia tirado sua dura combinação rosada de inverno), me lembrou da manhã em que veio me ver na rua 12 — talvez por este motivo, apesar da tarde fria e cinzenta, tinha um certo sabor e romantismo — o corpo quente e as calcinhas de cheiro forte, o mistério, o animal orgânico, a fornalha humana de calor e sucos, entre os frios lençóis vespertinos e no túmulo do cinzento quarto dominical.

O cunhado era um italiano de Palermo — chamava-se Buzzant e era chamado de Buzzard * — era burro — não tinha muito a dizer — só faz perguntas — ele é tão burro que vive fazendo as mesmas perguntas — Quando ela voltava da minha casa ele perguntava: "Então, essa noite ele comeu você?".

Efeito da mudança de Charles Street para a rua 9: fazíamos amor de modo mais informal e bagunçado no velho sofá-cama, mais à vontade, sem cerimônia. — Ela foi maravilhosa quando a comi pela segunda vez, deitada de bruços — o traseiro e as coxas, bonitos e nus, entre o vestido negro e as meias cinzentas — na hora exata em que eu ia deitar em cima dela, ela esticou uma perna, com o sapato preto elegante de garçonete, num último gesto de lascívia, de lúdica resistência fingida — as nádegas e coxas arredondadas e rosadas em meio às roupas negras na penumbra do quarto eram extremamente provocantes e agradáveis. — Ela disse: "Você é terrível!" — o tipo de coisa que ela quase nunca dizia. — A vez na rua 13 em que ela disse Porco!, de brincadeira, quando ela queria ir embora, de vestido longo, e eu queria enfiar em sua axila — A gente já fez bandalheira demais!

O traseirinho caído, que fazia as costas ficarem retas — de modo que seus vestidos lhe caíam com muita elegância, pegando sob a curva escavada das nádegas — preso na frente como mandava a moda — o vestido verde.

Suas tentativas de convencer a irmã de que ela devia ir para a casa da mãe no Brooklyn para ter o neném — a irmã não gostava da mãe por causa do amante dela, o Alex. Porém a mãe iria embora, e Anna poderia alugar a casa dela. Havia falado a tarde toda — estava cansada de falar — a irmã era tão burra que não entendia — "Ela não gosta da mamãe, é por isso". — Perguntei-lhe sobre a criança que tinha um corrimento no ouvido; estava bem? "Está" — com muito sarcasmo — "Ele é uma grande aporrinhação!" — Não

* Urubu. (N.T.)

conseguia se conformar com a burrice da irmã — "Meu Deus, dá pra acreditar? Meu Deus!"

26 de novembro. Estado depressivo — creio que primeira vez que a vejo chorar — acho que vou me suicidar — "Qual a melhor maneira da pessoa se suicidar?" — Depois que fizemos amor, perguntei se ela se sentia melhor, e ela disse: "Ah, eu sempre me sinto melhor". Ela havia conseguido convencer a irmã a levar a família para o Brooklyn, mas Johnny havia escrito um documento que queria que ela assinasse na presença de um tabelião, concordando em pagar o aluguel e pagar a comida no Brooklyn, e, se eles não ficassem satisfeitos com a situação, pagar dois meses adiantados de aluguel de um outro apartamento. A irmã estava grávida, e só tinha a Anna para ficar com ela — sabia que, se fossem para o Brooklyn, Johnny ia parar de trabalhar — a irmã, aparentemente, achava que seria uma ótima idéia abandonar o Johnny, que aí ela ia ter o direito de pôr os filhos numa instituição. — "Onde já se viu! Ter filho pra pôr numa instituição!" — Se ela fosse morar com eles, ia ter que sustentar todos eles — "Eu não agüento viver com aquela gente!" — Além disso, o garoto era terrível — "Tenho medo que ele faça alguma coisa com a Lizzie" — ele havia cortado o lábio dela — "Sério, ele é terrível, mesmo — ninguém consegue controlar ele — ele quebra as janelas! — e não presta atenção nenhuma pras coisas que a gente diz a ele — fica só parado olhando pra sua cara — acho que ele é maluco". — "Além disso, lá no Brooklyn, é só a Lizzie abrir a porta que ela sai — mas lá, ela fica correndo na rua e eu tenho medo que ela se machuque". A família da irmã tentava viver com 24 dólares por semana.

Ela me abraçou e beijou como se eu fosse importante para ela — como se me abraçar e ser abraçada lhe desse algum alívio.

Anna e Lizzie tinham só um sofá para dormir no Brooklyn — Lizzie não queria ficar com os ucranianos, dava um jeito de ficar doente — a mãe não tinha mais condições financeiras de ficar na casa, estava se mudando para Nova York; mas Jane não podia ir morar com Anna, porque tinha que ficar com a mãe dela — não podia levar todos os móveis — não queria viver com os móveis da mãe, que a mãe simplesmente ia guardar no porão — apartamento de seis peças. — E Jane não tinha tanto dinheiro quanto Anna sempre havia pensado — não era fácil para ela pagar o aluguel da casa de seis cômodos.

Depois que Sam e Alex saíram da prisão a primeira vez que foram presos, eles costumavam ir a Coney Island, um lugar onde não tivesse mais ninguém, e levavam bastante vinho e todos se embriagavam, a mãe dela inclusive. — Ela disse que estava com saudade daquelas festas que elas davam antigamente no Brooklyn — me ofereci para pagar as bebidas, mas ela respondeu, com ar de deboche, que saía por cinqüenta dólares — "Mas ia sair por uns cem dólares! Tem que comprar sanduíches, e tudo mais — quando a gente dá festa, é festa mesmo, pode crer! — Os maridos nem vêem as mulheres deles nessas festas — mas ninguém fica de namorico, não — acho horrível essas festas de bolinação, você não acha? — Eu durmo nua, e eu desci pra consertar a fornalha e enrolei um cobertor no corpo e tinha uns rapazes dormindo no chão e o diabo, e eles tentaram arrancar meu cobertor — tinha um deitado de cueca, com a coisa dele de fora".

Ela estava tão adorável — as coxinhas brancas — os peitos bem mais cheios do que no tempo em que a conheci — Quer uma linguadazinha? — Acho que nunca gostei tanto de fazer amor com ela — eu lhe disse isso, e ela perguntou: "Por que hoje?". — Sapatos pretos de garçonete, bonitos, que ela havia tirado — gostoso vê-la de meias enroladas outra vez — no Child's ela tinha que usar ligas compridas, feito arreios, presas a um negócio na cintura.

Uma noite no Charles's ela tinha dito: "Você não é mais o mesmo — antes você conseguia dar duas!".

Mais tarde, ela apalpou meu pau e o pôs para fora — estava mínimo, bem mole — só um pedacinho de carne. — "Que horror!" — Eu ri. — "Não tem vergonha de mostrar uma coisa dessas?" — Depois que ela me acariciou por algum tempo, perguntei: "E agora, está um pouco maior?". — "Está, mas não o bastante." — Da segunda vez enfiei por trás; costas lisas e eretas, pernas e nádegas discretas. — Ela dormiu por cerca de uma hora e meia — depois levantou-se e voltou para o Brooklyn — "Preferia não ter que voltar: meus olhos estão ardendo tanto!" — com olhos cinzentos, olhos pálidos, manchados de cansaço, com as roupas enxovalhadas vestidas à tarde, retiradas e vestidas de novo para sair no meio da noite, apertando a boca contra a minha numa despedida, ela foi embora.

Nova York, vindo da barca de Nova Jersey, etc.

7 de dezembro de 1929. Saindo do Pennsylvania Terminal para entrar num mundo de névoa branca a dissipar-se — tudo perdido, dissolvido na névoa — apenas, no céu, as nuvens brancas, iluminadas por detrás, pelo sol de meio-dia oculto, e, abaixo, em primeiro plano, a camada de neve distante, furada pelo capim pardo e espetado. — Os casebres escuros e quadrados no pântano — e, depois, as fábricas quadradas, cegas, escuras.

8 de dezembro. Vista da barca de Jersey City, a cidade contra o fundo de ar azul pálido, seus planos ao fundo tornados nítidos pelo fraco sol de meio-dia, como picos de serras, e embaixo, a massa íngreme e imensa, como montanhas imersas na sombra, mais escura, mais azulada, porém da mesma cor que o céu, era como uma pintura que representasse algo sólido, mais do que a coisa sólida em si — uma pintura com formas leves e cores claras — até que, mais perto do embarcadouro de Liberty Street, as fendas e janelas das grandes fachadas de edifícios tornavam-se prosaicas e perdiam as tonalidades da distância — tornavam-se incolores e perdiam a composição de alto e baixo, luz e sombra.

(O tempo estava ainda anormalmente ameno — quente demais — a mudança me dera dor de garganta.)

9 de dezembro de 1929. Ela começou a rir, quando eu estava falando com ela pelo telefone — "Essas crianças estão muito bem treinadas!'. — À noite ela me disse que Jane havia ensinado sua filhinha a dizer: "A mamãe não está" sempre que vinha algum cobrador, mas desta vez ela estava olhando pela janela do segundo andar, e o cobrador entrou assim mesmo.

11 de dezembro. Os prédios cinzentos, envernizados e áridos como as paredes e calçadas hibernais da cidade, entre as quais seguia-se por caminhos sem cor.

Bank Street, 10. Ainsworth (o homem que morava lá) estava ali há sete anos — sujo — deprimente, sórdido: foto de corrida de cavalos; silhueta, *American Mercury*; sofá que virava cama; sofá perfeito para namorar, cheio de furos de cigarros; *jour blafard* de quarto e banheiro; vitrola tão antiquada que não servia para discos de doze polegadas e discos tão velhos que só eram gravados de um dos lados; peças raras de mobiliário, porcelana e cristal embaixo do guarda-louça (que tinha estores iguais aos que se usam nas janelas, um deles com um camponezinho idealizado beijando a namorada, o outro com o camponês indo embora e a namorada chorando); garrafas de gim Gordon's, cuidadosamente empilhadas, e engradados; janela da sala da frente, a qual, quando se baixava o estore e tentava fechá-la, subia lenta mas inexoravelmente por trás do estore; catálogo telefônico lindamente encadernado sobre uma bonita escrivaninha antiga; telefone de tipo europeu, há muito tempo desligado, fotos de Ainsworth com uniforme de marinheiro sobre a cômoda no quarto, ao lado da namorada, provavelmente também de sete anos atrás, bonitinha. — Ainsworth parecia ligeiramente convencido e autocomplacente na foto — agora estava magro e desconjuntado demais — saco de gelo cheio de discos debaixo do guarda-louça; pequeno saco de água quente no banheiro — índio de Remington,* *poster* grande e detestável de cores vivas; coleção completa, em edição da Scribner's, de F. Hopkinson Smith, o *Rubáiyát* — os tapetes estavam muito sujos e gastos, a sujeira das ruas da cidade de incontáveis invernos havia sido calcada neles a ponto de tornar quase imperceptíveis os desenhos e as cores originais.

Anna. Estava toda entusiasmada com o nascimento do neném da irmã — percebi quando ela me deu a notícia pelo telefone — apesar de todas as suas dúvidas e objeções manifestadas anteriormente. — Sobre o velho sofá escuro e surrado, ela estava tão bonita, tão desejável, aquele toque de tom laranja-avermelhado na luz elétrica atenuada — as pernas cruzadas esticadas para a frente, os sapatinhos pretos de garçonete. — Queria na hora — não perdeu tempo. — Depois ela disse: "Quero mais". — "Vinho?" — "Não" — riu. — "Vou arranjar alguém que seja capaz de dar oito ou nove seguidas." — Quando eu lhe disse que ia me casar, ela agarrou-se a mim sem dizer nada. "Quer dizer que você estava esse tempo todo pensando em se casar com outra!" — Contei-lhe tudo e perguntei se ela compreendia; ela respondeu que sim. — Então começou a me contar a verdade a respeito de sua situação desde o dia em que a conheci — falou-me de Jimmy, que ela havia conhecido

* Frederic Remington (1861-1909), pintor, escultor e ilustrador. (N.T.)

no Tango Gardens — ele saía com ela e nunca tentava fazer nada com ela — não sabia cortejar uma mulher, nada — ela acabou se aborrecendo com isso e fazendo-o beijá-la; depois disso ele não a deixava mais em paz, começou a importuná-la, até que ela passou a recusar-se a vê-lo — 'Eu até que gostava de você'. — Tinha ido a Baltimore para fugir de Sam. — Disse algo a respeito de sua vida — eu nunca a ouvira falar daquele jeito — "Nunca que eu me sinto feliz de verdade". (Quando uma vez lhe falei em casamento, ela disse que não suportava a idéia de se casar com um homem que depois não fosse fiel a ela, depois de sua experiência com Sam.) Lamentava não ter me convidado para o jantar em família. — Segunda vez: "Tire esse negócio!... Quem sabe eu não quero um bebê também"... (Eu já havia tirado, mas fui até o banheiro e coloquei outro.)... Eu não estava falando a sério. O uísque quente com açúcar e limão por causa do resfriado — bebi no escuro, na cama pequena e estreita, estando ela numa outra cama do outro lado do quarto — o conforto de tê-la ali, contentamento — porém de manhã fiquei sabendo que ela tinha sentido frio a noite toda — pôs o despertador para as cinco, e quando ele tocou, acordou, desligou-o e dormiu de novo. — De manhã deitei-me na cama dela, e, de trás, corri o dedo indicador pela pequena fenda úmida, macia, viscosa — estranhamente úmida em comparação com as costas secas, aparentemente sonolentas — cabelo parece seco e sem cor de manhã.

Vez seguinte. Ela gostava de dar ordens às pessoas da família de sua irmã — dava-lhe autoridade e importância — Johnny não gostava dela, mas fazia o que ela mandava. — Ela pensava que Jane sabia que ela não havia dormido na casa da irmã — dirigia-lhe olhares ferozes.

Últimos dias de dezembro de 1929. Ela costumava dizer, quando eu a levava a um restaurante, ou, no início, quando saía com ela à rua e ficava calado: "Mas por que é que você não fala alguma coisa?".

Não considerava que escrever fosse trabalho — achava que eu não trabalhava, porque eu não fazia trabalho braçal.

Estava chique e radiante, à luz elétrica do corredor, com o vestido verde, descendo para abrir a porta para mim — eu adorava observar seus movimentos, quando, sentada na cama, ela calçava as pequenas galochas cinzentas da irmã — um dos joelhos levantado, o braço dobrado, os braços puxando, a cabeça abaixada, com cabelos avermelhados.

Último dia. Escapamos por um triz de visitas — baixamos os estores (era à tarde) e, após um amor rápido, ficamos silenciosos abraçados no sofá, até que nosso silêncio carinhoso foi interrompido por alguém tocando a campainha — não fui abrir — ela parecia triste, mas não disse nada — olhos cinzentos pensativos e desolados — disse, "É, vou ter que procurar outro amante". — Ela me disse que não traísse Margaret — então, quando saltei do táxi na Segunda Avenida, disse: "Até logo, e seja bom com a Margaret". — Ela havia contado para a família que eu ia me casar — "Quer dizer que ele despachou você, não é?".

Minha visita à irmã dela — o bebê de aparência mal-humorada, ar brutalizado — "Ela parece zangada" — "apartamento aquecido a vapor", com referência ao fogão a carvão. — O dia cinzento e lúgubre, com garoa, indo para o Lado Leste.

Descoberta de que estava com chatos no dia de Natal — raspei-me e passei a tarde catando-os — serezinhos patéticos, horríveis, cegos — não sabiam o que estava acontecendo com eles quando os fui arrancando — agitando as garrinhas no ar, confusos — toda uma comunidade em diversas etapas de desenvolvimento.

Quando fiquei desconfiado de que ela havia roubado as chaves — interpretei seu jeito tenso e ansioso como "consciência de culpa" — fiquei tão aliviado e contente quando descobri que ela não havia feito isso, e quando entrei descendo pela escada de incêndio da janela do apartamento em cima do meu — arranquei a velha tela da janela e entrei no quarto.

Depois que nos afastamos e descobri que estava com chatos, a imagem dela começou a esvanecer-se, perdendo-se na sordidez de algumas das primeiras impressões que tive dela, confundindo-se com o cinzento das calçadas frias e desaparecendo. — E quando fui vê-la no Child's da esquina de Broadway com a rua 72, achei sua tez baça, seus olhos pálidos, e ela me pareceu até feia sob a luz implacavelmente ofuscante, entre as mesas de mármore negro quase babilônicas e à frente da cascata do chafariz, iluminada por luzes elétricas (as águas ralas eram de brilho dourado barato) — ela estava apenas começando a trabalhar, disse-me, e estava cansada e sentia-se mal — queria dinheiro para comprar um vestido para usar no *reveillon,* a supervisora das garçonetes ia levá-la e arranjar-lhe um namorado — perguntei por que não ia com o verde, e ela respondeu que o havia mandado lavar e ele tinha encolhido — ultimamente ela não andava dormindo direito — então, enquanto falava com ela, vi sua boquinha vermelha, firme, redonda.

Fui lá de novo na véspera de ano-novo, quando estava saindo do coquetel que os Neugass ofereceram a Genevieve Taggard,* e, fazendo um pedido de guisado com ovo escaldado, passei-lhe dez dólares num maço de cigarros

A imitação maravilhosa que Cummings fez das peças do New Playwrights Theatre: dois homens sentados: "Quando começa a greve?". O outro diz, com uma voz fininha, em falsete: "Mamãe está lá em casa, estragando a vista na costura!".

As ruas de Nova York vistas de um táxi. Aquela passagem enevoada no final da avenida. Além das janelas iluminadas, cheias de cor e luz — além das luzes verdes e amarelas — a brecha enevoada na pedra — aqueles prédios além do arco — cinza contra céu cinza-claro — depois de Madison Square — o sol batendo nos edifícios em forma de caixa de biscoito e a torre do relógio — além das charutarias da avenida e das luzes vermelhas da farmácia da esquina, os ônibus elétricos e caminhões da rua 23 — que fazem meu táxi parar — garotas com meias cor da pele — aqueles restaurantes de cozinha internacional sem nenhuma personalidade — estamos mais perto do arco — rua 14 — um pedaço de sol — vira na rua 12 rumo à El [ferrovia elevada] — Jefferson Market Court.

Momento de claridade evanescente — breve, a dissipar-se — no meio da escuridão — brilhando obscuramente do sexo sob as cobertas — vendo num lampejo límpido e tranqüilo a imperfeição do atual relacionamento sexual, a satisfação proporcionada por uma outra mulher.

Anna. Início de janeiro de 1930. Quando afirmei ou dei a entender que ela poderia ter pego os chatos por causa da sujeira

* Poetisa (1894-1948). (N.T.)

em que vivia em casa, ela fechou a cara e disse, indignada, que na casa dela tudo era muito limpo — a única vez em que a vi defender a dignidade de sua família desse modo — de modo que comentei — como se pedindo desculpas — que o apartamento de sua irmã me parecera muito limpo. — O vestido verde estava rasgado no ombro — achei que ela estava com uma aparência um pouco *abruti* — perguntei por que ela estava morando na casa da irmã: "Porque o Johnny está desempregado, só por isso!".

No táxi, quando eu a levava para casa, ela disse: "Você diz que gosta tanto de mim e aí vai viver com outra mulher — e eu que nem era capaz de beijar um homem se não gostasse dele. — É, você me jogou fora por causa dela".

Quando eu a acusei de ser infiel: "Meu Deus, eu sou a garota mais fiel do mundo! Sou fiel — tão direitinha! — Só você, mais ninguém!".

"Ah, tudo que eu queria era o Johnny arranjar um emprego agora! A mamãe está segurando o apartamento pra nós — ah, vai ser ótimo!"

Como Pauline, terminava as falas com cadências marcadas — um toque de tristeza vaga habitual motivada pela constante dureza de sua situação.

Eu repetia: Por que é que você foi me passar esses animais selvagens? — Animais selvagens? — Você quer me fazer rir, chamando isso de animais selvagens.

[Apesar dos chatos, jamais me ocorreu a idéia de acusá-la de ter sido infiel; e embora eu tivesse pego gonorréia com ela, supus que seu marido lhe tivesse passado a doença sem que ela soubesse.]

Riverton, Connecticut, meados de janeiro de 1930. Noites em preto e branco — muralhas escuras dos sopés dos montes Berkshire e manchas redondas e ovais de neve no leito escuro do rio. — Então o degelo, tudo indistinto no nevoeiro da neve derretida. — Então neve virando granizo, que riscou toda a paisagem, já tracejada por arbusto e árvore. — Então o frio: noite límpida, neve estalando sob os pés, estrelas reduzidas a pontos porém como jóias no céu, a lua, gibosa, nascendo atrás da muralha da serra a leste, um glóbulo de amarelo rarefeito, pesado porém firme demais para explodir — a luminosidade translúcida, cor de limão, de uma janela lançando uma faixa mais longa, pálida, mas distinta, sobre a neve. — O dia seguinte, claridade, neve, sol — o morro escuro achatado como uma tapeçaria (como em Austerlitz no início da primavera) em que o branco das bétulas destacava-se como um alinhavo fino e pálido. — Na noite seguinte, mais escura, ao sair para dar uma volta, vi as estrelas minúsculas cintilando, à medida que eu caminhava, por entre os galhos dos finos esqueletos negros e altos dos olmos. Noite encoberta, serra, casas e rio enterrados, presenças mudas na escuridão, um ou outro latido de cachorro, vindo de dentro das casas — mais quente, véspera de degelo?

A estalagem — aguardente de maçã e cerveja canadense (um dólar e meio a garrafa) e álcool de péssima qualidade vendido sob o nome de gim, uísque de centeio e *scotch* no bar, com baixos-relevos de gesso representando Paul Revere, * cabeça de coiote ladeada por cartolas antigas do tempo das diligências (por ali passava a velha rota de diligências de Albany) e diversas armas, dados gigantes, etc. — Garçom inglês (ex-caçador na Inglaterra) e esposa (expedientes longos demais como empregada em Nova York, por isso veio para cá criar galinhas) — casa grande e branca ao lado, substancial, típica da Nova Inglaterra, com suas janelas quadradas e persianas verdes abertas, chaminés quadradas, vermelhas, porém com um grande vaso japonês enchendo a vidraça do meio da janela saliente, decorosa, discreta e, por assim dizer, achatada, em que os dois estores marrom-avermelhados estavam baixados até a ripa que dividia a vidraça ao meio (a parte de baixo era ocupada pelo vaso). As janelas ao lado da porta, observamos, tinham só uma persiana, e concluímos que ela devia ser dupla, dobrável. — A janela saliente com o vaso (azul e vermelho) tinha a aparência de uma concessão — nada havia de generoso nas dimensões da saliência — a idéia de instalar uma janela saeilnte fora atenuada, tornando-a um pouco rígida e casta (engomada, fria). — Velha fábrica de cadeiras de palhinha, que agora produzia bicos de mamadeiras de borracha — rosada, há muito tempo sem ser pintada, com cara de abandonada — fábrica de celulose que tinha falido. — Casa misteriosamente escurecida na face voltada para a rua, mas de onde vinha constantemente o pulsar pesado e frenético de máquinas em funcionamento — de vez em quando um prédio de tijolo.

* Patriota dos tempos da independência americana (1735-1818). (N.T.)

Ponte simpática e apropriada, com armação de ferro, bem à frente da estalagem — rio sempre caindo à altura da porta —

— Eis-me aqui, entre olmos novamente, que riscam com pilares de ferro a noite límpida, fortes como a abóbada celeste —

Vidraça prateada na superfície das poças d'água congeladas na estrada, contornos traçados com esmalte cloasonado — gualtérias na trilha do bosque — estradas que seguem as duas margens do rio — subindo a estrada íngreme atrás da estalagem — assustando uma perdiz no alto da árvore, que zumbiu como um avião.

— Amplas camas de casal que afundam no meio, tortas sobre o assoalho irregular, com tábuas pelas fendas entre as quais vê-se a luz que vem do bar.

Entardecer de um dia de neve. Luz fraca e frouxa, como se não da noite, laivos de um rosa baço no alto das serras do oeste, todas as casas brancas protegidas e confortáveis ao final de um dia de neve, uma com janelas laterais, alaranjadas à luz da lamparina, quase até a neve no chão, como se com boa convivência, sem medo, com o mundo hibernal do setentrião, porém assim mesmo estritamente separada e delimitada, com sua civilização firme e exigente, pelo contorno nítido, quase elegante, de suas paredes brancas, do mundo essencialmente tosco e selvagem da neve — até a cascata estava recoberta por uma crosta de gelo.

— À noite era frio, evidentemente abaixo de zero — e a camada de neve, acima da base dura de gelo, estava fina e solta quando nela se pisava, tal como estivera ao cair pela manhã.

Rastos de um veado — veado atravessando estrada num átimo quando descíamos o morro ao entardecer — velhos na serra, as rugas encardidas de terra, porém seus rostos, embora enegrecidos, não pareciam sujos. — Caminhada rápida, energética, estimulante, na neve, depois de dois bons tragos de aguardente de maçã, o frio cada vez mais intenso, nossos sapatos congelados quando chegávamos à estalagem, e, em nosso quarto, vimos que nossos rostos estavam vermelhos como peônias ou beterrabas.

No dia seguinte (23 de janeiro), olhando para fora pela janela da estalagem, depois de umas doses de aguardente de maçã no bar — os prédios amontoados da cidadezinha — à direita, os tijolos desbotados da fábrica de cadeiras, com o telhado pontudo, cheio de entalhes, por causa da neve, as casas brancas do outro lado da ponte, sob as linhas finas e ramificadas dos olmos, feito gorgônias, e em primeiro plano o arco negro da ponte de ferro, com sua orla de gelo e seus sincelos de enfeite, brilhando na penumbra como que em resposta ao luzir do telhado da fábrica. — Quando saímos e caminhamos pela estrada à margem do rio, uma linda luminosidade de um alaranjado pálido se estendia em faixas projetadas por entre os prédios da outra margem sobre o lençol absolutamente intacto de neve que cobria o rio congelado — a superfície mais macia e inviolada já vista. — Mais adiante, dava uma aparência marmórea ao rio a corrente, com um murmúrio baixo e nervoso, que seguia por entre as ilhas ovais de neve, e, do outro lado da estrada, a vegetação tinha um brilho de um rosa bronzeado do sol, com veios brancos de choupos. — Mais adiante, na estrada do rio, onde a pista já começava a subir e descer, virando em curvas onde o rio começava a serpentear por entre os morros afastados da cidade, os arbustos e as árvores novas, àquela luz tranqüila, delicada e firme que apagava a nitidez dos crepúsculos de inverno em Nova York, eram de um verde ao mesmo tempo suave e escuro, e contra este fundo as folhas secas eram macias e marrons, combinando com o rosado diluído da noite anterior — até o branco da neve sob nossos pés era suave, e não ofuscante, àquela hora, naquele lar de neve. — Quando voltamos, vimos as janelas quadradas da estalagem, ornadas com cortinas de casca de laranja iluminada, se estendendo ao longo do prédio inesperadamente amplo até os anexos e as árvores negras atrás.

(Antes disso, o gelo de um tom ligeiramente doentio de verde-amarelado na corrente gelada do rio.)

Encontrei um pequeno arganaz na neve hoje — castanho, de focinho achatado — peguei-o, ele achou que havia se escondido enfiando-se na neve.

— À noite, deitados na cama — sob a colcha de retalhos octogonais, sendo que os retalhos brancos traziam inscrições bíblicas, traçadas com uma letra clara e bela, embora já um tanto desbotadas — a maré constante do rádio trazendo um fluxo incoerente, o ouro líquido de Debussy, velhas óperas de Victor Herbert * e "St. Louis blues" — e depois nossas leituras eram pontuadas pela atividade rítmica e regular da geladeira elétrica, cujo motor, quando dava a partida, fazia com que as lâmpadas à luz das quais estáva-

* Compositor e regente de origem irlandesa; trabalhou para as Ziegfeld Follies (1859-1924). (N.T.)

mos lendo piscassem por um momento e ficassem mais fracas, até que, quando a geladeira parava de zumbir, elas voltavam a brilhar mais.

— Rajada de bétulas, as serras rajadas — os cabelos rajados de Margaret.

— De manhã, naqueles dias frios, brancos e luminosos de neve, víamos pela janela, da cama onde estávamos deitados, as parelhas puxando lenha em trenós baixos.

24 de janeiro. À tarde demos uma volta pela outra margem do rio, e do outro lado vimos a serra, onde um tom de negro de tinta seca em mata-borrão estava tracejado de marrom, com toques de prata de bétulas. — O gelo atapetado de neve estava firme no rio, e o atravessamos, explorando uma ilhota no caminho — o cachorro nos acompanhou — ele sempre largava as outras pessoas para nos seguir, sem dúvida porque nossos passeios sempre começavam quando os outros já estavam voltando. — Aquela noite as estrelas estavam fracas. — E, à nossa direita, víamos acima da serra escura o brilho, ao mesmo tempo sincero e cinzento, por assim dizer — melhor ainda, sóbrio — e no entanto, mesmo naquele ar de inverno, com sua luminosidade de glória.

— Tijolos vermelhos da velha fábrica de cadeiras desbotados, tornados de um tom frio de rosa, porém com uma delicadeza toda sua, e em alguns trechos até esbranquiçados.

— Os dias seguintes, frio de rachar — saímos para um passeio às quatro e voltamos com mãos e rostos congelando.

— Noite de sábado bebendo e conversando na cama — enquanto ruídos de sociabilidade e jovialidade vindos de outras partes da estalagem nos davam a impressão de que estávamos participando da alegria geral — tomamos garrafa inteira de aguardente de maçã — discussão política, depois que apagamos as luzes, vindo por entre as tábuas do assoalho, sobre Woodrow Wilson, etc. — Eu repetia a Margaret a toda hora: "Aposto que você nunca ouviu uma discussão desses na Califórnia".

— a cascata coagulada, empelotada feito couve-flor.

— Segunda-feira. Esquentou, após noite de 25 abaixo de zero, umas poucas débeis tentativas de nevar, resultando na emissão de um borrifo flácido de flocos — nosso passeio pelo morro atrás do hotel, primeiro até uma fazenda deserta, depois a uma outra, viva, iluminada, um tanto misteriosa e fascinante na noite de inverno escura, silenciosa e mais quente, quando, na subida, a vista lá embaixo, a cidade e a serra do outro lado, pareciam estar se dissolvendo, à medida que perdiam a nitidez na névoa que emanava da neve ou a absorvia, e na volta as luzes da cidade eram apenas uma suave tornando-se luminosidade [*sic*] na depressão-boceta indistinta, suave e profunda do vale.

— Aquela noite (27 de janeiro), quando saí para dar uma volta, caía uma neve fina e constante, e tudo estava completamente apagado — mal se via a brancura da neve no chão ou a claridade relativa do céu acima das árvores, e não se podia levantar os olhos, porque a neve fina e aguda caía neles — à medida que fui me aproximando da estrada do bosque, comecei a ouvir o murmúrio suave e monótono do rio — George, o garçom, tinha ido a Nova York e lá pegou uma friagem nas costas — com seu tom confidencial e ansioso, em voz baixa: "Eu não queria nem que meu pior inimigo ficasse do jeito que eu fiquei — minhas costas tortas — falando sério!". Era o primeiro dia em que voltava ao trabalho.

— O dia seguinte foi quente, claro e suave, um alívio, como se estivéssemos voltando a uma "normalidade" estival — a vida parecia mais fácil, parecia exigir menos esforço — saí sem casaco.

— Porém ouvimos vento frio à noite (mudança do jeito de dormir na mesma cama causada por queda na temperatura — um busca e acaricia o outro menos, nenhuma idéia de ficar agarrados, aquecendo-se, protegendo-se dos elementos) — e, no dia seguinte, um dia de vento frio como até então não tivéramos, com — à uma hora, quando saí para dar uma volta — uma luz fria e oblíqua vinda de um céu ligeiramente nublado.

O dia seguinte (31 de janeiro), tempo cinzento e lúgubre de inverno — aquele lado mau, vazio, gélido do inverno, mesmo nesta serra em Connecticut — fomos a pé até Winsted, nos aquecendo com conhaque de maçã — céu cinzento como a estrada dura de asfalto — à noite, caminhando à margem do rio, fui virar e ouvi os ramos das árvores quebrando-se ou o gelo rachando ou lá o que fosse.

— Garotos deslizando pela encosta ao lado do hotel, passando por minha janela, quando eu trabalhava.

Apontamentos para o poema sobre Riverton. Eis-me aqui entre olmos novamente — trenó, só — murmúrio grave e nervoso

— O rio sempre caindo à altura da porta — a cascata coagulada empelotada feito couve-flor — translúcida luminosidade cor de limão — O ferro negro da ponte armado de gelo — Beira noturna de telhado da fábrica — Arbustos pardos alinhavados com bétulas — Tracejada por arbusto e árvore e riscada de granizo — A serra hachurada de pinheiros — o dia riscado de granizo — prateado de bétulas.

Mary [Blair], janeiro de 1930. Quando entrei, no dia em que ela fora ao tribunal de manhã (estávamos nos divorciando), encontrei-a chorando e embriagada no sofá-cama — disse que era por causa do modo como o Throck (Cleon Throckmorton) se comportou, delirou bastante, mas ficou um pouco mais sóbria durante o jantar no Lafayette. Quando finalmente a deixei em seu apartamento, após o jantar, ela me dirigiu um olhar humano, inteligente, ao se despedir, que me fez sentir sua amizade e sua força — olhar de compreensão mútua num nível acima de nossos desentendimentos — eu podia confiar nela, ela confiava em mim.

ESTA OBRA FOI COMPOSTA PELA LINOART EM TIMES NEW ROMAN E IMPRESSA PELA GRÁFICA E EDITORA HAMBURG EM OFFSET PARA A EDITORA SCHWARCZ EM DEZEMBRO DE 1987.